现代企业管理系列教材

资本运营理论与实务

主　编　林　勇
副主编　李增福

科 学 出 版 社
北　京

内 容 简 介

本书系统介绍资本运营的基本知识和基本原理，结合国内外资本运营的现状，研究资本运营的主体与环境、风险与防范、资本筹措、并购、战略联盟、资产剥离、公司分立、分拆上市、股份回购、托管经营、企业重组等最新理论和实务内容。本书具有较强的理论性和实际应用价值。

本书适合经济管理类专业学生使用，也可供工商界人士阅读、参考。

图书在版编目(CIP)数据

资本运营理论与实务/林勇主编,. —北京：科学出版社，2011.6
现代企业管理系列教材
ISBN 978-7-03-030301-1
Ⅰ.资… Ⅱ.①林… Ⅲ.①资本运营-教材
中国版本图书馆 CIP 数据核字（2011）第 104481 号

责任编辑：张 宁／责任校对：赵桂芬
责任印制：徐晓晨／封面设计：耕者设计工作室

科学出版社出版
北京东黄城根北街 16 号
邮政编码：100717
http://www.sciencep.com

北京虎彩文化传播有限公司 印刷
科学出版社发行 各地新华书店经销
*
2011 年 6 月第 一 版 开本：720×1000 1/16
2021 年 1 月第五次印刷 印张：20 1/4
字数：400 000

定价：37.00 元
（如有印装质量问题，我社负责调换）

现代企业管理系列教材

Preface
总序

随着经济全球化进程的加快和知识经济时代的到来，现代企业发展面临着越来越多变的外部环境，竞争态势亦愈加纷繁复杂。较之于发达国家的企业而言，我国企业的市场经济之路时间较短，在摸索中曲折前进。国有企业经历着从计划经济向市场经济转型的痛苦，政企不分、产权不明、责任不清等弊端影响着国有企业经营绩效的提高。一些成长较快的民营企业虽然具备某些规范意义上企业的特质，但也碰到如非确定性的行政干预、计划经济意识形态上的歧视和企业所有者行为短期化等诸多因素的影响，多种因素导致我国民营企业的存活率非常之低，平均寿命不足3年。

从总体上看，除了经济体制改革和国家宏观经济政策的调节外，经营环境的多变性、管理理念的滞后性、管理手段的单一性和企业家队伍的极度匮乏等因素制约了我国企业整体管理水平的提升。因此，如何尽快更新落后的管理理念？如何充分借鉴和吸纳国外企业的先进管理经验？如何短时间内提高管理者的业务素养？如何从人、财、物等方面完善现代企业管理？如何通过提高管理水平出效率？凡此种种都是亟待解决的现实问题。从某种程度上讲，本丛书的立项和付梓也正是为了解决以上问题作一种尝试。华南师范大学经济与管理学院组织部分骨干教师精心编写了现代企业管理系列教材，每本教材的主编教师都长期从事相关学科的教学和科研工作，具备丰富的教学经验和扎实的科研能力。在总结多年教学经验和企业实践的基础上，博采众长，充分吸收国内外同类教材的优点，推陈出新，力图编写出一套具有现代企业管理特色的、综合性的、既自成体系又具有实用性的教材。

本丛书具有以下几个特点：①逻辑清晰。教材的每一章均按照内容提要、学习要点、正文讲解、相关案例和课后习题五个部分的编排框架渐进展开，最大限度地契合了人们的认知规律和学习习惯，有助于提高学习效率；②实用性强。为了克服许多教材重理论轻实务的共同缺点，本丛书不仅在内容讲解中引用了大量鲜活的案例，而且在课后专门辟出一个相关案例部分，试图引导学生运用所掌握的理论知识解决企业管理中的实际问题，逐步培养学生思考问题和解决问题的能力；③体系完整。本丛书包括11本教材，从11个不同界面立体式剖析现代企业管理的方方面面，定性定量相结合分析企业管理中产生的种种问题，系统探讨解决这些问题的方法和途径，这对于全方位培养学生驾驭现代企业的综合能力将大有裨益；④适用对象广泛。本丛书既适合经济管理类学生学习，也适合广大企业管理者和相关管理部门培训使用。

本丛书包括11本教材，具体分工如下：林勇主编《资本运营理论与实务》，彭璧玉主编《中小企业战略管理》，邓顺国主编《电子商务运营管理》，曹宗平主编《客户服务管理》，高波主编《企业管理信息系统》，吴忠培主编《企业管理咨询与诊断》，纪志明主编《团队管理》，何晓兵主编《销售业务管理》，聂新军主编《企业内部控制》，刘善敏主编《人力资源开发与管理》，冯晖主编《现代物流学》。

本丛书的出版，一直得到华南师范大学经济与管理学院领导和老师的大力支持，在此表示感谢！同时，科学出版社张宁女士在丛书的立项和出版过程中付出了艰辛的劳动，在此亦表示谢意！最后，对本丛书中被参考和借鉴研究成果的各位专家和学者表示感谢！

由于本丛书的编写时间有限，加之编者水平有限，不足之处在所难免，恳请广大读者给予批评指正。

华南师范大学经济与管理学院院长

林　勇

2011年3月

ontents
目录

CHAPTER 1

第一章　资本运营概论

[内容提要]

资本运营是企业实现资本增值的重要手段，是企业发展壮大的重要途径。纵观当今世界大多数大企业的发展历程，资本运营都发挥了至关重要的作用，资本运营和生产经营一起推动着企业的发展。在我国，不少企业也将资本运营纳入企业的发展战略中，并获得了成功。本章主要介绍资本运营的基本常识。

[学习要点]

1. 掌握并能够区分企业资本的一般形式；
2. 掌握资本运营的含义、内容和特征；
3. 掌握资本运营的几种模式，根据案例进行相关分析；
4. 了解资本运营的原则。

第一节　资本的分类及特征

随着市场经济的发展，越来越多的人已经认识到资本运营在我国社会生活中的重要作用，这是我国市场经济从不成熟走向成熟的重要标志之一。但是，对于资本运营这个新的经济学概念，人们各有各的解释，且相当一部分人在谈到资本运营时，还显得很茫然，对什么是真正的资本运营、怎样进行资本经营，实际上处于似懂非懂的状态。为了分析和阐明资本运营的一系列问题，我们首先要从资本的基本概念开始。

一、对资本范畴的理解

(一) 马克思对资本的解释

在《资本论》中，马克思对资本作了深刻剖析，其结论是要推翻资本主义私有制，并没有说要资本立即消失，而只是说生产资料(实际上它的价值形态就是资本)必须与劳动实现直接结合，即资本为少数人占有要变为大多数人共同占有。但后来的人把资本取缔了，把社会主义企业财产称为资产或资金。可是，实践却一再证明，至少在我们现在所处的时代，社会生产和再生产离不开资本。尤其是在现代市场经济中，资本就是经济活动得以继续的纽带，甚至整个世界的经济运行都离不开资本，它流向哪里，哪里的经济就活跃起来，它在哪里聚集和集中，哪里就走向繁荣。在社会主义经济建设过程中，人们虽然长期否认资本范畴，但它事实上一直存在，不以人们意志为转移，因此，我们不能不重新认识资本这个范畴。

按照马克思的阐述，资本就是能够带来剩余价值的价值。资本包含三层意思：一是资本本身必须具有价值，虽然其表现形态各异，但没有价值的东西不是资本；二是必须能带来剩余价值，虽有价值但不能带来剩余价值的，不能成为资本；三是只有在现实的物质生产过程中能够产生剩余价值的价值才是资本。

(二) 市场经济条件下对资本的定义

从现实经济发展中我们可以看出，资本与劳动结合形成现实生产力，实现价值增值，并创造出越来越多的社会财富。也就是说，有了资本才有价值增值部分的归属问题，归谁所有是资本的社会属性，过去我们过分强调资本的社会属性，而忽视了它还有另一面，即资本不管归谁所有、在谁手中，就其本质而言，都要实现价值增值，否则就不成为资本了——这就是资本的自然属性。资本能够带来增值这一自然属性的存在，使归谁所有显得非常重要。因此，资本应重新定义为是可以带来增值的价值，具有自然属性和社会属性两个方面。

在西方经济学理论中，资本是三大生产要素之一，另外两大要素是土地和劳动，这三大要素通常被称为基本生产要素。资本是一种被生产出来的要素，一种本身就是由经济过程产出的耐用投入品。从企业的角度来看，资本是一家公司的总财富或总资产，因而不仅包括货币资本(有形的资本)，同时也包括商标、商誉和专利权等无形的资本。

(三) 企业资本的构成形式

如今我们在研究宏观经济存量核算时，认为资本泛指一切投入在生产过程中的有形资本、无形资本、金融资本及人力资本。狭义的资本是指企业所有者(股东)的权益，包括资本金、资本公积、盈余公积和未分配利润。从资本的来源上区分，资本应作广义的理解，包括自有资本和借入资本。自有资本是企业资本运营的基础，是企业获取借入资本的基本前提；而借入资本可以使企业在能承担的财务风险下，扩大生产经营规模，提高自有资本的经营效益，是资本运营的艺术。

现实生活中，资本总是表现为一定的“物”，如货币、机器、厂房、原料、商品等。企业所拥有的资本构成大致上可以分为以下七种形式。① 货币资本，包括企业的库存现金、银行存款等货币资金；② 实物资本，包括存货和房屋、设备等固定资产；③ 无形资本，包括专利权、非专利技术、商标权、版权、土地使用权、商誉等；④ 金融资本，包括股票、债券、期权等投资；⑤ 管理资本，企业的组织机构、职能规划、激励机制等管理资源；⑥ 人力资本，企业各类雇佣劳动力；⑦ 产权资本，其他企业产权。

其中，人力资本是对人的投资而形成的资本，包括学校教育、在职培训及保健设施等支出。人力资本是一项能够给企业带来最大经济效益的重要的生产性投资。企业拥有高素质的人力资本，将能更好地吸收、组合各种生产要素，推动经济的迅速发展。

二、资本的功能

资本具有以下四方面的功能。

(1) 联结生产要素，形成现实的生产力，推动价值的增值和积累。在市场经济条件下，生产资料、劳动力及各类生产要素处于某种分离状态，它们只有通过资本购买，才能转化为现实的生产力。

(2) 联结流通要素，促进商品流通和货币流通，实现剩余价值和分配价值。流通要素从价值上看，就是流通资本的存在形式，只有流通资本的投入才能实现流通要素的结合。流通资本的根本职能在于通过促进商品流通和货币流通，完成剩余价值的实现和分配。

(3) 资源配置的职能。资本为了追求高利润率的投资场所，就会不断从利润率低的部门转出，再转入利润率高的部门，这必然带动资源从利润率低的部门转到利润率高的部门，从而优化资源的配置。

(4) 激励和约束的职能。为了追求超额利润，各企业必然努力改进技术，改善管理，降低个别成本，这是资本追求超额利润的激励功能。资本要取得较高的利润率，就要尽可能减少预付资本的投入和固定资本的占用，尽可能发挥现有资本的作用；就要尽可能节约不变资本的支出，消除原材料方面的浪费和闲置现象；就要尽量减少工资、奖金的支出。这些方面，客观上形成了对企业行为的有效约束。

三、资本的特征

资本的基本特征主要有以下五点。

(1) 资本的增值性。追求价值增值是资本的直接目的，也是资本最根本的特征。资本不同于货币的根本特征，在于它在运动中要带来剩余价值。如果资本不能在运动中带来剩余价值，也就不称其为资本了。

(2) 资本的竞争性。资本的增值本性决定了资本与资本之间必然要展开竞争。而竞争一旦形成，又会对资本的存在和运动产生一种外在的强制力，因此，竞争性既是资本内在属性的要求，又是对外在压力作出的反应。资本在部门之间的竞争表现为生产不同种类产品的生产者之间的竞争。竞争的目的是追求能取得高利润率的投资场所，竞争的手段是资本从利润率低的部门向利润率高的部门转移。竞争的结果是平均利润率和生产价格的形成，实现了等量资本要求等量利润的平等权力。

(3) 资本的运动性。资本增值是在运动中实现的，运动性是资本的重要特征。资本的运动性表现在资本循环和周转的无限性，以及资本向外转移的开放性两个方面：资本对于价值增值的无尽追求决定了资本不断地、周而复始地进行循环。资本运动包括实物形式的运动(物质替换)和价值形式的运动(价值补偿)。资本运动具有跨行业、跨地区、跨国界的全面开放性，不断地促进资本增量和存量调整，促进资源结构化、合理化的优化配置。

(4) 资本的独立性和主体性。资本的存在形式和运动形式具有独立性的特点。

微观资本要求有明确的利益和产权界区，要求独立地进行投资，表现为独立的利益主体，资本成为经济运动的一般主体或真正主体。

(5) 资本的开放性。在市场经济条件下，企业资本既可以自由地输入，也可以自由地输出。从企业资本的形成看，既有国内资本，也有国外资本；既有国有资本，也有法人资本和个人资本。从企业资本的输出看，它既可以从一种资本形态转向另一种资本形态，提高资本利润率，也可以向其他企业投资，如参股、入股等，以此来分散风险，发展壮大自己；既可以通过兼并、收购等途径扩大企业规模，也可以通过出售自己的部分产权来盘活存量资产，调整产品结构。资本这种开放性的特征，有利于资本的迅速积聚与集中，有利于资本规模的扩大与发展。

第二节 资本运营综述

本节我们主要从分析资本运营的本质、内容和特征，以及资本运营和生产运营的联系和区别等方面来了解资本运营的基本知识。

一、资本运营的本质

资本运营是一种新的管理理念，人们对它的认识和理解还很不一致。有的人认为资本运营是资本的管理、循环和生产的有机统一，即把它看成是与马克思所讲的资本的生产、循环与周转、积累等完全相同的经济运行过程；有人认为资本运营是指产权的交易，其中主要指中介机构的运营行为；有人认为资本运营是买卖股票、债券；有人认为资本运营是兼并、收购企业；有人认为资本运营是货币信贷。所有这些提法虽都与资本运营有关，但并未能准确地表述资本运营。如果把资本运营定义在上述一个个狭隘的范围之中，诸多产业就会因此而得不到发展。资本运营如果仅仅是炒卖股票、证券、产权，就会使资本运营也成为一种泡沫经济的行为。

其实，资本运营虽然要通过市场交易，要涉及资本所有者的变化，因而不可避免地与资本的社会属性有着千丝万缕的联系，但是，资本运营主要是依据资本的自然属性来运用和发挥资本的功能的。如果认真考察各类企业行为和整个社会经济运动，就能很明显地看出，资本的本质特征就是要增值。

因此，所谓资本运营，是一种通过对资本使用价值的运用(包括直接对资本的消费和利用资本的各种形态变化)，在对资本作最有效使用的基础上，为实现资本赢利的最大化而开展的活动。资本运营以资本增值为目的，与资本相伴随，存在于社会经济生活的各个领域之中。换句话说，资本运营就是要在资本安全的前提下，通过对资本的运作，实现资本的最大收益。资本运营无论以什么形态出现，它的内涵都是相同的：一是以赚钱为动机；二是必须按照市场规律运行；三是受竞争规律的支配。但资本运营与一般意义的投资不同，区别至少有三个方面：一是资本运营不仅仅是货币形态的投资，也包括实物形态(土地、厂房、机器设备等)、科技形态(专利、品牌等的转让、参与、合并等)的投资；二是它与我们过去计划经济条件下的投资不同，过去的投资是不讲效益甚至不计后果的投资，而资本运营的目的很明确，就是要追求效益的最大化；三是虽然投资是资本运营的重要内容，但不是所有投资都属于资本运营，如在市场经济条件下，有的投资是为了社会公益事业，如学校、医院、福利机构、市政设施等，虽然是社会所必需的，但不是以获利为目的的，这样的投资就不属于资本运营。

可见，资本运营的本质，就是要通过资本交易或使用，不断变换形态，以价值管理为中心，求得资本增值的最大化。

二、资本运营的内容

资本运营的内容广泛，根据资本的运动过程可划分为资本的组织、投入、运营、产出和分配等环节。

(一) 按资本的运动状态划分

按资本的运动状态，可以将资本运营划分为存量资本运营和增量资本运营。所谓存量资本运营，是指投入企业的资本形成资产后，以增值为目标而进行的企业经济活动，既包括直接生产过程的资产使用(这也是全社会资本增值的最终来源)，又包括运用兼并、租赁、破产、联合、股份制等产权转让方式，促进资本存量的合理流动和优化配置。增量资本运营实质上是企业投资行为，即对企业的投资活动进行筹划和管理，包括投资方向的选择、投资结构的优化、筹资与投资决策、投资管理等。

(二) 按资本运营的形式划分

按资本运营的形式，可以将资本运营划分为实业资本运营、产权资本运营、金融资本运营及无形资本运营等。

第一，实业资本运营，是指企业以实业为运营对象，将资本直接投入生产运营活动所需要的固定资本和流动资本之中，以形成从事商品生产或者提供服务的运作过程，其最终目的就是运用资本投入所形成的实际生产能力，从事商品生产、销售或提供运营服务等具体运营活动，以实现资本保值、增值。实业资本运营分为固定资产投资和流动资产投资两类，是企业资本运营最基本的方式。

第二，产权资本运营，其对象是产权。产权是指法定主体对财产所拥有的占有权、使用权、收益权和处置权的总和，是由所有权派生出的权利。产权的基础和核心是所有权，是一种价值形态的财产权益，其客体不仅局限于生产资源等有形物品，还包括对无形资产的占有等一切能使自己或他人受益的权利。产权资本运营的主要方式是产权交易。通过产权交易，可以使企业资本得到集中或者分散、转产，从而优化企业资本的结构。产权资本运营包含两层含义：一层是资本所有者及其代理人依据出资者的所有权，运营企业的产权资本，以实现资本的保值增值目标；另一层是指企业运营者依据企业的法人财产权，运营企业的法人资产，以实现企业法人财产的保值、增值。前者可以通过诸如合资等方式改变企业的资本结构，使投资主体多元化，实现资本的扩张，也可以通过产权的转让或收购分散风险，还可以通过投资全资子公司或控股子公司，实现对其产权进行运作的目的；后者可以通过资本交易，实现资本在实物形态与货币形态之间的转换，改变不同形态资本在总资本中的比重。企业进入产权交易市场进行购并、租赁等活动，实现产权资本运作，可以盘活闲置资产，增强企业资本实力，打破行业壁垒，优化资源配置。

第三，金融资本运营，是指企业以金融资本为对象进行的一系列资本运营活动。它不涉及具体实物(如原料、厂房、设备等)运作，而主要以有价证券等形式进行交易；它不参与直接的生产运营活动，只是以金融资本的买卖为手段，力图通过一定的运作方法和技巧，使自身所持资本升值。金融资本运营为企业的投融资活动提供了一种新的方法和途径。长期以来，我国企业大都局限在实业资本运营方式为主的圈子里，不懂得也不善于运用金融资本进行运营，这是我国目前市场经济远没达到成熟状态的表现之一。

第四，无形资本运营。企业的资本由有形资本和无形资本组成。无形资本是资本化的无形资产，即无形资产的价值形态。无形资产是指不具有实物形态、一般在较长时期内才能为主体带来利益的资产，如专利权、商标权、著作权、非专利技术等知识产权。无形资本运营，即企业对所拥有的无形资产进行运筹、策划、交易、推广，使其实现价值的最大增值。

总的来说，资本运营虽然涉及的内容广泛，但总体包括两个主要方面：一是通过市场对不同形态的资本进行买卖活动；二是通过对资本使用价值的运用，实现资本增值的增大化。

三、资本运营的特征

资本运营作为一种经济活动，具有许多重要特征，深刻认识这些特征，对于研究和掌握资本运营的规律意义重大。

(1) 资本运营是以价值形态管理为原则的企业运营理念。它要求把可以利用和支配的一切资源、生产要素都看做能运营的价值资本，不仅考虑有形资本的投入产出，而且注重专利、技术、商标、商誉等无形资本的投入产出，全面评估企业所有投入要素的价值，充分挖掘各种要素的潜能，以最少的资源要素获得最大的收益。资本运营不仅重视生产运营过程中的实物供应、实物消耗、实物产品，更关心价值变动、价值平衡、价值增值。

(2) 资本运营注重资本的流动性。企业资本的流动性，包括狭义和广义两种含义。狭义是指企业流动资本的流动，往往表现为与企业的产品连在一起的物质流和资金流；广义是指企业的各类资本在形态、结构、地区乃至产权关系等方面的流动。资本运营所涉及的资本流动的表现方式有直接实物投资、证券交易、借贷信用、产权交易、融资租赁、期货买卖等。

(3) 资本运营是一种开放式的运营。资本运营不仅要突破地域概念、打破传统的级别管辖、跨越行业壁垒，实行多元化运营战略，而且可以在不同所有制之间通过产权交易实现流动，表现出生产运营无可比拟的开放性。

(4) 资本运营更是风险性运营。现代市场经济条件下，企业生存的环境变幻莫测，资本运营的赢利性总是和风险性相伴而行的。马克思曾形象地把商品交换比做“惊人的一跳”，即交换不成功，则私人劳动不能转化为社会劳动。资本运营的风险发生范围更大，充满融资、投资、交易的所有过程。资本运营需要用到各种规避风险的方式。

四、资本运营与生产运营

随着股份公司和证券市场的迅速发展，所有权和运营权出现分离，企业的资本运营也分离为所有者对资本的运作和运营者对资本的运作两个层次，具体由公司的章程所规定的职责范围和程序来行使。由于证券市场的进一步发展和产权市场的形成，资本运营的内容和形式不断拓展，产权交易的扩大又推动了生产运营的迅猛发展。20 世纪 30 年代以来，西方国家的企业普遍将资本运营的原则和方法运用于生产运营管理之中，将资本运营与生产运营在更高的层次上结合起来。所有者侧重于资本运营，运营者按照资本运营的要求侧重于生产运营，保证资本保值、增值，提高资本效率和效益。

(一) 资本运营与生产运营的区别

(1) 运营领域不同。资本运营主要是在资本市场上运作，而企业生产运营涉及的领域主要是产品生产、原材料采购和产品销售，主要是在生产资料市场、劳动力市场、技术市场和商品市场上运作。

(2) 运营对象不同。资本运营的对象是企业的资本及其运动。资本运营侧重的是企业运营过程的价值方面，追求资本增值。而生产运营的对象则是产品及其生产销售过程，运营的基础是厂房、机器设备、产品设计、工艺、专利等。生产运营侧重的是企业运营过程的使用价值方面，追求产品数量、品种的增多和质量的提高。

(3) 运营方式不同。资本运营要运用吸收直接投资、发行股票、发行债券、银行借款和租赁等方式合理筹集资本；要运用直接投资、间接投资和产权投资等方式有效地运用资本，合理地配置资本，盘活存量资本，加速资本周转，提高资本效益。而生产运营主要通过调查社会需求，以销定产，以产定购，加强技术开发，研制新产品，革新工艺、设备，创名牌产品，开辟销售渠道，建立销售网络等方式，达到增加产品品种、数量，提高产品质量，提高市场占有率和增加产品销售利润的目的。

(二) 资本运营与生产运营的联系

(1) 目的一致。企业进行资本运营的目的是追求资本的保值增值，而企业进行生产运营，即根据市场需要生产和销售商品，目的在于赚取利润，以实现资本增值，因此生产运营实际上是以生产、运营商品为手段，以资本增值为目的的运营活动。

(2) 相互依存。企业是一个运用资本进行生产运营的单位，任何企业的生产运营都是以资本为前提条件的，如果没有资本，生产运营就无法进行，如果不进行生产运营活动，资本增值的目的就无法实现。因此，资本运营要为发展生产运营服务，并以生产运营为基础。

(3) 相互渗透。企业进行生产运营的过程，就是资本循环周转的过程，如果企业生产运营过程供产销各环节脱节，资本循环周转就会中断；如果企业的设备闲置，材料和产品存量过多，商品销售不畅，资本就会发生积压，必然使资本效率和效益下降，因此资本运营与生产运营密不可分。

在市场经济条件下，企业家既要精通生产运营，又要掌握资本运营，并把两者密切结合起来。生产运营是基础，资本运营要为发展生产运营服务。通过资本运营，更好地发展生产运营；只有生产运营搞好了，资本运营的目标才能实现。忽视任何一方面，或者以为资本运营是高级的运营形式，盲目地从生产运营转向资本运营，都是错误的。

(三) 企业从生产运营转向资本运营的重要意义和作用

我国企业从生产运营转向资本运营，具有十分重要的意义，具体地说有以下四个方面。

1. 有利于推进企业制度创新和管理创新的同步发展

目前，企业成为市场主体、盈亏主体、投资主体和管理主体，经营机制发生了根本性的变化。企业在管理思想上必须适应社会主义市场经济的需要，适应集约化经营的特点，适应国际通行惯例的要求；在管理内容上(包括管理组织、管理人才、管理基础、管理方法等一系列问题)必须全面进行创新实践。其中，资本运营型管理就是这一创新活动最重要的课题。有计划有步骤地开展资本运营活动，就可以使公司制度创新优势形成一股强大的合力，不断推动企业生机勃勃地向前发展。

2. 有利于公司经营集约化、多角化、集团化、国际化

资本既是一种生产要素，又是一种特殊的商品，企业管理向资本经营型转变，事实上意味着企业全部资产已经由实物化、存量化、封闭化转为价值化、货币化、证券化、社会化，总之，死钱变成了活资本。那么如何经营好资本这样一种特殊商品，就成为摆在众多企业面前的紧迫课题。一是通过资本联合、重组，实行集约化经营，壮大公司本部实力。二是通过资本的流动、组合，调整产业结构和产品结构，变单一产业、单一产品为多产业、多产品，实施多支柱策略。三是通过资本的控股、兼并，实行母子公司体制，发挥社会控制效应，形成资本规模优势。四是通过引进外资和向国外投资，增强国际市场竞争能力，实行国际化经营，形成资本国际化优势。

3. 有利于促进我国资本市场的发育和成熟

资本市场在我国已经悄然兴起，如金融市场、证券市场、期货市场、房地产市场、产权交易市场等，都有了相当大的发展。现代公司资本经营型管理，能够促进规范、完善、公开、公正、公平的产权交易市场的形成，同时也能促进其他市场的发育，从而使我国资本市场早日成熟起来。

4. 有利于培育和造就一支现代企业家队伍

实行资本运营型管理，风险和机遇同在，这就向企业家提出了新的更高的要求：经营责任更重，经营风险更大，经营本领更高。因此，实行资本经营型管理，就是要使企业家的思想能够适应市场经济新的要求，实现经营战略从生产运营型向资产运营和资本运营的飞跃，造就一支高水平的企业家队伍。

第三节　资本运营的目标

资本运营的目标就是实现资本最大程度的增值。资本最大程度增值对于企业来说，可表现为以下三个方面。

一、利润最大化

企业将资本投入生产运营的目的是获得经营收入及其他收入，同时不可避免地要发生各种成本、费用。如果收入大于成本费用，企业获得利润；如果收入不足以弥补成本费用，则企业亏损。企业获得利润则意味着资本增值，企业亏损则意味着资本亏损。为了实现资本最大程度增值这个总体目标，企业就必须千方百计地增加收入，降低成本费用，实现利润最大化。为了追求资本的增值，往往还要运用财务杠杆，因此资本运营中的利润，既包括自有资本的利润，也包括借入资本的利润。利润的多寡在某种程度上与企业经济效益的高低和企业竞争能力的大小呈正相关关系。

但是这里的利润指的是企业生产运营和资本运营所实现的利润总额，没有考虑具体时间，既没有考虑资金的时间价值，也没有考虑为获得利润应承担的相应的风险，更没有考虑所获利润与资本投入之间的关系。利润绝对数指标因而会导致不同资本规模的企业之间难以进行横向比较，同一企业在不同时期所获利润也难以进行纵向比较；还会使企业片面地追求利润最大化，从而导致企业的短期行为等。

二、所有者权益或股东权益最大化

所有者权益在会计科目中包括实收资本、资本公积、盈余公积和未分配利润等内容，它是投资者对企业净资产的所有权。在股份制条件下，企业所有者的权益也就是股东权益。企业在一定时期实现的利润越多，投资者从税后利润中提取的盈余公积和分配的利润就越多。盈余公积可用于弥补企业亏损，也可用于转增资本，从而使投资者投入企业的资本增多。从这方面讲，所有者权益最大化和利润最大化存在一致性，但利润最大化也可以通过损害所有者权益来实现。

所有者权益或股东权益最大化是通过财务上的合理经营，为投资者或股东带来最多的财富，而股东财富是股东所持有的股票数量与股票市价的乘积，因此股票市价就成了财务决策所要考虑的最重要因素。所有者权益或股东权益最大化这一指标的优点是科学地考虑了风险因素，因为风险的高低会对股票价格产生重要影响；在一定程度上能够克服企业的短期行为，因为不仅当前的经营业绩会影响股票价格，投资者的心理预期也会对企业未来股票价格的走向产生重要的影响。但此指标也存在一定的缺陷：首先其仅仅局限于投资者或股东的利益，没有考虑其他相关者的利益；其次股东权益的大小受股票价格的影响，而股票价格的波动、变化可能与企业的实际经营业绩完全脱节。

三、企业价值最大化

企业价值是指企业全部资产的市场价值,它反映了企业潜在或预期的获利能力。通常采用收益现值法，即按照一定的贴现率计算未来经营期间内每年的预期收益之和来对企业价值进行评估。全部资产的市场价值如果大于企业全部资产的账面价值，则说明企业的资本增值了。

尽管企业价值的衡量比较复杂，但与前两个指标比较起来，企业价值最大化具有全面性。将企业价值最大化作为目标，即以企业未来现金流量的现值最大化为导向，就要求企业将取得的报酬按资金的时间价值进行计量；由于贴现率的大小取决于风险因素，所以企业价值最大化目标也考虑了风险价值的因素；企业的当前收益与未来收益都对企业价值产生影响，有利于克服企业追求短期利益的行为。与所有者权益最大化目标相比，企业价值最大化更强调风险与报酬的均衡，并将风险限制在企业可以承受的范围之内；企业价值最大化更注重现金流量，从而有利于企业的可持续发展。

以上三个“最大化”在某种程度上存在一致性：只有实现利润最大化，才能实现所有者权益最大化和企业价值最大化。值得一提的是，在市场经济条件下，在兼并、收购等场合，甚至还可把企业作为一个整体出售，因此，在企业资本运营中，要注意企业利润最大化和企业所有者权益最大化，更要重视企业价值最大化。

第四节　资本运营的模式及原则

随着我国市场经济的发展和成熟，传统的企业增长方式已无法适应现今的发展要求。企业只有通过拓展资本形式、优化配置资源、增强核心竞争力等方式，才能最大限度地实现资本增值。目前，企业的资本运营基本上可以分为资本扩张与资本收缩两种模式。

一、资本扩张型运营模式

资本扩张是指在现有的生产经营规模和资本结构下，企业通过内部积累、资本市场融资、追加投资和购并外部资源等方式，实现资本规模和生产规模的扩张。主营业务突出、赢利能力强、资产负债状况优、信誉状况良、能找到新的发展项目的企业，适宜采用扩张型资本运营模式。根据企业产品的发展方向和产权流动的轨道，资本扩张有三种类型可供选择。

1. 横向型资本扩张

横向型资本扩张是指企业为了提高现有产品的市场占有率，采用资本运营的手段扩大生产经营规模，并购同一产业的企业产权或企业资产，进而实现资本扩张。横向型资本扩张不仅能提高企业产品的市场占有率、减少竞争者的数量，而且能改善市场供求关系，有效解决市场的有限性与行业生产能力不断扩大之间的矛盾，能促进行业的健康发展和宏观经济的协调发展。

基础能源和资源类企业，适宜采用横向型资本扩张模式。例如，2006 年 8 月 30 日，西藏珠峰工业股份有限公司(珠峰)公布其资产收购方案，将收购关联方西部矿业股份有限公司拥有的 1 万吨和 3 万吨两条锌冶炼生产系统的经营性资产和负债。根据方案，该次拟收购资产总额为 15 720.48 万元，占珠峰 2005 年度合并报表资产总额的 57.6%，属于重大资产收购行为。此次拟收购资产将从根本上改善公司赢利能力。

2. 纵向型资本扩张

纵向型资本扩张是指企业采用资本运营的手段，并购与本企业产品有上下游关系的企业产权或企业资产，或直接投资与本企业产品有上下游关系的产品生产，从而实现资本扩张。纵向型资本扩张不仅能使企业将供应端和销售端的产品纳入控制范围，提高企业对市场的控制力，而且能有效促进相关行业的健康、协调发展。

格林柯尔集团是全球第三大无氟制冷剂供应商，处于制冷行业的上游。收购下游的冰箱企业，既有利于发挥其制冷技术优势，同时也能直接面对更广大的消费群体。从 2002 年开始，格林柯尔集团先后收购了包括广东科龙电器股份有限公司、合肥美菱日用电器有限公司等五家企业及其生产线。通过这一系列的并购活动，格林柯尔集团已拥有 900 万台的冰箱生产能力，居世界第二位、亚洲第一位，具备了打造国际制冷家电航母的基础。格林柯尔集团纵向产业链的构筑，大大提高了其自身的竞争能力和抗风险能力。

3. 混合型资本扩张

混合型资本扩张是指兼用横向型与纵向型资本的扩张模式，或直接投资，或并购与本企业产品不同或没有上下游关系的企业产权或企业资产，从而实现资本扩张。混合型资本扩张可以分散经营风险，提高企业的经济环境适应能力。

实施多元化经营战略的现代企业集团，适宜采用混合型资本扩张模式。例如，美的集团一直是我国白色家电业的巨头，2003 年的销售额达 175 亿元。在 20 年的发展历程中，美的集团从来没有偏离过家电这一主线。专业化的路线使美的风扇做到了全国最大，使空调、压缩机、电饭锅等产品做到了全国前三名，巨大的规模造就了明显的规模优势。然而，随着家电行业竞争形势的日益严峻，进军其他行业、培养新的利润增长点成为美的集团的现实选择。与此同时，美的集团在资本、品牌、市场渠道、管理和人才优势等方面也具备了进行多元化经营、资本化运作的能力。

审时度势之后，美的集团毅然作出了从相对单一的专业化经营转向多元化经营发展的战略决策。2003 年 8 月和 10 月美的集团先后收购了云南客车厂和湖南三湘客车有限公司，正式进入汽车业。此后不久，又收购了安徽天润化学工业股份有限公司，进军化工行业。在未来的几年中，美的集团将以家电制造为基础平台，以美的集团既有的资源优势为依托，以内部重组和外部并购为手段，通过对现有产业的调整和新产业的扩张，实现多产业经营发展的格局，并最终发展成为多产品、跨行业、拥有不同领域核心竞争能力和资源优势的大型国际性综合制造企业。

二、收缩型资本运营模式

收缩型资本运营是指企业把其拥有的一部分资产、子公司或分支机构转移到公司之外，或进行公司分立，以缩小公司规模的运作活动。但收缩运作的目的或结果并不是把企业做小，而是通过对企业经营业务的重组，达到突出主营业务，提高企业运行效率和实现企业价值最大化的目的，从而为企业的发展创造条件。收缩型资本运营通常是“弃小保大”，放弃规模小、贡献小、与企业核心业务没有协同效应的业务，当这部分业务被收缩掉以后，原来支持这部分业务的多种资源就会相应转移到被保留的重点发展的核心业务上去，从而使企业集中力量发展重点业务。收缩型资本运营的主要实现形式有四种。

(一) 资产剥离

资产剥离是指企业把其所属的一部分资产剥离出来，出售给第三方。被剥离的资产形态可能是流动资产、固定资产、子公司或分公司，是不符合企业发展战略目标的资产。通过把这些资产剥离出去，突出主营业务的发展。例如，1998 年，深圳、上海两地证券市场共发生 606 起上市公司资产重组事件，其中资产剥离重组有 93 起，占全部重组数的 15%。

(二) 公司分立

公司分立是指企业把其拥有的某一子公司的股份，重组给母公司的股东，使子公司从母公司的经营中分离出去，形成一个与母公司有着相同股东的新公司。公司分立后，母公司可以集中力量发展主营业务，分立的新公司可以单独面向市场寻求发展机遇。

(三) 分拆上市

分拆上市是指企业把其拥有的某部分业务和资产独立出去，公开招股上市，或已上市公司将其拥有的某部分业务和资产独立出去，另行公开招股上市。“分拆”使企业规模收缩，但“上市”又实现了企业规模的扩大和资本的扩张。例如，TCL 集团股份有限公司(简称 TCL)发布公告称，公司已于 2004 年 8 月 17 日获得中国证券监督管理委员会(简称中国证监会)的批复，批准下属公司——TCL 国际控股有限公司(在开曼群岛设立的香港地区上市公司)进行分立，分立后的新公司——TCL 通讯科技控股有限公司(简称 TCL 通讯，在开曼群岛设立)可在香港交易及结算所有限公司主板上市。

(四) 股份回购

股份回购是指股份有限公司为了达到股本收缩或改变资本结构的目的，购买本公司发行在外的股份的内部资产重组行为。在实际操作中，股份公司进行股份回购的原因一般有五种：第一，保持公司的控制权；第二，提高股票的市场价值，改善公司形象；第三，提高股票的内在价值；第四，保证公司高级管理人员认股制度的实施；第五，改善公司的资本结构。例如，2000 年 9 月，上海海立(集团)股份有限公司回购并注销 4206.2753 万股国有股；2000 年 10 月，云南云天化股份有限公司以当年中报每股净资产 2.83 元的价格回购了 2 亿股国有股；2000 年 12 月，长春高新技术产业集团股份有限公司回购 7000 万国有股，作价标准为 2000 年中报每股净资产 3.44 元。

三、其他资本运营模式

其他资本运营模式主要包括五个方面：① 内部资产重组，通过改变企业内部所有制结构，合理分配内部资源，提高资产赢利能力。这一方法已在国有企业公开上市、提升主营业务竞争力等企业经营过程中广泛采用。② 战略联合作为企业重组的一种演化形式，具有比企业重组、兼并更强的灵活性和反应力，现已成为一种全新的资本运作方式，为众多跨国公司所运用。③ 运营无形资产，包括运用品牌效应、管理优势、销售网络等无形资产进行股权投资、吸引外资、资本扩张。④ 证券交易，包括不以收购为目的的股票投资、期货投资和债券投资。⑤ 资产租赁，通过成立资产租赁公司等形式，出租企业的闲散资产，盘活资本存量，使闲置资本充分发挥作用，最大程度地提高资产的利用率。

四、资本运营创新模式的探索

1. TCL——整体上市模式

2004 年 1 月，TCL 的“阿波罗计划”正式得以实施，即 TCL 吸收合并其旗下上市公司 TCL 通讯，实现整体上市。原 TCL 通讯注销法人资格并退市，TCL 向 TCL

通讯全体流通股股东换股，并同时发行 TCL 人民币普通股，TCL 通讯的全部资产、负债及权益并入 TCL。整体上市为 TCL 筹资 25.13 亿元，这给集团带来了产业扩张的新契机，也为其带来一个新的、更大的资本运作平台，是企业集团资本运营的一个里程碑。企业要面对全球化竞争，要做大做强，就需要资金，金融资本集资是最有效的方式，集团上市后无疑可以让集团更加有效地通过集资发展自身。而在行业整合、产业重组方面，让大集团完全靠现金收购来进行产业重组显然不太现实，整体上市可以让大集团通过股权收购实现更有效的扩张，因此对大集团来说具有重大意义。

2. 德隆集团——行业整合模式

产业规模很大、很分散，怎么整合？德隆集团(简称德隆)的选择是，把资本运营作为产业整合的手段。通过资本运营，收购同行业中最优秀的企业，然后通过这个最优秀的企业去整合和提升整个行业。

德隆把资本运营与产业整合相结合，将二级市场与一级市场相结合。德隆现在控股 5 家上市公司，其做法是，把证券市场作为企业整合的一个手段。德隆一般不孤立投资一个项目，其投资某个项目，是为了整合整个行业。例如，为了整合新疆水泥行业，首先控股新疆屯河水泥有限责任公司 70%以上的股份，然后把新疆屯河水泥有限责任公司的水泥生产能力卖给新疆天山水泥股份有限公司(简称天山股份)，用所得资金购买天山股份的控股股权，从而控股天山股份，再通过天山股份整合整个新疆的水泥业。而中粮屯河股份有限公司立志做红色产业，在国外与亨氏集团合作，进入欧洲的蕃茄酱市场，并变成亚洲最大的番茄酱生产和出口企业；在国内控股汇源集团，迅速打开国内饮料市场。

3. 海尔集团——产融资本结合模式

当产业资本发展到一定阶段时，由于对资本的需求不断扩大，就会开始不断向金融资本渗透；而金融资本发展到一定阶段时，也必须要寻找产业资本支持，以产业资本作为金融产业发展的物质基础。于是，产业资本与金融资本的融合就成为市场经济发展的必然趋势。

2002 年 9 月，海尔集团财务有限责任公司正式成立，这标志着海尔集团全面吹响了进军金融业的号角。同年 12 月，海尔集团与全球最大的保险公司之一——美国纽约人寿保险公司携手成立海尔纽约人寿保险有限公司。而在一年的时间里，海尔集团已先后控股青岛市商业银行、鞍山市信托投资股份有限公司、长江证券股份有限公司。如此，海尔集团在金融领域已经涵盖了银行、保险、证券、信托、财务公司等业务。海尔集团投资金融业，真正开始搭建一个跨国公司的框架，由于金融业本身良好的资金流动性，产融结合将为海尔集团的资金链加入润滑油，加速其资金融通，为海尔集团冲击世界500强提供强劲的资金动力。

资本运营的形成既有企业内部的动因，也有企业外部环境的支持。重视资本运营的战略地位，借鉴成功的运营模式，并在现实的运作中不断地探索和创新，这对我国企业集团的发展有着深远的意义。

五、资本运营管理的基本原则

企业资本运营并没有统一的固定模式，但基本的运营原则需要遵循。掌握资本运营原则是资本运营活动取得预期目标，实现资本增值的基本保证。资本运营的基本原则有以下七个方面。

(1) 资本系统整合原则。指加入企业的每个资本要素、每个运转环节构成了一个完整的资本运行系统。资本运营的思想应贯穿于该系统的每一部分，使其整体功能得到最优发挥。资本系统的整合原则要求在资本运营过程中要以资本的最大增值为目标，以投资回报率为指标，实现资本系统整体的最大增值。

(2) 资本结构最优原则。资本系统中的各资本要素是以一定的结构存在的，包括资本在流通环节上的纵向结构——货币资本、生产资本及商品资本结构等，以及在不同经营方向上的横向结构——资本的产业结构、产品结构、风险结构、技术结构、空间结构和时间结构等。只有优化资本结构，才能使各资本要素发挥最大作用，保证资本增值最大目标的实现。

(3) 资本运营机会成本最小原则。企业的经营方向是可变的，资本要不断从那些赢利性低的部门退出，畅通地进入赢利性高的领域。

(4) 资本经营的开放原则。资本运营是开放性的，不应只着眼于企业自有的各种资本，还要充分利用客观资源配置的一切机制和条件，如信用、租赁制度等，调动非企业所有的各种社会资本加入企业的经营系统中，以最小的总预付资本推动最大的经营规模。

(5) 资本周转时间最短原则。资本周转速度的快慢决定了资本增值的快慢，资本运营应尽可能缩短资本周转的周期，提高流动速度，从而提高投资回收率。

(6) 资本规模最优原则。企业的资本运营规模不是越大越好，而应保持适当的规模，才能既获得规模效益又不会因管理层次的增加而导致信息成本、监督费用的增加。

(7) 资本风险结构最优原则。一方面，投资的风险与收益成正比，即风险大，收益也大，风险小，收益也小，高收益往往要冒较大的风险；另一方面，只有获利能力强的企业才能真正有实力维护资本运营的安全，获利能力低下的企业在激烈的市场竞争中，往往无法避免风险。因此，企业必须同时考虑收益和风险两个因素，投资在风险大小及收益大小之间应合理搭配，适时捕捉有风险的机遇。要进行投资风险组合，即投资要在不同产业、不同产品、不同风险的项目间进行组合，既保证资本的安全性，又保证资本的增值性。另外，资本运营同时还面临利率、汇率波动的风险和通货膨胀的风险，如金融资本特别是货币资本，会随通货膨胀的升高而贬值，因此要通过套利保值来回避风险。

[案例分析] 海尔集团的资本运营透视

一、海尔集团背景介绍

海尔集团的前身是青岛冰箱总厂。在成立集团之前，总厂是一个亏损 147 万元的集体小厂，当时人们的质量意识还相当淡漠。1985 年 4 月，总厂当众砸毁了 76 台有严重质量问题的冰箱，极大地提高了工人们的质量意识，这样做的结果是冰箱厂于 1988 年荣获国家质量奖，于 1990 年获电冰箱行业唯一的国家质量管理奖，并连续五年被全国消费者评为“最受欢迎的轻工产品电冰箱类”第一名。这时的总厂，无论是品牌的知名度还是在产品质量、服务质量上，都达到了一个空前的高度。

1991 年 12 月份，以青岛电冰箱总厂为核心企业，以空调器厂、冷柜厂为紧密层企业，经过改制，组建了海尔集团。海尔集团通过技术开发、精细化管理、资本运营、兼并控股及国际化，迅速成长为在全国 500 强中名列前 30 位的大型企业集团(1996 年)。目前海尔集团产品包括电冰箱、冷柜、空调器等 13 个门类 5000 余个规模品种，并批量出口到欧美、日本等发达国家和地区，成为名副其实的中国家电第一名牌。

二、海尔集团的资本运营过程

通过资本运营，实现低成本扩张策略，有两种最显著的方式，一是通过股权融资，募集社会资金；二是以无形资产兼并有形资产，进行兼并重组，实现高效率的规模扩张。

从青岛电冰箱总厂发展到现在，随着企业制度的完善和管理的深化，海尔集团在企业兼并及盘活资产方面，经历了三个发展阶段。

第一个阶段(1988~1990 年)，主要是投入资金，全盘改造。

青岛电冰箱总厂通过与德国利勃海尔集团合资，引进了先进技术，生产水平有了大幅度提高，同时，狠抓产品质量，大力开拓国内市场。1985 年 6 月，生产出我国第一台四星级冰箱，于 1988 年荣获中国冰箱史上第一枚金牌。经过几年的艰苦奋斗，青岛电冰箱总厂的管理水平和经济效益都有所提高。在这种背景下，总厂开始考虑由原来的单一产品经营向多种产品经营转变。1988 年总厂兼并了当时的青岛电镀厂，将其改造为青岛微波电器厂，通过为微波电器厂注入资金并引进生产设备，使其经营管理和企业效益都有了大幅度提高。

第二阶段(1991~1994 年)，主要是投入资金，输入管理，扩大规模，提高水平。

在此期间，青岛电冰箱总厂无论是品牌的知名度还是产品质量、服务质量，都达到了一个新的水平；经多年探索后首创的全方位优化(OEC)管理获得了三位领导的肯定，被原国家经济贸易委员会向全国推广，各地企业纷纷竞相学习，一时传为佳话。但从全国范围来看，总厂规模还相当小，年产电冰箱仅 30 万台，而要在中国家电市场获得发展并逐步走上国际市场，必须提高企业的综合竞争力。为了壮大实力，实现强强联合，总厂于 1991 年兼并了原青岛空调器厂和青岛冷柜厂，通过投入资金，狠抓企业管理，推广海尔文化，依托海尔的品牌和服务网络，经济效益得到了可喜的提高。1992~1996 年，冷柜、空调的产量分别提高了 4 倍和 14 倍。

第三阶段(1995 年至今)，主要是以无形资产盘活有形资产，将海尔名牌及 OEC 管理体系移植到被兼并企业中，转换机制，实现精神变物质。

这一阶段的典型案例是海尔集团兼并原青岛红星电器有限公司(简称红星电器)。该公司原来在青岛是与青岛电冰箱总厂齐名的企业，其生产的琴岛夏普洗衣机是国内三大名牌洗衣机之一，但由于管理不善，企业缺乏凝聚力，企业效益连年滑坡。

而海尔集团接管红星电器后，将它改组为青岛海尔洗衣机有限公司，在输入成套管理模式的基础上，以对人的管理为重中之重，把海尔集团的一系列企业经营理念贯注于员工身心，由此来统一企业的思想，锻造员工的意志，重铸企业的灵魂。这些理念像一只无形的手将原来的几乎溃不成军的职工队伍凝聚起来，并提升到一种有序、自律、迅捷的作业状态，使其散发出强大的生命张力，使企业获得了超常发展。

海尔集团资本运营的模式就是“吃休克鱼”，兼并一个企业时主要考虑兼并之后能否带来效益，而不以该企业的财务报表为依据。为了“休克鱼”的复苏，有时需要付出资金，但如果可以很快在一个领域里占据较大的市场份额，就值得付出资金。在兼并红星电器时，它亏损了近 2 亿元，但比起重新建厂还是很划算的，而且红星电器的设备、销售网络还比较完善，只要把经营管理抓好，整个企业很快就能发展起来。当时，海尔集团派去的第一个部门，不是财务，不是科研，而是海尔企业文化中心。他们深入红星电器员工之中，耐心讲述“敬业报国，追求卓越”的海尔精神，讲述 OEC 管理的深刻内涵。这就是海尔集团的企业文化，其精髓就是“先造人才，再造名牌”、“造物先造人”。正是通过用企业文化这种独特的无形资产来盘活有形资产，海尔集团由此创造了中国大企业集团资本运营里程上的新思路、新模式。

三、海尔集团的成功启示

海尔集团在 10 年多的时间里取得了世人瞩目的成就，特别是在资本市场及企业兼并重组方面，取得了巨大成功，归纳起来，原因不外乎两点。

(1) 进入资本市场的目的。海尔集团是 1993 年通过冰箱股票上市才进入到资本市场的。进入资本市场，其目的不是简单地筹集资金，而是通过改制使企业的资本利润率不断提高，从而保证企业整个资产的保值、增值，使股民的利益从根本上得到保证。

(2) 在企业兼并重组方面，其成功之处在于有成功的企业文化和成熟的可扩大推广的海尔管理模式。海尔集团通过向被兼并企业注入海尔企业文化和管理模式，从根本上改变员工的思想；通过把海尔集团“敬业报国，追求卓越”的企业精神及“迅速反应，马上行动”的工作作风灌输到每个员工心里，使整个企业的精神风貌有一个质的飞跃，使企业形成一种凝聚力。

四、点评

纵观世界上著名的大企业、大公司，没有一家不是在某个时候以某种方式通过资本运营发展起来的，也没有哪一家是单纯依靠企业自身利润的积累发展起来的。海尔集团发展如此迅猛，完全得益于其有效的资本运营模式，得益于其抓住有利时机，实现了低成本的资本扩张，特别是其运用无形资产进行并购，获得了巨大的成功。通过“吃休克鱼”式的企业兼并、重组，通过向被兼并企业输入海尔文化，转变观念，转换机制，实现精神变物质，提高“联合舰队”的整体战斗力，使海尔产品种类迅速增加，整体竞争力大大增强。

五、相关知识：企业实施资本运营的模式

企业的资本运营有许多模式，主要有以下八种。

(1) 资产重组。企业通过改革所有制关系，改善所有制结构，建立起资本运营者的监督机制，提高资本运营的质量。通过改制，吸收社会闲散资金，促进资本运作。

(2) 兼并。企业以购买方式承担债权债务，兼并劣势企业，发展新产业群体，促使低效益企业生产要素向高效益企业流动，实现产业结构和产品结构的调整和优化，提高资源利用率和规模资本效益，形成新的资本发展优势。

(3) 参股。企业以部分资本参股其他股份制企业，让企业已有的存量资产发挥作用。

(4) 合资合作。企业与外商合资、合作，与大企业挂靠联营，借外力扩大资本存量，既运营国内资本又运营外商资本。通过引进外资，提高企业经营管理水平，有利于企业走向国际市场，参与国际竞争。

(5) 联合。通过资本转移、产权联合，促使分散资本向聚合资本积聚，进行优势互补，形成具有较强实力的企业集团。

(6) 租赁转让。企业通过出租或转让闲散资金，使闲散资金的潜在价值发挥出来。

(7) 主辅分立，活化资本。企业把各类服务组织、辅助性生产车间和其他具有较强独立性的生产部分分离出来，盘活现有资产，培育新的经济增长点。

(8) 运营无形资产。创建企业品牌，管好用活企业信誉、商标和品牌等无形资产。

(资料来源：方刚. 2003. 100 个成功的资本运营. 北京：机械工业出版社.)

[习题]

1. 企业所拥有的资本一般可以分为哪几种形式?
2. 资本的功能和特征分别是什么?
3. 什么叫做资本运营? 资本运营的内容和特征分别是什么?
4. 资本运营和生产运营的区别和联系是什么?
5. 企业由生产运营向资本运营转变的意义是什么?
6. 企业进行资本运营的目标是什么?
7. 资本运营的基本模式是什么，还包括哪些其他模式?
8. 资本运营的基本原则是什么?

HAPTER 2

第二章　资本运营的未来发展

[内容提要]

企业资本运营管理过程中存在着方方面面的风险，管理者如何才能够有效地防范风险呢？本章对我国目前企业资本运营过程中普遍存在的问题进行了初步的探索。同时，给出在经济全球化背景下能够促使我国企业提高资本运营管理水平的相关对策。

[学习要点]

1. 了解企业在资本运营管理过程中需要考虑的各种风险类别；
2. 了解企业在实际经营过程中正确防范资本运营风险的措施；
3. 了解资本运营的现实问题，以及我国企业资本运营未来的发展趋势；
4. 掌握我国企业在现行形态下推动资本运营健康发展的对策。

第一节 资本运营风险及风险防范

环境的不确定性是资本运营风险的根本所在，只有正确认识资本运营中存在的各种风险，才能够进行相关风险的防范和对策的分析。

一、资本运营管理风险

有些因素所导致的不确定性是全局性的，属于宏观经济环境，而有些则是非全局性的，属于微观经济环境。因此我们把这些引起环境不确定性的因素所诱发的风险归纳为两大类，即宏观性风险和微观性风险。这一划分风险类型的具体标准为我们分析资本经营风险来源、制定风险防范对策提供了一条可以借鉴的思路。

（一）资本运营中的宏观性风险

宏观性风险是指由全局性的不确定性所引起的资本经营效果的变动。在现实生活中，所有的企业都要受全局性事件的影响，这些事件包括社会、经济、政治等各方面的内容，它们对所有的企业都会产生不同程度的影响。由于这类风险是所有企业都共有的，不会由于企业采用多样化投资运营策略而消失，所以它又被称做不可分散风险。这类风险主要分为社会风险、政治风险、经济风险等。

1. 社会风险

社会风险是指由社会因素，如文化、宗教、伦理、道德、心理等因素而引起的资本经营风险。在资本经营活动中，尤其是进行跨国资本经营活动时，不应该忽视对异域文化、民族习俗等社会因素的了解，应该在充分调查的基础上，注意对各种社会因素进行整合，避免企业的资本经营行为与其发生冲突，以保证经营活动的正常进行。

2. 政治风险

政治风险主要是由政府的指令、政策，国家法律、法规等因素而引起的，也就是说，企业的资本经营行为与上述因素出现了违背或者抵触，就会引发资本经营风险。任何资本经营活动都必须在国家政策、指令的规范下进行，必须接受有关法律、法规的约束，否则将会以失败而告终。

3. 经济风险

经济风险主要包括三种。一是利率风险，它是指由市场利率水平发生变动而引起的资本经营风险；二是购买力风险，在资本经营的名义收益中一般包括真实收益和通货膨胀补偿两部分，当发生非预期的通货膨胀时，资本经营的实际收益就会与预期收益发生偏差；三是市场风险，指由市场行情变动而引起的风险，其主要原因是经济周期性波动，经济繁荣时，企业赢利增多，投资者的收益也增加，反之，投资者收益则会减少。

(二) 资本运营中的微观性风险

微观性风险是指由非全局性事件波动所造成的风险。现实中，各企业的经营状况会受其自身因素的影响，这些因素与其他企业没有关系。微观性风险可以通过多样化经营活动来消除，由于这种风险是可以分散的，所以又可以称为可分散风险。它主要包括经营风险、违约风险、商业风险和财务风险四种。

1. 经营风险

经营风险是指企业的决策人员和管理人员在经营管理过程中出现失误而导致的企业的赢利水平发生变化、投资者的预期收益率下降的风险。一般是指经营管理上的因素而给企业的利润额或者利润率带来的不确定性。

2. 违约风险

违约风险主要是指在企业财务状况不佳时出现违约或破产的可能性。违约就是企业不能按时充分地支付其债务的本息；是指技术意义上的破产，最终将导致企业法律意义上的破产，此时企业资产的价值低于其承担的债务，即资不抵债。

3. 商业风险

商业风险是指企业赢利变动、订单减少以致销售收入减少，从而导致赢利下降的风险。一般而言，所有企业均会遭受商业风险。

4. 财务风险

财务风险是指企业融资方式导致股东的报酬发生变化的风险。企业完全可以利用权益融资或利用权益与负债同时进行融资。若企业全部靠权益融资，则企业全部盈余都归股东；若企业利用权益与负债共同融资，则在盈余分配给股东前，必须先支付利息给债权人，这会影响企业股东获得盈余的多少及变动程度。利用财务杠杆，即使用负债融资而引起的企业盈余变动，必然导致财务风险。

二、防范资本运营风险的有效措施

(一) 择优选择资本运营主体

资本运营主体，首先应该具有较强的经济实力，具有控股和资产置换所需的资金、技术和管理能力，其项目应符合国家产业政策支持发展的方向；其次是其资本运营必须有明确的目的，是为了企业自身和被控制对象的长期和长远发展；再次是其本身已形成较强的市场拓展能力和较为齐全的经营管理班子，具有吸收、消化被控制源的能力。

(二) 明确企业发展战略

资本运营的基础是生产经营，一个企业要想通过资本运营赢得市场竞争优势，实现规模经济，就必须通过对宏观经济运行的趋势、市场变动格局、行业发展前景、产品市场占有率、投入产出效果、自身的生产经营素质条件和发展潜力等进行分析，确定企业发展的战略定位，并在此基础上制订企业生产经营、资本运营发展的中长期发展规划，有的放矢地确定资本运营的手段方式，使股份化改造、兼并收购、合资嫁接、联合协作等资本经营方式围绕一个明确的目标进行。否则，为资本运营而进行资本运营，企业发展将无从谈起，资本运营也将成为无源之水、无本之木。

(三) 巩固企业优势业务

企业应该注重主营业务和核心业务等优势业务的巩固与发展。在实行并购战略过程中，要始终围绕一个宗旨，就是所有兼并收购活动都必须集中在公司的核心业务上，并购公司中与核心业务无关的部门和分公司，经过整顿和包装后将其出售。这样，公司在搞好生产经营的基础上，以分拆出售并购企业这一方式取得大量利润，获得需要的生产要素，不断扩大企业规模，从而达到成功。

(四) 科学论证运营方案

通过分析论证，可以选择出最佳的资本运营方式，即采用何种并购方式，制订周详的资本运营方案，并针对可能出现的各种问题提前制定对策。实际上，资本运营交易完成后的整合效果的好坏将直接影响到资本运营的成功与否。企业对此必须有清醒的认识。除此之外，无论多好的资本运营方案在具体实施时都会遇到一些始料不及的问题，这就需要企业在实际操作时应根据实际情况灵活地采取应变措施。

(五) 注意防范道德风险和逆向选择

资本运作过程中，信息的作用至关重要，信息不对称会导致各种各类的逆向选择和道德风险问题。为防范信息风险，企业在资本运营时，应高度重视尽职调查。资本运营中的尽职调查包括各方面资料的搜集、真伪的辨识、权责的划分、法律协议的签订、中介机构的聘请等。实际操作中，作好尽职调查，首先要依靠企业自身有关专业人才的力量；其次要充分利用行业专家的力量，聘请他们作为资本运营的顾问；再次要利用经验丰富的中介机构的力量，这些中介机构包括会计师事务所、资产评估事务所、律师事务所及投资银行等。

第二节　资本运营管理的现实问题和未来发展

一、资本运营管理的现实问题

企业资本运营对加快我国企业改革步伐，提升企业竞争力发挥了重要的作用。然而，目前我国企业资本运营还存在许多问题，主要包括对资本运营概念的扭曲、运营主体模糊、人才缺乏，以及对外资本运营较少等方面。

(一) 资本运营理念扭曲

从资本运营的目的看，资本运营的目的是挖掘企业潜力，培育和增强企业核心竞争力，上市筹集资金和扩大规模只是资本运营过程中的两个环节。然而，我国企业资本运营理念严重扭曲，表现在三个方面：一是将过程视为目的。将筹集资金作为资本运营的主要目的，为上市而上市，对企业进行过度包装，制造和发布虚假信息，一些上市公司恶性造假事件就是这种扭曲理念的反映。有些企业甚至将资本运营视为躲避监管的手段，假重组真逃债。二是将规模经济误认为是简单扩大经济规模。企业片面追求规模，对并购对象缺乏理性分析和客观评估，盲目重组、并购一些无发展前途的企业或本应该退市的上市公司，结果，非但没有通过并购壮大自己，反而背上沉重的包袱，有的甚至被并购拖垮。三是脱离生产经营进行资本运营。有些企业不是以搞好自身的生产经营、提高企业的核心竞争力为资本运营的基础，而是盲目实行多元化经营，盲目进入自己不熟悉的行业，导致战线过长，首尾不能兼顾，最终陷入被动。

(二) 资本运营主体模糊

从理论上讲，企业是资本运营的天然主体，然而由于我国特殊的制度环境，资本运营主体长期处于模糊状态。一种具有代表性的现象是政府往往成为资本运营的实际主导者。企业资本运营的重心不在于企业之间的谈判，而在于政府的意愿(如政府对被并购企业权利与义务的谈判、政府对上市额度的分配，以及政府对资本运营的支持力度)。也正是政府的这种特殊地位，使我国企业资本运营的发展状况始终紧随政府政策的变化而进退。这扭曲了企业资本运营，严重影响了资本运营效率。还有一种比较普遍的现象是，企业经营人员主宰资本运营，尤其是我国国有企业“内部人控制”现象非常严重，资本运营常常成为经营人员牟取私利的渠道。

(三) 资本运营人才缺乏，资本运营中介组织严重不规范

资本运营是一种融科学性和艺术性于一体的经营活动，它要求从业人员不仅要

具有广泛的金融、证券、税务、财务、法律、经营管理等方面的知识，能够熟练运用各种金融工具和管理手段，而且要具有企业家的市场洞察力及处理各种复杂事务的能力和谈判能力。但是，我国这些方面的人才严重短缺，这也是我国企业资本运营难以走向规范的一个重要原因。同时，资本运营的复杂性和专业性决定了中介组织在其中的重要作用。中介组织在资本运营中承担着提供信息、咨询、资产评估、融通资金等作用。然而，我国资本运营中介组织发育严重不良；从事资本运营的中介组织数量过少、从业人员素质不高、行为极不规范，中介组织与企业合谋欺骗投资者的事件频频发生。

(四) 对外资本运营较少

资本运营是企业将拥有的资本在全社会优化配置的过程，它没有地域和国别限制。我国企业资本运营在党的十五大之后的第二次高潮中，成功地突破了地区限制，在全国范围展开。但是，我国到国外进行资本运营的企业数量不多，只有几个大型国有企业在国外有资本运营活动。而且，即使是走出去的企业，有的资本运营也仅仅停留在融资这些相对简单的资本运营活动上，真正具有实质性的运营活动，如兼并、收购等，则很少。

二、我国企业资本运营未来发展趋势及特点

(一) 资本运营向科技化、网络化方向发展

信息化、网络化及高科技正在改变着我们的生活。尤其是近几年及未来几年里，我国经济与世界经济一体化步伐加快，世界并购浪潮中的科技化、网络化趋势将影响我国企业资本运营，因此我国企业资本运营将逐步向这两个方向发展。

(二) 服务业成为并购的重要战场，资本运营中介组织的并购重组成为热点

服务业是我国较薄弱的行业。近几年，外资银行、证券商、保险公司、投资银行等服务性企业的大批进入将加剧服务业的竞争，以致服务业将成为并购的重要战场。其中，资本运营中介组织的并购重组成为并购的热点，通过并购重组，资本运营中介组织功能将逐步完善。

(三) 产业资本和银行资本结合形成金融资本

随着规模扩张，我国产业资本面临巨大的资本需求压力，为加快资本流动，提高资本运营效率，建立企业和银行之间的联盟非常必要。一些实力比较雄厚的企业通过资本运营进入银行业，如新希望集团入主中国民生银行，海尔集团通过入主长江证券股份有限公司，与以法国巴黎银行为背景的百富勤有限公司合资成立中外投

资银行，以及许多企业建立内部银行等。随着我国对金融业的开放，产业资本和银行资本结合形成金融资本的趋势将会进一步发展。

(四) 我国将掀起一股对外资本运营热潮

我国企业有较强的对外直接投资和海外上市愿望，只是受信息缺乏、国家政策的限制，这种愿望难以实现。随着经济全球化的不断发展，国家在这方面的限制将逐步取消，如果再出台相关鼓励措施、建立相应中介组织，以及充分发挥我国驻外使馆的商务功能，将大大加速对外资本运营步伐。企业对外资本运营热将带动银行的对外资本运营，从而掀起对外资本运营热潮。

(五) 人力资本成为资本运营的新宠

人力资本是最重要、最稀缺的资本，企业竞争实质上是人力资本的竞争。一方面，外资企业的进入加大了企业竞争压力，企业对人力资本的争夺将趋于白热化，人力资本运营提上议事日程。另一方面，外资企业在我国的资本运营，首先是人力资本运营，而非货币资本运营，这种做法为我国的企业起到了示范作用，从而推动了我国企业的人力资本运营。

三、我国企业资本运营健康发展的对策

(一) 加强人力资本运营

当今的国际竞争在很大程度上是高科技人才和高层经营管理人才的竞争。外国公司正在以其雄厚的实力、优越的工作条件、前瞻性的科研课题、灵活的创新机制吸引着我国最优秀的人才。目前，已有 45 家跨国公司在京设立了 48 个研发中心。不到一年的时间，跨国公司总部已经招揽了我国 40 多位优秀青年人才，并且手中掌握有 2000 多位符合其条件的优秀人才的简历；还对我国高校优秀学生进行跟踪调查，并建有档案。这只是未来人才竞争形势的冰山一角，我国对此要有足够的重视和应对措施，要通过引进人才、培养人才、培育高效率的工作团队等手段进行人力资本运营。

(二) 努力培育各类市场中介组织

中介组织在资本运营活动中承担着提供信息、咨询、账务处理、资产评估、融通资金等作用。如果没有中介组织，或者中介组织不规范，资本运营活动都是不可能顺利进行下去的。目前，我国市场中介组织不但数量较少，从业人员素质也不高，难以满足加快企业资本运营活动的需要。因此，我国必须加快培育各类市场中介组

织的步伐。现在，不少外国中介组织已经进入我国，这就更加要求我们做好培育市场中介组织方面的工作。

（三）努力实现资本运营形式的多样化

由于我国的经济发展水平不平衡，不同行业及不同地区差别很大，所以，我们应该根据实际情况，分别采用不同的资本运营方式来优化我国企业的资源配置。在规模经济效益明显的行业，如汽车、电子、机电和化工等行业，可以采用横向并购方式进行资本运营；对于具有纵向一体化优势的行业，可以采用纵向并购方式进行资本运营。而中小型企业则可以与大企业和大公司联手，利用大企业、大公司的管理优势，进行混合并购。到目前为止，我国企业的资本运营主要有“海尔模式”及“德隆模式”两种，这两种资本运营方式各有特色，不同行业和不同企业可以根据自己的情况对其进行借鉴和吸收，并在此基础上制定适合自身情况的有效的资本运营对策。

（四）改革相关管理体制，为我国企业资本运营提供相对宽松的法律环境

目前，我国在各种经济法规的制定上已经取得较大的成果，但与企业资本运营相关的法规几乎是空白，急需制定《企业并购法》等相关法规，来规范、完善企业并购等资本运营活动的内涵、原则、范围、程序、标准等。美国是法律较健全的国家，曾制定过《谢尔曼法》、《克莱顿法》、《鲁宾逊-帕特曼法》等，都促进了企业并购等资本运营活动的开展，推动了美国经济的腾飞。因此，我国政府应加快企业资本运营法律的制定和完善，使我国企业在资本运营活动中有章可循、有法可依，促进企业资本运营的顺利开展。

（五）大力推进国民经济信息化

国民经济信息化是我国现代化建设中的重大战略。推进国民经济信息化，要使信息、技术网络和信息产业在资本运营和整个经济生活中发挥日益突出的作用；要加快信息技术向传统产业渗透，用信息技术改造和提升传统产业；要推进企业管理信息化，以提高我国企业在资本运营中的国际竞争力。

（六）完善配套政策，支持企业的资本运营工作

我国政府应该适时地取消相关的政策限制，鼓励相关的金融创新。另外，政府还应该运用信贷、税收和工资等经济杠杆，诱导企业的并购行为，鼓励和扶持应该发展的并购，限制应该收缩的并购，以保证企业并购行为与政府的产业调整方向相

一致。需要特别指出的是，企业的资本运营本来是企业自身的行为，政府不应直接干预。但是，这并不等于说政府在企业的资本运营过程中就无所作为。其实，发达国家的历史已经证明，现代市场经济的运行仅靠市场这只“看不见的手”来调节是不够的，市场自身的弱点和消极作用还要靠政府行为这只“看得见的手”去调节。因此，为了促进我国企业资本运营步入快速、健康发展的轨道，正确发挥政府在企业资本运营中的指导协调与推动作用是必不可少的。

(七) 我国企业要放眼全球，积极开展对外资本运营

根据我国企业现状，对外资本运营目前应以发展中小型跨国公司为主。在对外投资地区选择方面，应以东欧、中亚等地区为主，因为这些地区的经济发展落后于我国，将我国市场经济的一些做法引入，再充分利用这些国家的资源，成功的可能性比较大。另外，有实力的企业也可以进入发达国家的市场。同时，为避免我国企业在国外的互相残杀和增强抗风险能力，对外资本运营应该有计划地进行。学习外国企业在我国投资的经验，建立集约式投资群体，即众多的中小型跨国公司一起到一个地区投资，形成配套服务，获得规模效应。

[案例分析]　　TCL 借资本运营称霸家电市场

一、TCL 介绍

作为中国信息产业市场的一支主力军，TCL 的一系列变革创新措施令业界叹为观止。TCL 国际控股有限公司 2002 年第三季度业绩报告显示，TCL 2002 年前 9 个月综合纯利赢利高达 4.1 亿港元，第三季度的业绩更是比上一季度提高了 2 倍，达到 1.58 亿港元。这是 TCL 国际化资本运营战略实施过程中市场良好的开局表现，为 TCL 未来的发展奠定了良好的基础。

二、资本运营，步步为营

21 年来，TCL 已由一个从 5000 元贷款起步的企业发展到今天销售额突破 200 亿元、品牌价值超 100 亿元的大型电子信息企业集团，跻身中国电子信息百强企业前列。TCL 能取得如此佳绩，很大方面取决于 TCL 对资本运营的成功操作。2002 年 TCL 资本运营更上一层楼，实现了国内资本运营到国际资本运营的转变。

2002 年 4 月 16 日，“TCL 集团股份有限公司创立大会暨首届股东大会”在其总部惠州顺利召开。在此次会议上，TCL 在原有限责任公司的基础上变更为股份有限公司，确立了现代企业制度，并进一步完善了公司治理结构。重组新成立的 TCL 中，有日本的东芝有限公司、住友银行，荷兰皇家飞利浦电子公司的分公司 PENTEL (派通公司)和香港的金山工业集团有限公司、南太集团有限公司五家外资公司股份进入，这五家战略投资者共计持有 TCL 18.38%的股份。通过股份制改造和引入新的战略投资者，TCL 已由原来地方政府单方绝对控股，变成地方政府相对控股、公司管理层和战略投资者等参股的多元股权结构的现代企业。

资本运营使得 TCL 海外市场战略也有了突破性的进展。改组新成立的 TCL 进行了一项重大的国际市场扩张行动，2002 年 10 月份以 820 万欧元收购了德国施耐德电器有限公司(简称施耐德)，走出了培育国际竞争力的重要一步。施耐德位于德国南部的慕尼黑，是一家具有 100 多年历史的电子企业，有着良好的家庭娱乐电子产品知名度。根据收购协议，TCL 收购施耐德的生产设施、存货、多个品牌，以及分销网络，这对培育 TCL 国际经营能力和技术创新能力有着很好的作用，能为 TCL 创建世界级企业打下良好的根基。

三、 资本运营带动技术革新

国际化的资本运营让 TCL 有足够的资金来扩大生产规模，进入新的领域，从而实现资本运营带动技术革新。有了核心技术的 TCL 才能更好地把握市场的主动权，真正能够促进 TCL 转型向更高领域迈进，最终实现其世界级跨国公司的梦想。

2002 年 5 月 11 日，借“数字化西部”活动亲赴成都的 TCL 总裁李东生会晤了来中国访问的英特尔公司(Intel)总裁贝瑞特。双方在移动通信领域达成了“开放式多媒体信息智能终端合作备忘录”，TCL 将与 Intel 在芯片、无线和网络等方面展开合作。此次合作是继 2001 年 TCL 携手 Intel 发动 Pentium 4(P4)风暴的基础上，为双方今后在更广泛的数字化 3C，即 computer(计算机)、communication(通信)、consumer electronic(消费电子产品)领域的技术合作奠定了基础，TCL 与 Intel 的合作有利于 TCL 技术水平走在国内个人计算机(PC)厂商的前列，从而为 TCL 在 PC 市场有更大作为提供了坚强的技术保障。

而相距才 5 天，TCL 又重拳出击，携手微软公司合作开发开放式多媒体信息终端。5 月 16 日，微软(中国)有限公司与 TCL 移动通信有限公司在北京签署了合作备忘录。TCL 移动通信有限公司将基于微软移动软件平台 Pocket PC 2002 Phone Edition

和 Smartphone 2002 开发下一代开放式多媒体信息终端(OMIT)产品。这款 OMIT 产品在 2003 年年初面市。对此，TCL 移动通信有限公司总经理万明坚表示："微软在全球占领先地位的移动软件平台不但能使 TCL 以世界最先进的技术参与市场竞争，它也能为中国 IT 产业，特别是通信产业走向世界的发展起到重要的推进作用。"

四、资本运营要趋利避害

靠成功资本运营成长壮大起来的 TCL，认识到成功的资本运营将为企业不断注入新的活力，能够支持企业中长期的改革规划，使企业在发展过程中免受资金短缺等因素干扰，能够迅速发展成为一家大规模的公司，因此，要继续发挥资本运营这方面的优势。

但是，国际化的资本运营和由资本运营带来的业务、技术和管理等领域合作，以及开拓海外市场也存在着风险，TCL 要通过积极变革创新来规避由此带来的风险。

在合作合资方面，要选择有较好知名度和信誉度的公司合作，一是在合作过程中也不要放缓自身对该领域研发的步伐，要考虑万一由于某种原因双方中止合作自身该如何应对市场；二是这样的强强合作如果合作生产产品，其产品质量问题的困扰就小得多。就像目前竞争异常激烈的国内手机市场，国产手机商们由于缺乏核心技术，只得使用外国同行的手机技术，国产手机大都存在贴牌生产(OEM)。因此 TCL 在面临资本运营带来的技术革新的同时，更要加强自身核心技术的开发，这样 TCL 就能取得较多的产品利润份额。

运营国际资本带来的多元化战略要根据自身情况相机而动，TCL 要根据自身核心竞争力的水平搞相关多元化，吸取前期多元化过广过泛而导致有限的资金无法集中、核心竞争力的产品没有大进展的教训。TCL 总裁李东生也表示，20 世纪 90 年代初曾由于撒网过大而失去通信产业发展的良好机会。所以现在要把重点放在自身优势较明显、产品利润率较高的业务上，提高产品的竞争力，研发前瞻性势头好的产品。

在国际市场开拓方面，TCL 已经在越南等东南亚国家取得了比较好的成绩，因此要继续深入"近水楼台先得月"的东南亚市场。欧美市场是信息产业竞争的核心市场，TCL 收购施耐德开启了其资本运营带动国际化战略的良好开端，但是 TCL 在国际市场经验方面还有所欠缺，任何操之过急的做法都会给企业的发展带来很不利的影响，稳扎稳打乃是上策之举。

五、案例点评

TCL是在产品创新和资本运作的双重带动下实现成长的，从而在竞争激烈、风云变幻莫测的家电产业、信息产业拥有日益庞大的“蛋糕”。TCL凭借一系列的创新性、变革性的资本运营措施，逐步地强大起来，由当初的国内资本运营发展到如今的国际化资本运营，其战略眼光和永不停歇的创新动力值得称道。TCL以资本为渠道，与世界上先进的大企业联手合作，从而带动企业技术变革和创新，时刻把握市场的主导权，逐步走向世界级的跨国企业。

(资料来源：方明. 2003. 100个成功的资本运营. 北京：机械工业出版社.)

[习题]

1. 资本运营过程中应该考虑哪些风险因素？宏观因素和微观因素各包括哪些部分？
2. 如何正确地防范资本运营的风险？
3. 目前，我国企业资本运营管理的现实问题是什么？
4. 近几年来，我国企业资本运营的发展趋势及特点是什么？
5. 采取何种措施才能促进我国企业资本运营的健康发展？

CHAPTER 3

第三章　资本筹集

[内容提要]

本章主要研究单个企业为了生产经营应如何合理地筹措资本。虽然投资是资本运营、实现资本保值增值的关键，但是筹集资本是企业内部资本运动的起点，也是企业资本运营的起点。最常见的企业筹资方式包括银行贷款、发行股票，以及发行公司债券等。在筹资方面，它们有着各自不同的优缺点，企业应该针对自身情况的不同，合理选择恰当的融资方式。

[学习要点]

1. 了解企业进行资本筹集的动机及原则等内容；
2. 掌握筹资的分类形式，并对各自的优缺点进行分析；
3. 掌握债券筹资的分类及可转换公司债券的性质；
4. 掌握股票的种类及影响股票价格的因素。

第一节 资本筹集概述

一、资本筹集的定义、动机及要求

(一) 资本筹集的定义

企业进行资本筹集是指企业从自身生产经营现状和资本需求情况出发，根据企业的经营策略和发展规划，经过科学的预测、决策，采用适当的筹资渠道和筹资方式，从企业外部有关单位和个人，或从企业内部获取所需资金的一种行为，是企业财务管理的重要内容。筹措资本是企业内部资本运动的起点，也是企业资本运营的起点；资本筹措关系到资本运营其他各环节的正常进行。当资本的增值主要是以企业为载体而展开时，企业的资本筹措就必然是应当首先解决的问题。

(二) 资本筹集的动机

企业筹资的基本目的是自身的生存和发展，具体可归纳为四类。

1. 设立性筹资动机

设立性筹资动机是指为了设立企业而进行的资本筹集的动机。企业可以通过借款、发行股票等方式进行最初的资本筹集过程。公司制的企业在设立之初一般会采用权益融资的模式进行资本的筹集，以形成所有权资本金。

2. 扩张性筹资动机

扩张性筹资动机是企业为了扩大生产规模或追加对外投资而筹集资金的动机，凡是具有良好的发展前景、处于成长时期的企业通常都会产生这种筹资动机。扩张性筹资动机所产生的直接结果，使企业的资产规模有所扩人，资本结构也有可能发生变化。

3. 偿债性筹资动机

偿债性筹资动机是指企业为了偿还某些债务而进行筹资的动机。偿债筹资主要分为以下两种情况。

(1) 调整性偿债筹资，是企业因调整现有资本结构的需要而产生的筹资动机。例如，企业虽有足够的能力支付到期的旧债，但为了调整原有的资本结构，仍然举债以使资本结构更加合理，这是主动的筹资策略；再如企业现有负债率太高，采取债转股等措施予以调整，这是被动的筹资策略。

(2) 恶性偿债筹资，即企业现有的支付能力已不足以偿还到期旧债，被迫举债偿还，即借新债还旧债，这种情况说明财务状况已有恶化。这种偿债筹资的直接结果是并没有扩大企业的资产总额和负债总额，而是改变了企业的负债结构。

4. 混合性筹资动机

企业既为扩张规模又为调整资本结构而产生的筹资动机。通过混合性筹资，企业既扩大了资金规模，又调整了资本结构，偿还了部分旧债。即在这种筹资中混合了扩张性筹资和偿还性筹资两种动机。

(三) 资本筹集的原则

企业可以有不同的筹资动机及筹资方式，但是企业筹资是一项重要而复杂的工作，为了有效地筹集企业所需资金，必须遵循以下基本原则。

1. 规模适当原则

筹集资金的目的是为了保证生产经营所需要的资金。资金不足，自然会影响生产经营发展，而资金过剩，则可能导致资金使用效益的降低。因此，企业在筹集资金之前，就要合理确定资金的需要量，在此基础上拟订筹集资金计划，依据企业对资金的需求量进行筹资，这样既满足需要又不浪费。

2. 筹措及时原则

企业筹集资金应根据资金的投放使用时间来合理安排，使筹资和用资在时间上相衔接,避免超前筹资而造成资金的闲置和浪费,或者滞后筹资影响生产经营的正常进行。

3. 合法性原则

资金的来源渠道和资金市场为企业提供了资金的源泉和筹资场所，它反映资金的分布状况和供求关系，决定着筹资的难易程度。不同来源的资金，对企业的收益和成本有不同影响，因此，企业应认真研究资金来源渠道和资金市场，合理选择资金来源。

4. 效益性原则

在确定筹资数量、筹资时间、资金来源的基础上，企业在筹资时还必须认真研究各种筹资方式。企业筹集资金必然要付出一定的代价，不同筹资方式条件下的资金成本有高有低。为此，就需要对各种筹资方式进行分析对比，选择经济可行的筹资方式，以确定合理的资金结构，从而降低成本，减少风险。

二、筹资渠道

筹资渠道是指资本从谁那里取得，确定筹资渠道是筹资的前提。企业筹资渠道受制于国家的经济体制和资金管理政策，并与企业的所有权形式和组织形式密切相关。企业的筹资渠道与一定的国家经济体制相联系。改革开放初期，我国企业取得资本的渠道主要以财政拨款和银行贷款为主，这种一元化的资本“供给制”已越来越不适应市场经济的要求。

随着经济体制的改革和资本市场的建立，企业的筹资渠道逐步由单一渠道向多渠道发展，由纵向渠道为主向横向渠道为主转变。在市场经济条件下，企业资金来源的途径很多。从目前的情况看，企业的筹资途径主要有以下六种。

(一) 金融机构贷款筹资

金融机构贷款筹资主要是指各种商业性的银行和非银行金融机构向企业提供的信贷资金。目前我国的商业银行资金雄厚，银行贷款筹资是当前企业筹资的主要渠道之一。银行贷款以贷款是否需要担保为标准，可分为信用贷款与抵押贷款。信用贷款主要凭借借款企业或担保人的信誉，没有实物担保，只能用于具有良好信誉的优秀企业；抵押贷款则是由借款企业提供一定的固定资产、证券作为抵押品，也有少数情况可用名牌商标的无形资产价值进行抵押，如果借款方违约，不能如期归还贷款，则可拍卖商标权进行还贷。银行贷款还有短期贷款、中期贷款与长期贷款之分，利率各不相同，企业须根据贷款的用途与期限，选择恰当的贷款种类。非银行金融机构主要有信托投资公司、经济发展投资公司、租赁公司、保险公司等，虽然它们的资金实力不及商业银行，但是资金供给方式灵活方便，可以作为企业补充资本的来源渠道。

(二) 企业自留资金

企业自留资金是指企业在生产经营过程中形成的资本积累和增值，主要包括资本公积金、盈余公积金和未分配利润等。

(三) 盘活企业内存量资产筹资

对于经营不善的企业，往往是一方面资金短缺，但另一方面又存在着严重的资产闲置与低效率运行。通过合理压缩原材料与中间半成品的库存，处理产成品积压，收回被拖欠的应收贷款，提高劳动生产率与资金周转次数，降低单位产品能耗，出租出售闲置资产，开展出售专利技术等无形资产经营，调整企业经济结构，改善企业经营管理等措施，可以盘活企业的存量资产。这样可以实现结构优化，流动加速，闲置资产变现，低效资产变高效资产，实际上也是一种有效的筹资渠道。

对于企业集团来说，通过合理调度盘活内部的停滞资金，也是加速资金周转的重要筹资途径。为此，应充分发挥企业集团财务公司的作用，利用各项资金的时间差与空间差，做到资金的总体有效利用。

(四) 其他企业、单位或个人资金

其他企业、单位或个人资金主要是指从其他企事业单位，或者是从社会个体那里获得的资金。该渠道的筹资方式可以是以发行股票形成自由资金的形式，也可以是通过负债融资，即通过发行债券或是直接向其他企事业单位或是个人进行资金的借贷形成借贷资金的形式。

发行股票可以筹措社会资金，并分散企业风险，但股票也绝不是某些经营者误认为的“不用还本付息的长期资金”。发行股票是向社会公众交出一部分企业资产所有权，同时也意味着公众拥有的所有权、收益权与对企业经营的公开监督。如果企业经营不理想，社会小股民虽然没有足够的对经营者的投票否决权，但他们可以抛出股票，使企业的股票价格迅速下跌。

对于市场信誉较好、现有负债比率较低、企业资产控制权又较重要，而且销售额与赢利情况相对稳定、增加资本可以大幅度增加赢利的企业，不可轻易发行股票，可选择申请发行债券来开展社会筹资。但发行债券也必然会增加企业的负债率与经营风险，因此需要慎重决策，并制订好到期还本付息的计划。债券发行按偿还期限可分为短期(一年以内)与中长期(一年以上)两种；按照能否转换为本企业股票可分为单纯债券与可转换债券两种；按偿还方式可分为分期偿还式债券、通知偿还式债券与每年提存一部分偿债基金并于到期时一次偿付式债券三种；按有无担保可分为有担保企业债券与无担保企业债券两种。企业应从实际出发，慎重决策。

(五) 国家财政投入筹资

对于国家或地方的重点建设项目，可以申请国家财政或地方财政投资，通过国有资本金的形式投入企业。对于过去“拨改贷”政策时期的国家财政贷款，在符合当前政策的前提下，也可申请实现“贷改投”，转为国有资本金。在一定时期内，国家财政资金仍将是国有企业的主要资金来源。根据国家的宏观政策，政府财政中还有种种重点科技项目贷款、支农贷款、扶贫贷款、环境治理贷款等低息或贴息贷款，也是符合项目条件的企业可争取的筹资渠道。

(六) 企业利用外资筹资

企业利用外资筹资不仅指货币资金筹资，也包括设备、原材料等有形资产筹资与专利、商标等无形资产筹资。由于利用外资是一种跨国境的经济行为，受外资政策、国家间政治关系、不同文化传统、国际金融状况、外汇波动的影响均较大，所以必须在国家政策指导下，按积极、合理、有效的原则开展。利用外资包括利用国际性组织、外国政府、外国社团、外国企业与外国个人的资金。

外资的直接投资方式，主要有合资经营、合作经营、合作开发等方式。外资的间接投资方式，主要有外国商业银行贷款、发行国际债券、国际金融组织贷款、政府间技术经济援助贷款、出口信贷及补偿贸易等方式。间接利用外资一般不涉及企业所有权与控制权丧失的问题，但需要用外汇还本付息，故除了一些优惠贷款外，可能有较大的风险。

三、筹资方式

筹资渠道是指从哪里取得资本，即取得资本的途径；而筹资方式则是指如何取得资金，也就是指具体取得资金的方法和形式。两者既有联系又有区别，筹资渠道展示出取得资本的客观可能性，即谁可以提供资本；筹资方式则解决用什么方式将客观存在的可能性转化为现实性，即如何将资本筹集到企业。一种筹资方式，可能会适用于多种筹资渠道，也可能适用于某一特定的渠道；同一渠道的资本也可以采用不同的筹资方式来筹集。

(一) 筹资方式的分类

筹资方式按照不同的标准分类如下。

1. 按照资金的来源渠道分

(1) 权益筹资，又叫自有资本，是永久性的资本，无到期日，如吸收直接投资、发行股票、留用利润。

(2) 债务筹资，又称借入资金，包括长期负债和短期负债，到期要还本付息，财务风险大，但资金成本相对较低。

2. 按所筹资金使用期限分

(1) 短期筹资，供一年内使用的资金，如现金、银行存款、存货等。

(2) 长期筹资，供一年以上使用的资金，如发行股票、债券、长期借款、融资租赁等，主要用于更新设备、扩大规模、产品开发。

3. 按资金的取得方式分

(1) 内部筹资，自身积累的资金，包括公积金、未分配利润、折旧等。

(2) 外部筹资，如发行股票、借款、债券等。

(二) 企业主要筹资方式及优缺点

我国企业目前筹资方式主要以下六种：吸收直接投资、发行股票、发行公司债券、利用留存收益、向银行借款、融资租赁等。

1. 吸收直接投资

吸收直接投资是指企业按照“共同投资、共同经营、共担风险、共享利润”的原则来吸收国家、法人、个人、外商投入资金的一种筹资方式。投资者的出资方式主要有现金投资、实物投资、工业产权投资、土地使用权投资等。吸收直接投资与发行股票、利用留存收益都属于企业筹集自有资金的重要方式。它是非股份有限责任公司筹措资本金的基本形式。吸收直接投资的优点：有利于增强企业信誉、有利于尽快形成生产能力、有利于降低财务风险。吸收直接投资的缺点：资本成本较高、容易分散控制权。

2. 发行股票

公司的资本金称为股本，是通过发行股票方式筹集的。股票是指股份有限公司发行的、用以证明投资者的股东身份和权益，并据以获得股利的一种可转让的书面证明。股票的发行、股票的上市有严格条件和法定程序，在我国必须遵守《中华人民共和国公司法》和《中华人民共和国证券法》的规定。按股东权利和义务，股票分为普通股和优先股，普通股是股份公司资本的最基本部分。普通股筹资的优点是：筹资风险小、有助于增强企业的借债能力、筹资数量大、筹资限制较少。普通股筹资的缺点：资金成本较高、容易分散控制权。

3. 发行公司债券

债券是由企业或公司发行的有价证券，发行债券的企业以债权为书面承诺，答应在未来的特定日期偿还本金，并按照事先规定的利率付给利息，是企业主要筹资方式之一。债券筹资的优点：资金成本低、保证控制权、可以发挥财务杠杆作用，具有优化资本结构、提高公司治理的作用。债券筹资的缺点：筹资风险高、限制条件多、筹资额有限。

4. 利用留存收益

留存收益主要是指企业在生产经营过程中形成的资本积累和增值，主要包括资本公积、盈余公积金和未分配利润等。

5. 向银行借款

借款包括短期借款和长期借款。其中银行长期借款是指企业向银行、非银行金融机构和其他企业借入的，期限在一年以上的借款，它是企业负债的主要来源之一。银行长期借款筹资的优点：筹资速度快、筹资成本低、借款弹性好、不必公开企业经营情况、有杠杆效应。银行长期借款筹资的缺点：财务风险较大、限制条款较多、筹资数额有限。

6. 融资租赁

融资租赁，是指实质上转移与资产所有权有关的全部或绝大部分风险和报酬的租赁。资产的所有权最终可以转移，也可以不转移。融资租赁是区别于经营租赁的一种长期租赁形式。它满足企业对资产的长期需要，分为售后租回、直接租赁、杠杆租赁。融资租赁筹资的优点：筹资速度快、有利于保存企业举债能力、设备淘汰风险小、财务风险小、可以获得减税的利益。融资租赁筹资的缺点：租赁成本高、有利率变动的风险。

(三) 影响企业选择筹资方式的因素

筹资方式是企业筹资决策的重要部分，外部的筹资环境和企业的筹资能力共同决定了筹资方式。在筹资活动中需要考虑的因素是多种多样的，但最基本的因素是成本和风险。每种筹资方式的成本和风险都是不同的，还有企业的资金结构会直接影响企业的综合资金成本和财务风险水平。

1. 资金成本

资金成本是资金使用者向资金所有者和中介机构支付的费用，是资金所有权和使用权分离的结果。资金成本作为一种耗费，最终要通过收益来补偿，体现了一种利益分配关系。企业筹集和使用资金，不论是短期的还是长期的，都存在一定的资金成本。不同筹资方式的资金成本差别较大，同时不同筹资方式的税负轻重程度也存在差异，所以资金成本的高低决定着企业的筹资方式，它是选择筹资方式、进行资金结构决策的依据。从三个方面看，首先个别资金成本是比较各种筹资方式的依据，在其他条件相同时应选择资金成本最低的筹资方式；其次，加权平均资本成本(weighted average cost of capital, WACC)是衡量资金结构合理性的依据，衡量资金结构是否最佳的标准主要是资金成本是否最小化；最后，边际资金成本是选择追加筹资方案的依据。

2. 财务风险

财务风险是指企业由筹资原因引起的资金来源结构的变化所造成的股东收益的可变性和偿债能力的不确定性。财务风险不是企业本身固有的，当企业全部资金均为自有资金时，企业的财务风险就为零，因此，财务风险是企业能够加以控制的。财务风险是一柄“双刃剑”，运用得当可以为企业带来利益；运用不当，则会造成损失。财务风险的大小与各种具体资金来源的比重密切相关，调控财务风险就是要调节各种具体资金来源的比重。

财务风险的最显著优点是在总资产收益率高于负债成本率的前提下，企业可以获得财务杠杆效应所带来的股权资金收益率的加速上升。股权资金收益率的提高，即意味着每股收益的增加，在其他条件不变的情况下，这会导致企业价值增大。财务风险的另一优点是通过负债筹资可以保证控制权不被削弱，这一特点对股本比较小的企业尤为突出。

财务风险有两方面的缺点。① 给企业带来偿债压力，如果企业负债过大，在资金使用不当时，就很容易导致企业财务失败；负债所带来的财务失败的可能性会在很大程度上抵消其低资金成本所带来的好处。② 一旦企业的资产收益率低于负债成本率，负债的存在将会导致企业的股权资金收益率低于资产收益率，因为此时企业必须用股权资金赚取到的收益去支付负债利息；更有甚者，当企业总资产赚取的收益还不足以偿还利息时，企业就会出现亏损，从而导致股权资金收益率为负，使企业负债筹资完全得不偿失。

(四) 如何选择筹资方式

企业筹资方式的选择是每位企业决策人比较头疼的问题，通过分析各种因素，每个企业只能是根据自身的条件来抉择筹资策略。企业筹资方式的选择与企业资本结构、资本市场的发展有着密切的关系。很多中小企业不可能达到发行股票的条件，最常见的筹资方式就是吸收直接投资、利用商业信用、银行借款，这就限制了筹资的规模和企业的发展。就算是在较窄的范围内选择筹资方式也是需要权衡利弊的，作为财务人员就要向领导解释分析可能存在的问题，因此最先要清楚的就是筹资方式的分类及特性，然后再根据自身的条件来选择筹资方式。

1. 综合考虑资金成本和风险

由于种种因素的制约和对风险的考虑，企业不可能只从某种资金成本较低的来源筹集资金，而必须从多种来源取得资金，这样就产生了各种来源的资金组合问题。因为每种筹资方式都有不同的优缺点，既要综合资金成本低，又要财务风险小是不可能的，所以在进行筹资决策时，应在控制筹资风险与谋求最大投资收益之间寻求一种均衡。公司可以对不同的筹资方式进行组合得出多种筹资方案，对不同的方案分别计算出 WACC，然后选择 WACC 最低的几种方案。再根据公司财务现状、项目预算，以及证券市场的未来趋势等因素，综合分析并最终选择最合适的方案以构造合理的融资结构。

2. 考虑资本市场状况和公司的经营现状

市场交易投资冷淡时，尽管提高股权筹资比例在理论上是合理的，但由于市场认购力不足，较高额度的股权筹资行为有可能以失败告终，因此，市场趋淡时上市公司不妨多发行一些利率合适的公司债券或可转换债券。同样，在选择债务筹资时，除了考虑加权平均资本成本以外，还应更多地考虑公司近几年的经营状况，尤其是在项目建设期内，是否有充足的现金流足以支付每年的利息，否则就会因现金流匮乏引致企业经营停顿直至破产，造成现代企业的悲剧。

3. 借鉴发达国家经验

西方发达国家的金融市场经过长期的演进与发展，已形成了较完善的制度。英国、美国等国家的企业在选择筹资方式时一般都遵循这样一个顺序：先内源筹资，再债务筹资，最后股权筹资。在外部筹资中，企业一般优先选择债务筹资，包括银行贷款和发行债券，资金不足时再发行股票筹资。

4. 根据企业规模

由于企业规模不同，所以各自所需的资金数额亦不相同，而不同的筹资方式所能提供资金的数量也有一定的额度，所以不同规模的企业选择筹资方式时的顺序亦不相同。对于大型企业，由于需要大量的资金，所以在选择筹资方式时，应选择能够提供大量资金且期限较长的筹资方式，其筹资顺序可以是发行股票、发行债券、融资租赁、银行借款。而对于小型企业，由于其资金的需要量相对较少，所以应选择机动灵活的筹资方式，其筹资顺序可以是银行借款、利用商业信用、融资租赁。

四、各种筹资方式在公司上市中的利弊比较

(一) 发行新股

发行新股的有利之处：①对所有股东公平；②如果大股东有足够资金，便不会摊薄其控股；③通常需要全面承销以保证筹得资金；④可以包括一项配售以引入新股东。

发行新股的弊端：①必须作现股折让(通常折让会大于配售)；②基于监管原因通常不包括海外股东；③摊薄股价；④完成时间长于配售，因此风险较大，承销商要求较多费用；⑤现有股东可能有资金限制。

发行新股最适用于以下三种情况：①业务很好但因货币贬值而导致资产负债表出现问题的公司，可通过重整资本来补救；②大股东有足够现金行使购股权的公司可重整资本，因为大股东资金充足不会摊薄控股，还可增强市场信心，鼓励其他股东行使购股权；③允许现有股东对其有信心的公司增加投资，并降低平均投资成本。

(二) 已上市公司通过配售增发新股

已上市公司通过配售增发新股的优势：①交易迅速，可在 12 小时内完成；②增加股份流通性；③扩大投资者层面；④在波动的市场中容许公司利用股价强势及股市出现的窗口快速行动；⑤成本相对低廉；⑥不影响公司的资本与负债比率。

已上市公司通过配售增发新股的弊端：①必须作现股价折让；②降低大股东控股数量(可通过“补足”减少影响)。

(三) 进行业务分拆

企业进行业务分拆的优势：①精简业务，允许公司集中于核心业务；②通过实现分拆业务的全部价值，提高公司股价；③独立上市公司受益于上市母公司的声誉，

可进入债券及股本市场融资，作公司未来扩展之用，并减少对母公司的依赖；④可售予策略合伙人，定价可溢价。

企业进行业务分拆的弊端在于：①时间表跟传统企业初次上市一样，因此耗时较多；②由于需要专业顾问进行大量工作，费用跟初次上市相近；③不能脱离母公司的影响(难以实现 “转移”风险)。

(四) 发行可转换债券

可转换债券，即企业所发行的债券在一定的宽限期后可以由定息债券转换成公司普通股。由于转换价格比发行债券时的股票价格高，也被称做转换溢价。投资者预测股票价格将会在转换溢价时上升，这样他们就可以按低成本价转换债券，从而牟利。

公司发行可转换债券的优势：①对更广泛的投资者具有吸引力，如股本及固定收益组合投资者，以及可转换债券的投资专家和对冲基金的投资者；②限制下跌风险，因此对股本投资者有吸引力；③允许公司以现市价和溢价之和发行股份，对公司有吸引力；④延迟发行人股本摊薄直至转换，转换方式非常灵活，可组合成为合成债券、合成股本或混合产品。

公司发行可转换债券的弊端：①增加公司负债直至转换；②如将可转换债券挂牌买卖，则时间较长(虽然非挂牌买卖的可转换债券的时间可缩短，但快者也需 4~6 周)；③固定收益投资者可能成为主要投资者，可能会延迟转换甚至持有到期；④如可转换债券发行规模大于现有在市场进行买卖股份的规模，则有可能出现“股票过剩”。

(五) 借壳上市

企业借壳上市，即通过收购已上市公司来上市的优势：①交易迅速、确定；②允许公司控制上市定价与价值，而并非由市场决定；③允许在较后时间进行筹资，定价较为明确。

企业借壳上市的弊端：①被收购公司规模不能小于将注资的业务(以资产净值、利润等计算)；②被收购公司的现有业务必须与将注资的业务性质相同，或必须有明确表示，在注入新业务的同时还会继续被收购公司现有的业务。

第二节 银行贷款

一、银行贷款的分类

银行贷款是指银行根据国家政策以一定的利率将资金贷放给资金需要者，并约定期限归还的一种经济行为。

根据不同的划分标准，银行贷款具有各种不同的类型。

(1) 按偿还期不同，可分为短期贷款、中期贷款和长期贷款。

(2) 按偿还方式不同，可分为活期贷款、定期贷款和透支。

(3) 按贷款用途或对象不同，可分为工商业贷款、农业贷款、消费者贷款、有价证券经纪人贷款等。

(4) 按贷款担保条件不同，可分为票据贴现贷款、票据抵押贷款、商品抵押贷款、信用贷款等。

(5) 按利率约定方式不同，可分为固定利率贷款和浮动利率贷款等。

根据中国人民银行颁布的《贷款通则》，我国的银行贷款分为以下三种。

(1) 自营贷款、委托贷款和特定贷款。自营贷款，是指贷款人将以合法方式筹集的资金自主发放的贷款，其风险由贷款人承担并由贷款人收回本金和利息。委托贷款，是指由政府部门、企事业单位及个人等委托人提供资金，由贷款人(受托人)根据委托人确定的贷款对象、用途、金额、期限、利率等代为发放、监督使用并协助收回的贷款；贷款人(受托人)只收取手续费，不承担贷款风险。特定贷款，是指经国务院批准并对贷款可能造成的损失采取相应补救措施后责成国有独资商业银行发放的贷款。

(2) 短期贷款、中期贷款和长期贷款。短期贷款，是指贷款期限在一年以内(含一年)的贷款。中期贷款，是指贷款期限在一年以上(不含一年)、五年以下(含五年)的贷款。长期贷款，是指贷款期限在五年(不含五年)以上的贷款。

(3) 信用贷款、担保贷款和票据贴现。①信用贷款，是指以借款人的信誉发放的贷款。②担保贷款，是指保证贷款、抵押贷款、质押贷款。保证贷款，是指按《中华人民共和国担保法》规定的保证方式，以第三人承诺在借款人不能偿还贷款时，按约定承担一般保证责任或者连带责任而发放的贷款；抵押贷款，是指按《中华人民共和国担保法》规定的抵押方式，以借款人或第三人的财产作为抵押物发放的贷款；质押贷款，是指按《中华人民共和国担保法》规定的质押方式，以借款人或第三人的动产或权利作为质物发放的贷款。③票据贴现，是指贷款人以购买借款人未到期商业票据的方式发放的贷款。

二、长期贷款

(一) 长期贷款的类型

金融机构通过各种渠道集中资金，具有雄厚的资金基础，其贷款的形式也灵活、多样，是我国企业筹措长期资本的重要方式之一。我国股份制企业的长期贷款主要是向金融机构借入的长期贷款，如从各专业银行、商业银行取得的贷款。除此之外，还包括向财务公司、投资公司等金融企业借入的款项。

为了保证国家信贷资金体系的完整，促进金融机构对各种贷款的管理，提高贷款的经济效益，金融机构制定了一系列的贷款管理办法，规定了申请贷款的企业应该具备的条件及应该履行的程序。一般而言，贷款人应该具备的条件有以下六个方面。

(1) 企业实行独立核算，自负盈亏，具有法人资格，有健全的机构和相应的企业管理的技术人才。

(2) 用途合理合法，具有贷款项目的可行性报告。

(3) 具有一定的物资和财产保证，担保单位具有相应的经济实力。

(4) 具有偿还贷款本息的能力。

(5) 财务管理和经济核算制度健全，资金使用效果良好。

(6) 在有关金融部门开立账户并能办理结算。

一般来说，贷款企业的条件越充分，申请贷款越容易，资本成本越低。

(二) 长期贷款的主要用途

(1) 长期贷款可以弥补企业流动资金的不足，在某种程度上，还起着提供企业正常施工生产经营所需垫底资金的作用。

(2) 长期贷款可以弥补企业固定资产投入的不足。企业为了扩大生产经营、实施多种经营，需要添置各种机械设备，建造厂房，这些都需要企业投入大量的长期占用的资金，而企业所拥有的经营资金，往往是无法满足这些需要的，如等待用企业内部形成的积累资金去购建，则可能丧失企业发展的有利时机。

(3) 长期贷款可以为投资人带来获利的机会。企业需要的长期资金来自两个方面：一是增加投资人投入的资金；二是举借长期贷款。从投资人角度来看，长期贷款往往更为有利。一方面有利于投资人保持原有控制企业的权力，不会因为企业筹集长期资金而影响投资者本身的利益；另一方面还可以为投资人带来获利的机会，因为长期贷款利息，可以计入财务费用在税前利润列支，在企业赢利的情况下，就可少交一部分所得税，为投资人增加利润。

(三) 长期贷款费用的处理方法

企业由于借入长期贷款而发生的贷款费用，如长期贷款利息、汇兑损益等，可以采取两种方法进行处理。 一是于发生时直接确认为当期费用；二是予以资本化。资本化是指符合条件的相关费用支出不计入当期损益，而是计入相关资产成本，作为资产负债表的资产类项目管理。简单地说，资本化就是公司将支出归类为资产的方式。新企业会计准则规定：企业发生的贷款费用，可直接归属于符合资本化条件的资产购建或者生产的，应当予以资本化；符合资本化条件的资产，是指需要经过相当长时间的购建或者生产活动才能达到可使用或者可销售状态的资产。根据这一规定，可能会有公司将一般贷款的利息支出和符合资本化条件的资产上资本化，从而达到调节利润的目的。

在我国的会计实务中，对不同的长期贷款费用采用了不同的处理方法。

(1) 用于企业生产经营正常周转而借入的长期贷款所发生的贷款费用，直接计入当期的财务费用。

(2) 筹建期间发生的长期贷款费用(购建固定资产所贷款项除外)计入长期待摊费用。

(3) 在清算期间所发生的长期贷款费用，计入清算损益。

(4) 为购建固定资产而发生的长期贷款费用，在该项固定资产达到预定可使用状态前，按规定予以资本化，计入所建造的固定资产价值；在固定资产达到预定可使用状态后，直接计入当期的财务费用。

三、短期银行贷款

企业用来维持正常的生产经营所需的资金或作为抵偿项而向银行或其他金融机构等外单位借入的、还款期限在一年以下或者一年的一个经营周期内的各种贷款。

(一) 短期银行贷款类型及用途

工商企业的短期贷款按照其最终使用来区分主要有经营周转贷款、临时贷款、结算贷款、票据贴现贷款、卖方信贷、预购定金贷款和专项储备贷款等。

(1) 经营周转贷款，亦称生产周转贷款或商品周转贷款，是企业因流动资金不能满足正常生产经营需要，而向银行或其他金融机构取得的贷款。办理该项贷款时，企业应按有关规定向银行提出年度、季度贷款计划，经银行核定后，由贷款计划指定人根据贷款借据办理贷款。

(2) 临时贷款，是企业因季节性和临时性客观原因，正常周转的资金不能满足需要，面借入超过生产周转或商品周转资金的款额的短期贷款。临时贷款实行“逐笔核贷”的办法，贷款期限一般为 3~6 个月，按规定用途使用，并按核算期限归还。

(3) 结算贷款，是在采用托收承付结算方式办理销售货款结算的情况下，企业为解决商品发出后至收到托收货款前所需要的在途资金而借入的款项。企业在发货后的规定期间(一般为三天，特殊情况最长不超过七天)内向银行托收的，可申请托收承付结算贷款。贷款金额通常按托收金额和商定的折扣率进行计算，大致相当于发出商品销售成本加代垫运杂费。企业的货款收回后，银行将自行扣回其贷款。

(4) 票据贴现贷款，是持有银行承兑汇票或商业承兑汇票的企业，在发生经营周转困难时，申请票据贴现的贷款，期限一般不超过三个月。贴现贷款额一般是票据的票面金额扣除贴现息后的金额，贴现贷款的利息即为票据贴现息，由银行办理贴现时先行扣除。

(5) 卖方信贷，是产品列入国家计划，质量在全国处于领先地位的企业，经批准采取分期收款销售引起生产经营资金不足而向银行申请取得的贷款。这种贷款应按货款收回的进度分次归还，期限一般为1~2年。

(6) 预购定金贷款，是商业企业为收购农副产品发放预购定金而向银行借入的款项。这种贷款按国家规定的品种和批准的计划标准发放，实行专户管理，贷款期限最多不超过一年。

(7) 专项储备贷款，是商业批发企业由国家批准储备商品而向银行借入的款项。这种贷款必须实行专款专用，贷款期限根据批准的储备期确定。

(二) 短期银行贷款的核算

短期银行贷款的核算主要包括借入时、利息提取及支付偿还本金三个环节的处理。短期银行贷款一般期限不长，通常在取得贷款日，按取得的金额入账。利息支出，是企业理账活动中为筹集资金而发生的耗费，应作为一项财务费用计入当期损益。由于利息支付的方式不同，其会计核算也不完全一样。若短期银行贷款的利息按月计收，或者还本付息一次进行、但利息数额不大时，利息费用可直接计入当期损益；若短期银行贷款的利息按季(或半年)计收，或者还本付息一次进行、但利息数额较大时，则可采用预提的方式按月预提、确认和计入费用。具体操作如下。

(1) 企业所发生的短期贷款业务，应设置“短期贷款”科目。该科目应按照债权人和短期贷款的种类设置明细科目，按照明细进行分类核算。该科目的贷方登记取得的贷款本金，借方登记贷款本金的偿还；期末贷方余额表示期末尚未偿还的贷款本金，列示在资产负债表负债方的流动负债项下。对短期贷款利息，应设置“财务费用”科目。该科目的借方登记利息费用的发生，贷方登记期末结转至“本年利润”科目的金额。

(2) 短期银行贷款的目的一般是为了弥补企业自有流动资金的不足，属于企业流动负债，因此，其利息应作为财务费用处理。

(3) 如果企业的短期银行贷款利息是按月支付的，或者短期银行贷款的利息数额不大时，根据会计上的重要性原则，可以于实际支付时，或者收到银行的计息通知时，直接计入“财务费用”科目；如果短期银行贷款利息是按季支付的，或者是在贷款到期时连本金一起归还且利息数额较大的，为了正确计算各期盈亏，应按照预提的方法，按月预提，计入损益。

四、票据贴现

票据贴现是企业将未到期的应收商业承兑汇票或者是银行承兑汇票向银行提前转让，以获取现金的行为。银行以票面余额扣除贴现利息后的票款付给收款人，汇票到期时，银行凭票向承兑人收取现款。就客户而言，贴现即贴息取现。一般地讲，用于贴现的商业汇票主要包括商业承兑汇票和银行承兑汇票两种。

(一) 申请票据贴现的条件

申请票据贴现的单位必须是具有法人资格或实行独立核算、在银行开立有基本账户并依法从事经营活动的经济单位。贴现申请人应具有良好的经营状况，具有到期还款能力，贴现申请人持有的票据必须真实，票式填写完整、盖印、压数无误，凭证在有效期内，背书连续完整。贴现申请人在提出票据贴现的同时，应出示贴现票据项下的商品交易合同原件并提供复印件，或者其他能够证明票据合法性的凭证，同时还应提供能够证明票据项下商品交易确已履行的凭证(如发货单、运输单、提单、增值税发票等复印件)。

(二) 票据贴现和发放贷款的异同

票据贴现和发放贷款，都是银行的资产业务，都为客户融通资金，但二者之间却有许多差别。

(1) 资金流动性不同。由于票据的流通性，票据持有者可到银行或贴现公司进行贴现，换得资金。一般来说，贴现银行只有在票据到期时才能向付款人要求付款，但银行如果急需资金，可以向中央银行再贴现。而贷款是有期限的，在到期前是不能回收的。

(2) 利息收取时间不同。贴现业务中利息的取得是在业务发生时即从票据面额中扣除，是预先扣除利息。而贷款是事后收取利息，它可以在期满时连同本金一同收回，或根据合同规定，定期收取利息。

(3) 利息率不同。票据贴现的利率要比贷款的利率低，因为持票人贴现票据是为了得到现有资金的融通，并非没有这笔资金。如果贴现率太高，则持票人取得融通资金的负担过重，成本过高，贴现业务就不可能发生。

(4) 资金使用范围不同。持票人在贴现了票据以后，就完全拥有了资金的使用权，他可以根据自己的需要使用这笔资金，而不会受到贴现银行和公司的任何限制。

但借款人在使用贷款时，要受到贷款银行的审查、监督和控制，因为贷款资金的使用情况直接关系到银行能否很好地回收贷款。

(5) 债务债权的关系人不同。贴现的债务人不是申请贴现的人而是出票人(付款人)，遭到拒付时才能向贴现人或背书人追索票款。而贷款的债务人就是申请贷款的人，银行直接与借款人发生债务关系。有时银行也会要求借款人寻找保证人以保证偿还款项，但与贴现业务的关系人相比还是简单得多。

(6) 资金的规模和期限不同。票据的期限较短，一般为 2~4 个月。票据贴现的金额一般不太大，每笔贴现业务的资金规模有限，可以允许部分贴现。然而贷款的形式多种多样，期限长短不一，规模一般较大，贷款到期的时候，经银行同意，借款人还可继续贷款。

银行在贴现票据时，贴现付款额的计算公式为

银行贴现付款额=票据面额×(1−年贴现率×贴现后到期天数/365 天)

第三节　债券筹资

一、公司债券的内涵

公司债券是债券发行的一种。债权发行是指发行人以借贷资金为目的，依照法律规定的程序向投资人要约发行代表一定债权和兑付条件的债券的法律行为。我国发行的债券有政府债券、企业债券和公司债券。本节主要介绍的是公司债券的内容。公司债券是股份制公司发行的一种债务契约，公司承诺在未来的特定日期偿还本金并按事先规定的利率支付利息。

根据上海证券交易所、深圳证券交易所关于上市公司债券的规定，公司债券发行的主体可以是股份公司，也可以是有限责任公司。申请上市的公司债券必须符合规定条件。

公司债券代表着发债企业和投资者之间的一种债权债务关系，债券持有人是企业的债权人，债券持有人有权按期收回本息。债券与股票一样，同属有价证券，可以自由转让。一方面，债券风险与企业本身的经营状况直接相关。如果公司发行债券后，经营状况不好，连续出现亏损，可能无力支付投资者的本息，投资者就面临着受损失的风险。因此，在发行债券时，一般要对发行债券企业进行严格的资格审查或要求发行企业有财产抵押，以保护投资者利益。另一方面，在一定限度内，证券市场上的风险与收益成正相关关系，高风险伴随着高收益。公司债券由于具有较大风险，它们的利率通常也高于政府债券。

二、公司债券的种类

公司债券按不同标准可以分为很多种类，最常见的分类有以下五种。

(1) 按是否记名可分为两种。①记名公司债券，即在券面上登记持有人姓名，支取本息要凭印鉴领取，转让时必须背书并到债券发行公司登记的公司债券。②不记名公司债券，即券面上不需要载明持有人姓名，还本付息及流通转让仅以债券为凭，不需要登记的公司债券。

(2) 按持有人是否参加公司利润分配可分为两种。①参加公司债券，指除了可按预先约定获得利息收入外，还可在一定程度上参加公司利润分配的公司债券。②非参加公司债券，指持有人只能按照事先约定的利率获得利息的公司债券。

(3) 按是否可提前赎回分为两种。①可提前赎回公司债券，即发行者可在债券到期前购回其发行的全部或部分债券。②不可提前赎回公司债券，即只能一次到期还本付息的公司债券。

(4) 按发行人是否给予持有人选择权分为两种。①附有选择权的公司债券，指在一些公司债券的发行中，发行人给予持有人一定的选择权，如可转换公司债券(附有可转换为普通股的选择权)、有认股权证的公司债券和可退还公司债券(附有持有人在债券到期前可将其回售给发行人的选择权)。②未附选择权的公司债券，即债券发行人未给予持有人上述选择权的公司债券。

(5) 按发行债券的目的可分为四种。①普通公司债券，即以固定利率、固定期限为特征的公司债券。这是公司债券的主要形式，在于为公司扩大生产规模提供资金来源。②改组公司债券，是为清理公司债务而发行的债券，也称为以新换旧债券。③利息公司债券，也称为调整公司债券，是指面临债务信用危机的公司经债权人同意而发行的较低利率的新债券，用以换回原来发行的较高利率债券。④延期公司债券，指公司在已发行债券到期无力支付，又不能发新债还旧债的情况下，在征得债权人同意后可延长偿还期限的公司债券。

三、公司债券的发行条件

根据《中华人民共和国公司法》的规定，我国企业发行公司债券必须具备以下六个条件。

(1) 股份有限公司的净资产不低于人民币 3000 万元，有限责任公司的净资产不低于人民币 6000 万元。

(2) 本次发行后累计公司债券余额不超过最近一期末净资产额的 40%；金融类公司的累计公司债券余额按金融企业的有关规定计算。

(3) 最近三个会计年度实现的年均可分配利润不少于公司债券一年的利息。

(4) 筹集的资金投向符合国家产业政策。

(5) 债券的利率不超过国务院限定的利率水平。

(6) 国务院规定的其他条件，如公开发行公司债券筹集的资金，必须用于核准的用途，不得用于弥补亏损和非生产性支出。

存在下列情形之一的，不得发行公司债券。

(1) 最近 36 个月内公司财务会计文件存在虚假记载，或者公司存在其他重大违法行为。

(2) 本次发行申请文件存在虚假记载、误导性陈述或者重大遗漏。

(3) 对已发行的公司债券或者其他债务有违约或者迟延支付本息的事实，仍处于继续状态。

(4) 严重损害投资者合法权益和社会公共利益的其他情形。

四、公司债券的发行方式及发行价格

按照公司债券的发行对象，可分为私募发行和公募发行两种方式。私募发行是指面向少数特定的投资者发行债券，一般以少数关系密切的单位和个人为发行对象，不对所有的投资者公开出售。具体发行对象有两类：一类是机构投资者，如大的金融机构或是与发行者有密切业务往来的企业等；另一类是个人投资者，如发行单位自己的职工，或是使用发行单位产品的用户等。私募发行一般多采取直接销售的方式，不经过证券发行中介机构，不必向证券管理机关办理发行注册手续，可以节省承销费用和注册费用，手续比较简便。但是私募债券不能公开上市，流动性差，利率比公募债券高，发行数额一般不大。

公募发行是指公开向不特定的投资者发行债券。公募债券发行者必须向证券管理机关办理发行注册手续。由于发行数额一般较大，通常要委托证券公司等中介机构承销。公募债券信用度高，可以上市转让，因而发行利率一般比私募债券利率低。公募债券采取间接销售，具体方式又可分为三种。①代销。发行者和承销者签订协议，由承销者代为向社会销售债券。承销者按规定的发行条件尽力推销，如果在约定期限内未能按照原定发行数额全部销售出去，债券剩余部分可退还给发行者，承销者不承担发行风险。采用代销方式发行债券，手续费一般较低。②余额包销。承销者按照规定的发行数额和发行条件，代为向社会推销债券，在约定期限内推销债券如果有剩余，须由承销者负责认购。采用这种方式销售债券，承销者承担部分发行风险，能够保证发行者筹资计划的实现，但承销费用高于代销费用。③全额包销。首先由承销者按照约定条件将债券全部承购下来，并且立即向发行者支付全部债券价款，然后再由承销者向投资者分次推销。采用全额包销方式销售债券，承销者承担了全部发行风险，可以保证发行者及时筹集到所需要的资金，因而包销费用也较余额包销费用高。

债券的发行价格按照与票面金额的差异可以分为平价发行、溢价发行和折价发行。①平价发行，指债券的发行价格和票面额相等，因而发行收入的数额和将来的还本数额也相等。平价发行的前提是债券发行利率和市场利率相同，这在西方国家比较少见。②溢价发行，指债券的发行价格高于票面额，但以后偿还本金时仍按票面额偿还。只有在债券票面利率高于市场利率的条件下才能采用这种方式发行。③折价发行，指债券发行价格低于债券票面额，而偿还时却要按票面额偿还本金。折价发行是因为规定的票面利率低于市场利率。

五、可转换公司债券

(一) 可转换公司债券的含义

可转换公司债券是指由股份公司发行的，在特定时间、按特定条件可以转换为普通股股票的特殊企业债券，具有债权性、股权性的双重特征。它是在普通公司债券基础上发展起来的一种介于债券和股票之间的金融衍生产品，持有人可以在规定的时间内将债券按既定的转换价格和转换比率转换成公司的普通股。

可转换公司债券是一种混合型的债券形式。当投资者不太清楚发行公司的发展潜力及前景时，可先投资于这种债券。待发行公司经营业绩显著，经营前景乐观，其股票行市看涨时，则可将债券转换为股票，以受益于公司的发展。可转换债券对于投资者来说，是多了一种投资选择机会。因此，即使可转换债券的收益比一般债券收益低些，但在投资机会选择的权衡中，这种债券仍然受到投资者的欢迎。可转换公司债券在国外债券市场上颇为盛行。这种公司债券最早出现在英国，目前美国公司也多发行这种公司债。1938年《日本商法典》改正后，日本一些公司也开始发行这种债券。由于可转换债券具有可转换成股票这一优越条件，所以其发行利率较普通债券为低。

(二) 可转换公司债券的性质

可转换公司债券，是一种公司债券，它赋予持有人在发债后一定时间内，可依据本身的自由意志，选择是否依约定的条件将持有的债券转换为发行公司的股票或者另外一家公司股票的权利。换言之，可转换公司债券持有人可以选择持有至债券到期，要求公司还本付息；也可选择在约定的时间内转换成股票，享受股利分配或资本增值。

从可转换公司债券的概念可以看出，普通可转换公司债券具有债权和期权双重属性。

1. 债权性质

可转换公司债券首先是一种公司债券，是固定收益证券，具有确定的债券期限和定期息率，并为可转换公司债券投资者提供了稳定的利息收入和还本保证，因此可转换公司债券具有较充分的债权性质。这意味着可转换公司债券持有人虽可以享有还本付息的保障，但与股票投资者不同，他们不是企业的拥有者，不能获取股票红利，不能参与企业决策。在企业资产负债表上，可转换公司债券属于企业或有负债，即在转换成股票之前，可转换公司债券仍然属于企业的负债资产，只有在可转换公司债券转换成股票以后，投资可转换公司债券才等同于投资股票。一般而言，可转换公司债券的票面利率总是低于同等条件和同等资信的公司债券，这是因为可转换公司债券赋予投资人转换股票的权利，作为补偿，投资人所得利息就低。

2. 期权性质

可转换公司债券为投资者提供了转换成股票的权利，这种权利具有选择权的含义，投资者既可以行使转换权，将可转换公司债券转换成股票，也可以放弃这种转换权，持有债券到期。也就是说，可转换公司债券包含了股票买入期权的特征，投资者通过持有可转换公司债券可以获得股票上涨的收益。因此，可转换公司债券是股票期权的衍生，人们往往将其看做期权类的二级金融衍生产品。

实际上，由于可转换债权一般还具有赎回和回售等特征，所以其属性较为复杂，但以上两个性质是可转换债权最基本的属性。

(三) 分离交易的可转换公司债券

上市公司可公开发行认股权和债券分离交易的可转换公司债券。分离交易的可转换公司债券是指发行人一次捆绑发行公司债券和认股权证两种交易品种，并可同时上市、分别交易的公司债券形式。分离交易的可转换公司债券一旦上市交易，其债券和认股权证是分离交易的，并不要求投资者同步操作。

(四) 可转换公司债券的发行条件

普通可转换公司债券的公开发行，除了要遵循一般公司债券的发行条件，还应当符合以下条件：最近三个会计年度加权平均净资产收益率平均不低于6%(扣除经常性损益后的净利润与扣除前的净利润相比，以低者作为加权平均净资产收益率计算的依据)。而分离交易的可转换公司债券除了满足普通可转换公司债券的发行条件，还要满足：①公司最近一期期末经审计的净资产不得低于人民币15亿元；②最近三个会计年度经营活动产生的现金流量净额平均不少于公司债券一年的利息，但最近三个会计年度加权平均净资产收益率平均不低于 6%的(扣除经常性损益后的净利润与扣除前的净利润相比，以低者作为加权平均净资产收益率计算的依据)除外。

(五) 可转换公司债券的期限、面值及转股

可转换公司债券的最短期限为一年，最长为六年。可转换公司债券每张面值 100 元，利率由发行公司与主承销商协商确定，但必须符合国家的有关规定。

可转换公司债券自发行结束之日起六个月后方可转换为公司股票，转股期限由公司根据债券的存续期限及公司的财务状况确定。债券持有人对转换股票或者不转换股票有选择权，转换股票的于转股次日成为发行公司的股东。转股价格应不低于募集说明书公告日前 20 个交易日该公司股票交易均价和前一个交易日的均价。

(六) 可转换公司债券的优缺点

1. 可转换证券融资的优点

(1) 可转换证券通过出售看涨期权可降低融资成本。通常，可转换证券的利率或股息较低且限制性条款较不苛刻，使公司在换股之前可以低廉成本筹集资金。另外，把可转换证券的发行看做未来的发行股票或配股，可以帮助公司避开不利的市场条件，而等其好转时用高于债券发行日股价的转换价格延续普通股融资。

(2) 可转换证券有利于未来资本结构的调整，债券或优先股转换成普通股可降低财务杠杆，为今后进一步融资创造了条件。

2. 可转换证券融资的缺点

(1) 一个高速成长的公司在其普通股价格大幅上升的情况下，利用可转换证券融资的成本要高于普通股或优先股，因为持有者可以被低估的转换价格成为普通股股东，从而获取丰厚的股利。

(2) 如果可转换证券持有人执行转换，将稀释每股收益和剩余控制权。

(3) 若公司经营业绩不佳，则大部分可转换债券不会转换为普通股票，不利于公司走出财务困境，并导致今后股权或债券融资成本增加。

第四节 股权融资

一、股权融资的含义

股权融资指股份公司通过发行股票筹集资金的一种融资方式。股票是股份公司发给作为股东的投资者投资入股的凭证，是股东借以取得股息和红利，根据规定行

使出资者权力的有价证券。股权融资是相对于债务融资而言的，前面的银行贷款和债券融资是债务筹资的两种主要模式。股权融资主要包括发行股票、配股、债转股(可转换公司债券)等。

股权融资的功能主要有四个方面。①筹集资金的功能。通过发行股票，企业可以在股票市场上把社会闲散资金筹集起来，以利于企业扩大再生产之用，从而更加吸引社会各个层次的投资者，为其开拓更为广阔的资金来源。②制度创新功能。股权融资必然要触及企业的产权关系，促进和实现企业法人治理结构和经营机制的转化。此外，股权融资可促使企业规模化和重组，实现产权约束的变化。③配置功能。股权融资可以提高资产流动性，引导资金的流动，实现资源的合理配置，优化产业结构。④增加资本金，优化财务指标。企业不能无本经营，必须具有足够的资本金，股权融资融得的资金是公司的资本金，不需要偿还，这样可优化企业的财务指标。在以上各功能中，筹集资金功能和制度创新功能是两项最基本的功能。从严格意义上讲配置功能和增加资本金的功能可以归结为筹集资金功能，因为配置功能实际上是所筹集资金的投向问题。

股权融资是相对于债权融资而言的。债权融资指企业通过银行信贷进行融资和发行债券进行融资的一种融资方式。股权融资和债权融资的区别表现在五个方面。①融资性质不同。股权融资双方是一种所有权关系；债权融资双方是债权债务关系。②承担风险不同。股权融资不需要偿还，投资者自担风险；债权融资的资金需求方要承担偿本付息风险。③收益来源不同。股权融资的投资者收益来自股息、红利、资本利得；债权融资的资金供给方收益来自利息(债券到期前卖出，还可能获得价差收益)。④双方关系的固定性不同。股权融资的资金供给双方关系具有不固定性；债权融资方式中的信贷融资双方关系具有固定性。⑤权利不同。股权融资的股东有权参与发行公司的经营管理和决策，并享有监督权；债权融资除信贷融资享有监督权以外，没有其他各项权利。

二、对股票的认识

(一) 股票的种类

按照不同的分类标准，我们将股票进行不同的分类。

(1) 按股东权利分类，股票可分为普通股、优先股和后配股。优先股是相对于普通股而言的。优先股有两种权利：一是在公司分配赢利时，拥有优先股票的股东比持有普通股票的股东，分配在先，而且享受固定数额的股息，即优先股的股息率都是固定的，普通股的红利却不固定；二是在分配剩余财产时，优先股在普通股之前分配。

(2) 根据上市地区分类，我国上市公司的股票有 A 股、B 股、H 股、N 股和 S 股等的区分。这一区分主要依据股票的上市地点和所面对的投资者而定。A 股即人民币普通股票，它是由我国境内的公司发行，供境内机构、组织或个人(不含港、澳、台投资者)以人民币认购和交易的普通股股票；B 股是人民币特种股票，它是以人民币标明面值，以外币认购和买卖，在境内的上海证券交易所、深圳证券交易所上市交易的股票；H 股，即注册地在内地、上市地在中国香港的外资股；N 股是在纽约上市的外资股；S 股是在新加坡上市的外资股。

(3) 根据业绩分为 ST 股、垃圾股、绩优股、蓝筹股。ST 股针对的对象是出现财务状况或其他状况异常的上市公司；垃圾股指的是业绩较差的公司的股票，与绩优股相对应；蓝筹股是指红利分红比较优厚的股票。

(4) 根据股票是否记载股东姓名分为记名股票和无记名股票。记名股票，是在股票上记载股东的姓名，如果转让必须经公司办理过户手续。无记名股票，是在股票上不记载股东的姓名，如果转让，通过交付而生效。

(5) 根据股票是否记明每股金额分为有票面值股票和无票面值股票。有票面值股票，是在股票上记载每股的金额。无票面值股票，只是记明股票和公司资本总额，或每股占公司资本总额的比重。

(6) 根据股票上表示的份数分为单一股票和复数股票。单一股票是指每张股票表示一股。复数股票是指每张股票表示数股。

(7) 根据股票所代表的权利大小分为普通股票和特别股票。普通股票的股息随公司利润大小而增减。特别股票一般按规定利率优先取得固定股息，但其股东的表决权有所限制。

(8) 根据股票持有者有无表决权分为表决权股票和无表决权股票。普通股票持有者都有表决权，而那些在某些方面享有特别利益的优先股票持有者在表决权上常受到限制。无表决权的股东，不能参与公司决策。

(二) 股票的性质和特征

股票的性质主要有五点。①股票是一种有价证券。股票反映和代表着一定的价值，同时股票与其代表的股东权利有不可分离的关系，两者合为一体。②股票是一种要式证券。股票应记载一定的通过法律形式加以规定的事项。③股票是一种证权证券。股票代表的是股东权利，它的发行以真实股份为条件，股票只是把已经存在的股东权利表现为证券的形式，它的作用不是创造股东的权利，而是证明股东的权利。④股票是一种资本证券。股票不是一种现实财富，独立于真实资本之外，只凭借着它所代表的资本额和股东权益在股票市场上进行着独立的价值运动，是一种虚拟资本。⑤股票是一种综合权利证券。股票持有者作为股份公司的股东，享有独立的股东权利。股东权利是一种综合权利，包括出席股东大会，投票表决，分配股息红利等。

股票的特征主要有七个方面。①收益性。投资于股票可以获得三方面收益：股息(红利)、资本利得、资本增值收益。②风险性。在市场经济中，许多不确定因素，导致收益与风险具有不确定性。③稳定性。稳定性包含两个方面含义：一指股东与发行股票公司之间存在稳定的关系；二是指发行股票筹集的资金在公司有一个稳定的存续时间。④流通性。股票可以在股票市场随时转让。⑤股份的伸缩性。股票所代表的股份既可以拆细，又可以合并。⑥波动性。股票交易价格经常变化，或者说与股票价值常不一致。⑦参与性。股东有权按规定参与公司的经济活动和决策活动。

三、股票的发行方式

股票在上市发行前，上市公司与股票的代理发行证券商签订代理发行合同，确定股票发行的方式，明确各方面的责任。股票代理发行的方式按发行证券商承担的风险不同，一般分为包销发行方式和代理发行方式两种。

(1) 包销发行方式。包销发行是由代理股票发行的证券商一次性将上市公司所新发行的全部或部分股票承购下来，并垫支相当于股票发行价格的全部资本。由于金融机构一般都有较雄厚的资金，可以预先垫支，以满足上市公司急需大量资金的需要，所以上市公司一般都愿意将其新发行的股票一次性转让给证券商包销。如果上市公司股票发行的数量太大，一家证券公司包销有困难，还可以由几家证券公司联合起来包销。

(2) 代销发行方式。代销发行是由上市公司自己发行，中间只委托证券公司代为推销，证券公司代销证券只向上市公司收取一定的代理手续费。股票上市的包销发行方式，虽然让上市公司能够在短期内筹集到大量资金，以应付资金方面的急需。但一般包销出去的证券，证券承销商都只按股票的一级发行价或更低的价格收购，从而不免使上市公司丧失了部分应有的收获。代销发行方式对上市公司来说，虽然相对于包销发行方式能获得更多的资金，但整个筹款时间可能很长，从而不能使上市公司及时得到自己所需的资金。

四、股票的价格及影响因素

股票的价格主要包括票面价格、发行价格、账面价格及市场价格四种形式。票面价格，是指股票票面上所注明的金额，是其他三种价格的参考依据。发行价格，是指股票发行时所定的购买价格。股票的发行价格有三种，即溢价发行、平价发行及折价发行，但是我国不允许折价发行。账面价格是公司资产净值与普通股的比例，反映的是每股股票所代表的公司净值。市场价格是指股票在市场流通中的价格，它是股票交易过程中最常用的价格，一般股票价格就是指市场价格。由于受到各种因素的影响，股票价格经常发生变动。这些因素一般有以下四个方面。

(一) 影响股票价格的公司内部因素

(1) 赢利能力。赢利是企业发展的基础和经营的主要目的，因此赢利能力的变化会直接反映在股价的波动上面，是影响股票价格变动的最重要因素之一。

(2) 现金流量。现金流量是公司经营状况是否良好、债务偿还能力是否足够、支付股东现金股利是否充足的反映。一般来说，公司的现金流量状况越好，债务偿还能力和支付股东现金股利能力越强，公司股价越可能上升。

(3) 可持续成长能力。对于投资者来说，投资具有高成长性的企业也就意味着将来有较高的预期回报，因此会使股票价格升高。公司的成长性越好，未来赢利能力就会越强，相应地，股票的内在价值就会越大，股价上升的可能性就越大。

(4) 公司经营管理的变动。股份公司董事会、监事会人选的更换及经理人员的调整，可能改变公司的经营方针，进而影响公司的财务状况、赢利水平、股息政策等，这有可能会波及股票价格的变动。

(二) 影响股票价格的市场因素

股票市场对股票价格的影响是直接的、密切的，市场的供求状况、市场操纵等都会对股票价格造成影响。

(1) 市场供求影响股票市场的供求关系，是决定股票价格的直接因素。从经济学角度看，股价主要由股市本身的供求关系决定的，即由股票的总量和股市资金总量决定。当大量货币资金流入股市，造成股票供不应求时，股票价格就会上涨；反之，股价就会下跌。

(2) 市场操纵主要是投资者通过买卖操作来影响证券市场价格。我国某些上市公司为了达到配股资格线，或为了逃避惩罚，纷纷进行业绩造假，操纵股市，左右股市价格，使股价严重偏离投资价值，加剧市场投机气氛。

(3) 主管机关的限制行为。证券主管机关为了维持股票市场的秩序，在某些股票价格因过度投机而大幅度波动时，会采取相应的措施予以平抑，从而影响股票价格。

(三) 影响股票价格的宏观经济因素

宏观经济政策因素是指国家针对经济领域出台的政策、法规、条例等因素，主要包括以下四个方面。

(1) 货币政策因素。货币政策的松紧直接关系到证券市场资金量的多少。在实行紧缩性货币政策时，货币供给减少，利率上升，对股价形成下跌压力；而实行扩张的货币政策意味着货币供给增加和利率下调，使股价水平趋于上升。

(2) 财政政策因素。一国的财政政策的实施不仅会对社会经济运行产生巨大影响，还将对证券市场交易产生重大影响。扩张型的财政政策会使股价上涨，紧缩性的财政政策会使股价下跌。

(3) 物价变动的影响。物价上升会使公司的资产净值相对提高，固定资产折旧相对降低，增强了公司的获利能力，因而其股票更具吸引力。同时，物价上升也促使社会公众因受通货膨胀的压力而将货币投于股票，寻求保值，从而引起股票市场供不应求，股价上升。相反，物价下降时，股价下跌。

(4) 国际收支的影响。国际收支赤字的增加会使国家为减少赤字而提高中央银行贴现率、收缩银根，结果一方面银行利率上升，另一方面本国货币贬值，对外国投资者失去吸引力，所以在此情况下，股票价格一般看跌。反之，股票价格就看涨。

(四) 其他因素

其他因素主要包括政治因素、社会心理因素等。尤其是投资者对股票价格的影响力不可低估，如果投资者对股票市场行情的前景过于悲观，就会大量抛售手中的股票，引起股价下跌；反之，如果投资者持乐观的态度，就会引起股价上涨。

[案例分析] 中粮集团有限公司香港借壳上市

一、中粮集团有限公司背景介绍

中粮集团有限公司(简称中粮)是我国的一家特大型企业，资产近百亿美元，据1997年美国《财富》杂志统计，中粮排名世界500家最大企业第376位，与中国银行、中国化工进出口总公司并列成为中国三家上榜公司之一。其主要业务是对我国农产品，特别是粮、糖、油及其他软商品的进出口贸易。另外，中粮还在世界各地经营食品加工业、大种植园，发展地产经营、酒店业及其他基建项目。

二、借壳上市动机剖析

进入20世纪90年代，中粮出于其全球发展战略的需要，急需扩大其在香港地区、澳门地区、东南亚地区的业务，而香港地区则是实现这一战略的一个不可多得的桥头堡。但是，由于种种原因，中粮虽与香港地区有着非常密切的贸易往来，并在香港地区拥有多家分支机构，却一直没有一家上市公司，这使得其在香港地区的资本运作有诸多不便。另外，在中粮的多角化经营战略中，海外资本运营一直是个空白，海外物业、地产和基建项目的发展也是比较薄弱的一环。因此，如何尽快在香港地区取得上市地位，直接进入香港地区乃至世界金融市场，使公司各项业务再上新台阶，便成为中粮跨国经营中至关重要的一步。

但是，众所周知，在香港地区上市需要满足香港证监会的一系列复杂的规定和条件，中粮是一家内地企业，其业务透明度、财务管理等诸方面并不能较好满足香港证监会的规定，若对原驻香港地区机构加以改制，不仅成本太高，而且会浪费大量宝贵的时间。凡此种种，使得中粮决意采用买壳方式，快而省地迈出其既定跨国经营战略中崭新的一步。经过详尽的调查和周密的论证，中粮确定了世贸中心(香港地区)和海嘉国际两家为收购对象，由中粮驻香港地区机构，也是其在亚太区的投资公司鹏利集团全权负责所有收购事项。

三、借壳过程介绍

世贸中心(香港地区)原为奔达国际集团，是蜚声海内外的赌王何鸿燊手下的9家上市公司之一，主要从事香港地区地产投资业务，是一家颇具发展潜力的中小型公司。1993年初，鹏利集团属下的鹏源发展收购了世贸中心53%的控股权，每股收购价比世贸中心的前收市价高出7.1%，达1.96元/股。

1993年4月30日，鹏源发展又以2.61元/股，作价3.83亿港元购入了海嘉国际55%的股权。收购完成后，鹏源发展又委托中国建设财务有限责任公司对海嘉进行全面收购。在这次收购中，鹏源发展帮助海嘉国际出售了它的几乎全部资产，套回现金1.3亿港元，并为其偿还了5.45亿元的负债。鹏源发展随后将基弯东亚花园商铺物业，以1.31亿元注入海嘉国际，该物业的租金收入可观，每年达0.13亿元，成为海嘉国际令人瞩目的利润增长点。

为了理顺新收购公司的业务结构，使之合理搭配，鹏源发展紧接着又将海嘉国际55%的股权和7项物业，总计约20亿元的资产出售给世贸中心(香港地区)，使世贸中心的净资产值达到约32.49亿港元。经过这番资产重组，中粮在香港地区形成了鹏利—鹏源—世贸—海嘉公孙四代的控股结构。鹏利集团也一举拥有了两家上市公司，其实力与声势都有很大的提高。

1994 年 1 月下旬，世贸中心(香港地区)与海嘉国际分别召开特别股东大会，分别正式改名为鹏利国际集团和中国食品发展集团。其中鹏利国际集团仍以地产投资及发展为主，其拥有 9 项商住物业供出租或出售，1994 年这些物业都进入了回报期。另外，它还控制有海嘉国际改名而成的中国食品发展集团，并在内地拥有 100 多万平方米的地产项目，分布在深圳、广州、北京、沈阳及厦门各地。中国食品发展集团则成为以贸易和食品加工为主的企业，以后将积极致力于在东南亚地区寻求发展机会。经过这些果断的收购与重组，中粮预定的目标已基本上达到，迈出了其全球战略中坚实的一步。

世贸中心与海嘉国际有鹏利集团和中粮做坚强的后盾(鹏利集团在香港地区营业额达 50 亿港元，拥有 8 家直属机构)，业绩大踏步地前进，股价也连年大幅上升。世贸中心 1994 年 1 月 21 日收市价为 2.525 元，比收购时涨了 42%；而海嘉国际在(香港地区)1993 年 5 月中旬就已涨至 3.85 元，比收购价上涨 47.5%，改名后，又升至 4.525 元，比收购价上涨了 78.3%。

四、案例点评

中粮的此种收购战略，其实是一种借“壳”上市的行为。中国内地的国有企业由于体制上和经营上的诸多原因，要想实现在香港地区上市，满足其上市资格，需要对企业进行大力度的改造重组，这实施起来费时耗力。而通过香港地区股市现成的“壳”资源，则可以避开很多烦琐的环节，实现“一步到位”式的上市。纵观近几年来的香港地区股市，许多中资机构都是以抢滩般的热情去买“壳”上市，因此也就造成了股市里“壳”价飞涨，并产生了一批专门养“壳”的商人。当然，只要对经营有益处，借壳买壳的方式还是值得推广的。

(资料来源：圣才学习网. 2009-11-30. MBA 工商管理案例：中糖公司借走上市. http://www.100guanli.com/Detail.aspx?id=382016)

[习题]

1. 企业进行资本筹集一般可以概括为哪些动机？资本筹集的原则是什么？

2. 企业进行资本筹集的渠道可以分为哪些？

3. 企业进行资本筹集的方式一般分为哪些方面，影响筹资方式的因素都有什么？

4. 根据不同的分类标准，如何对银行贷款进行分类？

5. 长期和短期银行贷款一般在企业中的用途是什么？
6. 票据贴现和发放贷款的不同之处是什么？
7. 根据不同的分类标准，如何对公司债券进行分类？
8. 公募发行公司债券的基本方式是什么？
9. 什么是可转换公司债券？可转换公司债券都有哪些性质？
10. 股权融资的功能是什么？股权融资与债券融资的区别是什么？
11. 根据不同的分类标准，如何对股票的类型进行区分？
12. 股票的性质和特征分别是什么？
13. 什么叫做股票价格？影响股票价格的因素包括哪些内容？
14. 在公司上市时一般采用的各种筹资方式的利弊分别是什么？

HAPTER 4

第四章　资本成本

[内容提要]

企业运营资本的目的在于资本的保值、增值，这种增值来源于资本正常周转下利润的增加和积累，而利润表现为收入超出成本的部分。因此，资本成本作为成本的一部分，是企业在筹资过程中必须要研究的一个重要课题。

[学习要点]

1. 了解资本成本的种类及作用；
2. 熟练掌握如何计算长期贷款成本、长期债券成本及留存收益成本；
3. 熟练掌握 WACC 的计算公式及实际计算过程；

第一节 资本成本的概述

本节首先对资本成本的概念及相关知识进行初步的介绍，为后两节进行资本成本的核算作好知识储备。

一、资本成本的概念

企业筹集和使用任何资金，不论是短期的还是长期的，都要付出代价。广义的资本成本就是指企业为筹集和使用资金而付出的代价。但是由于短期负债的形成和流动资产的取得有关，且成本较低，因此我们更倾向于考察长期资本来源的资本成本，即狭义的资本成本仅指筹集和使用长期资金(包括自有资本和借入长期资金)的成本。由于长期资金也被称为资本，所以长期资金的成本也称为资本成本。

资本成本包括资金筹集费和资金占用费两部分。资金筹集费指在资金筹集过程中支付的各项费用，如发行股票、债券支付的印刷费、发行手续费、律师费、资信评估费、公证费、担保费、广告费等。资金占用费指占用资金支付的费用，如股票的股息、银行贷款和债券利息等。相比之下，资金占用费是筹资企业经常发生的，而资金筹集费通常在筹集资金时一次性发生，因此在计算资本成本时可作为筹资金额的一项扣除。

资本成本是财务管理中的重要概念，这是因为：一方面，资本成本是企业的投资者(包括股东和债权人)对投入企业的资本所要求的收益率；另一方面，资本成本是投资本项目(本企业)的机会成本。

资本成本的概念广泛运用于企业财务管理的许多方面。对于企业筹资来讲，资本成本是选择资金来源、确定筹资方案的重要依据，企业力求选择资本成本最低的筹资方式。对于企业投资来讲，资本成本是评价投资项目、决定投资取舍的重要标准。资本成本还可用作衡量企业经营成果的尺度，即经营利润率应高于资本成本，否则表明业绩欠佳。

二、资本成本的种类

(一) 个别资本成本

个别资本成本是指各种单个资本来源的成本，包括债务资本成本和股权资本成本。

1. 债务资本成本

债务资本成本是指企业通过债务形式融资所必须支付的报酬。由于债务利息可以在税前扣除，所以债务资本成本是按税后值进行计算的，使得债务资本成本相对较低；由于债务资本的存在，企业可以充分利用财务杠杆，从而增加股东财富；以债务形式融资不会造成企业所有权的稀释，这样可以保障股东的控制权。但债务利息必须定期支付，到期要归还本金，有较强的强制性，所以企业应该权衡债务筹资的利弊，合理确定企业负债比率。

债务资本成本可以分为长期贷款资本成本和长期债券资本成本两类。长期贷款资本成本是指企业通过长期贷款方式融资所必须支付的代价，它主要取决于长期贷款的利率和企业适用的所得税税率。长期债券资本成本是指企业以发行长期债券方式融资所必须支付的代价，它主要由债券的票面利率和企业适用的所得税税率决定。企业债务的利率是由市场经济状况和企业自身的状况决定的。其中市场的经济状况主要包括市场对通货膨胀的预期、资金的供应和需求状况、经济周期、货币政策和财政政策、国际经济政治关系、国家利率管制程度等；企业自身的状况主要包括企业违约风险的大小、企业债务的流动性状况、债务期限的长短、有无抵押及抵押品流动性强弱等。总的债务资本成本等于长期贷款资本成本和长期债券资本成本的加权平均。

2. 股权资本成本

股权资本成本是指股东对投入企业的资本所期望得到的报酬。股权资本融资相对于债务资本融资而言，有一定的有利之处，如没有到期日、无须偿还、筹资风险小、没有固定的股利支付负担(优先股股利通常要定期支付，但我国法律没有规定优先股的形式，因此在我国没有优先股的概念，本文的讨论也不涉及优先股)等，而且股权资本融资还能增加公司的信誉。但股权资本融资发行费用一般比债务资本融资要高，股利也没有抵税作用，而且还会造成企业控制权的稀释，导致股票价格的下跌。另外，投资人对股权资本的回报要求通常要高于债务资本，因而企业应谨慎选择股权资本融资方式，确定合理的资本结构。股权资本成本高于债务资本成本主要是因为各国法律一般都规定，在企业破产清算时，债务资本所有人相对于股权资本所有人享有优先受偿的权利，因此股权资本所有人承担的风险就要大于债务资本所有人所承担的风险，作为补偿，他们要求更高的回报。

股权资本成本又能分为两类：留存收益资本成本和普通股资本成本。

留存收益资本成本事实上是一种机会成本。留存收益是企业缴纳所得税后形成的，其所有权属于股东，股东将这一部分未分派的税后利润留存于企业，实质上是对企业追加投资。如果企业将留存收益用于再投资所获得的收益低于股东自己进行另一项风险相似的投资的收益率，企业就不应该保留留存收益，而应将其分派给股东。因此，企业保留留存收益后给股东的报酬应该至少等于股东将其用于类似风险投资所能获得的收益。

普通股资本成本是指企业通过发行股票融资所需要支付的代价，这里的普通股是指企业新发行的普通股。普通股资本成本与留存收益资本成本的区别在于：前者有筹资费用而后者没有。

(二) 综合资本成本

20 世纪 60 年代初，一些学者开始认识到企业资本成本在很大程度上要受到企业负债比率的影响，不能孤立地以每一种资本的成本来看待企业资本成本问题，而应该是负债资本成本与股权资本成本的加权平均。因此，企业资本成本开始被理解成 WACC，并在当时的学术界广为流行。因为在实际操作中，企业不可能只使用一种筹资方式，而往往是各种筹资方式的组合(债权+股权)，这个时候我们需要用到 WACC 来计算总体筹资成本的高低及优劣对比。在项目投资中经常会用到 WACC 的计量。

(三) 边际资本成本

边际资本成本是企业新增加筹资的资本成本，即企业新增一元资本所应负担的成本。在现实中，可能会出现这样一种情况：当企业以某种筹资方式筹资超过一定限度时，边际资本成本会提高，此时即使企业保持原有的资本结构，也仍有可能导致 WACC 的上升，这一限度被称为筹资突破点。边际资本成本就是通过计算各个筹资突破点进而计算得出的。但是在筹资数额较大或者目标资本结构既定的情况下，往往需要通过多种筹资方式的组合来实现，这时，边际资本成本应该按加权平均法测算，而且其资本权重必须根据市场价值确定。

二、决定资本成本高低的因素

在市场经济环境中，多方面因素的综合作用决定企业资本成本的高低，其中主要的有总体经济环境、证券市场条件、企业内部的经营和融资状况、融资规模四个方面。

(1) 总体经济环境决定了整个经济中资本的供给和需求，以及预期通货膨胀的水平。总体经济环境变化的影响，反映在无风险报酬率上。显然，如果整个社会经济中的资金需求和供给发生变动，或者通货膨胀水平发生变化，投资者也会相应改变其所要求的收益率。具体说，如果货币需求增加，而供给没有相应增加，投资人便会提高其投资收益率，企业的资本成本就会上升；反之，则会降低其要求的投资收益率，使资本成本下降。如果预期通货膨胀水平上升，货币购买力下降，投资者也会提出更高的收益率来补偿预期的投资损失，导致企业资本成本上升。

(2) 证券市场条件影响证券投资的风险。证券市场条件包括证券市场的流动难易程度和价格波动程度。如果某种证券的市场流动性不好，投资者想买进或卖出证券相对困难，变现风险加大，要求的收益率就会提高；或者市场上虽然存在对某证券的需求，但证券价格波动较大，投资的风险大，要求的收益率也会提高。

(3) 企业内部的经营和融资状况决定着经营风险和财务风险的大小。经营风险是企业投资决策的结果表现在资产收益率的变动上；财务风险是企业筹资决策的结果表现在普通股收益率的变动上。如果企业的经营风险和财务风险大，投资者便会有较高的收益率要求。

(4) 融资规模也是影响企业资本成本的一个重要因素。企业的融资规模大，资本成本较高。比如，企业发行的证券金额很大，资金筹集费和资金占用费都会上升，而且证券发行规模的增大还会降低其发行价格，从而增加企业的资本成本。

四、资本成本的作用

具体而言，资本成本有以下八项作用。

1. 确定公司价值

表示公司价值的方法有两种：一种是账面价值，另一种是市场价值。账面价值反映的是以往投资经营活动的结果，而市场价值反映的是人们对公司未来前景的预期。相比较而言，市场价值对当前决策更有意义，而资本成本正是估算公司市场价值的重要变量。公司股权资本的市场价值一般可根据下面的公式计算：

$$S=\frac{(\mathrm{EBIT}-I)(1-T)}{K_s} \tag{4-1}$$

式中，EBIT—— 企业的息税前收益；

I—— 企业每年支付的债务利息；

K_s—— 企业股权资本成本；

T—— 企业适用的所得税税率；

S—— 企业股权资本的市场价值。

股权资本市场价值加上债务资本市场价值就是公司的总市场价值。

2. 进行投资决策

在投资决策分析中，资本成本是评价投资项目、比较投资方案和进行投资决策的标准。在净现值法和赢利能力指数法中，资本成本是计算项目净现值的贴现率；在内含报酬率法中，资本成本是进行比较取舍的标准。有关投资决策的内容，我们会在下一个章节的内容中具体介绍。

3. 进行融资决策

资本成本是选择筹资方式、进行资本结构决策和选择追加筹资方案的依据。

(1) 个别资本成本率是企业选择筹资方式的依据。企业长期资本的筹集方式有很多种，且其资本成本率是不同的，此时，资本成本可以作为比较选择各种筹资方式的一个依据。

(2) 综合资本成本率是企业进行资本结构决策的依据。企业的全部长期资本通常是由多种长期资本筹资类型的组合构成的，不同的组合有不同的资本结构，其综合资本成本率也是有高有低，资本成本可以用做比较各个筹资组合方案、作出资本结构决策的一个依据。

(3) 边际资本成本率是比较选择追加筹资方案的依据。不同追加筹资方案的边际资本成本率的高低，可以作为比较选择追加筹资方案的一个依据。

4. 评价企业经营业绩

企业的整个经营业绩可以用企业全部投资的利润率来衡量，并可将其与企业全部资本的成本率相比较，如果利润率高于资本成本率，可以认为企业经营有利；反之，则认为企业经营不利，业绩不佳，需要改善经营管理，提高企业全部资本的利润率和降低资本成本率。

5. 进行股利分配决策

资本成本是影响股利政策的重要因素。在股利决策中引入资本成本，主要是因为股利对投资者的价值必须与留存收益作为一种股权融资方式所丧失的机会成本进行权衡。在具体的股利政策选择中，与发行新股相比，保留盈余不需要花费筹资费用，是一种比较经济的筹资渠道，所以，从资本成本角度考虑，如果公司有扩大资金的需要，就应当采取低的股利政策。但是，如果企业将留存收益用于再投资所获得的收益低于股东自己进行另一项风险相似的投资的收益率(股东要求的最低报酬率或者股权资本成本)，企业就不应该保留留存收益，而应将其分派给股东，采用高的股利支付政策。

6. 作为评价企业经营成果的依据

只有在企业净资产收益率大于资本成本率时，投资者的收益期望才能得到满足，才能表明企业经营有方，否则被认为是经营不善。

7. 提高资本使用效率增加积累

资本成本的客观存在，能够促使资本使用者注重内部挖潜、压缩资本占用量、用好用活存量资本，从而提高资本的使用效率、增加积累。

8. 从宏观上讲，资本成本也是政府调节经济、进行社会资源配置的重要手段

政府财政部门及中央银行，根据资本市场的供求状况，运用利率手段，就可以调节资本市场上资本成本的高低，从而控制资本的流向和流量，实现社会资源的合理配置和产业结构的调整。

五、降低企业筹资中资本成本的途径

资本成本作为企业筹资决策中所要考虑的一项重要的因素，直接关系到企业的经济效益的好坏。企业在筹资中要降低其资本成本，主要通过以下四个途径来实现。

(一) 合理安排筹资期限

企业资金的筹集主要是为了满足投资的需要，尤其是为了满足长期投资的需要。在这种情况下，要本着以“投”定“筹”的原则，筹资期限要服从于投资年限，服从于资本预算，投资年限越长，筹资期限也要求越长。但是，由于投资往往是分阶段、分时期进行的，所以，企业在筹资时，可按照投资的进度来合理安排筹资期限，这样既可以减少资本成本，又可以减少资金不必要的闲置。

(二) 合理选择筹资渠道和方式，力求降低资本成本

企业筹集资金的渠道和方式是多种多样的，但不管是从何种渠道，还是以何种方式去筹措，都要发生一定的资本成本。例如，向银行贷款，就要支付贷款利息和贷款的手续费；发行股票和债券，除了股票和债券的发行费用外，还需支付股利和债券利息；使用合营各方投入的资本，就要向投资者支付股利。不同的资金来源，形成不同的资本成本，即使是同一资金来源，因筹资方式的不同，资本成本也会不同。因此，企业在筹资前应认真比较各种资金来源的资本成本，合理选择筹资的渠道和方式，力求降低资本成本。

(三) 合理安排资本结构，力求降低综合资本成本

在资本结构决策中，合理安排债务资本比率和权益资本比率是非常重要的。一般情况下，权益资本成本大于债务资本成本，因为债务利息率通常低于股票利息率，并且债务利息可以税前支付，具有抵税功能。因此，在一定限度内合理提高债务资本比率，降低权益资本比率，就可以全面降低企业的综合资本成本，从而可以给企业所有者带来财务杠杆利益，提高公司价值。但是企业如果一味地追求降低资本成本，导致负债规模大，则必然会使企业承担的利息支出过大，进而出现财务危机。因此，企业必须保持合理的资本结构，减轻偿债压力，降低综合资本成本。

(四) 提高企业信誉，积极参与信用等级评估

目前，我国绝大多数企业不太注重企业信誉的建立，对信用等级也采取无所谓的态度，这非常不利于企业自身财务形象的建立。企业要提高自身的信用等级，首先必须积极参与等级评估，让市场了解企业，也让企业走向市场，只有这样，才能为以后在资本市场上筹资提供便利，才能增加投资者的投资信心，才能积极有效地取得资金，降低资本成本。

总之，企业在筹资中，必须认真地选择筹资渠道和筹资方式，根据不同筹资渠道与筹资方式的难易程度、资本成本等进行综合考虑，并使得企业的筹资成本降低。当企业有资金需求时，要坚持“先内部筹资，后外部筹资；先负债筹资，后股权筹资”的原则，以便尽可能合理地降低资本成本，从而提高筹资效益。

第二节 个别资本成本及应用举例

在进行资本筹措时，可以采用个别资本成本对筹措方式进行选择。在考察资本成本时，我们主要关注的是长期资本成本。对于企业而言，长期资本主要有长期负债及所有者权益。前者主要包括长期贷款、长期债券和长期应付款；后者主要包括优先股、普通股及留存收益。不同的资本来源其资本成本的计算方法也不相同，下面就各种长期资本成本的计算方法进行介绍，并通过相应的例题辅以理解。

一、长期借款成本

长期借款成本受筹资费、借款期限、所得税率、借款年利率、还本付息方式等因素的影响。

长期借款利息计入税前成本费用，可以起到抵税的作用。因此，一次还本、分期付息借款的成本公式为

$$K_1 = \frac{I_t(1-T)}{L(1-F_1)} \tag{4-2}$$

式中，K_1—— 长期借款资本成本；

I_t—— 长期借款年利息；

T—— 所得税率；

L—— 长期借款筹资额(借款本金)；

F_1—— 长期借款筹资费用率。

式(4-2)也可以改为以下形式：

$$K_1 = \frac{R_1(1-T)}{1-F_1} \tag{4-3}$$

式中，R_1—— 长期借款的利率。

当长期借款的筹资费(主要是借款的手续费)很小时，筹资费用率也可以忽略不计。

[例 4.1] 某企业取得 5 年期长期借款 200 万元，年利率为 11%，每年付息一次，到期一次还本，筹资费用率为 0.5%，企业所得税率为 25%。该项长期借款的资本成本为

$$K_1=\frac{200\times 11\%\times(1-25\%)}{200\times(1-0.5\%)}=8.29\%$$

或

$$K_1=\frac{11\%\times(1-25\%)}{1-0.5\%}=8.29\%$$

上述计算长期借款资本成本的方法比较简单，但缺点在于没有考虑货币的时间价值。在实务中，还有根据现金流量计算长期借款资本的，其公式为

$$L(1-F_1)=\sum_{t=1}^{n}\frac{I_t}{(1+K)^t}+\frac{P}{(1+K)^n} \tag{4-4}$$

$$K_1=K(1-T) \tag{4-5}$$

式中，P—— 第 n 年末应偿还的本金；

K—— 所得税前的长期借款资本成本；

K_1—— 所得税后的长期借款资本成本。

式(4-4)中的等号左边是借款的实际现金流入；等号右边为借款引起的未来现金流出的现值总额，由各年利息支出的年现金值之和加上到期本金的复利现值而得。

按照这种办法，实际上是将长期借款的资本成本看做使长期借款的现金流入等于其现金流出现值的贴现率。运用时，先通过式(4-4)，采用内插法求解借款的税前资本成本，再通过式(4-5)将借款的税前资本成本调整为税后的资本成本。

[例 4.2] 沿用[例 4.1]的资料，根据考虑货币时间价值的方法，该项借款的资本成本计算如下。

第一步，根据式(4-4)计算税前借款资本成本，即

$$200\times(1-0.5\%)=\sum_{t=1}^{5}\frac{200\times 11\%}{(1+K)^t}+\frac{200}{(1+K)^5} \tag{4-6}$$

查年金现值系数表和复利现值系数表，10%、5 年期的年金现值系数为 3.791；10%、5 年期的复利现值系数为 0.621。代入式(4-6)有

$$200\times11\%\times3.791+200\times0.621-199=8.602(\text{万元})$$

8.602 万元大于 0，应提高贴现率再试。

查年金现值系数表和复利现值系数表，12%、5 年期的年现金值系数为 3.605；12%、5 年期的复利现值系数为 0.567。代入式(4-6)有

$$200\times11\%\times3.605+200\times0.567-199=-6.29(\text{万元})$$

−6.29 万元小于 0，可以运用内插法求税前借款资本成本：

$$10\%+\frac{8.602}{8.602+6.29}\times(12\%-10\%)=11.16\%$$

第二步，根据式(4-5)计算税后借款资本成本，即

$$K_1=11.16\%\times(1-25\%)=8.37\%$$

二、长期债券成本

发行债券的成本主要指债券利息和筹资费用。债券利息的处理与长期借款利息的处理相同，应以税后的债务成本为计算依据。债券的筹资费用一般比较高，不可在计算资本成本时省略。按照一次还本、分期付息的方式，债券资本成本的计算公式为

$$K_b=\frac{I_b(1-T)}{B(1-F_b)} \tag{4-7}$$

式中，K_b—— 债券资本成本；

I_b—— 债券年利息；

T—— 所得税率；

B—— 债券筹资额；

F_b—— 债券筹资费用率。

或

$$K_b=\frac{R_b(1-T)}{1-F_b} \tag{4-8}$$

式中，R_b—— 债券利率或票面利率。

[例 4.3] 某公司发行总面额为 500 万元的 10 年期债券，票面利率为 12%，发行费用率为 5%，公司所得税率为 25%。根据式(4-7)计算该债券的成本为

$$K_b-\frac{500\times12\%\times(1-25\%)}{500\times(1-5\%)}=9.47\%$$

或根据式(4-8)计算得

$$K_b=\frac{12\%\times(1-25\%)}{1-5\%}=9.47\%$$

若债券溢价或折价发行，为更精确地计算资本成本，应以实际发行价格作为债券筹资额。

[例 4.4] 假定上述公司发行面额为 500 万元的 10 年期债券，票面利率为 12%，发行费用率为 5%，发行价格为 600 万元，公司所得税率为 25%。根据式(4-7)计算该债券成本为

$$K_b=\frac{500\times12\%\times(1-25\%)}{600\times(1-5\%)}=7.89\%$$

[例 4.5] 假定上述公司发行面额为 500 万元的 10 年期债券，票面利率为 12%，

发行费用率为 5%，发行价格为 400 万元，公司所得税率为 25%。根据式(4-7)计算该债券的成本为

$$K_b = \frac{500 \times 12\% \times (1-25\%)}{400 \times (1-5\%)} = 11.84\%$$

上述计算债券成本的方式，同样没有考虑货币的时间价值。如果将货币时间价值考虑在内，债券成本的计算与长期借款成本的计算一样，公式为

$$B(1-F_b) = \sum_{t=1}^{n} \frac{I_b}{(1+K)^t} + \frac{P}{(1+K)^n} \tag{4-9}$$

$$K_b = K(1-T) \tag{4-10}$$

式中，K—— 所得税前的债券成本；

K_b—— 所得税后的债券成本。

[例 4.6] 沿用[例 4.3]的资料，用考虑货币时间价值的办法，计算该债券的成本如下。

第一步，根据式(4-4)计算税前债券成本，即

$$500 \times (1-5\%) = \sum_{t=1}^{10} \frac{500 \times 12\%}{(1+K)^t} + \frac{500}{(1+K)^{10}} \tag{4-11}$$

查年金现值系数表和复利现值系数表，12%、10 年期的年金现值系数为 5.65；12%、10 年期的复利现值系数为 0.322。代人式(4-11)有

$$500 \times 12\% \times 5.65 + 500 \times 0.322 - 475 = 25(\text{万元})$$

25 万元大于 0，提高贴现率再试。

查年金现值系数表和复利现值系数表，14%、10 年期的年金现值系数为 5.216；14%、10 年期的复利现值系数为 0.27。代入式(4-11)有

$$500 \times 12\% \times 5.216 + 500 \times 0.27 - 475 = -27.04(\text{万元})$$

−27.04 万元小于 0，可以运用内插法求得税前债券成本

$$12\% + \frac{25}{25+27.04} \times (14\% - 12\%) = 12.96\%$$

第二步，根据式(4-5)计算税后债券成本，即

$$12.96\% \times (1-25\%) = 9.72\%$$

三、留存收益成本

留存收益是企业缴纳所得税后形成的，其所有权属于股东。股东将这一部分未分派的税后利润留存于企业，实质上是对企业追加投资。如果企业将留存收益用于再投资所获得的收益低于股东自己进行另一项风险相似的投资的收益率，企业就不应该保留留存收益而应将其分派给股东。

留存收益成本的估算难于债务成本，这是因为很难对诸如企业未来发展前景及股东对未来风险所要求的风险溢价等因素作出准确的测定。计算留存收益成本的方法很多，主要有以下三种。

1. 股利增长模型法

股利增长模型法是依照股票投资的收益率不断提高的思路计算留存收益成本。一般假定收益以固定的年增长率递增，则留存收益成本的计算公式为

$$K_s = D_c/P_c+G \tag{4-12}$$

式中，K_s —— 留存收益成本；

D_c —— 预期年股利额；

P_c —— 普通股市价；

G —— 普通股利年增长率。

[例 4.7] 某公司普通股目前市价为 56 元，估计年增长率为 12%，本年发放股利 2 元，则

$$D_c = 2\times(1+12\%)=2.24(\text{元})$$

根据式(4-12)计算得

$$K_s = 2.24/56+12\%=16\%$$

2. 资本资产定价模型法

按照资本资产定价模型(CAPM)法，留存收益成本的计算公式则为

$$K_s=R_s=R_f+\beta(R_m-R_f) \tag{4-13}$$

式中，R_f—— 无风险报酬率；

β—— 股票的β系数；

R_m—— 平均风险股票必要报酬率。

[例 4.8] 某期间市场无风险报酬率为 10%，平均风险股票必要报酬率为 14%，某公司普通股 β 值为 1.2。根据式(4-13)计算留存收益的成本为

$$K_s = 10\%+1.2\times(14\% - 10\%)=14.8\%$$

3. 风险溢价法

根据某项投资“风险越大，要求的报酬率越高”的原理，普通股股东对企业的投资风险大于债券投资者，因而会在债券投资者要求的收益率上再要求一定的风险溢价。依照这一理论，留存收益的成本公式为

$$K_s=K_b+RP_c \tag{4-14}$$

式中，K_b—— 债务成本；

RP_c—— 股东比债权人承担更大风险所要求的风险溢价。

债务成本(长期借款成本、债券成本等)比较容易计算，难点在于确定 RP_c，即风险溢价。风险溢价可以凭借经验估计。一般认为，某企业普通股风险溢价相对于其

自己发行的债券来讲，大约在3%~5%，当市场利率达到历史性高点时，风险溢价通常较低，在3%左右；当市场利率处于历史性低点时，风险溢价通常较高，在5%左右；而通常情况下，常常采用4%的平均风险溢价。这样，根据式(4-14)计算留存收益成本则为

$$K_s=K_b+4\%$$

例如，对于债券成本为9%的企业来讲，根据式(4-14)计算其留存收益成本为

$$K_s=9\%+4\%=13\%$$

而对于债券成本为13%的另一家企业，根据式(4-14)计算其留存收益成本为

$$K_s=13\%+4\% = 17\%$$

四、普通股成本

普通股指企业新发行的普通股，普通股成本可以按照前述股利增长模式的思路计算，但需要调整发行新股时发生的筹资费用对资本成本的影响。普通股成本的计算公式为

$$K_{nc}=\frac{D_c}{P_c(1-F_c)}+G \tag{4-15}$$

式中，K_{nc}—— 普通股成本；

F_c—— 普通股筹资费用率。

[例4.9] 沿用[例4.7]，若企业新发行普通股，筹资费用率为股票市价的10%，则根据式(4-15)计算新发行普通股的成本为

$$K_{nc}=\frac{2.24}{56\times(1-10\%)}+12\%=16.4\%$$

第三节 WACC

一、WACC的定义

WACC是指企业以各种资本在企业全部资本中所占的比重为权数，对各种长期资金的资本成本加权平均计算出来的资本总成本。WACC可用来确定具有平均风险的投资项目所要求的收益率。

由于受多种因素的制约，企业不可能只使用某种单一的筹资方式，往往需要通过多种方式筹集所需资金。在实际业务操作当中，绝大部分企业评估项目价值时使用的都是WACC法。之所以要使用WACC法，一是因为杠杆企业的项目既有债务融资又有权益融资，其融资成本是债务资本成本和权益资本成本的加权平均数；二

是此方法计算简便、容易运用，便于财务人员掌握和使用，可以减少工作量，提高工作效率。一般来说，在比较各种筹资方式时，企业会使用个别资本成本(包括第二节所涉及的普通股成本、留存收益成本、长期借款成本、债券成本)；在进行资本结构决策时，往往会使用WACC。

二、WACC中的计算要点

(一) 债权资本成本

公司无论是向银行借款还是发行债券，一要支付资金筹集费(银行贷款手续费和债券发行相关费用)，二要支付资金占用费(利息)，这些构成了债务资本成本的基本内容。债务利息可以减免税收，因此政府实际上承担了部分债务成本。公司所希望最大化的价值取决于税后现金流量，因此债务资本成本应适用税后债务成本。由于利息费用可以进行税收减免，所以税后债务资本成本低于税前债务资本成本。公司过去的债务成本是一种沉没成本，与现行的资金成本无关。这里所说的债务资本成本是新债务的利率，而不是已有债务的利息，所讨论的是债务资本的边际成本。

(二) 股权资本成本

股权资本成本简单讲就是公司股东期望的收益率。股东所要求的回报，其实际来源于股利，以及由股票增值带来的资本利得。在市场平均报酬率既定的情况下，公司的资本成本取决于投资者对投资风险的补偿要求，由于股权投资的风险远远大于债权投资的风险，投资者对股权投资要求的报酬必然高于债权投资；又因为与债务利息的税后支付不同，股利在税前支付，不能获得减税利益，再加上股权筹资高昂的筹资费用，所以公司股权资本的成本大大高于债权成本。

(三) 权重

权重是指各部分资本的价值在公司总资本价值中所占的份额。

三、权重的计算：账面价值、市场价值、目标价值

要计算公司的加权资本成本，其中一个重要问题就是计算公司资本成本中各组成部分的权重。权重的计算既可以基于公司资本的账面价值，也可以基于资本的市场价值，更可以基于目标资本结构所确定的各部分资本的份额，但是结果是大相径庭的，那么公司在计算WACC时应采用哪种价值基础更为合理和客观呢？

首先，由于账面价值是与公司已经存在的资本相关，是企业为支持过去的项目而筹集的资本，所以运用账面价值计算权重而得出的资本成本所反映的是过去已筹资本的资本成本。账面价值比较容易取得，所得出的计算结果也比较稳定，但是如

果在计算资本成本的当下时刻，账面价值已经与市场价值严重脱离，则据此得出的权重将与实际情况有很大出入，为计算 WACC 造成了误差因素。

其次，市场价值与资本的当前状况相关，运用市场价值计算权重而得出的资本成本反映的是当前的资本成本。比如公司在评估一个新的投资项目是否可行时，由于过去筹集的成本已经耗用而不能为新项目提供资金，因此公司不得不按照当前的市场价格筹集新的资金来支持项目的运营，可见以市场价值为权数，有利于公司的财务决策。

最后，公司的目标资本结构致力于公司的价值最大化。在筹集新资本时，要保持实际资本结构与目标资本结构相一致。目标价值权数是指债券、股票以未来预计的目标市场价值确定权数。以目标价值为权数，反映了公司期望的资本结构，比公司过去和现在的资本结构更合理，依此计算得出的 WACC 也更准确地反映了公司筹集新资金的成本，因此目标价值应该为计算权重的最佳选择。当然，合理客观地确定资本的目标价值也是具有挑战性的任务，如果该目标价值不容易取得，则应当用市场价值作为权数。

四、WACC 计算

(一) 不考虑税收影响的 WACC 计算公式

企业的资本来源有多种筹集渠道和方式，不同来源的资本成本不同。企业总体的资本成本是各种资本来源资本成本的加权和，在不考虑税收的情况下WACC的计算公式如下：

$$\mathrm{WACC}=\sum_{j=1}^{n}K_jW_j \tag{4-16}$$

式中，WACC——加权平均资本成本；

K_j——第 j 种个别资本成本；

W_j——第 j 种个别资本占全部资本的比重(权数)。

[例 4.10]　某企业账面反映的长期资金共 500 万元，其中长期借款 100 万元，应付长期债券 50 万元，普通股 250 万元，保留盈余 100 万元；其成本分别为 6.7%、9.17%、11.26%、11%。根据式(4-16)计算该企业的加权平均资本成本为

$$\mathrm{WACC}=6.7\%\times\frac{100}{500}+9.17\%\times\frac{50}{500}+11.26\%\times\frac{250}{500}+11\%\times\frac{100}{500}=10.09\%$$

上述计算中的个别资本占全部资本的比重，是按账面价值确定的，其资料容易取得。但当资本的账面价值与市场价值差别较大时，如股票、债券的市场价格发生

较大变动的，计算结果会与实际有较大的差距，从而贻误筹资决策。

为了克服这一缺陷，个别资本占全部资本比重的确定还可以按市场价值或目标价值确定，分别称为市场价值权数、目标价值权数。市场价值权数指债券、股票以市场价格确定权数，这样计算的 WACC 能反映企业目前的实际情况。同时，为弥补证券市场价格变动频繁的不便，也可选用平均市场价格。目标价值权数是指债券、股票以未来预计的目标市场价值确定权数。这种权数能体现企业期望的资本结构，而不是像账面价值权数和市场价值权数那样只反映过去和现在的资本结构，所以按目标价值权数计算的 WACC 更适用于企业筹措新资金。然而，企业很难客观合理地确定证券的目标价值，又使这种计算方法不易推广。

(二) 考虑税后 WACC 的计算

由于借款负债的利息可以税前抵扣，所以在考虑按照税率扣除借款利息的抵扣额部分后计算的税后 WACC 的基本公式如下：

$$\text{WACC} = (K_e \times W_e) + [K_d(1-t) \times W_d] \tag{4-17}$$

式中，WACC—— 加权平均资本成本；

K_e——公司普通权益资本成本；

K_d—— 公司债务资本成本；

W_e——权益资本在资本结构中的百分比；

W_d—— 债务资本在资本结构中的百分比；

t——公司有效的所得税税率。

[例 4.11]　仍然以上面的[例 4.10]为准，假定公司有效的所得税率 t 即为法定税率为 25%，则根据式(4-17)计算税后 WACC 如下：

$$\text{WACC} = 11.26\% \times \frac{250}{500} + 11\% \times \frac{100}{500} + [(6.7\% \times \frac{100}{500} + 9.17\% \times \frac{50}{500}) \times (1-25\%)] = 9.52\%$$

这样计算出来的税后资本成本显然是小于[例 4.10]中没有计算税后时的资本成本，这同时也验证了负债抵税价值的存在。

五、WACC 的应用性

将 WACC 与某一投资项目或企业整体的资本投资报酬率相比较，可以判定某一筹资方案或项目的取舍，即只有投资报酬率大于资本成本的项目才是可以接受的，只有综合资本成本小于投资报酬率的筹资方案才是可行的。

另外，各种资本占总资本的比重不同决定了企业资本结构的不同，因为公式中 W_j 包括负债筹资和所有者权益筹资占所有筹资的比重，所以负债和所有者权益的比重因此可以一目了然地得出。如果规定了目标资本结构，由此可以确定各种新筹集资本的比重和金额，为增量筹资提供决策的依据。

[案例分析] 百事可乐公司 WACC 的计算

一、案例分析目的

有人可能会问：公司在实际投资、融资与经营决策过程中真的使用资本成本这一概念并认真计算资本成本吗？确实有很多公司并不这样做，但也有很多公司接受并应用资本成本的概念，百事可乐公司就属于后者。百事可乐公司财务主管 Bob Dettmer 始终坚信公司主要部门的战略应按其对股东价值的贡献来评价。

如果一项投资或经营计划预期的收益率不能超过公司的资本成本，即不能增加股东权益的价值，那么就不应采纳。因此，估计公司的资本成本就成为战略计划评估过程的关键环节。百事可乐公司管理当局认为，用适宜的资本成本贴现投资计划的未来现金流，可以确定该投资计划的现值。如果该投资的风险与百事可乐公司的总体风险大致相当，那么公司的资本成本就是评估该项投资计划适宜的贴现率。然而，百事可乐公司所属各经营部门具有不同的投资机会及不同的风险水平。

用公司的资本成本来评估每个部门的项目，很可能会导致抛弃低风险、部门好的投资计划，而接受高风险、部门差的投资计划的情形出现。为避免出现这种情形，百事可乐公司对所属的快餐、饮料、餐馆三个经营部门分别计算部门的资本成本，以便更好地反映各部门的风险，同时也有助于公司更好地评估投资机会。

二、案例分析思路与方法

百事可乐公司对下属的每个主要部门分别评估其资本加权成本，包括饮料部门、快餐部门和餐馆部门。每个部门的资本加权成本计算出来后，再计算百事可乐公司的资本加权成本，它等于各部门资本加权成本的加权平均值。百事可乐公司所采用的资本加权成本的计算过程如下。

(1) 估算每个部门的股权资本成本和债务成本。

(2) 确定每个部门的目标资本结构。

(3) 用目标资本结构对债务、股权等单项资本成本进行加权，从而确定每个部门的资本加权成本。

(4) 利用各部门的资本成本计算整个公司的资本加权成本。

三、案例分析过程

(一) 计算单项资本成本

百事可乐公司在计算成本时把资本分为两类：普通股和债务。

1. 计算普通股资本成本

百事可乐公司采用CAPM法来计算公司的普通股资本成本 K_s，即

$$K_s=R_s=R_f+\beta(R_m-R_f)$$

运用CAPM估算部门的股权资本成本时需要确定：① 无风险收益率；② 市场预期收益；③ 该部门的β值。

(1) 估算无风险收益率。百事可乐公司采用30年期国债的到期收益率7.28%作为无风险收益率，因为国债基本上没有违约风险，并且国债的收益率中已经包含了投资者对通货膨胀的预期。

(2) 估算市场预期收益率。市场预期收益率理论上等于完全消除了非市场风险或非系统风险的股票投资组合的预期收益率。芝加哥一家咨询公司为百事可乐公司提供的市场预期收益率的季度估计值为11.48%。

(3) 估算部门的β值。百事可乐公司所属的三个经营部门都没有在股票市场上交易，因此，它们的β值均不能直接计算。为此，百事可乐公司采用两种方法来估算部门的β值：① 同业公司β值类比法，即通过一个或若干个经营业务与百事可乐公司所属业务部门相同的上市公司来估计该部门的β值；② 会计β值法，即利用每个经营部门的会计数据来估计该部门的β值。百事可乐公司用这两种方法所求得的β值的平均值来计算所属部门的股权资本成本。

确定每组上市公司的β值并经过调整后，百事可乐公司最后将上述两种方法所得到的β值进行算术平均，得到了每个业务部门最终的β值：餐馆业为1.17，快餐业为1.02，饮料业为1.07。

部门股权资本成本计算公式如下：

股权资本成本=部门无风险收益率+β值×(市场预期收益率−无风险收益率)

根据以上数据，计算各部门股权资本成本如下。

餐馆：7.28%+ 1.17 × (11.48%−7.28%) =12.20%

快餐：7.28%+ 1.02 × (11.48%−7.28%) =11.56%

饮料：7.28%+ 1.07 × (11.48%−7.28%) =11.77%

2. 估算债务成本

每个部门的债务成本由于产业性质和该部门的目标资本结构的差异而有所不同。高风险的部门比低风险的部门支付更高的债务利息。也就是说，风险越大，

投资者在无风险收益上附加的要求收益率越大。附加的要求收益率被称为风险溢价补偿。

每个业务部门的风险溢价补偿为餐馆业 1.65%、快餐业 1.15%、饮料业 1.23%。

每个业务部门的风险溢价补偿估算出来后，加到 30 年期国债的收益率上即可得到债务资本的税前成本，再调整为税后成本。此处所用的税率为 38%，计算公式如下：

债务税后资本=部门国债收益率 + 部门风险溢价补偿 = 债务资本的税前成本×(1−T)

根据此公式计算各部门债务成本如下。

餐馆：7.28% + 1.65% =8.93% × 0.62 =5.54%

快餐：7.28% + 1.15% =8.43% × 0.62 =5.23%

饮料：7.28% + 1.23% =8.51% × 0.62 =5.28%

(二) 目标资本结构

确定每个业务部门的目标资本结构是为了对债务和股权资本成本进行加权，从而确定各部门的资本加权成本。百事可乐公司把每个部门的目标债务与总资产比率确定为餐馆业 30%，快餐业 20%，饮料业 26%。

(三) 百事可乐公司的资本加权成本

根据到目前为止的所有信息，按照资本加权成本计算公式，可以计算出百事可乐公司每个部门的资本加权成本。

餐馆：12.20% × 70% + 5.54% × 30% = 10.20%

快餐：11.56% × 80% + 5.23% × 20% = 10.29%

饮料：11.77% × 74% + 5.28% × 26% = 10.08%

百事可乐公司接着用这些部门的资本加权成本计算整个公司的资本加权成本。百事可乐公司的资本加权成本为各部门资本加权成本的加权平均，权重等于每个部门的价值在百事可乐公司总价值中所占的比重。假设百事可乐公司每个部门的价值百分比分别为餐馆部 25%，快餐部 30 %，饮料部 45%。至此，百事可乐公司的资本加权成本可计算如下：

百事可乐公司资本加权成本 = 25% × 10.20% + 30% × 10.29% + 45% × 10.08 = 10.173%

(资料来源：斯科特·金马. 2003. 现代财务管理基础. 朱武祥译. 北京：清华大学出版社.)

[习题]

1. 什么叫做资本成本？资本成本一般包括哪几部分？

2. 资本成本一般分为哪几种类型，各自又包括哪些成本类型？

3. 资本成本的影响因素是什么？

4. 我们进行资本成本分析的作用是什么？

5. 某企业取得10年期长期借款400万元，年利率为10%，每年付息一次，到期一次还本，筹资费用率为0.5%，企业所得税率为25%。若不考虑时间价值因素，请计算该项长期借款的资本成本？

6. 某公司发行面额为1000万元的10年期债券，票面利率为12%，发行费用率为5%，发行价格为1000万元，公司所得税率为25%，请计算该证券的资本成本？如果发行价格为800万元，则该证券的资本成本是多少？如果发行价为1200万元，资本成本又是多少？

7. 某公司普通股目前市价为 60 元，估计年增长率为 15%，本年发放股利 3 元，若企业新发行普通股，筹资费用率为股票市价的 9%，请计算该公司发行普通股的成本？

8. 什么叫做 WACC？计算平均资本成本时需要考虑哪三个因素？

9. 某企业账面反映的长期资金共 1000 万元，其中长期借款 200 万元，应付长期债券 100 万元，普通股 500 万元，保留盈余 200 万元；其成本分别为 8.5%、10%、13.5%、12%。请计算该企业的 WACC？若考虑企业所得税率的影响，设定该企业所得税率为 25%，请计算该企业的税后 WACC 是多少？

10. 有效地降低企业筹资成本的途径是什么？

CHAPTER 5

第五章 资本结构与筹资决策

[内容提要]

所有的筹资方式及筹资来源从本质上可以划分为权益资本和借入资本。虽然这些资本进入企业之后形成的资产的作用效果是相同的，但是这两类资本来源在性质上是不同的，具有不同的制度规定性，给企业带来的价值效应也是不同的。本章主要研究在筹资过程中如何确定最优资本结构，才能够达到公司价值最大化的目的。

[学习要点]

1. 了解资本结构与财务杠杆的含义；
2. 会根据数据计算财务杠杆的大小；
3. 了解 MM 理论、权衡理论的假设及相关结论和意义；
4. 会利用比较资本成本法和无差异点分析法来计算最优资本结构。

第一节 资本结构问题

我们研究 WACC 的主要原因是，当 WACC 被最小化时，公司的价值就被最大化了。因此，资本运营管理者希望为企业选择一个使 WACC 最小化的权益、借入资本的比例结构，也就是涉及选择资本结构的问题。只要在某个资本结构下的 WACC 比其他的都要低，那么这个时候的资本成本就代表了企业所要求的最优资本结构。

一、资本结构的定义

资本结构是指公司各种资本的构成及其比例关系。资本结构合理与否在很大程度上决定企业偿债和再筹资能力的大小，决定企业未来赢利能力的大小，成为影响企业财务形象好坏的重要指标。在理论上，一般认为资本结构有广义和狭义两种理解：广义的资本结构是指全部资本的构成，即自有资本和负债资本的对比关系；狭义的资本结构是指自有资本与长期负债资本的对比关系，而将短期债务资本作为营业资本管理。

长期债务资本主要包括长期借款和债券等，权益资本主要包括吸收直接投资、优先股、留存利润等。因此，资本结构问题总的来说是债务资本比率问题，即债务资本在资本中安排多大比例的问题。企业应该如何选择自己的债务权益率，也就是如何确定自己的资本成本，才能够使得公司的价值最大化。对企业所有的股东来说，最关心的事情莫过于企业的价值，企业的价值提高了，意味着股东财富增加了。按照以上分析的逻辑，企业的市场价值应该等于企业债务的市场价值与企业股本市场价值之和，即 $V=B+S$，式中，V 为企业市场价值(企业价值)；B 为企业债务的市场价值；S 为企业股权的市场价值。因此，企业的价值和企业资本结构是紧密联系的。但是企业的资本结构与企业价值之间的关系是十分复杂的，不是负债越多则企业价值越高，或自有资本越多则企业价值也越高的简单联系，而是需要考虑一系列的因素。企业财务主管的一项重要工作，就是适当地调整资本结构，使企业价值最大化，以吸引更多的投资者。

二、财务杠杆及财务杠杆效应

(一) 相关定义

财务杠杆是指企业对债务的依赖程度。企业在它的资本结构中使用的负债筹资越多，它运用的财务杠杆就越大。财务杠杆效应是在企业融资过程中产生的，只要企业的融资方式中有银行借款、发行债券、融资租赁和优先股，就会发生债务利息、租金和优先股股利等固定财务费用，这些固定财务费用的支出将会影响企业税后利润，使普通股的每股利润发生变化。一般地讲，举债经营的企业在资本结构一定的前提下，不论利润多少，债务利息和优先股股利都是固定不变的。当息税前利润增大时，每 1 元利润所负担的固定财务费用就会相对减少，就会大幅度增加普通股的每股利润；反之，当息税前利润减少时，每 1 元利润所负担的固定财务费用就会相对增加，就会大幅度减少普通股的每股利润。这种由固定财务费用的存在而导致的普通股每股利润变动率大于息税前利润变动率的现象，称做财务杠杆效应。

(二) 财务杠杆的计量

对财务杠杆计量的主要指标是财务杠杆系数，财务杠杆系数是指普通股每股利润的变动率相当于息税前利润变动率的倍数。其计算公式为

财务杠杆系数=普通股每股利润变动率/息税前利润变动率，具有可表示为

$$DFL = \frac{\frac{\Delta EPS}{EPS}}{\frac{\Delta EBIT}{EBIT}} \tag{5-1}$$

式中，DFL—— 财务杠杆系数；

ΔEPS—— 普通股每股收益变动额；

EPS—— 变动前的普通股每股收益；

ΔEBIT—— 息前税前盈余变动额；

EBIT—— 变动前的息前税前盈余。

上述公式可推导为

$$DFL = \frac{EBIT}{EBIT - I} \tag{5-2}$$

式中，I—— 债务利息。

财务杠杆作用的大小通常用财务杠杆系数表示。财务杠杆系数越大，表明财务杠杆作用越大，财务风险也就越大；财务杠杆系数越小，表明财务杠杆作用越小，财务风险也就越小。

[例 5.1]　A、B、C 为三家经营业务相同的公司，它们的有关情况如表 5-1 所示。

表 5-1 A、B、C 公司业务员状况表

项目	A 公司	B 公司	C 公司
普通股本	2 000 000	1 500 000	1 000 000
发行股数	20 000	15 000	10 000
债务(利率 8%)	0	500 000	1 000 000
资本总额(元)	2 000 000	2 000 000	2 000 000
息前税前盈余(元)	200 000	200 000	200 000
债务利息(元)	0	40 000	80 000
税前盈余(元)	200 000	160 000	120 000
税率(%)	0.25	0.25	0.25
所得税(元)	50 000	40 000	30 000
税后盈余(元)	150 000	120 000	90 000
财务杠杆系数(元)	1	1.25	1.67
每股普通股收益(元/股)	7.5	8	9
息前税前盈余增加(元)	200 000	200 000	200 000
债务利息(元)	0	40 000	80 000
税前盈余(元)	400 000	360 000	320 000
所得税(元)	100 000	90 000	80 000
税后盈余(元)	300 000	270 000	240 000
每股普通股收益(元/股)	15	18	24

表 5-1 中，① 财务杠杆系数表明的是息税前盈余增长所引起的每股收益的增长幅度。例如，A 公司的息税前盈余增长 1 倍时，其每股收益也增长 1 倍(15/7.5–1)；B 公司的息前盈余增长 1 倍时，每股收益增长 1.25 倍(18/8–1)；C 公司的息税前盈余增长 1 倍时，其每股收益增长 1.67 倍(24/9–1)。 ② 在资本总额、息前税前盈余相同的情况下，负债比率越高，财务杠杆系数越高。财务风险越大，但预期每股收益(投资者收益)也越高。比如 B 公司比 A 公司负债比率要高，财务杠杆系数高(B 公司为 1.25，A 公司为 1)，财务风险大，但每股收益也高(B 公司为 8 元，A 公司为 7.5 元)；C 公司比起 B 公司来负债比率高，财务杠杆系数高(C 公司为 1.67)，财务风险大，但每股收益也高(C 公司为 9 元)。

三、资本结构与财务杠杆的关系

企业的资本结构是指公司长期资本(长期负债、优先股、普通股)的构成及其比例关系，是公司采取不同的筹资方式形成的，表示资本结构中债务资本和权益资本的比例关系。因此从一般意义上说资本结构就是指负债比率，即资本结构=债务资本÷资本总额。

财务杠杆主要反映息税前利润与普通股每股收益之间的关系，用于衡量息税前利润变动对普通股每股收益变动的影响程度。利用财务杠杆，就是运用公司固定的融资成本这个杠杆，通过增加或减少息税前利润而引起普通股每股收益更大的变化，即随着息税前利润发生增减变动，每一元息税前利润所负担的固定资本成本就会相应地减少或增加，从而给普通股股东带来一定的财务杠杆利益或损失。财务杠杆作用大小主要取决于资本结构，当公司在资本结构中增加负债或优先股筹资比例时，固定的现金流出量就会增加，从而加大了财务杠杆作用度和财务风险。一般来说，财务杠杆系数越大，每股收益因息税前利润变动而变动的幅度就越大；反之就越小。较大的财务杠杆可以为公司带来较强的每股收益扩张能力，但固定筹资费用越多，由此引发的财务风险就越大。如果公司全部资产收益率低于固定筹资费率，那么普通股收益率就会低于公司投资收益率或出现资本亏损的情况。

基于上述理论，说明企业进行融资决策时，既要避免财务风险，又要合理利用财务杠杆，将债务资本和权益资本的比例保持在一个恰当的范围内，使得股东财富最大化。

四、资本结构的问题

从财务融资理论来看，20 世纪 50 年代以来，资本结构一直是现代企业财务管理的三大主题(资本结构、投资预算、股利决策)之一。现代企业财务管理的一个重要课题和领域，是如何从企业财务状况、经济效益出发，采取科学的测算方法，对与资本结构相关的诸因素进行综合分析，确定和选择企业的最佳资本结构，并始终使企业的资本结构保持最适当的状态。

到目前为止，理论界还没有提出一个适用于所有公司的资本结构决策模型，现实中很多企业却在不同程度上对自身的“最佳”资本结构作出决策。它们在决定其资本结构时，大都随其所考虑的因素而动，这些因素可概括为以下四个方面。

(1) 税收。税收的抵免作用可增加公司价值，因此，只要公司能从经营中产生利润，债务的使用就是合理的。

(2) 资产类型。资产的专用性越强，采用债务融资给债权人带来的损失可能越大(在破产时)，因为专用性资产的清算价值较低；反过来，资产专用性越小，给债权人带来的损失可能越小。因此，不同行业、不同的资产专用属性，都在一定程度上影响着负债融资决策，也影响着债权人本身是否将其资本贷出。

(3) 经营收入的不确定性。当公司经营风险较大、经营收入不稳定性越强时，其财务破产的可能性也越高，因此为了避免破产，公司主要考虑采用权益性融资方式(如电子行业等)；反之，如果经营收入稳定，现金流量较大，则采用债务融资可能是最好的选择之一。

(4) 其他因素。其他因素包括管理者的风险态度、企业现实的融资能力等。另外，外部影响因素也影响公司资本结构。①不同社会经济环境和状况。②企业的行业属性是决定其资本结构水平的重要因素。在竞争激烈行业中的企业，其负债经营比率应低一点，以谋取稳定的财务状况；反之，应该高一些。③金融市场的运行状态。如果货币市场相对资本市场来说比较发达、完备、健全，企业就可以增加流动负债的比重。

资本结构理论是现代企业财务管理理论的核心内容，它隐含的启示如下：①资本结构决策是管理决策的重要内容，资本结构的变动会影响公司价值。因此，管理者必须将资本结构决策置于重大决策事项范围，明确其决策主体——股东大会及其董事会。②负债筹资确实存在对税收的屏蔽及抵免作用，直到增加负债所带来的破产成本和代理成本抵消其负债筹资的收益为止，因此负债要有限额，不能无节制。③最佳资本结构的确定受公司面临的经营风险的影响，对于经营风险较高的企业，保持适度或较低的负债比率和财务风险也许是必要且可行的。④当公司试图改变其资本结构时，这种改变事实上是在向市场及投资者提供关于公司未来发展、未来收益及其公司市场价值的一种(组)信号，因而信号的潜在作用与反作用不能低估，公司管理与决策当局必须谨慎从事。

第二节　MM 理论及权衡理论

为探求资本结构理论，西方财务界产生了不同的理论，从时间上可分为早期资本结构理论和现代资本结构理论。早期的资本结构理论主要包括净利理论、营业净利理论和传统理论，由于早期的资本结构理论是建立在经验和判断基础之上的，缺乏严格的推理和证明，在这里我们主要介绍几个比较重要的现代资本结构理论。

一、MM 理论

美国的莫迪格里尼(Modigliani)和米勒(Miller)两位教授在一系列的假设下建立并证明了公司资本结构与市场价值不相干理论(简称 MM 理论)，才使得资本结构的理论研究走上了规范的轨道。MM 理论是建立在严格的假设条件基础上，即所谓的假定的理想市场。

(一) 主要假设

(1) 资本市场是完善的，股票和债券无交易成本。

(2) 投资者个人和企业的借款利率相同，且无负债风险。

(3) 投资者可按个人意愿进行各种套利活动，不受任何法律的制约，无公司和个人所得税。

(4) 企业经营风险的高低，由息税前利润的标准差衡量，企业经营风险相同，则所属风险等级相同。

(5) 投资者对公司未来收益的风险预期是相同的。

(6) 企业增长率为 0，即息税前利润固定不变，财务杠杆收益全部支付给股东。

(7) 各期的现金流量稳定且相等，并能永远持续下去。

(二) MM 定理

1. 无公司所得税时的 MM 定理

定理 I：任何企业的市场价值与其资本结构无关，不管公司用来筹资的债务和权益组合如何，公司的 WACC 都是一样的。

这一命题可以建立在套利定价的基础上，即在市场均衡状态下，同等资产按同样的价格出售，而不论资产的来源方式如何，这是价值可加性法则的直接运用。该命题表明，无论你如何组合一组现金流量，其价值不变。如果偏离这种均衡，就会存在套利的可能性，而当所有人都参与到套利过程中的时候，它们之间的差异便会自动削平。

定理Ⅱ：对于利用债务筹资的公司，股本资本成本等于公司资本成本常数加上一个风险贴水，该风险贴水等于公司资本成本和债务资本成本之差乘以公司的债务权益比率。

$$R_e = R_a + (R_a - R_d) \times \frac{D}{E} \tag{5-3}$$

式中，R_e—— 股本成本；

R_a—— 公司资本成本常数(或者是公司资产的必要报酬率)；

R_d—— 债务成本；

$\frac{D}{E}$—— 公司的债务权益比率。

这就是著名的 MM 定理Ⅱ，它告诉我们，权益成本的大小取决于三个因素：公司资产的必要报酬率 R_a、公司的债务成本 R_d 及公司的债务权益率 $\frac{D}{E}$。这一定理表明，权益成本随着公司使用债务筹资的加大而增加。

式(5-3)告诉我们，公司的权益成本可以划分为两个部分。一部分是 R_a，即公司总体资产的必要报酬率，其大小取决于公司经营活动的性质。公司的经营所固有的风险叫做公司权益的经营风险，其风险大小取决于公司资产的系统风险。公司的经营风险越高，R_a就越大，而且在其他情况相同时，公司的权益成本也将越大。另一部分是由公司的财务结构$\frac{D}{E}$所决定的。当公司开始依赖债务筹资时，权益的必要报酬率就会上升，这是因为债务筹资增加了股东的风险。这个来自于利用债务筹资所产生的额外风险，就叫做公司权益的财务风险。

因此，公司权益的总系统风险取决于两个因素：经营风险和财务风险。经营风险决定公司资产的必要报酬率，财务风险则是由公司的债务权益比率所决定的。

2. 税和 MM 定理

由于税收是客观存在的，债务利息在税前支付，债务利息可以税前扣除而产生的增加公司价值的这种现象叫做"利息税盾"，而股利则为税后支付。支付方式的不同导致了债务资本和权益资本对企业价值的影响不同。

在存在公司所得税时的 MM 定理如下。

定理 I：负债企业的价值等于相同风险的无负债企业的价值加上因债务融资少纳税而增加的价值。用公式表示如下：

$$V_l = V_u + T_c \times D \tag{5-4}$$

式中，V_l—— 公司总体价值；

V_u—— 无负债的公司价值；

T_c—— 公司所得税税率；

D —— 公司的负债金额。

该定理的含义：①债务筹资非常有益，公司的负债比率越高，公司的价值就越大，公司的最优资本结构是 100%的负债；②公司的 WACC 与公司价值是反向变动的，因此随着公司对债务筹资依赖程度的加大，公司的 WACC 是降低的。

定理Ⅱ：负债企业的股本成本等于同一风险等级中无负债企业的股本成本加上风险报酬，此风险报酬与债务权益比率，无负债企业的股本成本和债务成本之差，以及所得税率有关，公式表示如下：

$$R_e = R_u + (R_u - R_d) \times \frac{D}{E} \times (1 - T_c) \tag{5-5}$$

式中，R_e—— 股本成本；

R_u—— 未举债股成本；

R_d—— 债务成本；

$\frac{D}{E}$ —— 公司的债务权益比率；

T_c——公司所得税税率。

税和 MM 定理告诉我们，企业资产全部由债务成本构成时，企业价值最大，这与企业经营的现实相去甚远。其关键是早期的 MM 理论的假设在现实中是不可能存在的，企业和个人不可能按同一无风险利率自由借贷。当企业债务增加时，新债权人要求的报酬率就会上升，即债务资本成本在现实中是不可能固定不变的。因此，MM 模型在现实应用中是有缺陷的。

二、权衡理论

(一) 破产成本及代理成本

公司负债必须按约定支付本息，如果企业经营不善，发生亏损或现金周转不灵以致不能按期还本付息，就会发生财务危机，甚至破产。因此财务危机是有成本的，这些成本会降低企业的价值，该成本即为企业的破产成本。另外，在企业的治理过程中，存在着广泛的委托代理关系，代理成本是指债权人与股东之间的委托代理成本。此外，监督保护性措施得以实施的监督成本也属于代理成本。MM 理论认为负债的比率越大，公司的价值越大，但是它并没有考虑公司经营的破产成本和代理成本，权衡理论即产生于此背景下。

(二) 权衡模型

在权衡模型中，不仅考虑了公司所得税，还考虑到财务危机成本和代理成本对公司价值的影响，用公式表示如下：

$$V = V_u + T_c \times D - \mathrm{PV(FDC)} - \mathrm{PV(AC)} \tag{5-6}$$

式中，V—— 公司的市场价值；

V_u—— 无负债公司的市场价值；

T_c—— 公司所得税税率；

D—— 公司的负债金额；

PV(FDC)—— 财务危机成本期望值的现值；

PV(AC) —— 代理成本的现值。

权衡模型表明：有负债公司的价值等于同等经营风险的无负债公司的价值加上避税的价值，再减去财务危机成本期望值的现值和代理成本的现值。随着负债的增加，虽然避税($T_c \times D$)在增加，使得企业价值增加；但财务危机成本期望值的现值 PV(FDC)和代理成本的现值 PV(AC)也在增大，它们又使得企业价值减少。

(三) 权衡模型的意义

虽然在现实财务管理实践中，很难根据权衡模型准确计算出公司的最佳资本结构，但它确实揭示了一些变量之间的相互关系，理清了财务管理人员的思路。具体地说，权衡模型主要说明了一些财务变量之间的关系：①所得税税率高的企业应多负债，而所得税税率低的企业应少负债。②经营风险大(资产回报率的均方差大)的企业应少负债，而经营风险小的企业应多负债。③固定资产份额大的企业，其财务危机成本较低，应多负债；而无形资产份额大的企业，其财务危机成本较高，应少负债。

综上所述，权衡模型确实可以对企业的实际筹资行为提供三点指导。①由于存在避税作用，所以企业应通过负债增加企业的价值，这是负债的第一效应；随着负债的增加，企业财务危机的成本和代理成本的现值也在增加，这是负债的第二效应。②当负债比率较低时，第一效应较大，当负债比率较高时，第二效应较大，两者相互抵消的结果是企业应适度负债。③企业实际的负债比率要低于最佳资本结构时的负债比率，这是为了在新的投资机会来临时企业可以以较低的负债成本筹集资金，避免以较高的权益资本成本来筹集资金。

第三节　最优资本结构

第二节中我们所提到的资本结构理论属于静态资本结构理论的内容，它说明公司的债务量达到某一个点时，每一个单位的债务所产生的税盾正好等于提高财务困境概率的成本。在较低的债务水平下，破产和代理成本的概率低，债务的好处高于它的成本；在非常高的债务水平下，财务困境(破产成本)的可能性是个缓慢而又持续的问题，因此债务筹资的好处可能不足以抵消财务困境成本。因此，公司的最优资本结构肯定就介于两者之间的某一个点上。这一节的内容主要解决的是在具体的实际操作中企业如何进行最优资本结构的决策的问题。

一、最优资本结构定义

最优资本结构是指企业在一定时期内，筹措的资本的 WACC 最低，使企业的价值达到最大化，因此它应该是企业的目标资本结构。判断最优资本结构的标准有三个：第一，是否有利于最大限度地增加所有者的财富，使企业价值最大化；第二，WACC 是否最低；第三，资产是否保持适宜的流动，并使资本结构具有弹性。其中，WACC 最低则是最主要的判断标准。

最优资本结构主要有四个特点。

(1) 在最优资本结构条件下，上市公司的企业价值才会实现最大。在任何时期，上市公司都存在唯一的资本结构，但这时的资本结构如果不是最优的资本结构，则此时的企业价值并未实现最大。只有在最优资本结构条件下，上市公司的企业价值才会实现最大。

(2) 最优资本结构是动态的。最优资本结构并不是固定不变的，因为最优资本结构因时而异，不同时期的资本结构是不同的。不能因为在上一期达到了最优资本结构，就认为当期的资本结构也是最优的，因而对最优资本结构的追求，不是一蹴而就的，而是一个长期的、不断优化的过程。影响资本结构的诸多因素都是变量，即使资本总量不变，企业也不能以不变的资本结构应万变。

(3) 最优资本结构具有高度的易变形性。影响最优资本结构的因素非常多，不仅包括企业自身因素，而且还与宏观经济、资本市场等因素具有密切的关系，这些因素当中任何一个因素的改变，都会对最优资本结构产生影响，从而导致最优资本结构的改变。由于影响最优资本结构的许多因素具有不可控性，所以当这些不可控因素发生改变时，必然会导致最优资本结构的改变，从而使最优资本结构具有高度的易变形性。

(4) 最优资本结构的复杂性与多变性。最优资本结构因企业、因时、因环境而异，并不存在一个面向所有企业、在所有时期和所有条件下都恒定不变的唯一的最优资本结构。

二、比较资本成本法

实际操作中最优资本结构的决策方法主要有比较资本成本法、无差异点分析法、公司价值分析法等，最基本的是前两种，下面结合例题对前两种方法进行较详细的说明。

(一) 比较资本成本法

比较资本成本法是指企业在筹资决策时，首先拟订多个备选方案，分别计算各个方案的 WACC，并通过相互比较来确定最优的资本结构。

比较资本成本法的操作程序：①拟订几个筹资方案；②确定各方案的资本结构；③计算各方案的加权资本成本；④通过比较，选择 WACC 最低的结构为最优资本结构。

[例 5.2] 某公司目前拥有资金 2000 万元，其中，长期借款 800 万元，年利率 10%；普通股 1200 万元，上年支付的股利每股 2 元，预计股利增长率为 5%，发行价格 20 元，目前价格也为 20 元。该公司计划筹集资金 100 万元，企业所得税率为 25%，有两种筹资方案。

方案一：增加长期借款 100 万元，借款利率上升到 12%，假设公司其他条件不变。

方案二：增发普通股 40 000 股，普通股市价增加到每股 25 元，假设公司其他条件不变。

要求：根据以上资料

(1) 计算该公司筹资前 WACC。

(2) 用比较资金成本法确定该公司最佳的资金结构。

第一步，该公司筹资前加权平均资金成本计算如下。

目前资金结构为长期借款 40%，普通股 60%。

借款成本=10%×(1 – 25%)=7.5%

普通股成本=2×(1 + 5%)÷20 + 5%=15.5%

加权平均资金成本=7.5%×40% + 15.5%×60%=12.3%

第二步，分别根据方案一和二进行计算。

根据方案一进行计算得

原借款成本=10% ×(1 – 25%)=7.5%

新借款成本=12% ×(1 – 25%)=9%

普通股成本=2 ×(1 + 5%)÷20 + 5%=15.5%

增加借款筹资方案的 WACC=7.5%×(800/2100)+9%×(100/2100)+15.5%×(1200/2100)=12.15%

根据方案二计算得

原借款成本=10%×(1 – 25%)=7.5%

普通股资金成本=[2×(1+5%)]/25+5%=13.4%

增加普通股筹资方案的 WACC=7.5%×(800/2100)+13.4%×(1200+100)/2100 =11.72%

因为 11.72%<12.15%，所以在选择筹资方案时，该公司应选择普通股筹资。

(二) 比较资本成本法的优缺点分析

比较资本成本法将资本成本的高低，作为选择最佳资本结构的唯一标准，简单实用，因而常常被采用。

比较资本成本法的优缺点如下。① 优点：以 WACC 最低为唯一判断标准，因此在应用中体现出直观性和操作上的简便性。另外，资本成本的降低必然给企业财务带来良好的影响，一定条件下也可以使企业的市场价值增大。② 缺点：仅仅以 WACC 最低作为唯一标准，在一定条件下会使企业蒙受较大的财务损失，并可能导致企业市场价值的波动。

三、无差异点分析法

无差异点分析是指对于不同资本结构获利能力的分析，也称每股利润分析法，它是利用税后每股利润无差异点分析来选择和确定负债与权益间的比例或数量关系的方法。所谓无差异点是指使不同资本结构的每股收益相等的 EBIT。在此点上，不同资本结构的每股收益都相等。因此，在每股收益无差别点的两侧，我们就可以确定是采用债务融资还是采用股权融资，依据就是哪种融资方式下的 EPS 更高。

每股收益无差异点可以通过下式计算：

$$\frac{(\text{EBIT}-I_1)(1-T)-D_{p1}}{N_1}=\frac{(\text{EBIT}-I_2)(1-T)-D_{p2}}{N_2} \tag{5-7}$$

式中，EBIT—— 无差异点的营业利润；

I_1，I_2—— 两种融资方式下的年利息；

D_{p1}，D_{p2}—— 两种融资方式下的年优先股股息；

N_1，N_2—— 两种融资方式下的流通在外普通股股数；

T—— 公司有效税率。

[例 5.3] 假设某企业现有资本结构是长期负债 1000 万元，债券利息率为 9%，普通股 7500 万元。企业计划扩大规模，筹资 1500 万元，使息税前收益到达 1600 万元。现有两个方案：A 方案是全部发行新普通股；B 方案是全部发行长期债券，债券利息率为 12%。其有关资料如表 5-2 所示。

表 5-2 两种筹资方案资料表

项目	筹资前		方案 A：发行股票		方案 B：发行债券	
	金额	比重/%	金额	比重/%	金额	比重/%
资本来源						
长期负债	1 000	11.8	1 000	10	2 500	25
普通股	7 500	88.2	9 000	90	7 500	75
资本总额	8 500	100	1 0000	100	10 000	100
其他资料						
年利息	90		90		270	
发行在外的普通股股数	100		120		100	

将上述数据代入式(5-7)

$$\frac{(\text{EBIT}-I_1)(1-T)-D_{P1}}{N_1}=\frac{(\text{EBIT}-I_2)(1-T)-D_{P2}}{N_2}$$

$$\frac{(\text{EBIT}-90)(1-40\%)-0}{120}=\frac{(\text{EBIT}-270)(1-40\%)-0}{100}$$

由此得到 EBIT=1170 万元。此时，

$$EPS=\frac{(EBIT-90)(1-40\%)-0}{120}=\frac{(EBIT-270)(1-40\%)-0}{100}=5.4\text{元}$$

进一步可以计算当 EBIT 为 1600 万元时，A、B 两方案的每股收益分别为 7.55 元和 7.98 元，所以结论是应选择 B 方案，即全部发行长期债券。

一般来讲，筹资方案有两种时，企业可用无差异点分析法，但筹资方案在三种或三种以上，就需要用比较成本法。无论用哪种方法，都不能被当做绝对的判别标准，应结合因素分析法综合考虑，以便使资金结构趋于最优。

[案例分析] 燕京啤酒集团公司的资本结构

本案例的学习目的是了解燕京啤酒集团(简称燕京啤酒)公司资本结构原理、决定因素、变化的整体情况，把握影响资本结构的因素，重点明确产品市场未来竞争程度与企业当前债务规模的关系，以探讨目前在我国复杂的经济和制度环境下，中国公司融资行为与资本结构决策问题。

一、案例材料

(一) 公司概况

燕京啤酒 1996 年开始股份制改造，经过一年认真、细致的筹备工作，燕京啤酒于 1997 年完成了股份制改造，并在半年内获得了两个融资渠道：一个是 1997 年 5 月参加了北京控股有限公司在中国香港的红筹股上市，另一个是 1997 年 6 月 25 日在深圳证券市场 A 股上市。2005 年燕京啤酒产销量 312 万千升，进入世界啤酒产销量前十名，销售收入为 80.89 亿元，实现利税 16.89 亿元，实现利润 3.71 亿元。2005 年燕京啤酒发展成为拥有有形资产 98 亿元、"燕京"商标商誉价值总计 152.44 亿元的公司，员工 23 500 人，占地 289 万平方米，拥有控股子公司(厂)28 家，其中，啤酒生产企业 20 家，相关和附属产品企业 8 家。燕京啤酒是亚洲最大的啤酒生产厂，连年被评为全国 500 家最佳经济效益工业企业、中国行业百强企业。

(二) 1997~2005 年公司资本结构的变化

上市以来，燕京啤酒净资产收益率一直在 10%以上，符合中国证监会关于配股资格的认定。因此，燕京啤酒可以在银行贷款和发行新股中自由选择。燕京啤酒实际选择了股权融资。1998 年 9 月通过配股筹资 8.18 亿元；2000 年 5 月再次配股筹

资10.4亿元。2002年12月，经股东大会决议后，燕京啤酒又发行了7.5亿元的可转换债券，截至2006年3月31日，公司发行的“燕京转债”(代码：125729)中，已有253 002 200元转成公司发行的股票“燕京啤酒”，“燕京转债”尚有496 997 800元在市场流通。表5-3列示了燕京啤酒上市以来的资本结构数据。

表5-3 燕京啤酒资本结构

财务指标	1997年	1998年	1999年	2000年	2001年	2002年	2003年	2004年	2005年
债务资本构成/%	29.53	8.28	4.41	10.85	12.70	26.55	26.66	28.78	31.60
债务权益比重/%	41.90	9.03	4.61	12.16	14.54	36.14	36.36	40.41	46.20
流动负债占负债比重/%	96.53	93.06	88.13	97.21	50.22	54.93	69.73	68.55	96.53
流通股占总股本比重/%	25.98	25.98	28.05	28.05	28.05	28.05	28.82	29.34	25.98

1. 债务比例

不难看出，持续的股权融资使燕京啤酒的资产负债率不断下降。总体来说，燕京啤酒资产负债率处于4%~35%，说明上市之后公司资本结构的政策变化比较明显，由相对冒险型向保守、稳健型转化。按照国资委统计的企业绩效评价标准值数据，燕京啤酒2005年的资产负债率在整个啤酒行业中仍然偏低，处于优秀行列。

2. 负债结构

与资本结构的调整相对应，燕京啤酒的负债结构呈现出了较大的变动。1997~2000年，持续的股权融资，一方面使得燕京啤酒的资产负债率持续下降，另一方面又加剧了公司在债务融资中对长期负债的依赖。2002年可转债发行后，长期负债占债务总额的49.78%，达到了历史最高水平；其后，随着可转债不断转换成股票，这一比例又呈现下降趋势，截至2005年12月31日，长期负债与债务总额的比例降为31.45%，但与上市初期的零长期负债相比仍然有着较大的提升。

3. 燕京啤酒资本结构形成过程梳理

如前所述，资本结构是指企业长期资金来源的构成及其比例关系。企业在理财活动中离不开筹资决策，企业选择最有利的资本结构的过程也是企业选择最优的筹资方式的过程。燕京啤酒资本结构是一个长期的演变过程，是在历次的外源融资过程中逐步形成的。燕京啤酒先后经历了一次上市、两次配股、一次发行可转债等重大融资行为，大规模的股权融资对燕京啤酒资本结构的形成产生了根本性的影响。

二、问题的提出

结合燕京啤酒自1997年上市以来的财务状况，燕京啤酒应属于财务保守企业，长期债务/总资产一直远低于20%，其中，在第二次配股的2000年，燕京啤酒的长期负债仅占总资产的 1.15%，大大低于同业水平；而流动比率和货币资金又明显超过行业平均水平。燕京啤酒理应属于“现金充足型”企业，具备一定的内源融资能力，但其为何要选择此种保守的财务行为呢？是如前所述国内大多数国有上市公司的股权融资偏好情结使然，还是有其他原因？燕京啤酒这种对资本结构的调整又是否合理？

三、分析思路及案例点评

(一) 激烈竞争环境下的企业保守行为

在竞争激烈、价格战频繁的行业中，企业当前的资本结构影响企业在产品市场上的竞争能力和业绩。在一个充分竞争的行业中，高财务杠杆容易导致企业后续投资能力的不足和企业在产品价格战或营销竞争中财务承受能力的不足，进而导致企业被迫削减资本投资，甚至退出。因此，高财务杠杆对企业后续投资能力和价格战中的财务承受能力具有显著的负面影响，使公司处于经营上和战略上的劣势。

仅仅经营效率高并不能保证企业生存，只有兼备经营效率高和财务资源充足(财务杠杆低)的企业才能生存。此外，当宏观经济环境、商业周期和产业政策急剧变化时，财务杠杆高的企业陷入财务危机的可能性大大高于财务杠杆低的企业。简言之，增长机会多的企业，如高成长阶段的高科技企业，以及竞争激烈、经营现金流和利润急剧下降的企业，偏爱股权融资，即采用保守的财务政策是此类企业合理的商业选择。

(二) 我国啤酒行业发展状况、竞争格局及趋势

我国啤酒行业发展过程可以分为以下四个阶段。

阶段一：20 世纪 70 年代后期至 80 年代末期的大量进入时代。由于啤酒行业进入障碍低，各地纷纷投资啤酒厂，啤酒企业数量和产量迅速扩张，啤酒产量每年以 30%以上的高速度持续增长。

阶段二：20 世纪 90 年代初期至 1998 年的两极分化时代。啤酒总产量以 20%的速度继续增长，1995 年产量为 1568.6 万吨，我国一跃成为世界第二大啤酒生产国。在产业竞争格局上，各省市形成了若干地方著名品牌，全国啤酒企业分化出三个层次：以青岛啤酒股份有限公司(简称青岛啤酒)、燕京啤酒和广州珠江啤酒集团有限公司(简称珠江啤酒)三大集团为第一层次；地方名牌啤酒企业为第二层次，绝大多数不是上市公司；其他市县啤酒企业为第三层次。啤酒行业产业集中度仍然偏低。

阶段三：1998 年至今的兼并收购、资本圈地，是几大啤酒集团产能规模及全国市场布局的战略竞争时代。1998 年开始，青岛啤酒、华润雪花啤酒(中国)有限公司(简

称华润雪花啤酒)和燕京啤酒三大啤酒集团开始在全国进行大规模的资本圈地行动，拉开了战略竞争和行业大整合的序幕。三大集团实行相同的战略：通过并购地方品牌企业，使产能区域扩张和全国市场战略布局并行；收购当地啤酒企业后，集团将管理机制、先进技术、产品配方、营销经验等输出到被收购企业中，被收购企业仍然使用受当地消费者偏爱的地方品牌。1999~2000 年，青岛啤酒销量升为第一，燕京啤酒退居第二，华润雪花啤酒第三；2005 年，华润雪花啤酒跃居第一。

阶段四：未来的营销竞争时代。可以预期行业整合完成后，仍将继续保持青岛系、燕京系和华润系三大企业集团垄断国内啤酒市场的局面。这一阶段消费驱动的营销竞争将异常激烈，广告和营销费用将增加，信用放宽将使应收账款规模和期限增加，利润率和经营现金流则可能下降。

(三) 燕京啤酒财务保守行为分析

1. 燕京啤酒战略与投资安排

经过数十载的经营与竞争，中国啤酒业无疑成为一个充斥着高度竞争的产业。同时，原材料价格持续上涨、产能严重过剩，在一系列压力之下，啤酒行业已经进入了微利时代。

就燕京啤酒而言，1999 年以前，燕京啤酒市场范围主要集中于华北地区，北京市场占有率高达 90%，华北市场为 30%，但全国市场仅为 5%。1999 年以来，燕京啤酒开始实施全国性扩张战略，在产能和效益上保持国内第一集团地位，跻身全球啤酒业前 10 名。燕京啤酒通过并购进入江西、湖南、广西、内蒙古、福建、湖北等市场，产能以每年超过 30 万吨的速度增长。

与竞争对手相比，同处于国内啤酒行业第一集团军的华润雪花啤酒、青岛啤酒的并购扩张步伐并不比燕京啤酒逊色，燕京啤酒在全国仅仅拥有 20 家啤酒生产企业，而华润雪花啤酒在全国经营的啤酒厂达 40 家以上；青岛啤酒也拥有 40 多家啤酒生产厂和麦芽生产厂，同时，青岛啤酒早在 1993 年就已实现了在香港地区和上海同时上市，并于 2001 年通过增发再次进行了股权融资。因此，如果燕京啤酒要与华润雪花啤酒和青岛啤酒展开战略竞争，将需要周密的融资部署以支持其大规模的资本支出计划。

2. 赢利趋势与财务风险

燕京啤酒的赢利状况开始时处于行业领先水平，但随着竞争日益激烈，赢利水平呈现逐年下降的趋势，而竞争对手青岛啤酒、重庆啤酒(集团)有限责任公司(简称重庆啤酒)不仅保持了良好的赢利增长势头，毛利率与变现能力均优于燕京啤酒。

随着啤酒行业竞争日趋激烈，即使在乐观情形下，未来几年燕京啤酒的净资产收益率也将逐渐下降。如果情况悲观，几年后甚至会出现亏损。

根据美国学者奥特曼提出的多种变量模型，即运用多种财务指标加权汇总产生的总判断分(称为 Z 值)来衡量公司财务危机的可能性，Z 值越高，公司发生财务危机的可能性越小。经计算得知燕京啤酒 Z 值极不稳定，尤其是在 2000 年出现大幅下降；其后，Z 值虽有所上涨，但仍未达到奥特曼给出的安全边界 1.81。结合燕京啤酒净资产收益率的变化可知，随着市场竞争的不断加剧，增加公司的长期负债将明显增加燕京啤酒的财务风险。

(四) 结论

上述分析说明，置身于啤酒业发展和竞争过程中的企业，特别是优势企业，深感资本收购、产能区域扩张需要大量资本，而啤酒市场竞争日益激烈又导致营销投资增加、利润和经营现金流下降，从而增加企业的财务风险。因此，任何一家优势啤酒企业都会尽可能增加股权资本，储备融资能力，以便在后续扩张、营销竞争中保证财务安全。燕京啤酒上市以来，连续发行股票，储备了较大的后续融资能力，其财务保守政策实际上是一种兼具投资扩张和财务风险管理的理性战略行为。

融资决策和资本结构管理是企业基于产品市场竞争环境、公司战略及资本市场环境的选择。竞争型产业上市公司财务保守是保持后续投资能力和避免财务风险的战略行为。负债率低并非都是股权过度融资，仅仅根据企业现有业务和具有时点性质的负债率来判断是否过度融资过于武断，需要从企业动态竞争角度来评价资本结构的合理性。不过，我国上市公司确实存在着过度股权融资和非商业竞争需要的财务保守行为，需要采取措施予以限制。

(资料来源：朱武祥，陈寒梅，吴迅. 2002. 产品市场竞争与财务保守行为——以燕京啤酒为例的分析.经济研究，(8).)

思考题

1. 企业资本结构的内涵是什么？
2. 资本结构如何影响企业的战略乃至企业价值？

CHAPTER 6

第六章　资本预算方法

[内容提要]

随着经济全球化的风起云涌，中国企业的跨国投资项目也越来越多，而在市场经济尚不成熟的中国，资本预算决策还停留在一个初级阶段，因此，不断加强我国企业的资本预算决策成为企业的一项重要课题。本章主要介绍有关资本预算的知识，尤其是各种资本预算方法的运用，每个企业必须针对本企业的具体情况对资本预算方法进行选择使用。

[学习要点]

1. 了解资本预算的含义及其基本程序；
2. 会计算单利及复利的相关习题，并了解资金的时间价值产生的原因；
3. 熟练掌握净现值法的计算及优缺点；
4. 会计算内部报酬率法、投资回收期法、平均会计报酬率法的相关习题；
5. 会判断如何根据实际情况合理选择资本预算的方法。

第一节 资本预算的相关概念

在市场经济条件下，企业的性质是根据其资产及利用资产生产的产品或提供的劳务来定义的，企业的根本目的是获取利润。因此，企业选择战略性长期资本投资的过程——资本预算决策非常重要，它决定企业的生产决策、营销决策、财务决策，是公司所面临的最重要的决策。

一、资本预算的定义

任何一个企业的经济活动，无不表现为资金的投入、营运、回收等保值增值的价值运动过程。企业管理不仅关注商品生产和商品营销，更注重资本的流动和周转，资产的和谐配置和有效运用，即对企业而言，资本化运动的质的含量更为重要。因此，合理地进行资本预算，选择合适的投资决策对企业的发展壮大具有决定性的作用。投资决策已经成为现代企业最高层次的战略决策。

所谓资本预算是指关于资本支出的预算，就是规划企业用于长期资产的资本投资计划，即企业选择长期资本资产投资的过程。资产包括真实资产和金融资产，资本预算中的资产是指真实资产中的长期资产投资。资本预算作为真实资产投资，其目的是使投资的价值最大化。简单地说，就是对企业而言，要求投资价值高于成本的资产。

长期资本投资是指对资本性资产进行投资。按柯勒(Eric Kohler)的定义，资本性资产是指供持续使用或拥有的资产，如土地、厂房、设备、山林、矿山、专利权、特许权及对子公司的投资等，它们一般可以使用几年抑或几十年。依此定义，凡是资产负债表上流动资产以外的项目，如固定资产、无形资产等具有提高企业产能、效率、经济寿命、服务潜力等作用的支出，均属于资本预算的范畴。值得注意的是，与资本预算决策，如厂房扩充计划或新产品引进计划等，随同发生的所需营运资金项目(如存货、应收账款、现金)，虽然不是资本性资产，但是其产生的后果延伸至当前财务年度以外，也应视为资本支出，纳入资本预算的范畴。

任何公司都有一大堆可能的投资，每一个可能的投资都是公司的一个选择。有的选择是有价值的，有的选择则是没有价值的。当然，成功财务管理的精髓就在于学会分辨哪些是有价值的投资，哪些是没有价值的投资。基于这些想法，本章的内容就是介绍一些潜在的投资机会，以确定投资的方法，并对这些投资方法的优缺点进行分析，以便资本运营管理者在投资预算中合理地应用。本节首先对资本预算的相关概念进行基本的介绍。

二、资本预算管理与企业战略的关系

在美国一些大型公司中，在财务总监(CFO)之下，除了设有会计长与财务长之外，还有专门负责财务规划方面的高层管理人员，三者均属于副总经理级别。财务规划副总经理的主要职责是对公司主要的资本支出进行分析和规划，比如是否进入一个新的产业，是否退出已在的产业，对各方建议的兼并、收购、分拆等动议进行分析等。与此同时，有关资本预算的编制、决策和执行则归属于公司的规划部或战略部管理。

而在我国企业界，长期以来存在着严重的财务管理误区，许多重大的资本投资项目不过是在某一个或某几个高层管理人员的“拍脑袋决策”过程中决定的，所以投资决策常常过于草率，而且缺乏可靠的财务依据，很难与企业价值最大化的目标相契合。因此，我国企业如果要实现真正的科学管理，必须从体制和方法上同时加强，将资本预算管理引入资本投资项目管理中。

资本预算用于规划和控制资本支出，必须将企业战略引入预算分配之中。公司战略分析需要考虑不同的战略类型及相关因素对资本支出预算的影响，如市场竞争程度、规模经济、战略类型(如产品差异化型和成本领先型)、政府政策等与项目选择间的关系，任何项目支出都必须有助于公司长远利益，有利于企业整体利益最大化。战略分析包括两方面内容：第一，从财务可行性上看，要通过战略分析来达到项目收益和企业整体效益最大化，如独立项目的净现值最大化或互补项目间的互补效益最大化；第二，从产品、区域市场定位角度看，要通过战略分析，选择出有利于市场整体效应最大化的项目，尽管有些项目在一时还不能形成真正的赢利，或者从财务可行性判断上是应予以否决的。因此，企业战略导向应当成为资本预算的重要基础，没有战略导向也就没有真正意义上的资本预算管理。

一般来讲，资本预算管理是从价值管理与行为管理两方面对资本支出在不同项目间进行分配、规划与控制的一种管理行为。它至少应该达到以下五个目标。

(1) 通过确定资本分配原则，并借助于资本分配决策技术，选择出有助于企业价值最大化的项目或项目组合。

(2) 强化对资本支出过程的预算控制，包括支出过程的时间控制与支出结构控制。

(3) 为了保证资本支出的落实，通过预算技术来规划资本筹集，包括时间安排与总量安排。

(4) 参与对资本支出过程的反馈与调整控制。

(5) 通过加强对支出的事后评价与审计，来强化资本预算责任人的经济责任，保证支出的有效性。

三、资本预算的基本程序

(一) 提出与公司战略目标一致的投资方案

提出投资方案是资本预算的第一步，在此过程中要收集信息、数据与资料，提出新的投资建议，现代公司的投资建议大致可分为四类。

(1) 重置决策。当资产磨损或落伍时，要保持生产效率，节约成本，必须进行重置，这是一种经常要作的决策。

(2) 扩充决策。其涉及现有生产线生产能力的扩充，常常包含于重置决策中，有一定程度的不确定性，但公司对此应有一定经验。

(3) 扩张决策。其涉及新生产线的建设，几乎没有什么经验可作为决策基础，因此面临很大的风险和不确定性。

(4) 其他决策。其涉及很多内容，包括无形资产投资，勘探、研究与开发，安全性或强制性的污染控制设备，等等。

(二) 估算项目的税后增量现金流量

估算项目的税后增量现金流量是资本预算中最重要的一步，也是最难分析的一步。所谓现金流量，指的是资本预算方案引起的企业现金支出和现金收入增加的数量。这里的现金是广义的现金，它不仅包括各种货币资金，而且包括项目需要投入企业原来拥有的非货币资源的变现价值(或重置成本)。例如，一个项目需要使用原有的设备，相关的现金流量则指它们的变现价值。

在估计现金流量时，决策人员必须遵循最基本的原则：只有增量现金流量才是与项目有关的现金流量。所谓增量现金流量，是指接受或拒绝某个方案后，企业总现金流量因此发生的变动。只有那些由于采纳某个项目引起的现金支出增加额，才是该项目的现金流出，只有那些由于采纳某个项目引起的现金流入增加额，才是该项目的现金流入。

为了正确计算投资方案的增量现金流量，必须遵循以下五个原则。

(1) 忽略沉没成本。沉没成本指的是已经发生且不会影响公司当前决策的现金流出。例如，TCL 的 WAP(无线应用协议)手机研发计划分两个阶段，在第一阶段，公司已支出 1000 万元人民币。无论公司是否进行第二阶段的研发，1000 万元都属于无法回收的成本，因此，对于第二阶段而言，这 1000 万元就属于沉没成本，无须考虑。

(2) 考虑机会成本。机会成本是指放弃次优投资机会所损失的收益。例如，顺德格兰仕集团在自己的土地上建了几条空调生产线，那么，这块土地的成本是否与决策分析无关呢？当然不是，因为使用土地会形成机会成本，如果格兰仕集团出售这块土地，它会取得税后净收益 1000 万元。则这 1000 万元的机会成本就是该项目的现金支出。

(3) 对公司其他经营活动的影响。当决策者采纳一个新项目后，可能会对公司其他项目产生有利或不利的影响。例如，广东步步高电子工业有限公司(简称步步高)推出 DVD 机，一方面就会对原有 VCD 机的销售产生冲击，因为它们是可替代的关系，在进行资本预算时，应将 VCD 机销售收入的减少作为该项目的现金流出；另一方面，假设步步高原来生产数字彩电的话，则 DVD 机的生产可能会推动数字彩电销售的增长，这个增长额应该算做该项目的现金流入。当然，诸如此类的因素彼此交互影响，很难准确划分清楚，但决策者在进行决策时仍应将其考虑在内。

(4) 对净营运资金的影响。一般来说，公司接受一个新的投资方案后，对于存货和应收账款等流动资产的需求也会增加；与此同时，公司应付账款等流动负债也会随之增加。流动资产增量与流动负债增量之间的差额，即对净营运资金的需要。此外，当项目的寿命周期快要结束时，公司现有的存货出售，应收账款变为现金，应付账款也随之支付，净营运资金会恢复到原来的水平。通常在分析时，假定开始投资时的净营运资金，在项目结束时能够收回。

(5) 考虑税收与折旧的影响。所得税是一项很大的支出，公司在进行资本预算决策分析时，必须以税后的增量现金流量为基础。而折旧方法的选择可以调节公司当期缴纳的税额，对现金流量有着直接的影响。

(三) 确定资本成本

一般进行资本预算时，都会考虑时间价值因素。必须找到一个合适的贴现率对预期现金流量进行贴现，资本成本就是最合适的贴现率。公司在进行融资决策时都会计算资本成本，本文不拟对其进行详细讨论。只是想说明一点，当公司通过资本预算决策后，它必须融通新的资金，以保证项目的需要，这时，资本结构会发生变化，资本成本也会随之改变，必须对它重新计算。当资本成本难以确定时，将公司的必要报酬率作为贴现率也不失为一个好办法。

(四) 评估并挑选最佳方案

投资方案的现金流量顺利算出之后，可利用净现值法、内部报酬率法等评估技术，将各投资方案的优劣顺序排列出来，再依照各种方案的取舍标准，考虑公司的资金情况，挑选能使公司价值最大化的方案。

(五) 实施后进行跟踪检查、评估修正

方案实施后，必须对其目的、执行过程、效益、作用和影响进行系统、客观的分析。通过方案实行情况的检查总结，确定预期目标是否达到，规划是否合理有效，主要效益指标是否实现；通过分析评价找出成败的原因，总结经验教训；通过及时有效的信息反馈，为未来新方案的决策和提高完善投资决策管理水平提出建议，同时也为以后评价方案实施运营中出现的问题提出改进建议，从而达到提高投资效益的目的。

四、资本预算的特点及重要性

(一) 资本预算的特点

资本预算应用于企业长期资产的资本投资计划，决定了资本预算的三个特点。

(1) 资金量大。无论是投资于实体资产还是金融资产，一般都会占用企业较大的资金比例。

(2) 周期长。投资实体一般表现为连续几年、十几年，甚至更长周期的资本运作。

(3) 风险大。一方面，资金占用量大，以及运作周期的长期性使得长期资产的运作过程更具风险性；另一方面，企业在资本预算时对现金流量的预期，以及风险调整也具有很大的不确定性，这在一定程度上进一步增大了资本运算的风险性。

(二) 资本预算的重要性

不论资本投资影响时间是长是短，人们都是通过投资创造的价值来进行抉择的。当一个企业采纳了一项具有正净现值的资本投资项目时，其股票价值就会增加。反之，一个负净现值的项目会减少企业的股票价值。由此可见，资本预算决策是公司所面临的最重要的决策之一，它与股东财富有直接的联系，公司的生产、营销、财务决策均受其影响。

1. 资本预算具有长期效应

由于资本预算涉及一个较长的未来时段，常常面临很大的不确定性。例如，购买一项经济寿命为15年的资产，在得知该行动的最终结果前需要长期的等待。资产需求预测错误会导致严重的后果。若公司在资产方面投资过多，会带来过多的不必要支出，但投资不足的话，又可能导致生产能力不足，从而失去一部分市场份额。

2. 资本预算促使企业及时获得资本资产

由于技术的快速发展，现有厂房、机器、设备容易过时，所以管理者必须找到

更好的投资计划，采用更细致的投资评价方法，作出更好的资本预算决策，并按部就班地执行，以及时获得必需的资本资产。

3. 资本预算是筹措资金的依据

资产扩张通常涉及大量的支出，为支出融资必须制订合适的计划，包括融资的渠道、方式、数量、时间等。公司筹划一项重要的资本支出项目时，也许需要提前几年安排好其融资计划，以保证得到足够的资金。

五、资本预算决策的关键原则及实践方法

资本预算的决策过程需要满足以下五项原则，在这里我们同时提出了相关的可行性实践方案，以保证其实现。

1. 将组织的目标纳入资本决策制定过程中

企业长期项目的投资必须要满足企业的总体战略目标，因此在资本决策的制定过程中必须要符合组织目标的长远导向性的要求。

实践 A：对需求进行综合评估，满足结果导向的目标和目的。

实践 B：确定现有生产能力，确定当前和需求的生产能力之间存在的差距。

实践 C：通过确认和评估其他方法，确定如何弥补差距。

2. 必须通过投资方法来评估和选择资本资产

实践 A：企业要建立评估和审批框架。

实践 B：在既定标准的基础上排序并选择项目。

实践 C：制订长期资本计划，确定资本资产决策。

3. 在为资本项目提供资金支持时，注意平衡预算控制和管理灵活性

实践 A：为项目提供预算。

实践 B：考虑创造性方法，以满足资金需求。

4. 使用项目管理方法，使项目更加成功

实践 A：监督项目绩效，建立责任激励机制。

实践 B：利用跨职能团队计划和管理项目。

5. 评估结果，并将结果纳入决策制定过程

实践 A：评估结果以确定组织范围内的目标是否实现。

实践 B：评估决策制定过程。重新评价和更新决策制定过程，以确保这些组织范围内目标的实现。

六、资本预算的方法

评价投资项目使用的指标分为两类：一类是贴现指标，即考虑了货币时间价值因素的指标，贴现法适用于所投资项目提供的产品或服务具有相对成熟的市场，不确定性小，决策者能够根据现有市场和企业的投资规模预测未来现金流量的大小和时间分布，并且可以选择合适的贴现率，贴现法具体包括净现值法、内含报酬率法、获利能力指数法等；另一类是非贴现指标，即没有考虑货币时间价值因素的指标，非贴现法主要包括回收期法、会计报酬率法等。由于货币时间价值是客观存在的，因而非贴现指标在决策中只起辅助作用。下面几节的内容我们将会分别对这几种主要预算指标的应用进行具体的介绍。

第二节　资金的时间价值

资金的时间价值是指货币资金随着时间的推移而发生的增值，也称为货币的时间价值。从经济学的角度看，现在的 1 单位货币与未来的 1 单位货币的购买力之所以不同，是因为要节省现在的 1 单位货币不消费而改在未来消费，则在未来消费时必须有大于 1 单位的货币可供消费，作为弥补延迟消费的贴水。

一、现值与终值

如果银行利率为 8%，那么每存入 1 元，1 年后就将可以得到 1.08 元。这一事实用公司金融学的语言可以这样表述：市场视今天的 1 元和 1 年后的 1.08 元没有区别。用数学公式来表述这一概念：设当前的现金数量为 C_0，利率为 r，存入银行 1 年后将会取得现金 C_1。根据上述事实，成立以下关系式：

$$C_1 = C_0(1+r) \tag{6-1}$$

$$\text{即}\quad C_0 = \frac{C_1}{1+r} \tag{6-2}$$

式(6-1)说明当前的现金 C_0 1 年以后的未来值为 C_1，我们称 C_1 为 C_0 的未来值，或者叫做“终值”；而 C_0 是 C_1 的“现值”。上面两个公式互为逆运算，是等价的。

上面的公式只是解决了单期(1 年)的现值和终值的换算，那么对于多期、2 年或者更多年的现值和终值的换算，又该如何解决？这就要引入单利和复利的概念。

二、 单利

(一) 单利的定义

单利指借款的成本或放贷的收益，是计算利息的一种方法。单利计息，只要本金在贷款期限中获得利息，不管时间多长，所生利息均不加入本金重复计算利息。这里所说的本金是指贷给别人以收取利息的原本金额。利息是指借款人付给贷款人超过本金部分的金额。单利的计算取决于所借款项或贷款的金额(本金)，资金借用时间的长短及市场一般利率水平等因素。

单利利息的计算公式为

$$利息(I) = 本金(P)\times利率(i)\times时间(t)$$

[例 6.1] 某企业有一张带息期票，面额为 1200 元，票面利率为 4%，出票日期为 6 月 15 日，8 月 14 日到期(共 60 天)，则到期时利息为

$$I = 1200\times4\%\times\frac{60}{360} = 8(元)$$

在计算利息时，除非特别指明，给出的利率是指年利率。对于不足 1 年的利息，以 1 年等于 360 天来折算。

(二) 单利现值、单利终值

依据人们的使用要求，单利的计算又有终值与现值之分。

1. 单利终值

单利终值指按单利计算出来的资金未来的价值，也就是按单利计算出来的本金与未来利息之和。其数学计算公式如下：

$$C_n=C_0 + C_0\times i\times t = C_0\times(1+i\times t) \tag{6-3}$$

式中，C_0——本金；

i——年利率；

t——计算时间；

C_n——本利和终值。

[例 6.2] 李先生第一年初存入银行现金 100 元，年利率为单利 3%，那么从第一年末到以后各年末的终值计算如下：

第一年年末终值=100×(1+3%×1)=103(元)

第二年年末终值=100×(1+3%×2)=106(元)

第 n 年年末终值=100×(1+3%×n)

2. 单利现值

在现实经济生活中，有时需要根据终值来确定现值。最常用的是票据贴现，在使用未到期的票据向银行申请贴现时，银行按一定利率从票据的到期值中扣除自借款日至票据到期日的应计利息，将余额付给持票人，该票据则转归银行所有。贴现时使用的利率称贴现率，计算出来的利息称贴现息，扣除贴现息后的余额称为贴

现值。票据贴现的情况下，单利现值的计算公式为

$$P=S-I=S-S\times i\times t=S\times(1-i\times t) \tag{6-4}$$

式中，P—— 单位现值；

i——利率，通常指每年利息与本金之比；

I——利息；

S——本金与利息之和；

t——时间，通常以年为单位。

[例 6.3] 某企业有一张带息期票，面额为 1200 元，票面利率 4%，出票日期为 6 月 15 日，8 月 14 日到期(共 60 天)，企业因急需用款，凭该期票于 6 月 27 日到银行办理贴现，银行规定的贴现率 6%。因该期票 8 月 14 日到期，贴现期为 48 天。银行付给企业的金额为

$$I=1200\times4\%\times\frac{60}{360}=8(\text{元})$$

根据式(6-4)计算得

$$P=1208\times(1-6\%\times\frac{48}{360})=1208\times0.992=1198.34(\text{元})$$

三、复利

复利，是指计算资金未来值时，不仅计算本金的利息，而且还要将经过一定时期内本金的利息也加入本金计算利息，逐期滚利，利上加利。

1. 复利终值

复利终值指一定量的货币资金，按复利计算若干期后的本利总和。复利终值的计算公式如下：

$$C_n=C_0(1+r)^n \tag{6-5}$$

式中，n——计算时间。

另外，$(1+r)^n$ 称为复利终值系数，记做$(F/p, r, n)$，在实际运用时，通常查复利终值表得到其解。.

[例 6.4] 某人在初期投入资金 10 万元，利息用 r 表示，该项目的投资期为 5 年，每年的投资报酬率为 20%，这 10 万元本金投入此项目后，5 年后可以收回的本息合计为多少？

分析：由于货币随时间的增长过程与复利的计算过程在数学上是相似的，所以，在计算货币的时间价值时，可以使用复利计算的各种方法。这笔账实际上是关于复利终值的计算问题。

根据式(6-5)计算得

$$C_1 = 100\,000\times(1 + r) = 100\,000+100\,000\times20\% = 120\,000;$$

$$\begin{aligned}C_2 &= 100\,000\times(1 + r)+[100\,000\times(1 + i)]\times r\\ &= (100\,000 + 100\,000\times20\%)+(100\,000+100\,00\times20)\times20\%\\ &= 100\,000\times(1 + r)^2;\end{aligned}$$

依次类推，5 年后的本利和为 $C_5 = 100\,000\times(1 + r)^5$。

查复利终值表，得知当 $r = 20\%$，$n = 5$ 时，复利终值系数为 2.4883，那么 5 年后本利和=100 000×2.4883 = 248 830 元。

通过计算可知，5 年后某人将得到本息回报额合计 24.88 万元。

2. 复利现值

资金的时间价值一般都是按照复利方式进行计算的，复利现值的公式为复利终值计算公式的逆运算，即

$$C_0 = \frac{C_n}{(1+r)^n} \tag{6-6}$$

式中，$\frac{1}{(1+r)^n}$ —— 复利现值系数或者贴现系数。

[例 6.5] 某人拟在 3 年后获得本利和 1000 元，假设投资报酬率为 9%，他现在应投入多少元?

根据式(6-6)得

$$C_0 = \frac{1000}{(1+9\%)^3} = 772.18\text{元}$$

四、货币时间价值产生的原因

(一) 货币时间价值是资源稀缺性的体现

经济和社会的发展要消耗社会资源，现有的社会资源构成现存社会财富，将来利用这些社会资源创造出来的物质和文化产品构成了将来的社会财富，由于社会资源具有稀缺性特征，又能够带来更多社会产品，所以现在物品的效用要高于未来物品的效用。在货币经济条件下，货币是商品的价值体现，现在的货币用于支配现在的商品，将来的货币用于支配将来的商品，所以现在货币的价值自然高于未来货币的价值。市场利息率是对平均经济增长和社会资源稀缺性的反映，也是衡量货币时间价值的标准。

(二) 货币时间价值是信用货币制度下流通中货币的固有特征

在目前的信用货币制度下，流通中的货币是由中央银行基础货币和商业银行体系派生存款共同构成的，由于信用货币有增加的趋势，所以货币贬值、通货膨胀成为一种普遍现象，现有货币也总是在价值上高于未来货币。市场利息率是可贷资金状况和通货膨胀水平的反映，反映了货币价值随时间的推移而不断降低的程度。

(三) 货币时间价值是人们认知心理的反映

由于在认识上的局限性，人们总是对现存事物的感知能力较强，而对未来事物的认识较模糊，结果人们存在一种普遍的心理就是比较重视现在而忽视未来。现在的货币能够支配现在的商品满足人们现实的需要，而将来货币只能支配将来的商品满足人们将来不确定的需要，所以现在单位货币的价值要高于未来单位货币的价值，为使人们放弃现在的货币及其价值，必须付出一定代价，而利息率便是这一代价。

第三节 净现值法

资本运营的目标是公司价值最大化，管理者必须考察潜在的投资机会，并了解这些投资机会对公司股票价值可能产生的影响。本节主要讲述一种广泛应用的方法：净现值法。净现值法是最重要的一个投资项目评价指标，它考虑了资金的时间价值因素，属于贴现法的一种，其应用性比较强。

一、净现值的概念

净现值(NPV)是一项投资所产生的未来现金流的折现值与项目投资成本之间的差值。净现值法是评价投资方案的一种方法。该方法利用净现金效益量的总现值与净现金投资量算出净现值，然后根据净现值的大小来评价投资方案。净现值为正值，投资方案是可以接受的；净现值是负值，从理论上来讲，投资方案是不可接受的，但是从实际操纵层面来说，这也许会跟公司的战略性决策有关，比如说是为了支持其他项目，开发新的市场和产品，寻找更多的机会以获得更大的利润。此外，回避税收也有可能是原因。当然净现值越大，投资方案越好。净现值法是一种比较科学也比较简便的投资方案评价方法。净现值的计算公式为净现值=未来报酬总现值–初始投资总额。具体公式表示如下：

$$\mathrm{NPV}=\sum_{t=1}^{n}\frac{\mathrm{CF}_t}{(1+r)^t}-\mathrm{CF}_0 \tag{6-7}$$

式中，NPV—— 净现值；

CF_0——初始投资总额；

CF_t—— t 年现金流量净额；

r—— 贴现率；

n——投资项目的寿命周期。

[例 6.6] 某公司要决定是否投入一项新的消费品的生产。根据预测的销售收入和成本，预期在项目的 5 年年限中，前 2 年的现金流量为每年 2000 万，接下来的 2 年每年 4000 万，最后 1 年为 5000 万。生产项目的启动成本为 10 000 万，评估新产品时采用的贴现率为 10%。在这种条件下，请计算该公司投资该项目的净现金流量？

有了现金流量和贴现率，我们可以把相关数值代入式(6-7)中直接计算：

$$NPV = (\frac{1.1}{2000} + \frac{1.1^2}{2000} + \frac{1.1^3}{4000} + \frac{1.1^4}{4000} + \frac{1.1^5}{5000}) - 10\,000 = 2313\text{元}$$

二、NPV 法的原理及决策标准

NPV 法的决策步骤如下：① 将各年净现金流量按照折现率折算为现值；② 求各年净现金流量现值的和；③ 将净现金流量现值的和与初始投资额进行比较；④ 根据比较结果，判断投资方案的可行性。

NPV 法的内在原理简单、明了：① NPV=0 表示项目的现金流量正好足够补偿资本投资，即项目的收益率正好等于资本成本；② NPV>0，说明它会产生更多的现金流量，超过其债务补偿和股东资本成本，这些多余的现金最终都将为公司的股东所有，因此具有可行性；③ NPV<0，说明项目的现金流量不足以补偿资本成本，公司的价值将会由于采取了此项目而减小。

NPV 指标的决策标准：如果投资项目的 NPV>0，接受该项目；如果投资项目的 NPV<0，放弃该项目；如果有多个互斥的投资项目相互竞争，选取 NPV 最大的投资项目。因此，例题中的 NPV 大于零，该公司可以投资该项目。NPV 指标考虑了投资项目资金流量的时间价值，较合理地反映了投资项目真正的经济价值，是一个比较好的投资决策指标。

三、净现金流量及折现率的确定

使用 NPV 法进行项目决策时最主要的问题就是确定净现金流量及折现率。

(一) 确定净现金流量

净现金流量所反映的是企业在一定时期内现金流入和流出的资金活动结果。在数额上它是以收付实现制为原则的现金流入量和现金流出量的差额。其基本计算公式：净现金流量=现金流入量–现金流出量。现金流量的主要组成部分是营业净现金流量，还包括固定资产的投入与回收引起的现金流量、垫支的流动资金及其收回等全过程的净现金流量，体现了流动性与收益性的统一。营业净现金流量的计算公式为

$$
\begin{aligned}
\text{营业净现金流量} &= (\text{销售收入}-\text{付现营业成本})\times(1-T)+\text{折旧}\times T \\
&= (\text{销售收入}-\text{付现营业成本}-\text{折旧})\times(1-T)+\text{折旧} \\
&= \text{息前税后净营业利润}+\text{折旧}
\end{aligned}
$$

式中，T——所得税税率；假设非付现营业成本主要为折旧。

由以上公式可知，营业净现金流量的确定实际是建立在两个基本假设的基础之上的。首先，企业的产销比率 100%，即企业生产多少产品就销售多少产品；其次，企业的应收账款及应付账款为零，即产品销售多少就能收回多少货款。

(二) 确定折现率

折现率的确定直接影响项目的选择。折现率的确定有两种方法：一种是根据企业当前 WACC 来确定；另一种是根据企业要求的最低资金利润率来确定。前一种方法由于计算资金成本比较困难，限制了其应用范围；后一种方法根据资金的机会成本可利用的行业平均资金的收益率等来确定，但易与企业具体情况相脱节，不具准确性。

若采用当前企业的 WACC 作为项目的折现率，应满足两个假设条件：① 项目的经营风险与企业当前资产的平均经营风险相同；② 企业继续采用相同的资本结构为新项目筹资。假如市场是完善的，资本结构不会改变企业的平均资本成本。但是，市场是复杂多变的，资本结构的变化导致财务风险的变化，资本成本也会相应改变。因此，若用当前资本成本作为新项目的折现率，必须要求企业资本结构不改变，即增加此项投资后企业的财务风险不变。

四、 NPV 法的优缺点分析

(一) 使用 NPV 法进行投资项目决策的优点

(1) 考虑了货币的时间价值，增强了投资经济性的评价。NPV 法计算的是现值，充分地考虑了货币的时间价值。

(2) 考虑了全过程的净现金流量，体现了流动性与收益性的统一。现金流量包括初始现金流量、营业现金流量和期末回收的现金流量。其他资本预算方法往往会忽略某特定时期之后的现金流量。

(3) 折现率考虑了投资风险，风险大则采用高折现率，风险小则采用低折现率。

(二) 使用 NPV 法的缺点

(1) 净现金流量的测量和折现率较难确定,从而给 NPV 的计算带来一定的困难。这也是 NPV 法的最大困难。NPV 法虽考虑了资金的时间价值，可以说明投资方案高于或低于某一特定投资的报酬率，但没有揭示方案本身可以达到的具体报酬率是多少。

(2) 不能从动态角度直接反映投资项目的实际收益水平。这关键是因为对未来现金流量的计算是在预期的基础之上的。

(3) 当互斥项目投资额不等，或者效益期限不同时，仅用 NPV 法无法确定投资方案的优劣。此时，需要用其他的决策方法进行取舍。

第四节　其他资本预算方法

一、 内部报酬率法

(一) 内部报酬率的定义及计算公式

内部报酬率(IRR)法，是指能够使未来现金流入量现值等于未来现金流出量现值的贴现率，或者说是使投资方案净现值为零的贴现率，也称为“内含收益率”。IRR 法是根据方案本身 IRR 来评价方案优劣的一种方法。IRR 本身不受资本市场利息率的影响，完全取决于项目现金流量，反映了项目内在的特性。通过投资项目的 IRR 和资本成本比较结果的高低，决定项目的采纳与否。IRR 就是投资项目的报酬率。若 IRR 超过资本成本，这项投资就是有利的，因为资本成本是投资项目的最低报酬率。

IRR 法的计算公式如下：

$$CF_0=\sum_{t=1}^{n}\frac{CF_t}{(1+r)^t} \tag{6-8}$$

也就是让 NPV 为 0 时的内部报酬率 r。

[例 6.7]　某公司的一个投资项目的有关数据如表 6-1 所示，初始投资总额为 50 万元，试求该项目的 IRR?

表 6-1　某投资项目现金流量表

期数/年	1	2	3	4	5
净现金流/万元	10	20	35	35	35

首先，利用公式 $CF_0=\sum_{t=1}^{n}\frac{CF_t}{(1+r)^t}$，我们先取不同的收益率 r 来计算投资项目的 NPV，情况如表 6-2 所示。

表 6-2 NPV 计算表

r/%	20	25	30	35	40	45
NPV/万元	23.4	14.5	7.1	0.96	−4.3	−8.7

表 6-2 说明所要求的 IRR 为 35%~40%，此时需要用插值法求出，我们假设报酬率为 r，则

$$\frac{r-35\%}{40\%-35\%}=\frac{0-0.96}{-4.3-0.96}$$
$$r=35.91\%$$

也就是说我们要求的该项目 IRR 为 35.91%。

IRR 是一项投资可望达到的报酬率，是能使投资项目 NPV 为 0 时的折现率。就是在考虑了时间价值的情况下，使一项投资在未来产生的现金流量现值刚好等于投资成本时的收益率。

(二) IRR 的优缺点分析

使用 IRR 的优点主要有以下三个方面。

(1) 考虑了货币的时间价值。我们在计算 IRR 时使用的现金流量都是折现后的现金流量，这使得该法比较科学，也符合现在人们普遍认可的投资理念。

(2) 考虑了投资项目所有期间的收益。和投资回收期法不同，IRR 法考虑了整个投资期间的现金流量。它计算的是整个项目所有的投资收益。这就使得决策者的判断比较全面，避免短视，有利于长期战略的选择。

(3) 考虑了投资项目内在的收益率。这一点是 IRR 法区别于其他方法的最大特征，也是其最大的优点，IRR 反映企业内在的获利水平和收益能力。如果以 IRR 作为贷款利率，通过借款来投资本项目，那么，还本付息后将一无所得。这就给投资人和决策者一个很直观的判断依据。

IRR 法的缺点主要有两个方面。

(1) 如果每期的现金流量不等，需要采用试错法和内插法计算 IRR，计算比较复杂。

(2) IRR 不能反映投资规模的影响。比如两个项目，一个 IRR 为 100%，投资 2000 元可获利 2000 元；另一个 IRR 是 20%，投资 100 万元，可获利 20 万元，假如公司有充足的资金，当然进行后一个项目的投资。

实际操作中，公司往往会制订多个投资方案，因此在各个方案选比时，常见的方法是将 IRR 法和 NPV 法结合起来考虑来选择最优的投资方案。

二、投资回收期法

在实践中，经常会谈到一项投资方案的回收期。回收期就是收回企业初始投资额的一段时间，它代表收回投资所需要的年限。回收年限越短，方案越有利。应把技术方案的投资回收期与国家或部门规定的标准投资期相比较，才能确定技术方案经济效果的大小及其取舍。根据回收期法，如果一项投资所计算出来的回收期低于某个预先设定的年数(如国家或部门规定的标准投资期)，那么这项投资就是可以接受的。在多方案比较时，投资回收期最短的方案是最优方案。

投资回收期法的计算公式如下：

$$CF_0 = \sum_{t=1}^{TP} CF_t \tag{6-9}$$

式中，TP—— 回收期；

CF_t——项目经营期间税后增量净现金流；

CF_0—— 初始项目总投资额。

[例 6.8] 某公司的一个投资项目的有关数据如表 6-3 所示，试求该项目的投资回收期。

表 6-3 某投资项目现金流量表 单位：元

原始投资总额	净现金流量				
	第一年	第二年	第三年	第四年	第五年
100 000	35 000	35 000	35 000	35 000	35 000

投资回收期=100 000/35 000=2.86(年)

回收期法可以根据项目资金占用时间长短直观地衡量项目风险大小。从流动性看，短期现金流远比长期现金流风险要小，因此，回收期越短的项目越好。在其他条件相同的情况下，企业应拒绝回收期长的投资项目，采纳回收期短的投资项目。

但是，回收期法也有明显的局限性。其一，回收期法忽略了回收期后的现金流，实际上，许多企业的重大投资前期都是不赢利甚至是亏损的，若因回收期较长而对项目予以否定，可能会导致决策失误。其二，回收期法没有考虑资金的时间价值。其三，该方法倾向于拒绝长期项目，如研究与开发、新项目，而这些项目正是企业资本预算的重中之重。

三、 贴现回收期法

回收期法的缺点之一是忽略了时间价值，回收期的一个变化形式——贴现回收期解决了这个问题。贴现回收期是指贴现现金流量的总和等于其初始投资所需的时间。用公式表示如下：

$$CF_0 = \sum_{t=1}^{TP} \frac{CF_t}{(1+r)^t} \tag{6-10}$$

贴现回收期的法则：如果一项投资的贴现回收期低于某个预先设定的年数，那么该投资就是可以接受的。贴现回收期的计算公式与 IRR 法是相似的，二者都是使得未来各期现金流量的现值之和恰好等于初始投资总额。但是这两种方法的应用法则是截然不同的。IRR 法所计算的是投资报酬率 r，即在已知的年限之内计算出的使投资项目 NPV 为 0 时的折现率，然后再将这一个折现率与设定的资本成本相比较，如果该报酬率 r 高于资本成本，则该投资就是可行的；而贴现回收期法正好相反，它是在已知的投资回报率下来计算恰好使得初始投资总额能够回收的年限，然后再将这一年限与预先设定的某个标准年限进行比较，如果小于标准年限，则投资项目可行。

由于贴现回收期法考虑了货币的时间价值因素，下面我们分别用投资回收期法和贴现回收期法来计算一个例题，看一下具体的区别。

[例 6.9] 某一个投资项目，要求其投资回报率为 12.5%，项目成本是 300 万元，未来 5 年内每年的现金流量为 100 万元。请分别用投资回收期法和贴现回收期法来计算回收年限？

首先计算投资回收期，根据式(6-9)计算投资回收期：TP=$\frac{100}{300}$=3(年)。

其次，计算贴现回收期，根据式(6-10)分别计算出：

第一年的贴现值=$\frac{100}{(1+12.5\%)} = 89$ (万元)

第二年的贴现值=$\frac{100}{(1+12.5\%)^2} = 79$ (万元)

2 年累计贴现：89+79=168 (万元)。

第三年贴现值=$\frac{100}{(1+12.5\%)^3} = 70$

3 年累计贴现：168+70=238 (万元)

第四年贴现值=$\frac{100}{(1+12.5\%)^4} = 62$ (万元)

4 年累计贴现：238+62=300 (万元)

因此在 TP=4 的时候，恰好使得未来四年内的现金流量现值之和等于初始投资额；而利用普通回收期法计算的回收年限则为 3 年。也就是说如果考虑了货币的时间价值因素，利用普通回收期法计算出来的 3 年内是无法回收投资项目的。

贴现回收期法是普通回收期法和 NPV 法的折中，它不如前者方便，也不如后者严谨。尽管如此，如果我们需要评估一项投资收回成本所需要的时间，贴现回收期还是比普通回收期好，因为它考虑了时间价值。换句话说，贴现回收期承认我们可以把钱投资在其他任何地方赚取报酬，普通回收期法没有考虑这个方面的因素。

贴现回收期法的优点：① 考虑了时间价值的因素，比较容易接受；② 该方法比较容易理解；③ 贴现回收期法不会接受预期 NPV 为负值的投资；④ 在存在多个比较项目时，企业会倾向于选择年限较短的一个进行投资，也就是说倾向于高流动性的项目。

贴现回收期法的局限性：① 贴现回收期法可能会拒绝 NPV 为正值的投资；② 该方法需要一个任意的取舍时限；③ 与普通回收期法相同，忽略了取舍时限后的现金流量；④ 偏向于拒绝长期项目，如研究与开发新项目。

四、平均会计报酬率法

平均会计报酬率(ARR)是指项目的年均净利润与年平均投资额之比，用公式可表示为

$$\mathrm{ARR}=\frac{P}{\dfrac{(\mathrm{CF}_0+S)}{2}} \tag{6-11}$$

式中，ARR —— 会计报酬率；

P ——项目年均净利润；

CF_0 ——项目初始投资额；

S —— 项目残值。

[例 6.10] 某项目原始投资总额为 20 万元，项目期限是 4 年，每年的会计税后利润分别为 3 万元，4 万元，5 万元，6 万元，直线折旧，期末无残值。

计算平均 ARR 为

$$\mathrm{ARR}=\mathrm{ARR}=\frac{\dfrac{3+4+5+6}{4}}{\dfrac{20+0}{2}}=45\%$$

只有当 ARR 大于等于企业目标收益率时，项目可行。

平均 ARR 法不仅考虑了投资回收期长短，而且考虑了项目在整个生命周期内所获得的全部利润。该方法以预测数据为依据进行计算，不仅数据容易获取，而且可以根据以后的变化进行调整。其局限性在于：① 该方法以会计利润为标准，未考虑

现金的流动性；② 未考虑到资金的时间价值；③ 虽然考虑了项目整个生命周期的全部利润，但未考虑项目规模对项目风险的影响。

五、可获利指数法

可获利指数(PI)法就是利用项目预期现金净流入现值与项目成本现值的比值，进行资本预算决策的方法。用公式可表示为

$$PI=\frac{\sum_{t=1}^{n}\frac{CF_t}{(1+r)^t}}{CF_0} \tag{6-12}$$

式中，PI——可获利指数。

[例 6.11] 某公司有三种不同的投资方案可供选择，已知三方案的投资额分别为 800 000 元，456 000 元和 580 000 元，为了计算的方便我们直接规定净收益的现值分别为 1 200，1200 000 元、2 006 400 元和 3 180 000 元，问哪一个投资方案最优？

根据式(6-12)计算三方案的 PI 分别是

第一方案：$PI_1=\frac{1\,200\,000}{800\,000}=1.5$

第二方案：$PI_2=\frac{2\,006\,400}{456\,000}=4.4$

第三方案：$PI_3=\frac{3\,180\,000}{580\,000}=5.5$

可见，第三方案的每元投资所创造的净现值最高，因而应该选择第三方案进行投资。

根据 PI 进行资本预算决策，在独立的项目中，当 PI≥1 时，说明该项目投资回报率高于资金成本，项目可以接受；反之，项目应该拒绝。在两个相斥的项目选择中，当两者的 PI≥1，则 PI 越大的项目越好。PI 是一个相对指标，反映资金的使用效率，可用于不同投资规模的项目比较。在实际工作中，PI 法往往与 NPV 法一起使用。

六、不同的预算方法的应用比较

(一) 独立、常规的投资项目

独立是指一个项目的投资不会影响到其他项目，或者说一个项目的投资不受其他项目的限制和影响。常规是指项目初始投资后，未来产生的现金流量均为正值。对于这样的项目，采用 NPV 法、IRR 法、PI 法进行预算，得到的决策结果是相同的。

如果一个项目采用 NPV 法进行资本预算，NPV>0，则其 PI>1，IRR>资本成本；反之亦然。

(二) 互斥项目

互斥项目指的是选择一个项目就不能选择另一个项目，项目之间是相互排斥的。比如同一块地，盖了住宅楼就不能盖游泳池。对于这样的决策可采用 PNV 法，因为 NPV 法计算出来的是 NPV，它考虑了投资规模的影响，更重要的是它体现了价值最大化的目标。

(三) 多个投资方案组合的投资

在资本总量不受限制的情况下，可以按照 PI 从大到小进行排列，按照排列的顺序进行投资决策。在资金总量受限的情况下，选择组合 NPV 总额最大的投资组合进行投资，只有这样才能在最大程度地利用资金的基础上创造出最大的价值增值。

[案例分析] 某公司资本预算的排序问题思考

一、预算问题

某公司为汽车制造商生产塑料配件和模具，该公司的投资委员会正在讨论 8 个资本预算计划。出席会议的有公司创始人兼董事长 a，财务主管 b，研究发展部负责人 c。在过去 5 年内，这个委员会每个月召开一次会议讨论项目投资并作出最终决策。

为了避免汽车工业的周期性给公司带来的不利影响，最近，该公司和一家大的玩具制造商和折扣连锁店签订了供货合同。到目前为止，尽管该公司的非汽车产品业务发展很快，规模也很大，但它们只占公司总业务额的 32%。因此，公司决定继续寻找新的非汽车业务。由于这方面的努力和内部研究发展的结果，公司目前有 4 组共 8 个互斥项目。

在过去的 10 年里，公司的资本预算已有一套成熟的方法和详细的规则，公司将新项目分成三种类型：赢利项目、研究开发项目和安全项目。公司对赢利项目和研究开发项目采用净现值方法来评价，此时假设资金的机会成本为 10%；安全类项目则用主观方法来评价。根据 NPV 决策标准，研究开发项目也必须获得满意的收益，但公司对这类项目有资金限制，通常每年只有 750 000 美元。安全类项目不是以现金流表示的，因此不宜采用 NPV 法评估。安全类项目之所以采用主观方法来评估，是因为这类项目的收益很难用货币形式来表示。此次投资委员会上所讨论的 8 个项目都是赢利项目。

二、互斥项目的情况

第一组互斥项目包括 A、B 两个项目，涉及使用该公司现有精密设备。项目 A 是为一家大型折扣连锁店生产热水瓶的真空容器。这种容器要用 5 种不同规格和颜色的零部件来生产，项目期限预计为 3 年。在此期间，公司的预期收益包括最低回报加上一定比例的销售额提成。项目 B 为一家全国性的照相器材批发商制造中低档照相器材。A、B 两个项目都需要精密设备。尽管公司目前有闲置的厂房和生产能力，却很有限。因此，选择两个项目中任何一个都将占用公司现有全部闲置的精密设备。而购买新设备既昂贵又会将项目推迟大约两年。A、B 两个项目的现金流如表 6-4 所示。

表 6-4　A、B 项目现金流量表

项目期限/年	项目 A(现金流量/元)	项目 B (现金流量/元)
0	−75 000	−75 000
1	10 000	43 000
2	30 000	43 000
3	100 000	43 000

第二组互斥项目为租赁计算机客户开票及存货控制系统。项目 C 是采用 Anvanced 计算机公司提供的开票系统。如果采用这个系统，则目前由会计部承担的记账和开票工作将由 Advanced 计算机公司负责，该系统将提高公司记账和开票方面的工作效率。此外，该系统还能使公司更有效地对拖欠贷款的顾客进行信用分析。项目 D 则是采用 International 计算机公司提供的系统，该系统除了具有 Advanced 公司提供的系统相似的开票功能外，还有存货控制功能。存货控制功能能减少公司库存材料用完而延误生产的事，而这种事情在过去 3 年中已经司空见惯。项目 C 和 D 的现金流如表 6-5 所示。

表 6-5　C、D 项目现金流量表

项目期限/年	项目 C (现金流量/元)	项目 D(现金流量/元)
0	−8 000	−20 000
1	11 000	25 000

第三组互斥项目则涉及公司新近开发并已申请专利的硬塑料模具生产工艺。公司既可以自己制造并销售这种生产工艺设备(项目 E),也可以将专利卖给 Polyplastics 公司宝理塑料板式会社—— 全球最大塑料品制造商(项目 F)。项目 E 和项目 F 的现金流量如表 6-6 所示。目前，硬塑料模具生产工艺还没有测试完毕。如果公司准备自己生产和销售这项技术，就必须完成测试并着手生产。如果将这项专利卖给 Polyplastics 公司，则只需要再进行少量的测试和改进。因此，需要尽快在 E 和 F 之间作出选择。

表 6-6　E、F 项目现金流量表

项目期限/年	项目 E(现金流量/元)	项目 F(现金流量/元)
0	–30 000	–271 500
1	210 000	100 000
2		100 000
3		100 000
4		100 000
5		100 000
6		100 000
7		100 000
8		100 000
9		100 000
10		100 000

最后一组互斥项目是关于若干机器更换方案的比较。项目 G 建议购买中等价格但效率相当高的设备，这种设备预计使用寿命为 5 年；项目 H 建议购买同样价格但效率较低的设备，预计使用寿命为 10 年，G 和 H 两个互斥项目的现金流如表 6-7 所示。

表 6-7　G、H 项目现金流量表

项目期限/年	项目 G(现金流量/元)	项目 H(现金流量/元)
0	–500 000	–500 000
1	225 000	150 000
2	225 000	150 000
3	225 000	150 000
4	225 000	150 000
5	225 000	150 000
6	225 000	150 000
7		150 000
8		150 000
9		150 000
10		150 000

三、相关决策的提议

会议一开始，争论的焦点就集中在评论这些项目的适用方法上，董事长 a 认为由于这些项目是互斥的，也许通常的 NPV 法并不适用，他感到在评价这些项目时，也许应该更关心相对的获利能力或是其他一些效益指标。b 和 c 表示同意 a 的看法，b 建议用 PI 法，但 c 则倾向于 IRR 法。b 认为，采用 PI 法可以得出效益与费用的比率，直接反映了相对的获利能力，因此，只需要将这些项目按照获利能力指数进行排序，从中选择获利能力指数最大的项目即可。c 则认为，IRR 本身更能直观衡量项目的获利能力，并且也许更容易解释和理解。针对评价方法的分歧，a 建议同时计算 PI、IRR 及 NPV 三个指标，因为它们会产生同样的排序。

会议接着讨论如何处理互斥项目 E 和 F 以及 G 和 H 之间不同的寿命期限问题。c 认为根本没有问题，因为这些项目的现金流都可以确定，即采用任何一种贴现现金流方法都可行。b 则认为应针对项目的寿命周期不同进行适当调整。

请根据资本预算的相关知识进行分析，以便对案例中有关人士的观点进行讨论。

提示：分析可以从以下四个方面进行。

(1) 项目 A 和 B 的 NPV、PI 和 IRR 各是多少？是什么原因导致了不同的排序？应该选择项目 A 还是 B？如果项目 B 是塑料模具工业的典型项目，答案是否会发生变化？如果公司以往的项目所获得的收益率通常是 12%，而项目 B 的 IRR 为 33%，按 IRR 准则排序并选择项目 B 是否合理(考虑 IRR 方法中隐含着再投资收益率假设)？

(2) 项目 C 和 D 的 NPV、PI 和 IRR 各是多少？应选择 C 还是 D？如果存在资金约束，答案会变化吗？在资金有限的情况下，选择项目 C 后所剩余的 12 000 美元要产生怎样的收益水平才能与选择 D 无差异？

(3) 项目 E 和 F 的 NPV、PI 和 IRR 各是多少？如果它们使用寿命不同，是否可比？为什么？假设这些项目没有资金限制，应选择哪一个项目？

(4) 项目 G 和 H 的 NPV、PI 和 IRR 各是多少？如果它们使用寿命不同，是否可比？为什么？假设这些项目没有资金限制，应选择哪一个项目？

[习题]

1. 投资的终值和现值分别是什么？
2. 什么是复利？单利与复利的区别是什么？
3. 什么是 NPV 法？有何优缺点？
4. 什么是 IRR 法？如何确定投资方案的 IRR？
5. 下列未来现金流量将在各年末收到，第一年为 1000 万元，第二年为 1400 万元，第三年为 1200 万元，第四年为 900 万元，第五年为 600 万元，年贴现率为 8%。

(1) 这些预期未来现金流量的现值是多少？

(2) 这些现金流量在第五年的价值是多少？

(3) 这些现金流量在第三年的价值是多少？

6. 若年利率为 8%，连续 10 年，每月 200 万元，现金流量的终值是多少？

7. 某企业正在考虑是否购买新设备替换旧设备，新设备原始投资额为 10 万元，使用寿命为 6 年，6 年中每年营业现金流量为 4 万元；旧设备目前的变现价值为 5 万元(与账面净值相等)，仍可使用 5 年，5 年中每年的营业现金流量为 3 万元。请利用 NPV 法，计算该企业应该如何进行决策(设资金成本率为 15%，新、旧设备均无残值)？

8. 某公司正考虑用新系统取代旧系统。新系统的取得成本为 450 000 美元，这些成本将采用直线法在其 4 年的预期年限内折旧完毕。该系统在 4 年后的实际价值为 250 000 美元。假定这个新系统每年可以节约 125 000 美元的税前人工成本。税率为 25%，则购买这个新系统的 NPV 和 IRR 分别是多少？新系统购买是否可行(必要报酬率为 17%)？

9. 某公司投资项目，要求其投资回报率为 15%，项目成本是 500 万元，未来 5 年内每年的现金流量为 150 万元。请分别用投资回收期法和贴现回收期法来计算回收年限？

10. 某公司投资项目的有关数据如下表所示，初始投资总额为 80 万元，试求该项目的 IRR？平均 ARR 是多少？

表 6-8　某投资项目现金流量表

期数/年	1	2	3	4	5
净现金流量/万元	25	20	35	40	50

CHAPTER 7

第七章 证券投资

[内容提要]

证券投资是一种金融投资，是通过买卖有价证券进行投资活动的一种方式。随着证券市场的不断发展，特别是融资证券化趋势的加强，证券投资已经成为公司、基金组织和个人的一项资金运用工具，或者是一种重要的投资方式。本章主要讲述目前企业一种重要的投资渠道—— 证券投资。

[学习要点]

1. 了解证券投资的分类、基本要素及投资原则；
2. 了解证券投资基本分析中需要考虑的有关宏观因素及发行公司微观因素；
3. 了解传统证券投资组合理论的内容；
4. 熟悉现代证券投资组合理论中相关的模型假设及相关结论。

第一节　证券投资的基本要素和原则

企业把资金投向生产型经营的关键环节或是薄弱环节，可以使企业各种生产经营能力配套、平衡，形成更大的综合生产能力。企业如果把资金投向多个行业，多元化经营，则更能增加企业销售和收入的稳定性。这些都是降低企业经营风险的方法。证券投资是一种金融投资，是通过买卖有价证券进行投资活动的一种方式。

一、证券投资的产生

证券投资，即有价证券投资，是狭义的投资，指企业或个人用积累起来的货币购买股票、债券等有价证券，借以获得收益的行为。对金融机构而言，则是指以有价证券为经营对象的业务，证券投资对象主要是政府债券、企业债券和股票。

证券和证券投资随着市场经济的发展而形成和演变。可以这么说，货币作为一般等价物出现后，生产者先出售商品或劳务获得货币，使其劳动价值得到市场的承认，然后通过货币的出让取得生活资料和生产资料。因为货币在供求时间上的不一致，货币剩余者可以将剩余货币让渡给货币短缺者使用，并要求获得一定的补偿，这就促使最初货币市场的形成和银行的产生。在商品经济发达、货币信用成熟的国家中，又逐步形成和发展起政府发行国债、公司发行债券和股票、银行等金融机构发行金融债券和长期可转换债券等募集资金的方式，购买这种证券的行为就是证券投资，发行和交易这种证券的场所或网络就是证券市场。这种投资方式被广泛运用于国家财政赤字的弥补、新兴科学技术的推广和高科技风险企业生产规模的扩大。证券投资不仅成了银行筹资的有效补充，甚至起到了银行筹资无法起到的作用。

二、证券投资的分类

按照证券工具选择的不同，证券投资大体上可划分为股票投资和债券投资两类。

1. 股票投资

股票是股份公司发放给投资者的投资入股、领取股息的票面凭证，属于一种资本市场上流通的有价证券。前面第三章中我们已经对股票的分类及相关知识进行了介绍，在股票的分类中，比较重要的还是普通股票和优先股票的划分。一方面，因为普通股和优先股拥有的权利存在很大的差异；另一方面，由于优先股具有偿还利率固定及优先偿还等特点，所以说优先股票是一种介于普通股票和债券之间的一种混合型有价证券。

2. 债券投资

债券投资可以获取固定的利息收入，也可以在市场买卖中赚差价。随着利率的升降，投资者如果能适时地买进卖出，就可获取较大收益。目前，国内的债券主要包括国债、金融债券、企业债券、公司债券。一般地，债券投资者可以按照规定的条件取得稳定的利息收入，到期收回本金。此外，在利息支付和债券发行公司破产后剩余财产的分配上优先于股票投资者，因此债券投资的风险小于股票投资，相应地，其收益率也比股票收益率低一些。

三、证券投资的基本要素

无论是投资股票还是投资于债券，证券投资都包含了四个方面的基本要素。

1. 收益性

投资者购买证券，其目的在于谋取收益。获取收益既是投资者进行证券投资的直接目的，也是筹资者进行证券筹资的基本动机。证券投资的收益是从事证券投资而获得的报酬，表现为证券投资者一定时期内投资所得与其支出的差额，差额越大收益越大，差额小于零则发生净亏损。证券投资收益由两个部分组成：一部分是当前的利息或股息收入，另一部分是由证券价格的涨落而产生的资本增值(或是亏损)。因此，证券投资收益率表现为当前收入及资本增值的总和与投资总额的比率。有时人们在谈到证券投资收益时，往往只看到当前收入(股息和利息)或片面强调资本增值，这都是不全面的。实际上，当前收入和资本增值对证券投资收益均有决定性影响。

2. 风险性

证券投资者进行某一笔具体的股票或是债券的投资时所希望获得的预期收益与其所能获得的实际收益并不总能相等，实际上二者经常不相等。这说明，证券投资收益具有不确定性，因此证券投资是风险性投资。预期收益与实际收益之差，或者说预期收益率同实际收益率之差表明证券投资的风险程度。一般来说，证券投资的收益与风险直接相关，风险越大，证券投资收益越高；反之，风险越小，投资收益较低。不过，投资者追求额外的风险并不一定产生额外的收益。

3. 流通性

流通性也称变现性，指证券能够在公开的场所进行交易而变为现金的能力。由于存在着证券流通市场，证券投资者一般不会永久地持有一种证券，投资者可以随时转让证券，以换取现金，因而，证券具有相当高的流动性。另外，证券市场越发达，证券的信用等级越高，证券的期限越短，则其流动性越强。

4. 社会性

证券投资的社会性主要体现为证券投资主体的广泛性。持有少量闲置资金的普通社会成员都有机会参与证券投资，这就使得证券市场具有广泛的社会基础。加之高效的运作机制，广泛的服务网络，证券市场成为市场体系中参与人员最多、影响最广、规模最大的生产要素市场，能最大限度地将分散的社会资金转化为生产资本。

四、证券投资的作用

第一，证券投资为社会提供了筹集资金的重要渠道，是联系资金供应者与资金需求者的桥梁。银行储蓄存款，保险业吸收保险费等都是吸收社会闲散资金的渠道。但是，一般的企业不能经营存款业、保险业和金融信托业务，它们吸收资金的渠道，除证券市场外，只能通过银行、保险公司和金融信托企业。证券市场为一般企业提供了向大众直接筹集资金的重要渠道，公司可以通过发行股票或公司债券的方式，把一部分社会资金吸收到生产领域。

第二，证券投资有利于改善企业的经营管理，提高企业经济效益和社会知名度，促进企业的行为合理化。在证券市场上市的公司，虽然在公司总数上不占多数，却在公司资产上占相当大的比重，这说明上市公司都是大公司。大公司在各生产领域都是重要的企业，它们的发展状况往往影响其行业的发展状况。证券市场上进行指数统计，正是选择这些有代表性的大公司的股票交易状况，可以在一定程度上反映社会经济变化情况。股市上各种不同类别的指数还可以反映社会上资金的余缺、具体行业和企业的发展情况。另外，上市公司要接受证券交易所、中国证监会等多方面的监督，这在很大程度上规范了企业的内部运作，促进了企业行为的合理化。

第三，证券投资有利于调节资金投向，提高资金使用效率，从而引导资源合理流动，实现资源的优化配置。一方面，证券投资者对证券的收益十分敏感，而证券收益率在很大程度上决定于企业的经济效益。经济效益高的企业的证券拥有较多的投资者，其证券在市场上买卖也很活跃。相反，经济效益差的企业的证券投资者越来越少，市场上的交易也不旺盛。所以，社会上部分资金会自动地流向经济效益好的企业，远离效益差的企业，这种流动使社会资金得到重新配置。另一方面，证券市场与其他金融市场互相联系，当社会上银根松动时，游资便自动流向证券市场。证券市场交易活跃，必然更多地吸引社会的游资，使公司发行证券的成本降低，企业界筹资便利。相反，社会上银根紧缩时，证券市场的资金就流向银行，企业发行证券的成本提高，投资规模相对缩减。证券市场的供求关系的变化也可以形成自发的调节。与不同国家金融市场上的供求关系不同而造成市场价格不同时，资金还将在不同国家的金融市场之间流动。

第四，证券投资为中央银行进行金融宏观调控提供了重要手段，对国民经济的持续、高效发展具有重要意义。证券市场上证券交易可以用许多指标来衡量，其中一项指标是证券收益与证券价格之比，称为证券收益率。这个指标的高低，对整个金融市场的其他因素的变化都有相当大的影响。因此，政府可以在证券市场上通过买卖政府债券的方式来影响证券市场上的证券利率，如同中央银行调整再贴现利率来影响商业银行的贴现率一样，这便成为政府间接调节金融业的杠杆。

第五，证券投资可以促进国际经济交流。目前，证券交易市场不断国际化，在国际债券市场购买中长期债券，或在外国股票市场上购买企业股票，使数以亿万计的国际资金成为许多国家发展资金的主要来源。国际证券投资的迅猛增长在国家间发挥着重要的作用，证券投资市场的国际化必然会促进各国之间的经济交流。

五、证券投资的原则

证券投资的主要目的在于获取收益。但在获取收益的同时，不可避免地存在着一定程度的风险。不同投资者对证券投资所持的不同态度及采取的不同对策，实际上就是人们对收益与风险大小的不同权衡。有些人倾向于高收益、高风险的投资，有些人却宁愿选择低风险、低收益的投资，还有些人则介于两者之间。但无论哪一种投资者，其共同点都是在预期收益一定的前提下，尽可能地利用各种方法和手段降低甚至避免投资风险；或者在投资风险预期一定的前提下，尽可能提高投资收益率。所以投资者需要考虑以下三个问题。一是投资资金的安全系数，二是投资对象的流动性，三是投资资金的增值率。为了达到上述目的，投资者必须遵循以下六个原则。

(1) 收益与风险最佳组合原则。在证券投资中，收益与风险形影相随，是一对相伴而生的矛盾。要想获得收益，就必须冒风险。解决这一矛盾的办法是在已定的风险条件下，尽可能使投资收益最优化；在已定的收益条件下，尽可能使风险减小到最低限度。这是投资者必须遵循的基本原则，它要求投资者必须明确自己的目标，恰当地把握自己的投资能力，不断培养自己驾驭和承受风险的能力和应付各种情况的基本素质；要求投资者在证券投资的过程中，尽力保护本金，增加收益，减少损失。

(2) 分散投资原则。证券投资是风险投资，它可能给投资者带来很高的收益，也可能使投资者遭受巨大的损失。为了尽量地减少风险，必须进行分散投资。分散投资可以从两个方面着手：一是对多种证券进行投资，这样，即使其中的一种或几种证券得不到收益，但其他证券收益好，也可以得到补偿，不至于血本无归；二是在进行多种证券投资时，应把握投资方向，将投资分为进攻性和防御性两部分进行投资。

(3) 理智投资原则。证券市场由于受到各方面因素的影响而处在不断变化之中，谁也无法准确预测行情的变化。这就要求投资者在进行投资时，不能感情用事，而应该冷静而慎重，善于控制自己的情绪，不要过多地受各种传言的影响，对各种证券进行细心的比较，最后才决定投资的对象。不然，情绪冲动时进行投资，往往是要失败的。有一些缺乏经验的投资者，看到自己要买的股票价格略有上涨时，就急不可耐，唯恐买不到这种股票，便匆忙提出市价买进委托，结果很可能是高价购进该种股票。有时股市在一片叫好声中，往往已处于暴跌的前夜；而在股市最萧条的时候，正是黎明前的黑暗，股市复苏的曙光就在眼前。因此，投资者应该随时保持理智和冷静的头脑，做到"众人皆醉我独醒"。

(4) 责任自负原则。在进行证券投资时，适当借助他人的力量，但不能完全依赖别人，而必须坚持独立思考、自主判断的原则。这是因为证券投资是一种自觉的、主动的行为，所有投资的赔赚都要由自己承担。所以，投资者不应轻信或完全依赖他人。把投资成功归于自己的判断而把投资失败归罪于他人的做法是没有道理的。证券投资的成败完全是投资者自己的责任，不具备这一认识的人，就不具备投资者的资格。

(5) 剩余资金投资原则。投资必须有资金来源。从大的方面来说，资金来源无非是两个部分，一部分是自有资金，另一部分是借入资金。采用借入资金进行证券投资是不可取的，证券投资的资金必须是家庭较长时间闲置不用的剩余资金。这是因为证券投资是一种风险较大的经济活动，意味着赚钱和亏本的机会同时存在，如果把全部资金都投入证券，一旦发生亏损，就会危及家庭收支计划，从而给正常的生活带来极大的困难。所以，妥善可靠的做法是把全部资金合理分配，留足家庭生活的必备资金，所剩余的有可能长时间闲置的资金，才能用来进行证券投资。投资者应该在估计全部资产和风险承受能力的基础上，才能决定是否进行证券投资和用多少资金进行证券投资。

(6) 能力充实原则。每个投资者都应该不断培养自己的证券投资能力，而这种能力的基础是投资知识和经验。掌握投资知识是从事投资的重要条件，没有知识的投资是盲目的投资，十有八九是要失败的。证券投资知识包括与证券有关的金融知识、法律知识、数学知识。投资者要获得证券投资知识，主要有两条渠道：一是通过学习书本、向别人请教以获得间接经验；二是通过自己的实践以获得直接经验。证券投资经验包括成功经验和失败经验，投资者要不断积累经验，尤其是要准确把握证券行情，需要长期的经验积累。

第二节 证券投资的基本分析

证券投资指投资者(法人或自然人)购买股票、债券、基金券等有价证券，以及这些有价证券的衍生品，以获取红利、利息及资本利得的投资行为和投资过程，是直接投资的重要形式。证券市场是一个充满机会和风险的地方，也是一个现代文明的竞技场所。每个投资者都必须有备而来，必须掌握证券投资分析的技术和方法。只有这样，才能了解证券价格变动规律，根据影响证券价格变动的因素或证券价格技术指标变化状况，及时地确定买卖时点。证券投资分析指以有价证券为分析对象，所进行的证券投资的可行性分析。通过对各类有价证券的对比分析，可以筛选和确定证券投资的对象、数量、操作策略等。

证券投资基本分析是对上市公司的经营业绩、财务状况及影响上市公司经营的客观政治经济环境等要素进行分析，以判定证券(主要是股票)的内在投资价值，衡量其价格是否合理，提供投资者选择证券的依据。证券价格的高低，主要取决于买卖力量的对比程度。买的人多，价格自然就上涨，反之亦然，即供求关系决定证券价格。但是这种供求关系又受到许多其他因素的影响，如国家的宏观经济指标、经济政策、行业发展状况、产品市场、公司销售和财务状况等。具体地讲，证券投资基本分析包括宏观经济因素分析、发行公司微观因素分析两个方面的内容。

一、宏观经济因素分析

宏观经济因素主要包括国民生产总值、利率、经济周期、通货膨胀、宏观经济政策、国际收支等分析。

1. 国民生产总值

从长期来看，证券市场的价格与国民生产总值的变化是一致的，国民生产总值增长较快，表明经济繁荣，证券价格会上涨；反之，国民生产总值增长缓慢甚至下降，表明整个经济不景气，证券价格会相应下跌。

2. 利率

利率对证券价格的影响可以从两个方面来说明。一方面，利率提高意味着银行储蓄收益提高，从而会从证券市场吸走大量资金，使证券价格下跌；反之，利率下调会导致大量资金投向证券市场，证券供不应求，证券价格必然上升。另一方面，利率上升，意味着企业经营成本和利润的减少，使得企业派发的股利也会减少，有时甚至无法发放，使得证券投资风险上升，投资者会在此时大量抛售证券，证券价格急剧下跌；反之，证券价格上扬。

3. 经济周期

经济周期是由经济运行内在矛盾引发的经济波动，是一种不以人们意志为转移的客观规律。证券市场直接受经济状况的影响，必然也会呈现一种周期性的波动。经济衰退时，证券行情必然随之疲软下跌；经济复苏繁荣时，证券价格也会上升或呈现坚挺的上涨走势。根据以往的经验，证券市场尤其是股票通货膨胀市场往往也是经济状况的晴雨表。

4. 通货膨胀

通货膨胀对证券市场具有双重影响的效果。通货膨胀主要是由货币供应量增多造成的，货币供应量增加一开始能够刺激经济，增加公司利润，推动证券价格上升。但是，当通货膨胀发展到一定程度时，利率会上升，从而使得证券市场收缩，证券价格下跌。

5. 宏观经济政策

宏观经济政策主要是指宏观货币政策、财政政策、进出口政策等对证券市场的影响，比如政府宣布的有关税收的增减、银根的松紧、汇率改革等政策，均会对证券市场起到推动或是抑制的作用。

6. 国际收支

国际收支发生顺差，刺激本国经济增长，会促使股价上升；而出现巨额逆差时，会导致本国货币贬值，证券价格一般将下跌。

二、发行公司微观因素分析

对证券发行公司的分析主要包括以下四个方面的内容。

1. 公司财务报表分析

公司财务报表是反映公司某个方面经营活动及其状况的财务统计报告，最基本的报表是公司的资产负债表和损益表。投资者仔细看过这两份报表后，对公司的实力、经营规模和赢利能力等情况都会有一个基本的了解，从而对公司发行的证券价值作出初步评估，必要时还可进行深入细致的对比分析。用于对比分析的比率主要有反映公司资产流动性的流动比率、速动比率等，反映公司赢利能力的销售毛利率、营业利润率等，反应投资收益水平的投资收益率，还有反应杠杆作用和资本结构的负债比率、赢利对债息倍数等。

2. 公司营运能力分析

营运能力的强弱一般用公司营业额的多少来表示。营业额多少既可以反映在营业额的绝对量的高低上，又可以反映在营业额的相对量的高低上。营业额绝对量指公司某一时期实际营业额的多少。投资者在进行投资时往往会选择同行业中营业额绝对量最大的上市公司，就是因为营业额绝对量最大往往表明该上市公司营运能力最强。不过，营业额绝对量不能反映公司资本额与营业额的间接关系，需要进行营业额相对量的分析。营业额相对量包括两个方面：一是计算每股营业额和资产营运比率，前者是营业额绝对量对公司总股数的比率，后者是营业额绝对量对公司总资产的比率；二是计算营业的增减比率，对公司不同时期的营业额的绝对量进行对比分析，预测公司未来的营运潜力。

3. 公司资本结构分析

资本结构是公司经营中所运用的资本的构成，负债比率越高，则自有资本比率越低。资本结构对公司的赢利有很大的影响，投资者应该注意分析公司资本来源及其配合是否恰当。因为，借入资本进行杠杆经营在不同情况下会产生不同的结果：当公司的投资报酬率高于借款利息率时，举债经营能够提高公司自有资本的报酬；反之，当投资报酬低于借款利息率时，举债经营会降低公司自有资本的报酬。一般而言，在整个经济形势较好时举债经营可以增加股东的投资报酬，在经济形势欠佳时，举债经营有可能大幅度降低股东的投资报酬。

4. 公司管理能力分析

公司经营管理能力是衡量一个公司现状与未来发展潜力的重要标准。经营管理能力强的公司往往能够取得比行业平均水平更高的赢利，即使在经济不景气时期，同行业其他公司营运欠佳甚至出现亏损时，这类公司也能安渡难关，维持一定的赢利水平。因此，从长远来看，投资于规模虽小但是经营管理能力强的公司比投资于规模大但是经营管理能力弱的公司要更为安全。

三、进行证券投资分析的意义

(一) 有利于提高投资决策的科学性

投资决策贯穿于整个投资过程，其正确与否关系到投资的成败。尽管不同投资者投资决策的方法可能不同，但科学的投资决策有助于保证投资决策的正确性。由于资金拥有量及其他条件的不同，不同的投资者会拥有不同的风险承受能力、不同的收益要求和不同的投资周期。同时，由于受到各种相关因素的作用，每一种证券的风险-收益特性并不是一成不变的。此外，由于证券一般具有流通性，投资者可以通过在证券流通市场上买卖证券来满足自己的流动性需求。因此，在投资决策时，投资者应当正确认识每一种证券在风险性、收益性、流动性和时间性方面的特点，借此选择风险性、收益性、流动性和时间性同自己的要求相匹配的投资对象，并制定相应的投资策略。只有这样，投资者的投资决策才具有科学性，才能尽可能保证投资决策的正确性，使投资获得成功。进行证券投资分析正是使投资者正确认知证券风险性、收益性、流动性和时间性的有效途径，是投资者科学决策的基础。因此，进行证券投资分析有利于减少投资决策的盲目性，从而提高投资决策的科学性。

(二) 有利于正确评估证券的投资价值

投资者之所以对证券进行投资，是因为证券具有一定的投资价值。证券的投资价值受多方面因素的影响，并随着这些因素的变化而发生相应的变化。例如，债券的投资价值受市场利率水平的影响，并随着市场利率的变化而变化，影响股票投资价值的因素更为复杂，其受宏观经济、行业形势和公司经营管理等多方面因素的影响。因此，投资者在决定投资某种证券前，首先应该认真评估该证券的投资价值。只有当证券处于投资价值区域时，投资该证券才有利可图，否则可能会导致投资失败。证券投资分析正是对可能影响证券投资价值的各种因素进行综合分析，以判断这些因素及其变化可能会对证券投资价值造成的影响，因此，它有利于投资者正确评估证券的投资价值。

(三) 有利于降低投资者的投资风险

投资者从事证券投资是为了获得投资回报(预期收益)，但这种回报是以承担相应风险为代价的。总体来说，预期收益水平和风险之间存在一种正相关关系。预期收益水平越高，投资者要承担的风险也就越大；预期收益水平越低，投资者要承担的风险也就越小。然而，每一证券都有自己的风险-收益特性，而这种特性又会随着各相关因素的变化而变化。因此，对于某些具体的证券而言，由于判断失误，投资者在承担较高风险的同时却未必能获得较高收益。理性投资者通过证券投资分析来考察每一种证券的风险-收益特性及其变化，可以较为准确地确定哪些证券是风险较大的证券，哪些证券是风险较小的证券，从而避免承担不必要的风险。从这个角度讲，证券投资分析有利于降低投资者的投资风险。

(四) 科学的证券投资分析是投资者投资成功的关键

证券投资的目的是证券投资净效用(收益带来的正效用减去风险带来的负效用)的最大化。因此，在风险既定的条件下投资收益率最大化和在收益率既定的条件下风险最小化是证券投资的两大具体目标。证券投资的成功与否往往是看这两个目标的实现程度的大小。但是，影响证券投资目标实现程度的因素很多，其作用机制也十分复杂。只有通过全面、系统和科学的专业分析，才能客观地把握这些因素及其作用机制，并作出比较准确的预测。证券投资分析正是采用专业分析方法和分析手段对影响证券回报率和风险的诸因素进行客观、全面和系统的分析，揭示这些因素的作用机制及某些规律，用于指导投资决策，从而在降低投资风险的同时获取较高的投资收益。

第三节 证券投资风险

证券投资市场有风险，入市须谨慎。自古以来，收益与风险自始至终都是并存的，高收益必然伴随着高风险。为此，我们选择证券投资，准备享受投资收益的时候，有必要先对现存的风险有一定的认识和分类。

一、证券投资风险的划分

证券投资风险指投资主体将资金用于购买证券，而未来收益达不到预期目标或遭受各种损失的可能性。具体地说，就是某些不确定因素的发生，会引起证券投资实际收益率同预期收益率之间产生偏差。众所周知，证券市场风云变幻，高收益伴随着高风险。任何一名投资者在进行投资决策时，都非常有必要对现存的证券市场风险有一定的了解和认识。从风险与收益的关系来看，证券市场风险主要包括系统性风险和非系统性风险两大类。

(一) 系统性风险

成熟的证券市场是“国民经济的晴雨表”。宏观经济形势的好坏、财政政策和货币政策的调整、政局的变化、汇率的波动、资金供求关系的变动等，都会引起证券市场的波动。对于证券投资者来说，这种风险是无法消除的，投资者无法通过多样化的投资组合进行证券保值，这就是系统风险的原因所在。系统性风险主要包括以下四类。

(1) 市场风险。市场风险是证券投资活动中最普遍、最常见的风险。例如，当整个证券市场连续过度上涨，股价已远离合理价值区域之后，股价上涨主要依靠资金简单流入堆砌，即所谓的“投机搏杀”，趋势投机代替了价值投资。但泡沫总有破灭的一天，当后继投资者不再认同没有价值支撑的股价时，市场由高位回落便成为自然。这种转折趋势一旦形成，往往形成单边没有承接力的连续下跌，这在过去世界各国的股灾中已被证明，也是市场参与者无法回避和必然接受的风险。

(2) 利率风险。一方面，上市公司经营运作的资金有利率成本，利率变化意味着成本的变化，加息则代表着企业利润的削减，由于相关证券的价值反映企业的内在价值，所以必然会随着下跌；另一方面，流入证券市场的资金在收益率方面往往有一定的标准和预期，同期利率往往是参照标的，当利率提升时，在证券市场中寻求回报的资金就要求获得高于利率的收益率水平，如果难以达到，资金将会流出市场转向收益率高的领域，这种反向变动的趋势在债券市场上尤为突出。

(3) 购买力风险。在现实生活中，由于物价的上涨，同样金额的资金未必能买到过去同样的商品。这种物价的变化导致了资金实际购买力的不确定性，称为购买力风险或通货膨胀风险。同样在证券市场上，由于投资证券的回报是以货币的形式来支付的，在通货膨胀时期，货币的购买力下降，也就是投资的实际收益下降，将给投资者带来损失的可能。

(4) 政策风险。政府的经济政策和管理措施可能会造成证券收益的损失，这在新兴股市表现得尤为突出。经济、产业政策的变化，税率的改变，可以影响到公司利润、债券收益的变化；证券交易政策的变化，可以直接影响到证券的价格。因此，每一项经济政策、法规的出台或调整，对证券市场都会有一定的影响，从而引起市场整体的波动。

(二) 非系统风险

非系统风险是指只对某个行业或个别公司的证券产生影响的风险，它通常是由某一特殊的因素引起，与整个证券市场不存在系统、全面的联系，而只对个别或少数证券的收益产生影响。

(1) 信用风险。信用风险也被称为违约风险，指证券发行人在证券到期时无法还本付息而使投资者遭受损失的风险。它主要受证券发行人的经营能力、赢利水平、事业稳定程度及规模大小等因素影响。

(2) 财务风险。公司财务结构不合理、 融资不当而导致投资者预期收益下降的风险被称为财务风险，形成财务风险的因素有资本负债比率、资产与负债期限、债务结构等。

(3) 经营风险。公司的决策人员与管理人员在经营管理过程中出现的失误而导致公司赢利水平变化，从而使投资者预期收益下降的可能被称为经营风险。

二、证券投资风险的成因分析

风险与收益像一对“孪生兄弟”，而证券市场就是这二者的载体，在证券市场中，上至国家政策的改变，下至证券市场中某一小投资者发布的一句蜚语流言，都有可能对证券的价格产生影响。究其原因，这与证券的本质、复杂的运作过程，以及投资者忽视客观存在的各种风险、盲目进行投资等因素息息相关，同时这些因素还会相互影响、相互作用，从而形成证券市场的高风险。

(一) 证券市场运作的复杂性导致证券价格波动性

证券市场的运作过程，是市场供需由不平衡调节到平衡的复杂且缓慢的过程。与其他商品市场不同的是，证券市场的供求主体及决定供求变化的因素与机制更加复杂。如从市场参与者来看，从政府、企业、机构到个人，他们在市场中的地位、对市场熟悉程度和对市场的要求千差万别；从市场构成来看，包括发行主体、交易主体和中介机构等， 他们代表着不同群体的利益，内部运作机制各不相同；从交易品种看，有股票、基金、债券及金融衍生品(金融期货和期权、可转换债券)等，各类品种在性质、交易方式、价格形成机制等方面，既彼此联系而又自成体系。这些复杂因素导致证券价格难以捉摸甚至暴涨暴落。

(二) 证券本身的价格具有不确定性的特点

证券是各类财产所有权或债券凭证的通称，是用来证明证券持有人依据票面所载内容， 取得相应收益的凭证。从本质上讲证券价格是市场对资本未来预期收益的货币折现，而未来又存在许多未知因素，这些因素的产生或改变均有可能影响证券的价格，如国家经济政策的改变、证券交易政策的变化等引发证券投资的政策风险；经济的繁荣与萧条引发证券市场的上涨与下跌；利率的变动影响证券的供求关系等。这些因素在整个证券投资过程中相互作用，相互影响，构成证券市场的系统风险与非系统风险，也因此决定了证券价格具有不确定的特点。

(三) 投机行为加剧了证券市场的不稳定性

在现在的证券市场中，许多投资者缺乏对证券的理性认识与专业知识的储备，不以获取长远资本收益为目的，而是以获取短期差价为目的，甘冒巨大风险以图获得短期差额利润， 这被称为投机行为。投机行为的显著特征就是期望通过证券市场价格波动来获利，并且这种行为普遍存在于今天的证券投资活动中。不过从某种意义上来说，投资人的所有经济行为均可能带有一定的投机性的目的，赢利可以被看做所有投资的根本动因，投资者最美好的愿望就是在不受外界约束的情况下，在最短的时间内，运用最省力的手段获得最大限度的财富收益。

一般来讲，投机者往往会忽略客观存在的风险，不考虑系统性风险或非系统性风险，或者只考虑风险的某一方面，所以投机者承受的风险要远大于投资者。由于投资者的投资理念存在着千差万别，我们必须承认投机有可能会成功，但是就整个社会而言，如果存在大量过分和极度的投机行为，会引起泡沫经济现象，并对社会经济的发展造成极大的伤害。

三、证券投资风险的特征

证券投资风险作为一种风险，在具备了一般风险特征的同时，也有其自身特有的性质，这主要是由股票证券的特殊性所决定的，即证券仅是一种虚拟资本或价值符号，其价格体现了投资者对未来收益的预期。根据证券投资风险的定义，我们将其主要特征归纳为以下五个方面。

1. 客观存在性

由于证券市场的风险因素是客观存在的，一旦其在时间和数量上积累并引发风险事故，就会影响整个证券市场的价格波动，造成投资者的实际收益与预期收益的偏差，所以证券投资风险也是客观存在的，是不以投资者的主观意志为转移的。在证券市场的投资活动中，人们通常所说的“风险防范”也是在承认证券投资风险客观存在的前提下设法规避和降低风险。

2. 不确定性

由风险因素触发的风险事故，会引起投资者心理预期的改变，从而造成市场的价格波动，并对投资者的投资收益进一步产生影响，其具体表现为实际收益相对于预期收益的偏差。偏差可能是正的(高于预期)，也可能是负的(低于预期)，因此，证券投资风险具有不确定性。

3. 可测度性

尽管证券投资风险具有不确定性，但我们仍然可以通过一定的方法来对其大小进行测度。从统计学的角度来看，证券投资风险是实际收益与预期收益的偏离程度，偏离程度越高，风险越大，偏离程度越低，风险越小。同时，我们可以运用一定的统计方法对收集的历史数据进行计算，从而实现这种偏离程度的量化。

4. 相对性

证券投资风险是相对的，由于投资者对风险偏好的不同，他们各自对风险也会采取不同的态度，风险承受能力强的为获取高收益而敢冒高风险，风险承受能力低的为避免风险而宁可选择低收益。因此，某一程度的证券投资风险在某些投资者看来很高，而在某些投资者看来很低。

5. 可防范性

尽管证券投资风险是客观存在的，同时又带有不确定性，甚至达到一定程度后更具危害性，但我们仍然可以采取一定的方法来防范和规避证券投资风险，尽可能减小或避免风险带来的损失和危害。比如投资者可以借鉴现代投资组合理论，利用分散化投资来降低投资组合的风险，同时，也可以通过做空机制来对冲证券市场价格下跌所带来的风险。政府也可以通过对现行制度进行改革及加强市场监管力度，从根本上消除可能出现的证券投资风险。

四、证券投资风险的度量

从风险的定义来看，证券投资的风险是在证券投资过程中，投资者的收益和本金遭受损失的可能性。风险衡量就是要准确地计算投资者的收益和本金遭受损失的可能性的大小。

一般来讲，有三种方法可以衡量证券投资的风险。

1. 计算证券投资收益低于其期望收益的概率

假设某种证券的期望收益为10%，但是投资该证券取得10%和10%以上收益的概率为30%，那么该证券的投资风险为70%，或者表示为0.70。这一衡量方法严格从风险的定义出发，计算了投资于某种证券时，投资者的实际收益低于期望收益的概率，即投资者遭受损失的可能性大小。但是，该衡量方法有一个明显的缺陷，那就是许多种不同的证券都会有相同的投资风险。显然，如果采用这种衡量方法，所有收益率分布为对称的证券，其投资风险都等于 0.50。然而，实际上，当投资者投资于这些证券时，他们遭受损失的可能性大小会存在着很大的差异。

2. 计算证券投资出现负收益的概率

本衡量方法把投资者的损失仅仅看做本金的损失，投资风险就出现负收益的可能性。这一衡量方法也是极端模糊的。例如，一种证券投资出现小额亏损的概率为50%，而另一种证券投资出现高额亏损的概率为 40%，究竟哪一种投资的风险更大呢？采用该种衡量方法进行衡量时，得出的结论是前一种投资的风险更高。但是，在实际证券投资过程中，大多数投资者可能会认为后一种投资的风险更高。之所以会出现理论与实际的偏差，基本的原因就在于该衡量方法只注意了亏损资金的概率，而忽略了出现亏损资金的数量。

3. 计算证券收益的方差或标准差

计算证券收益的方差或标准差，即计算证券投资的各种可能收益与其期望收益之间的差离。这种衡量方法有两个鲜明的特点：其一，该衡量方法不仅把证券收益低于期望收益的概率计算在内，而且把证券收益高于期望收益的概率也计算在内；其二，该衡量方法不仅计算了证券的各种可能收益出现的概率，而且也计算了各种可能收益与期望收益的差额。与第一种和第二种衡量方法相比较，显然，方差或标准差是更适合的风险指标。

五、企业证券投资风险的规避

证券投资是一项高风险、高收益的投资活动。对于广大投资者来说，不仅仅要掌握相关的投资知识，还要了解一定的规避风险的方法，尽量降低投资风险带来的负面影响，获取尽可能多的收益。

(一) 信用评级和财务分析

证券一般是企业或其他组织发行的，在证券市场上流通买卖的凭证。投资者要进行证券投资，首先要了解清楚发行证券的企业的具体情况，切不可盲目投资。

首先，可以通过考查证券的信用评定等级来确定要投资的对象。证券信用评级就是对证券发行者的信誉及发行者所发行的特定证券的质量进行评估的综合表述。因此，投资者可以参考专门的证券信用评级机构对市场上证券的评定情况，选择等级较高的证券进行投资。当然， 这种信用评级也不是绝对的。换言之，就是评级排在前面的证券不一定就比排在后面的证券值得购买和投资。此外，还要注意分析发行企业的财务状况等综合情况。投资者可以搜集所投资企业近几年的财务数据，并采用一定的方法进行财务分析，以确定该企业在财务上是否存在问题。另外还要关注企业的发展前景。综合这些因素，并以它们作为投资者选择证券进行投资时的参考，尽量避免投资风险大的证券。

(二) 进行证券组合投资

我们知道，证券的非系统风险指各个单独的证券所存在的风险，这种风险都是各个证券特有的，与其他证券无关。在一定的时间段内，在整个证券市场上，有的证券的非系统风险上升，与此同时，另一些证券的非系统风险却在下降。这就给投资者提供了一种可能，那就是可以同时投资多个证券，通过各个证券之间风险的升降运动，来抵消大部分非系统风险所带来的损失，从而有希望获得一个较高的收益。这也就是俗语中所说的“不要把所有的鸡蛋都放在一个篮子里”的道理。即使单独风险仍然存在，也可以降低这个证券组合的总风险。

(三) 利用期货工具套期保值

投资者在证券投资过程中面临的主要风险之一就是系统风险。据有关研究表明，我国股票市场系统风险占总风险的比重高达65.7%，是成熟股市的2～3倍，这种风险是无法通过分化投资来加以回避的，只能采取相应的措施降低其影响。要降低证券投资的宏观系统风险，就要对大势有一个正确的判断，以便及时多赢、止损。除此以外在条件许可之时采用国际上常用的方法——利用金融衍生工具进行套期保值。套期保值最直接的目的在于最大限度地减少价格波动带来的不利后果。

所谓套期保值，就是证券投资者在操作方法上，通过买进或卖出与现货数量相等但交易方向相反的期货合约，以期在未来某一时间通过卖出或买进期货合约来补偿因现货市场价格变动所带来的实际损失。投资者进行证券投资，可以采用股票指数期货和债券利率期货等期货工具规避风险。

以股票指数期货为例。股票指数期货是一种以股票指数为市场交易对象的期货，其所买卖的是标准化的股指期货合约。合约的价格等于既定的系数与成交时的股指的乘积，股指期货交易采用保证金制度，并用现金结算。利用股票现货市场和股指期货市场作相应部位的操作，使未来将股票现货市场的损失与股指期货市场的收益相互抵消，从而达到规避风险的目的。其具体的做法如下：首先，如果投资者担心卖出股票后股市反而大幅上涨，从而给自己造成损失，那么就可以通过买进一定数量的多头股指期货合约避免踏空；其次，对于已经持有股票的投资者，或是计划持有某股票的投资者，预期未来股市将出现下跌行情的时候， 为避免因股市下跌而造成损失，就卖出一定数量和一定交割期的股指期货合约。这样，一旦股市真的下跌，交易者可以从出售的股指期货合约交易中获利，以弥补由于股市下跌而在股票现货交易中所遭受的损失。同样的道理，对于债券来说，投资者可以利用债券利率期货进行套期保值，以减少债券投资的风险。

(四) 密切关注国家政策

在系统风险中，国家政策和法律的因素占有很大的比重。证券投资者应该密切关注国家政策和法律的变化，并以此为依据适时调整自身的证券投资方向和策略，从而有针对性地降低系统风险。

(五) 尽量减少市场投机行为，真正降低投资风险

过度的投机行为给现在的证券市场带来了巨大的风险。作为市场中的一分子，证券投资者应该尽可能减少市场投机行为，加强自身的知识学习，尽量选择合适的投资方式和正确的投资时机，改变盲目投资方式，这样才能有效地规避风险，获取最大的投资收益。

六、风险投资需要的人才类型

目前，从善于驾驭风险投资的高素质管理人才类型来看，市场急缺的人才主要有以下四种类型。

(1) 风险资本运作主导型人才。风险投资是带有金融资本运作特点的新型投资行为。风险投资高级管理人才首先应该是投资和融资才能兼备的资本运营家，既善于筹措风险资本、输出风险资本、推动风险资本循环、进行资本的收购和兼并，又长于风险资本的合理对接、风险投资资本变现的流程设计与运营。同时，还应该精通风险资本市场的运作、分析与管理，如对股票市场、期货市场、债券市场的分析、运作、监管、调控等高级管理才能。

(2) 企业输出管理主导型人才。对所投资企业进行输出管理是风险投资高级管理人才实现资本增值的基本手段和职责，也是风险投资有别于其他投资形式的一个显著特征。输出管理的实质是为被投资企业提供增值服务。风险投资家不刻意强调从股权架构上控股，也不追求二级股票市场上投机炒作的利润。而是在投入风险资本之后，通过输出后续资源，推进被投资企业和新技术的迅速成长，并在实现资本增值后退出。这是风险投资能够创造新经济发展奇迹的原动力，更是风险投资高级管理人才成功的“心法秘笈”之一。输出管理涉及决策、财务、市场营销及信息资源的利用与整合等多项管理活动。因此，称职的风险投资高级管理人才应该比一般的企业管理者站得更高、看得更远、思维更加敏捷、信息更为灵通、管理方法和管理手段更为先进、更富于管理创新。

(3) 财务分析评价主导型人才。风险投资的财务分析与评价是风险投资高级管理人才以财务报告和有关资料为基本依据和工作起点，采用财务专业的方法技术，系统分析和评价企业的过去和现在的经营成果、财务状况的管理行为。由于风险投资所涉及的金融资本巨大，来源往往多元化，资金的流量和变动率一般都很大，必须借助于财务分析与评价的方法及综合指标体系，进行投资判断和投资诊断，以尽可能降低投资风险，保证投资收益的最大化。因此，无论对企业还是对风险投资人才而言，进行财务分析与评价都是一项非常重要的工作，是职业化的风险投资人才驾驭投资风险所不可或缺的主要技能。而财务分析与评价功力是否深厚，则是衡量一个风险投资高级管理人才水平的基本尺度。

(4) 风险控制规避主导型人才。风险投资高级管理人才是专门与投资风险打交道的专家，风险投资的真正含义是对投资风险的驾驭。正因为是高风险投资，所以一般人都不会直接从事具体投资业务，而是委托专家进行职业化投资，以在投资过程中规避风险、分散风险、锁定风险、驾驭风险和理性投资。否则，只有风险资本，而缺乏驾驭风险的管理人才对其投资进行规划，就像“无源之水，无本之木”，进入的资本也只能消耗殆尽，而无法有效增值。因此风险投资一定要开发和造就大量的以风险防范为主要研究运作方向的高级管理人才，使引入的资金能够得到科学的规划、合理的使用，从而得到最大资本增值。

七、风险投资项目评估指标体系的构建

指标的设计应按照系统工程的思想和方法，遵循全面性、独立性、可比性和经营效益、社会效益、环境效益相结合的原则，构建风险投资多目标综合评估指标体系。依据高新技术风险投资的特点，根据各个因素的隶属关系，可将高新技术风险

投资评估指标体系分为风险评估和效益评估两个子系统。

(一) 风险评估子系统

风险评估子系统分为政策风险、金融风险、技术风险、市场风险、生产风险、管理风险和变现风险等。

(1) 政策风险。政策风险指国家政策、法规、社会和经济环境的变动导致市场需求发生改变所引发的风险。可进一步划分为国家政治、经济环境和项目与政策、法规的相容度两个指标。国家和地区往往对与本地区经济发展规划有关的投资项目有政策性倾斜和鼓励，如税收优惠等，这种来自政府的支持可以影响企业经营的效益。同样，违反政府法规的项目会在经营上受到限制甚至禁止。

(2) 金融风险。金融风险指金融市场的波动带来的投资风险。银行利率变化和市场投资收益率等都会影响到资金的投向。

(3) 技术风险。技术风险是项目技术本身的不足及可替代的新技术的出现等给投资带来的风险。理想的投资项目应具有较小的技术风险，其项目成果应具有区别于竞争对手的专用特点，并且能够获得高于一般的平均回报。评估技术风险包括下面四个方面：① 技术的先进性。技术先进性的判断标准一般根据国内外同类技术达到的参数指标来确定某项技术处于何种水平。技术的先进性是技术具有投资价值的前提，风险投资家特别注重创新技术，因为新颖、独创、先进的技术可以为投资者带来独特的优势，是创造市场、使风险企业获取超额利润的关键因素。② 技术的可替代性。替代技术指用不同方法实现同一功能的技术。当替代技术完全能实现同样的功能，同时在可靠性及成本等方面更胜一筹时，拟投资技术的风险就加大了。即使当现有替代技术还没有达到上述程度时，也要事先预测替代技术的发展趋势，在不久的将来是否会对投资的技术构成威胁。③ 技术的易模仿性。分析技术是否易于模仿，因为技术一旦被成功模仿，就会失去优势地位。④ 技术的可靠性。

(4) 市场风险。市场风险是指环境因素导致赢得市场竞争优势的不确定性。市场是创业者施展才华的舞台，风险企业能否发展壮大，取决于市场对企业的认可。

(5) 生产风险。生产风险是指企业生产工艺、设备、原材料供应、人员等方面难以预见的障碍的出现给企业带来的生产过程中的风险。

(6) 管理风险。管理风险是指管理层和员工素质的不适应性等带来的风险。风险运营过程中，管理是资本正常运营的极大保证。风险企业能否成功，关键在于管理人员。管理人员应具有足够的才能、经验及竞争意识，以带领企业走向成功。而有些风险企业在编制项目计划书时经常进入只强调技术上的因素而忽视人为管理因素的误区。管理水平不高是很多企业失败的主要原因。

(7) 变现风险。风险投资的成功与否取决于能否顺利退出投资。对于风险投资商来说，投资的目的不是为了长期控股以获红利，而是待投资退出后变现获利。

(二) 效益评估子系统

高风险制约着公司的投资决策，而高效益却激励着公司的投资行为。因此，风险投资项目评估不仅要评估投资的风险，而且要评估投资的效益，综合权衡风险和效益的大小，统筹考虑，才能作出合理的判断。

(1) 经济效益。投资行为最基本的动力是经济效益，获取高效益是高新技术风险投资的基本目的。冒大的风险投资，就是为了获得高额回报。

(2) 社会效益。社会效益是按照资源合理配置的原则，从社会整体角度考察项目的效益和费用，评价项目的经济合理性。考虑项目对经济和社会发展的促进、对就业机会的影响和对劳动条件和强度的改善三个指标。

(3) 环境效益。经济的快速发展带来了严重的环境污染和生态破坏，随着可持续性发展问题的提出和人们环境意识的觉醒，加强环境管理已迫在眉睫。

第四节　证券投资组合分析

一、证券投资组合的涵义

证券的投资组合指根据投资者对收益率和风险的共同偏好，以及投资者的个人偏好，确定投资者的最优证券组合并进行组合管理的方法。在投资学中，证券组合通常是个人或机构投资者同时拥有的股票、债券、商品、不动产投资、流动资产或其他资产。证券组合由一种以上的有价证券组成，如各种股票、债券、存款单等。

二、证券投资组合决策的必要性

证券投资者要构建证券投资组合的目的主要集中在以下三个方面。

1. 降低风险

投资收益与投资风险是形影相随、不可分割的。公司通过对不同的投资工具或投资方法进行选择，即通过投资组合来分析投资风险，把公司愿意承担的风险规定在一定限度内，从而尽可能地使公司总资产收益最大化，就具有十分重要的意义。投资组合理论证明，证券组合的风险随着组合所包含的证券数量的增加而降低，资产间关联性极低的多元化证券组合可以有效地降低个别风险。

2. 实现收益最大化

理性投资者的基本行为特征是厌恶风险和追求收益最大化。投资者力求在风险和收益这一对矛盾中达到可能的最佳平衡。如果投资者仅投资于单个资产，他只有有限种选择；当投资者将各种资产按不同比例进行组合时，其选择则有无限多种。这将为投资者在给定风险水平下提供获取更高收益的机会，当投资者对风险和收益作出权衡时，他能够得到比投资单个资产更为满意的收益与风险的平衡。

3. 经营扩张

即使某一公司在其成长的某一个时期，因资本数量有限等因素的制约会以单一资产形式持有全部资财，但当公司经营实力增强，资本支配数量增大后，公司常常会产生一种强烈的行业扩张的倾向，从而寻求更广阔的经营发展空间。这也决定了投资组合是公司发展壮大过程中无可回避的一个现实问题，从而也决定了公司进行投资组合决策的必要性。

三、证券投资组合管理

(一) 证券投资组合管理的内容

证券投资组合的目标是实现效用最大化，即使投资组合的风险和收益特征能够给投资者带来最大的满足。具体而言，就是在实现投资者对一定收益水平的追求的同时，将投资者面临的风险降到最低，或者在投资者可接受的风险水平之内，使其获得最大的收益。这种目标的实现依赖组合管理有效的内部控制，具体内容如下：① 界定适合选择的证券范围；② 估计各个证券的潜在回报率和风险；③ 投资组合的优化；④ 投资组合的调整；⑤ 投资组合业绩的评价。

(二) 证券投资组合管理研究方法

(1) 传统的证券组合管理。传统的证券组合管理用非数量化的方法，即基础分析和技术分析来选择证券，构建和调整证券组合。尽管已经出现了科学的组合管理理论和管理技术，大多数组合管理者仍习惯于采用这种传统的方法。

(2) 现代证券组合理论。现代证券组合理论是一种数量化的组合管理方法。该理论由美国著名经济学哈里·马科维茨于 1952 年创立，经过几十年的发展已经成为在金融领域占主导地位的理论。20 世纪 90 年代起，现代资产组合理论已经把基础分析和技术分析挤出了投资学的教科书，并且使投资管理的技术也发生了改变。目前，大约30%的投资组合管理者在利用马科维茨模型、资本资产定价模型和套利定价模型(APT)来进行资产的选择和组合。

四、传统的证券投资组合管理理论

(一) 确定投资政策

传统的证券组合管理一般按投资是收入型、增长型还是混合型来对投资政策进行分类，这种分类方法强调投资者获得收益的形式是基本收益还是资本收益。收入型组合将重点放在基本收益的最大化上，不太注重资本收益的增长。增长型组合强调投资的资本升值。构建增长型组合的目的在于通过推迟获得基本收入而增加组合的价值，组合价值的增加应使组合未来收入和增长获得足够的改善。混合型证券组合的目标是既获得基本收入，又获得资本收益，并保持二者的均衡。

(二) 实施证券分析

传统的证券组合管理依靠证券分析选择证券、确定买卖时机、构建和调整资产组合，并对证券组合资产的经济效果进行评价。证券分析方法有基本分析和技术分析两种。

(三) 构思证券组合资产

本步骤就是在根据投资政策和一定的分析方法选择了证券之后，确定如何将资金进行分配以使证券投资组合具有理想的风险和收益特征。不同类型的证券组合的风险和收益的特征是不同的，但是，有一些基本原则是构思任何类型的证券组合都应该考虑的。这些基本原则包括本金的安全性原则、基本收益的稳定性原则、资本增长原则、良好市场性原则、流动性原则、多元化原则和有利的税收地位。

(四) 修订证券组合资产结构

证券组合的目标是相对稳定的，但个别证券的价格及收益风险特征是可变的。根据基本原则构建的证券组合，在一定时期内是符合组合的投资目标的，但是，随着时间的推移，市场条件的变化，证券组合中的一些证券的市场情况与市场前景也可能发生变化，如某一企业可能出现并购事件，导致生产和经营策略发生变化等。当某种证券收益和风险特征的变化足以影响到组合，致使整体发生不利的变动时，就应当对证券组合的资产结构进行修订，或剔除，或增加有抵消作用的证券。

传统投资组合理论的局限性在于偏重于质的分析而缺乏量的分析。在建立一个投资组合的过程中，如何选择投资工具的种类及其数量构成只能由投资决策者跟着感觉走，以其自身的直觉和经验而决定，缺乏一套系统的精密计算的科学方法。

五、现代证券投资组合管理理论

(一) 马科维茨的均值——方差理论

1. 马科维茨投资组合的基本理论假设

(1) 一项资产的期望收益是其未来一定时期内各种可能收益值的统计的平均值。

(2) 单项资产或资产组合的风险由其收益率的方差或标准差描述。

(3) 投资者按照其对投资所具有的期望收益和风险程度的估计作出投资决策。即投资者的效用曲线是投资期望收益和风险函数。

(4) 投资者坚持“最大化原则”，即给一定的风险水平，投资者将选择期望收益最高的资产或资产组合；给定一定的期望收益，投资者选择风险最低的资产或资产组合。

(5) 无风险利率 R_f代表人们可以以相同利率水平借入借出资金。

2. 证券投资组合的风险和收益

N 项风险资产构成的资产组合的期望收益率是各项资产期望收益率的权重平均，其公式为

$$E(R)=\sum_{i=1}^{N}\pi_i E(R_i) \tag{7-1}$$

式中，$E(R_i)$ —— 第 i 项资产的期望收益率

π_i ——第 i 项在资产组合中所占的比重

这种资产组合的方差为

$$\mathrm{Var}(R)=\sum_{i=1}^{n}\pi_i\sigma_{ij}\pi_j=\sigma^2(\pi) \tag{7-2}$$

式中，σ_{ij}——N 项风险资产的协方差矩阵。

3. 风险资产的有效前沿

上述二次规划求解就得到了风险资产的有效前沿。这一概念可用图 7-1 给予最好的解释。其中纵轴表示期望回报率，而横轴表示风险，以回报率的标准差来度量。图中阴影部分表示已给风险资产的所有可能的投资组合。每一个可能的风险资产都有一个确定的回报率和一个确定的风险水平。这样，每一个风险资产的投资组合都可由图上阴影中的一个点来表示。

图 7-1 中的有效集合是点 *A*、*B* 之间阴影区域的左上边界。在这一有效前沿上的投资组合优于该边线下方的投资组合。具体地说，有效前沿上风险资产的投资组合比其他承担同一风险的投资组合具有更高的期望回报率，或者说比其他具有同一期望回报率的投资组合承担最小的风险。例如，投资组合 *C*，它并不在有效的边界上，明显地劣于在有效边界上的投资组合 *D* 和 *E*。投资组合 *D* 和 *C* 承担同一水平的风险，但 *D* 比 *C* 有更高的期望回报率，而 *E* 与 *C* 具有相同的期望回报率，但比 *C* 承担更小的风险。

理性的投资者就偏好于持有有效的投资组合—— 是在有效边界上的而不是在其下方的(而且是有效边界的上半部)那些风险资产的投资组合。

4. 无风险资产与风险资产构成的有效前沿

引入无风险资产后，投资者有了借入借出资金的可能，其投资的灵活性大大加强。风险资产和无风险资产构成的资产组合如图 7-2 所示。其有效前沿为无风险资产收益率 R_f 与风险资产有效前沿上 *M* 点相切的一条直线。

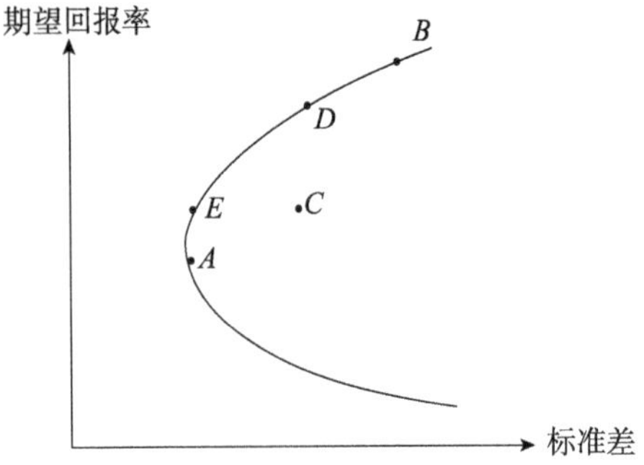

图 7-1　风险资产的有效前沿

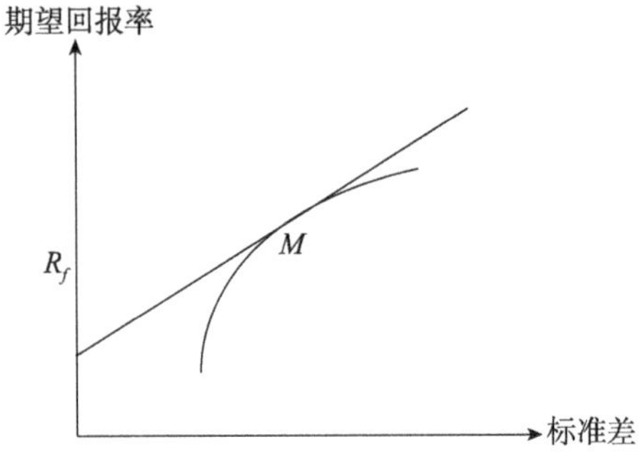

图 7-2　风险资产与无风险资产的有效前沿

5. 分离原理

投资者效用的无差异曲线代表投资者带来同样满足程度的预期收益率和风险的所有组合。由于风险给投资者带来负效用，收益给投资者带来正效用，为了使投资者的满足程度相同，高风险投资必须有高的预期收益率，所以，无差异曲线应该具有正的斜率，这是无差异曲线的第一个特征。无差异曲线的第二个特征是该曲线具有下凸的特点。因为要是投资者多冒等量的风险，预期收益率也应该越来越高。无差异曲线的第三个特征是同一个投资者具有无数条无差异曲线，也就是对于任何一个风险-收益组合，投资者对其的偏好程度都能与其他组合相比。无差异曲线的第四个特征是，同一个投资者在同一时间、同一时点的任何两条无差异曲线都不能相交。

无差异曲线的斜率表示风险和收益之间的替代率，斜率越大表明投资者越厌恶风险；斜率越小，投资者厌恶风险程度越轻(图 7-3)。

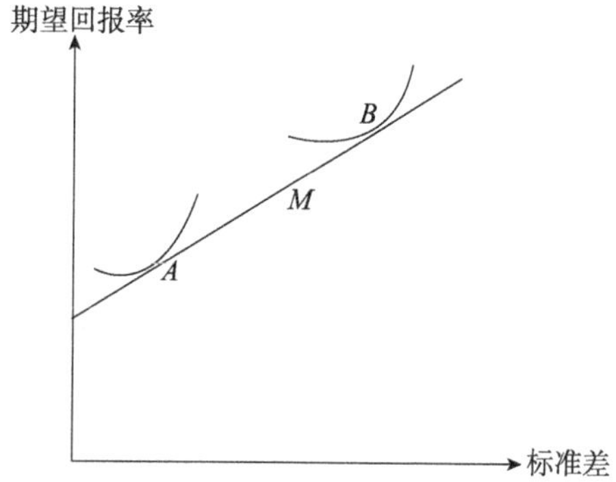

图 7-3 分离原理

(二) 资本资产定价模型

在现代证券组合理论基础上产生的最著名的模型就是资本资产定价模型(CAPM)，该模型是由美国经济学家 Willian F.Sharpe(1990 年诺贝尔奖获得者)，John Lintner 和 Jack treynor 分别独立发现和提出的。这一模型是资本市场理论的核心内容，对于了解证券收益与风险间的本质关系、指导证券投资有着极为重要的意义。

1. 马科维茨投资组合基本理论假设下资本资产定价模型的附加条件

(1) 可以在无风险折现率 R_f 的水平下无限制地借入或贷出资金。

(2) 所有投资者对证券收益率概率分布的看法一致，因此市场上的效率边界只有一条。

(3) 所有投资者具有相同的投资期限，而且只有一期。

(4) 所有的证券投资可以无限制地细分，在任何一个投资组合里可以含有非整数股份。

(5) 买卖证券时没有税负及交易成本。

(6) 所有投资者可以免费及时获得充分的市场信息。

(7) 不存在通货膨胀，且折现率不变。

(8) 投资者具有相同预期，即他们对预期收益率、标准差和证券之间的协方差具有相同的预期值。

2. 对证券资产定价的主要分析

(1) 分离定理：投资者对风险和收益的偏好状况与该投资者风险资产组合的最优构成无关。

(2) 市场组合：在均衡状态下，每种证券在均衡点处都有一个非零的比例。

(3) 资本市场线：如图 7-4 所示，该线实际表示了在允许无风险借贷情况下的线性有效集。其表达式为

$$E(R_P) = R_f + \frac{\overline{R}_M - R_f}{\sigma_M}\sigma_p \tag{7-3}$$

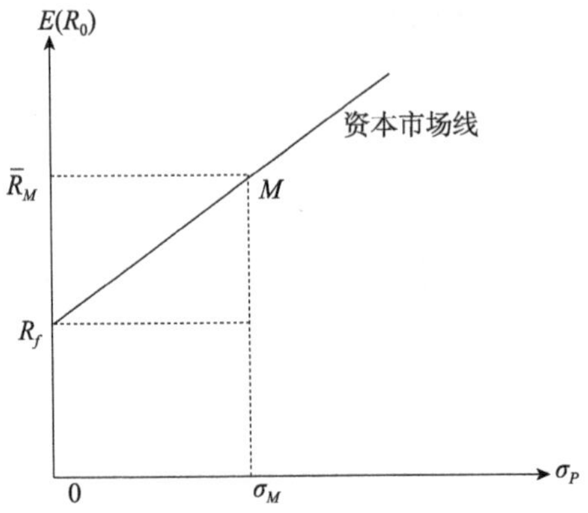

图 7-4　资本市场线

式中，$E(R_p)$—— 有效组合的预期收益；

σ_P——标准差。

上述公式说明证券市场的均衡可用两个关键数字表示：一是无风险利率(R_f)，二是单位风险报酬$\left(\dfrac{\overline{R}_M - R_f}{\sigma_M}\right)$，它们分别代表时间报酬和风险报酬。

3. 证券市场线

资本市场线反映的是有效组合的预期收益率和标准差之间的关系，任何单个风险证券由于均不是有效组合而一定位于该直线的下方。所以资本市场线并不能表示单个证券的预期收益与标准差(即总风险)之间的关系，这只能由证券市场线来说明。在均衡状态下，单个证券风险和收益的关系可以写为

$$\overline{R}_i = R_f + \frac{\overline{R}_M - R_f}{\sigma^2_M}\sigma_{iM} \tag{7-4}$$

证券市场线反映了单个证券与市场组合的协方差和其预期收益率之间的均衡关系。经过转换，可以得到下式：

$$\overline{R}_i = R_f + (\overline{R}_M - R_f)\beta_{iM} \tag{7-5}$$

式(7-5)中的β_{iM}称为证券的β系数，是表示证券与市场组合的协方差的一种形式。证券市场线反映了在不同的β值水平下，各种证券及证券组合应有的预期收益率水平，从而反映了各种证券和证券组合系统性风险与预期收益率的均衡关系。由于预期收益率与证券价格成反比，所以，式(7-5)实际上也给出了风险资产的定价公式。

(三) 套利定价模型

资本资产定价模型实际上是一个单指数模型。罗斯(Ross)于 1976 年提出了多因素定价模型—— 套利定价模型，而资本资产定价模型可视为套利定价模型的一个特例。套利定价模型的假设大大少于资本资产定价模型的假设，通常市场组合在套利定价模型中并不起重要作用，因此套利定价模型比资本资产定价模型易检验。

套利定价理论只使用较少的假设，其首要的假设是，每个投资者都会利用在不增加风险的情况下能够增加组合的回报率的机会。利用这种机会的具体做法就是使用套利组合。套利是利用一种实物资产或证券的不同价格来赚取无风险利润的行为。

套利组合首先是一个不需要投资者任何额外资金的组合；其次，一个套利组合对任何因素都没有敏感性。

套利定价模型的基本方程如下：

$$\bar{r}_i = \lambda_0 + \lambda_1 b_i \tag{7-6}$$

式中，λ_0和λ_1为常数。当回报率由一个因素产生时，这个方程就是套利定价理论的资产定价方程。对于该方程的解释主要也是对于λ_0和λ_1的解释。假设存在一个无风险资产，这个资产具有一个为常数的预期回报率，因而它对任何因素都无敏感性。从式(7-6)中可以看出，对于任何 $b_i=0$ 的资产均有$\bar{r}_i = \lambda_0$；而对无风险资产，又有$\bar{r}_i = r_f$，这说明$\lambda_0=r_f$。式(7-6)的常数λ_0一定等于 r_f，从而可以改写为

$$\bar{r}_i = r_f + \lambda_1 b_i \tag{7-7}$$

就λ_1而言，可以考察一个纯因素组合，用 P^*表示，该组合对因素具有单位敏感性，意味着 $b_{p^*}=1.0$，从而得出λ_1的值(如果还有其他因素，可以将该组合构造为使得对其他因素无敏感性)。由式(7-7)可知，组合 P^*具有如下预期回报率

$$\bar{r}_{p^*} = r_f + \lambda_1 \tag{7-8}$$

式(7-8)可以改写为

$$\bar{r}_{p^*} - r_f = \lambda_1 \tag{7-9}$$

于是λ_1 是单位敏感性的组合预期差额回报率(高出无风险资产的那部分预期回报率)。它也被称为因素风险溢价或因素预期回报率溢酬。用 $\delta_1 = \bar{r}_{p^*}$ 表示对因素有单位敏感性的组合的预期回报率。则式(7-9)可以改写为

$$\delta_1 - r_f = \lambda_1 \tag{7-10}$$

将式(7-9)代入式(7 7)就可以得到套利定价方程的第二种形式

$$\bar{r}_i = r_f + (\delta_1 - r_f) b_i \tag{7-11}$$

对于套利定价理论中的定价方程进一步扩展，主要考察证券回报率是由多个因素生成的情况。可以很容易将单因素的套利定价方程扩展到双因素和多因素，其模型并不复杂。例如，在 k 个因素(F_1，F_2，　，F_k)的情形下，每一个证券在如下的 k 因素模型中都将具有 k 个敏感性(b_{i1}，b_{i2}，　，b_{ik})。证券可由下列方程定价：

$$\bar{r}_i = r_f + (\delta_1 - r_f) b_{i1} + (\delta_2 - r_f) b_{i2} + \ldots + (\delta_k - r_f) b_{ik} \tag{7-12}$$

即证券的预期回报率等于无风险利率加上证券对 k 个因素敏感性的风险溢价之和。

六、投资组合思考题

A 是一家大型家电企业。本年初，公司领导召开会议，集体通过了利用手中多余资金 1500 万元对外投资，以获得投资收益的决定。经整理、分析调研资料，拟定

可供公司选择的投资对象如下。

(1) 国家发行七年期国债，每年付息一次，且实行浮动利率。第一年利率为2.63%，以后每年按当年银行存款利率加利率差0.38%计算支付利息。

(2) 其汽车集团发行五年期重点企业债券，票面利率为10%，每半年付息一次。

(3) 购买B公司(股份上市公司)股份，中期预测每股收益0.45元，股票市场价格22.50元/股。总股本30 631万股，流通股7979万股。B公司主营业务是设计制造空调制冷产品，空调使用红外遥控；财务状况十分稳健，公司业绩良好，但成长性不佳。B公司近三年财务数据及市场表现见表7-1。

表7-1　B公司财务数据

财务指标	1999年	1998年	1997年
主营收入/万元	194 737		16 215
净利润/万元	26 494		24 966
扣除后净利润/万元	26 290	27 204	24 966
总资产/万元	232 372	194 198	136 493
股东权益/万元	153 660	141 690	80 310
每股收益/元	0.865	1.15	1.57
扣除后每股收益/元	0.86	1.24	1.65
每股净资产/元	5.02	6.01	5.07
每股现金流量/元	0.11	0.51	
净资产收益率/%	17.24	19.20	31.09

(4) 购买C公司(股份上市公司)股份，中期预测每股收益0.40元，股票市场价格为17.00元／股。总股本29 617万股，流通股21 676万股。C公司主营家用电器、电风扇、清洁卫生器具。公司空调产销量居国内第一位，有行业领先优势，尤其是出口增长迅速，比去年出口增长70.7%，经营业绩稳定增长。C公司近三年财务数据及市场表现见表7-2。

表7-2　C公司财务数据

财务指标	1999年	1998年	1997年
主营收入/万元	516 564	429 814	345 166
净利润/万元	22 916	21 508	21 025
扣除后净利润/万元	22 916	21 508	21 025
总资产/万元	342 368	292 591	198 158
股东权益/万元	105 724	95 814	60 225
每股收益/元	0.705	0.66	1.40
每股净资产/元	3.25	2.94	4.01
每股现金流量/元	1.08	1.75	
净资产收益率/%	21.68	22.45	34.91

(5) 购买 D 公司(股份上市公司)股份，中期预测每股收益 0.10 元，股票市场价格为 68.00 元/股。总股本 11 500 万股，流通股长 3 000 万股。D 公司主营激光器、激光加工设备及成套设备、激光医疗设备。D 公司科技含量高，成长性好，公积金也高。D 公司近三年财务数据及市场表现见表 7-3。

表 7-3　D 公司财务数据

财务指标	1999 年	1998 年	1997 年
主营收入/万元	9 340	8 133	5 798
净利润/万元	3 056	2 221	1 845
总资产/万元	18 501	13 515	11 878
股东权益/万元	14 152	10 625	9 573
每股收益/元	0.27	0.26	0.22
每股净资产/元	1.67	1.25	1.13
净资产收益率/%	21.59	20.91	19.27

如果企业为了扩大经营规模，实现规模效应，面对上述可供选择的投资方案，请根据上述资料，分析 A 公司应如何进行投资组合，且分散或避免投资风险？如果企业仅为获得投资收益，面对上述可供选择的投资方案，应如何进行投资组合，且分散或避免投资风险？

[案例分析]　紫光创投——独具特色的中国风险投资企业

一、公司背景介绍

紫光创新投资有限公司(简称紫光创投)是由紫光股份有限公司(简称清华紫光)发起，并联合 11 家上市公司，于 2000 年 3 月成立，现注册资本为 2.5 亿元。该公司投资的领域主要集中于新材料、生物医药和信息技术(IT)三大领域，目前生物医药是紫光创投重点投资的领域。经过近一年的积极运作，紫光创投在风险投资方面取得了一些显著的成果，尤其是对处于种子期项目的投资，取得了较大成效。

二、投资策略和特点

紫光创投在种子期的投资策略及特点主要有以下九个方面。

第一，与有声望的研究机构在优势领域进行合作。紫光创投与上海第二军医大学的相关实验室(上海华隆生物科技有限公司)，在利用基因技术防治肿瘤方面进行合作；与北京大学医学部药学院及其“中德联合实验室”合作开发了心血管活性多肽及合成和新型驱铅药物及合成两项专利，其研究水平处于世界前列。

第二，与以核心技术的掌握者为核心的团队合作。例如，该公司投资的上海恰尔生物技术有限公司(恰尔生物)的主要管理团队是基因工程—— TRAIL 的主要研究者和发明者。

第三，投资于专注在一定领域进行相当长的研究并拥有国内外领先的核心技术的创业企业。恰尔生物对 TNF(肿瘤坏死因子)家族成员的研究处于国内领先水平，并紧跟国际研究步伐。该企业已经掌握了该领域开发的独特技术，从而使得后续产品的开发周期更短，开发成本更低，成功的概率更高。

第四，投资于开发产品(技术)拥有较大市场的创业企业。据世界卫生组织统计，1997 年全球癌症死亡人数约 620 万人，1990 年癌症新病例为 807 万，比 1975 年的 517 万增加了 34.7%。在我国，大致有 750 万癌症病人，估计未来 10 年中，我国癌症病例还将不断增加。另据市场分析家预测，1998 年全球抗肿瘤药销售额达 80 亿美元，到 2030 年将上升到 700 亿美元。

第五，投资于有较好产品开发策略的创业企业。恰尔生物的产品开发策略是在国内外基础研究之后进行创新和跟踪研究的，利用国内外不同的药品审批程序，以低风险和小投资获得知识产权，取得较高经济效益。目前，TRAIL 基因已完成中试，即将展开动物实验，准备申报临床实验。

第六，投资于在研究领域拥有相当资源(技术、信息、人力和设施)的创业企业。恰尔生物研究人员在长期的基因药物研究开发过程中，建立了畅通的信息渠道，拥有了多项研究成果，并租用上海第二军医大学大部分实验室及仪器设备，能够满足抗肿瘤药物的中等需求。

第七，投资于利用核心技术成功的创业企业。例如，恰尔生物的研究人员 10 年来，一直从事基因药物的研发，其中重组人肿瘤坏死因子α衍生物 3a，现已作为 I 类新药进入Ⅲ级临床实验。因此，该创业企业取得过成功的开发经验。

第八，投资于具有连续的产品开发和扩展能力的创业企业。恰尔生物为适应市场需求和公司的发展，利用自身的技术优势，计划扩大研究种类，如新型血管生长因子、治疗类风湿关节炎等。

第九，投资于能带来巨大投资回报的创业企业。据统计，过去我国多家生物医药研究公司的二类新药证书转让费在 500 万~1000 万人民币，而拥有专利的一类新药的价值在 5000 万~8000 万人民币。在美国，一个新药在完成动物试验后价值至少为 5000 万美元。紫光创投与浙江医药股份有限公司和上海第二军医大学共同投资的恰尔生物，目前正在研制的国家生物制品一类新药——肿瘤坏死因子衍生物3a在完成临床阶段后预计转让价为8000万人民币；如果取得新药证书，估计该项目的价值将会进一步提升。因此，无论是技术成果转让还是自己生产经营，都会产生很好的效益。

从紫光创投对种子期项目的投资策略看，种子期的风险投资具有技术风险、市场风险、管理风险和投资风险等，但务实的投资策略能够帮助风险投资公司依据项目筛选的原则，来选择一些具有发展前景的项目。同时也要求风险投资者必须具有良好的产业背景、明锐的眼光和深邃的洞察力，对所投资的创业企业进行整体规划和项目实施进度进行监管，协助企业进行下一轮或几轮的融资，并提供管理咨询、财务咨询和战略咨询等，以协助创业企业的成长。种子期的投资一旦成功，投资者和被投资企业都会取得巨大的成功。

三、紫光创投选择项目的一般原则

紫光创投选择项目的一般原则有五项：① 被投资对象拥有团结、高效和互补的管理团队；② 被投资对象具有高成长性和广阔的市场；③ 被投资对象的技术应达到国内外一流水准；④ 被投资对象具有独特的竞争优势；⑤ 具有较高的回报率。

紫光创投依据这些筛选原则及对生物医药风险投资能获得高额回报的历史分析与预期，侧重于选择生物医药领域种子期项目的投资。

四、点评

紫光创投是我国的高科技企业创立的风险投资公司，因而其投资方向也侧重于高科技企业。这样做的好处在于，一方面，清华紫光本身就是一个研制、生产高科技产品的企业，对高科技项目和产品的投资拥有丰富的知识和经验，紫光创投可以充分利用这一优势，降低投资风险，获取最大利益；另一方面，高科技项目蕴涵着巨大的利润潜力，一旦成功可为风险投资公司带来巨大的利益。我国国内目前的风险投资公司还不是很多，对于成功运作风险投资也缺乏经验，紫光创投独具风格的投资策略和原则无疑具有很好的启示和借鉴意义。一个风险投资公司在成立之初必须明确自身的优势所在、目标行业所在，只有这样才能确定投资策略，避免盲目投资带来的加大风险。

(资料来源：方明. 2003. 100个成功的资本运营. 北京：机械工业出版社.)

[习题]

1. 证券投资一般可以分为哪几种基本类型？债券的基本分类是怎样的？
2. 证券投资的基本要素是什么？进行证券投资一般要遵循的原则是什么？

3. 证券投资的作用是什么？

4. 什么叫证券投资的基本分析，从宏观和微观两个方面进行证券分析应该考虑的因素都包括哪几个方面？

5. 证券投资的系统性风险和非系统性风险分别包括哪些方面的内容？

6. 证券投资风险的成因是什么？

7. 如何进行证券投资风险的度量？企业应该从哪几个方面进行风险的规避？

8. 什么是证券投资组合？证券投资组合的必要性是什么？

9. 马科维茨的均值-方差理论的基本假设和内容分别是什么？

10. 什么是资本资产定价模型，其内容和结论分别是什么？

11. 风险投资项目评估指标体系构建的内容是什么？

CHAPTER 8

第八章　企业的兼并与收购

［内容提要］

企业的外部资本扩张，指通过从企业外部获取资本来进行扩张。企业的外部资本扩张可以通过实行股份制兼并、收购、银企商合作、建立大型企业集团、建立跨国公司等途径实现。企业并购是实现企业外部资本扩张的最重要的途径。

［学习要点］

1. 按照不同的分类标准对企业并购进行分类；
2. 通过对国内外企业并购的历程的分析，了解企业并购对我国企业发展的启示；
3. 了解并购理论及并购的效应；
4. 掌握对目标企业价值的分析方法及相关计算；
5. 了解企业并购后各项整合的内容。

第一节 企业并购分类及发展过程

企业经营规模的不断扩大是市场经济发展的必然结果，资本扩张是当今企业经济发展的一大趋势。资本扩张的实现途径有两个，一个是企业的内部资本扩张，另一个是企业的外部资本扩张。企业的内部资本扩张是资本扩张的一个重要途径，但完全依靠自身的积累形成资本的扩张，难以达到快速实现资本扩张的目的。美国著名经济学家、诺贝尔经济学奖获得者施蒂格勒指出：“一个企业通过兼并其竞争对手的途径成为巨型企业是现代经济史上的一个突出的现象。”因此，企业的外部资本扩张是实现资本扩张的更迅速、更有效、更重要的途径。

一、企业并购的定义

企业并购，就是企业间的兼并与收购。兼并，泛指两家或两家以上公司的合并，原公司的权利、义务由存续(或新设)公司承担，一般是在双方经营者同意并得到股东支持的情况下，按法律程序进行合并。兼并有两种形式：吸收兼并和新设兼并。吸收兼并指一家公司和另外一家公司合并，其中一家公司从此消失，另一家公司则为存续公司，可概括表示为“A+B=A(B)”。新设兼并指两家或两家以上公司合并，另外成立一家新公司，成为新的法人实体，原有两家公司都不再继续保留其法人地位，可概括表示为“A+B=C”。收购，指一家公司用现金、债券或股票等方式，购买另一家公司的股票或资产，以获得该公司控制权的行为。收购可进一步分为资产收购和股份收购。股份收购又可按收购方获得的股权比例分为控股收购和全面收购。

(一) 兼并与收购的区别

兼并与收购作为不同形式的企业买卖行为，各自具有不同的特点，存在着一定的差别。

(1) 兼并中、兼并后，被兼并企业作为法人实体不复存在，兼并企业则保持原有的法人资格。合并中、合并后，参与合并的企业都将丧失原有的法人资格，而另外组建一个新企业取得法人资格。收购中、收购后，不仅收购企业仍将保持原有的法人资格，被收购企业也将以法人实体存在，不仅是收购部分或全部资产如此，收购部分股权如此，收购全部股权亦如此。

(2) 兼并中、兼并后，被兼并企业原来的全部资产负债和所有者权益一并转移到兼并企业，兼并企业作为被兼并企业的新的所有者，理应承担被兼并企业的全部债务。合并中、合并后，参与合并企业的债务一并归于合并后的新企业承担。而在收购中如果是收购资产，不论是收购部分资产还是全部资产，收购后收购企业完全不承担被收购企业的债务；如果是收购股权，则收购企业仅以收购出资的股本为限承担被收购企业的偿债责任，对被收购企业的原债务不负连带责任。

(3) 在兼并中需要先计算出目标企业及兼并企业各自的价值，经双方认同再计算出交换比率，通过股权交换使目标企业原股东改持存续的兼并企业股票。在新设合并中也需要先计算出参与合并的企业各自的价值，经参与合并各方认同后，再计算出交换比率，通过股权交换使参与合并企业原股东改持新设立企业的股票；而在收购中只需要计算目标企业或其资产的价值而无须计算收购企业的价值。

(4) 兼并多发生在被兼并企业财务状况不佳、生产经营处于停滞或半停滞状态时。因此，兼并后兼并企业一般要对被兼并企业的生产经营进行调整以重新组合资产；收购一般发生在被收购企业财务状况正常或企业处于正常的生产经营状况时，无须做大的整合。

(二) 兼并与收购的相似之处

1. 基本动因相似

兼并与收购是企业谋求自身发展中所采取的外部扩张战略，进行兼并与收购都是为了增强企业的竞争能力，扩大企业的市场占有率，扩大生产经营规模并形成规模经济；或是为了扩展企业的经营范围，实现多种化经营等。

2. 交易对象相同

兼并与收购都是在企业商品化的前提下，以企业这一商品为对象的企业产权交易的形式，都是企业资本运营的基本方式。

3. 兼并、收购行为都是企业产权的有偿转让

就其活动而言，都是企业的买卖，所不同的只是买卖方式。在实际运作中，由于兼并与收购的联系远远超过其差别，所以通常以“并购”或“购并”统称企业的兼并、收购行为，而一般不作仔细区分。企业并购的实质是在企业控制权运动过程中，各权利主体依据企业产权作出的制度安排而进行的一种权利让渡行为。并购活动是在一定的财产权利制度和企业制度条件下进行的，在并购过程中，某一或某一部分权利主体通过出让所拥有的对企业的控制权而获得相应的受益，另一个权利主体则通过付出一定代价而获取这部分控制权。企业并购的过程实质上是企业权利主体不断变换的过程。

二、企业并购的类型

企业并购形式按照不同的分类标准，可以划分为许多不同的类型。

(一) 按照并购双方所在的行业来分

1. 横向并购

横向并购指处于同一行业、生产或经营同一产品的商业上的竞争对手之间的并购。例如，生产同类商品的企业之间的并购，或者在同一市场领域销售相互竞争的商品的企业之间的并购。横向并购的结果是使资本在同一生产、销售领域或部门集中，优势企业吞并劣势企业，组成横向托拉斯，扩大生产规模，以达到新技术条件下的最优经济规模。

实质上，横向并购是两个或两个以上生产或销售相同、相似产品的企业之间的并购，其目的在于消除竞争、扩大市场份额、增加并购企业的垄断实力或形成规模效应。横向并购是资本主义市场经济早期生产集中和社会化过程中最流行的一种并购形式。19 世纪末和 20 世纪初，发生了以同类企业之间的横向并购为特点的企业并购第一次浪潮。此次浪潮之后，美国出现了石油托拉斯、糖托拉斯、威士忌酒托拉斯、铅加工托拉斯等众多规模庞大的企业。

进行横向并购的基本条件是，并购企业需要并且有能力扩大其产品的生产和销售，并购企业与目标企业的产品及产品的生产和销售有相同或相似之处。由于横向并购容易破坏竞争而形成高度垄断的局面，所以许多国家都密切关注并严格限制此类并购的发生。

2. 纵向并购

纵向并购指生产工艺或经营方式上有前后关联的企业之间的并购，是生产销售的连续性过程中互为购买者和销售者的企业之间的并购。纵向并购按并购方向，又有向后并购和向前并购之分。向后并购指生产原材料和零部件的企业并购加工装配企业，或生产企业并购销售企业；向前并购则是生产流程后一阶段的企业并购生产流程前一阶段的企业。纵向并购的结果会导致某一产品劳务生产的产供销一体化。

实质上，纵向并购是两个或两个以上生产经营同一商品、处于不同生产经营阶段的企业之间的并购，并购各方往往是原材料供应者和产成品购买者，对彼此的生产经营状况较为了解，有利于并购后的融合。纵向并购不仅可以扩大生产规模、节约通用的设备费用等，还可以加强生产过程和各个环节的配合，有利于协作化生产、加速生产流程、缩短生产周期、节约运输仓储资源和能源等。纵向并购较少受到各国反垄断法律规范的限制。

3. 混合并购

混合并购指处于不同产业领域、产品属于不同市场，且其产业部门不存在特定的生产技术联系的企业之间的并购。并购各方既非商业上的竞争对手，也非生产经营上的上下游关系。混合并购又分为产品扩张型并购、市场扩张型并购和纯粹混合并购三种。产品扩张型并购指具有相关经营活动的企业之间的并购；市场扩张型并购指一个企业为扩大其竞争地盘，而对它尚未渗透的地区生产经营同类产品的企业的并购；纯粹混合并购指那些生产和经营彼此间毫无联系的产品或服务的企业之间的并购。

混合并购的主要目的在于减少长期经营一个行业所带来的风险。混合并购由于并购企业与目标企业没有直接业务关系，其并购目的往往不易被人察觉和利用，所以能降低并购成本。由于混合并购不易限制竞争，不至于构成垄断，所以也较少受到各国反垄断法律规范的限制。在 20 世纪 50 年代前后，它逐渐成为企业并购的主要形式，在未来的企业并购浪潮中混合并购仍将占据相当的地位。

(二) 按照并购的具体运作方式来分

1. 现金购买式并购

现金购买式并购指并购企业使用现金购买目标企业的部分或全部资产或股权而实现的并购。现金购买式并购又有两种情形：一种是并购企业使用现金购买目标企业的全部资产，使得被并购企业除现金外没有持续经营的物质基础，成为有资本结构而无生产资源的空壳而被并购；另一种情形是并购企业使用现金通过市场、股票柜台协商购买目标企业的股票或股权，直至拥有目标企业大部分或全部股份，并购就实现了。

2. 股份交易式并购

股份交易式并购指并购企业以本企业发行的股票换取目标企业的部分或全部资产或股权而实现的并购股份。交易式并购也有两种情形：一种是并购企业以本企业发行的股票换取目标企业的大部分或全部资产，并购企业在有选择的情况下承担目标企业的部分或全部债务责任；另一种是并购企业以本企业发行的股票换取目标企业的大部分或全部股票，达到控制目标企业、实现并购的目的。通过换取股票，目标企业或是成为并购企业的子公司，或是解散而并入并购企业。

3. 承担债务式并购

承担债务式并购指在目标企业资不抵债或资产债务相等、债务负担虽过重但产品有发展前途的情况下，并购企业以承担目标企业的部分或全部的债务为条件，取得目标企业的资产所有权和经营权。

(三) 按照并购形式是否受到法律规范强制

1. 强制并购

强制并购指在证券法规定有强制并购的国家和地区，并购企业在法定的持股比例之上收购目标企业的股份。强制并购属于保护性条款，各国证券法对此均有规定。我国《证券法》规对“强制公开收购制度”也有规定。我国证券法规定：收购公司持有目标公司股份达到一定比例，可能操纵后者的董事会并对股东权益造成影响时，收购公司即负有对目标公司所有股东发出收购要约，以特定价购买股东手中持有的目标公司的股票的强制性义务。

2. 意愿并购

意愿并购也称自由并购，指在证券法规定有强制并购的国家和地区，并购企业在法定的持股比例下收购目标企业的股份，或在法律未规定强制并购的国家和地区，并购企业收购目标企业的股份。

(四) 按照是否通过中介实施并购

1. 直接并购

直接并购指并购企业不通过中介机构，直接向目标企业提出并购要求，双方通过一定程序进行磋商，共同商定达成并购的各项条件，进而在协议的条件下达到并购的目的。直接并购中，一般是并购企业采取主动攻势。被并购企业也可能出于各种原因主动提出被并购要求，如在被并购企业遇到经营困难、股东对经营缺乏信心而对并购企业寄予厚望，或是在遭遇敌意并购意图而寻求友好并购者等情况下，被并购企业常常主动提出被并购要求。

2. 间接并购

间接并购指并购企业不直接向目标企业提出并购要求，而是通过中介机构，在证券市场上大量购进目标企业股票，从而达到控制目标企业的目的。由于间接并购一般不是建立在双方自愿、协商的基础之上，所以间接并购往往是敌意并购。

(五) 按照是否取得目标企业的同意与合作

1. 善意并购

善意并购也称友好并购，指并购企业事先与目标企业协商，征得目标企业同意并谈判达成并购条件的一致意见后而实现的企业并购。善意并购因征得了目标企业的同意，能得到目标企业的合作，因而有利于降低并购成本和风险，成功率较高。但协商谈判时间过长也可能降低并购行为的价值。

2. 敌意并购

敌意并购也称强迫接管并购，指并购企业在目标企业对并购行动不知晓或持反对态度的情况下，对目标企业强行进行并购的行为。敌意并购由于得不到目标企业的合作，甚至目标企业还会采取一系列措施反并购，所以敌意并购的风险较大、成功率较低。但敌意并购由于并购企业完全处于主动地位，不用权衡各方利益得失，而且并购行动节奏快、时间短，可有效控制并购成本。

三、并购的历史发展

(一) 西方发达国家企业并购历史发展

并购作为资本集中的方式，它随着商品经济的产生、发展，经历了由低级到高级的发展过程。以美国为首的西方发达资本主义国家，经历了五次并购的浪潮，每一次浪潮都有其自身的特点和背景，都给市场经济的发展带来了新的变化和特征。

1. 以横向并购为特征的第一次并购浪潮

19 世纪下半叶，科学技术取得巨大进步，大大促进了社会生产力的发展，为以铁路、冶金、石化、机械等为代表的行业大规模并购创造了条件，各个行业中的许多企业通过资本集中组成了规模巨大的垄断公司。在 1899 年美国并购高峰时期，公司并购事件达到 1208 起，是 1896 年的 46 倍，并购的资产额达到 22.6 亿美元。1895~1904 年的并购高潮中，美国有 75%的公司因并购而消失。在工业革命发源地——英国，并购活动也大幅增长，在 1880~1981 年，有 665 家中小型企业通过兼并组成了 74 家大型企业，垄断着主要的工业部门。后起的资本主义国家德国的工业革命完成比较晚，但企业并购重组的发展也很快，1875 年，德国出现第一个卡特尔，1911 年就增加到 550~600 个，通过大规模的并购活动，大企业控制了德国国民经济的主要部门。在第一次并购浪潮中，主要资本主义国家的大企业在各行各业的市场份额迅速提高，形成了比较大规模的垄断。

2. 以纵向并购为特征的第二次并购浪潮

在 20 世纪 20 年代(1925~1930 年)发生的第二次并购浪潮中，那些在第一次并购浪潮中形成的大型企业继续进行并购，进一步增强经济实力，扩展对市场的垄断地位。这一时期的并购的典型特征是纵向并购为主，即把一个部门的各个生产环节统一在一个企业联合体内，形成纵向托拉斯组织，行业结构从多头垄断转向寡头垄断。第二次并购浪潮中有 85%的企业并购属于纵向并购。通过这些并购，主要工业国家普遍形成了主要经济部门的市场被一家或几家企业垄断的局面。

3. 以混合并购为特征的第三次并购浪潮

20 世纪 50 年代中期，各主要工业国出现了第三次并购浪潮。第二次世界大战后，各国经济经过 20 世纪 40 年代末和 50 年代的逐步恢复，在 60 年代迎来了经济发展的黄金时期，主要发达国家都进行了大规模的固定资产投资。随着第三次科技革命的兴起，一系列新的科技成就得到广泛应用，社会生产力实现迅猛发展。在这一时期，以混合并购为特征的第三次并购浪潮来临，其规模、速度均超过了前两次并购浪潮。

4. 金融杠杆并购为特征的第四次并购浪潮

20 世纪 80 年代兴起的第四次并购浪潮的显著特点是以融资并购为主，规模巨大，数量繁多。1980~1988 年，企业并购总数达到 20 000 起，1985 年达到顶峰。多元化的相关产品间的“战略驱动”并购取代了“混合并购”，不再像第三次并购浪潮那样进行单纯的无相关产品的并购。此次并购的特征是企业并购以融资并购为主，交易规模空前；并购企业范围扩展到国外企业；出现了小企业并购大企业的现象；金融界为并购提供了方便。

5. 第五次全球跨国并购浪潮

进入 20 世纪 90 年代以来，经济全球化、一体化发展日益深入。在此背景下，跨国并购作为对外直接投资(FDI)的方式之一，逐渐替代跨国创建而成为跨国直接投资的主导方式。从统计数据看，1987 年全球跨国并购额仅有 745 亿美元，1990 年就达到 1510 亿美元；1995 年，美国企业并购价值达到 4500 亿美元，1996 年上半年这一数字就达到 2798 亿美元;2000 年全球跨国并购额达到 11 438 亿美元。但是从 2001 年开始，受欧美等国经济增长速度的停滞和下降以及“9·11 事件”的影响，全球跨国并购浪潮出现了减缓的迹象，但从中长期的发展趋势来看，跨国并购还将继续发展。

(二) 我国企业并购发展历史

企业并购对中国来说并不陌生，中国近代工商业虽没有像老牌资本主义国家经过较长的原始积累过程，但在其发展进程中也表现出了较为明显的资本集中趋势。随着社会主义市场经济制度的确立，企业并购成为企业间优胜劣汰的市场手段，活跃在经济体制改革的前沿。我国的企业并购经历了三次浪潮。

1. 第一次企业并购浪潮

我国的第一次企业并购浪潮始于 1984 年。第一起企业并购事例是 1984 年 7 月保定纺织机械厂以承担被兼并方全部债权债务的形式，兼并了保定市针织器材厂这家连年亏损、几乎处于停业状态的企业，开创了中国国有企业间企业并购的先河。在此之后，企业并购在武汉、北京、南京、沈阳、无锡、成都、深圳等地陆续出现。

1989 年 2 月 19 日，国家经济体制改革委员会、财政部、国家国有资产管理局联合发布了《关于企业兼并的暂行办法》，对企业兼并的有关内容作出了明确的规定。同期，国家经济体制改革委员会、财政部、国家国有资产管理局联合颁发了《关于出售国有小型企业产权的暂行办法》，指出“有计划有步骤地出售国有小型企业产权，是调整所有制结构和深化企业改革的一项重要内容。”在中央和各级地方政府的积极倡导和推动下，我国企业并购掀起了第一次浪潮。

2. 第二次企业并购浪潮

1992年以后，中国的市场经济进一步飞速发展。与此同时，中国企业并购史上的第二次浪潮出现。1992年仅北京市就有66家企业被兼并。

随着证券市场的发展，上市公司并购成为这次并购浪潮中的一大热点，1993年9月的宝安收购延中，以及后来的恒通集团收购棱光实业、浙江康恩贝制药股份有限公司控股浙江凤凰化工有限公司、中远集团收购众城实业等事例反映了中国企业并购开始向多样化、证券化方向发展。此次并购浪潮的另一个特征是跨国收购开始出现。一方面，中国企业跨出国门，1992年广西玉柴机器股份有限公司出资2500万美元购买美国福特汽车公司的巴西柴油机厂。另一方面，外资进入中国市场收购了中国企业，如日本五十铃汽车公司与伊藤忠商事株式会社参股北旅汽车制造有限公司，美国福特汽车公司参股江西的江铃汽车股份有限公司等。

3. 中国加入世界贸易组织后的并购浪潮

2002年以来，随着中国加入世界贸易组织，企业并购活动更为迅速升级，特别是国家经济贸易委员会和中国证监会为规范加入世界贸易组织后境内并购交易而制定的一系列重大积极政策，已预示着中国企业并购新高潮的来临。预计在新的高潮中，国内产业结构的重新调整和与中国相关的跨国并购都将呈急剧发展之势。

四、并购的历史启示

为应对经济全球化下的全球竞争，我国政府已经大幅度放宽了金融、电信、能源等领域对并购的限制。自此，相关并购频频发生。并购浪潮，来势汹涌，人们对并购的关注程度也迅速上升。基于对国外并购历史和中国并购历史的研究，我们得到以下三个方面的认识。

（一）全球并购是历史的大趋势

1990~1998年，全球并购总值翻了五倍，达到了25 000亿美元，而1999年又达到34 000亿美元。这样巨大的发展，反映了经济全球化是不可阻挡的历史潮流。江泽民同志多次讲过，经济全球化是21世纪不可阻挡的历史潮流，这句话说得非常准确。全球并购是这个历史潮流不可分割组成部分的一个重要标志。全球并购的结果使许多跨国公司变成了具有全新意义的全球公司。企业最早是地方型企业，然后再发展成一个国家范围的企业，国家范围的企业进一步变成国际企业。20世纪后，许多国际企业发展到跨国公司阶段，在20世纪90年代发生的大规模的并购浪潮中，很多跨国公司又由此变成了全球公司。像大家熟知的德国的奔驰汽车公司和美国的克莱斯勒汽车公司合并，合并后的企业到底是德国企业还是美国企业呢？它们各占50%的股份，应该是“全球企业”。其实，奔驰汽车公司也早已是全球公司了，它的股东早就全球化了。“全球企业”的诞生是经济全球化的根本标志和本质标志。全球并购将改变全球经济的大格局，影响到中国民族经济的地位和我们国家的经济安全。全球并购要涉及中国的企业，直接关系到中国老百姓切身的利益。在企业全球化经济的背景下民族企业如何发展，成为我们思考的首要问题。但无论如何，全球并购是历史的大趋势。

(二) 全球并购是中国的新问题

虽然全球的并购轰轰烈烈，中国的并购也是方兴未艾，但经验比较少。中国过去也不是没有并购，每次经济调整的时候，企业也进行了关停并转，这也是“并”，但是这个“并”完全是政府的行政行为。虽然中国学者很早就关心并购这个问题了，而且作了很多的研究，但无论在理论上还是实践上并购都还是一个新的问题。中国的并购要和国际接轨，同时还要在中国的土壤里发展，国际的准则来到了中国，也不得不发生这样或那样的变化。因此在中国这样的发展中国家，并购事业如何促进整个市场经济向新的台阶发展，需要更多的来自各个方面的专家联合起来研究，取长补短，共同解决。

(三) 全球并购是中国的当务之急

中国加入世界贸易组织，中国的改革开放也进入了一个新的阶段。这个新的阶段就是中国将全面地与国际进行接轨，外国企业也会把许多全新的企业观念和企业形态带到中国。中国企业参与全球并购活动的机会也越来越多。在你来我往之间，中国企业如何走向世界呢？特别是 2001 年美国发生了“9·11 事件”，我们是否需要研究世界经济和政治将会发生什么样的变化以及中国如何应对呢？一种观点认为“9·11 事件”后，美国作为投资者避风港的地位已不复存在，“9·11 事件”可能使美国的一部分资本暂时沉寂，一部分资本外流、撤出。中国能否填补这个位置，托起跨国并购的浪潮呢？中国境内出现的并购是国际并购浪潮中的一朵浪花，还是大主流？研究并且回答这些历史提出的问题，解决中国可能面临的并购环境，是非常重要和非常必需的。全球并购冲击着传统的观念和思维方式，要如何塑造中国新的经济格局和中国企业呢？答案是与其被动适应不如主动探索。

综上所述，一切关心中国命运和人类未来的人们都要关注并购。全球并购是历史的大趋势，并购已成为全球经济的主要战场。首先要了解并购，了解了并购就是了解了我们当前和未来所生存的经济环境。其次要学习并购，因为并购已经成为企业扩大规模、增强实力、提高效率、提高国际竞争力的重要手段。中国加入世界贸易组织是全球经济给予中国企业重大的发展机遇，同时，中国传统的政策门槛会被削平，并购将成为全球公司抢滩中国的捷径，中国企业也面临着重大的挑战。因此在全球化浪潮来临之际，中国企业熟练运用并购手段顺利地融入全球化竞争当中已是当务之急。

第二节 并购理论及并购效应

一、传统并购理论

(一) 效率理论

效率理论认为，并购活动能够提高企业的经营绩效。它通常包括管理能力的充分发挥和提高，以获得某种形式的协同效应。各效率理论具有不同的解释，也包含了不同的理论模式。

1. 差别效率理论

差别效率理论表明：如果 A 公司的管理层比 B 公司的更有效率，在 A 公司收购了 B 公司之后，B 公司的效率便可以提高到 A 公司的水平，因此并购不仅会给参加并购双方带来利益，而且会因整个经济效益水平的提高而带来社会效益，也就是说两个公司之间的并购具有管理协同效应。这一理论表明，从事相似经济活动的企业最有可能成为潜在的收购双方，这是由于它们的管理水平效率存在差别。这一理论假设，收购企业的管理层作为一个整体受不可分性或规模经济的制约，并且假设其受行业需求状况和竞争的影响，收购企业在其自身的基础上进行扩张是不可行的，但可以通过并购相关行业内的另一家企业发挥其过剩的管理能力从而提高效益。

2. 规模效益理论

规模效益理论是传统经济学的经典理论，该理论认为由于并购使企业的规模和生产能力扩大、单位成本降低，所以能给优势企业带来规模经济。所谓规模经济，其基本含义指在投入增加的过程中，产出增加的比例超过投入增加的比例，单位产品的平均成本随着产量的增加而降低，这种由于生产规模扩大而获得的好处称为规模经济。

无论是理论还是实践中，我们都知道经营中的投入是多种多样的，它包括管理、技术、工艺生产、营销等各个方面。要想获取规模经济收益，必须要求各投入要素保持相应的比例关系。对于未达到经营规模的企业而言，其各投入要素可能未得到充分利用。而对其他一些企业而言，经营要素却投入不足。这样通过企业间的并购，就可以实现存量投入要素的溢缺互补，有可能实现和获取规模经济效益。

我们认为，效率理论仅从扩大生产规模以实现规模经济效益和利用剩余管理资源以提高管理效率两个方面来说明问题。但是一方面，在科技高速发展的今天，高科技产生的效益是巨大的，而高科技的应用是与高投入紧密联系，通过企业并购可以迅速扩大资本规模，从而为企业采用高科技提供资金上的保证；另一方面，尽管企业并购能够提高企业经营绩效，但并非都是为了取得规模效益。

(二) 交易费用理论

20 世纪 70 年代后期，西方经济学家提出了一种新的企业并购理论—— 交易费用理论，亦称内部代理论。该理论将交易作为经济分析的基本单位进行研究，该理论认为企业并购的目的在于节约交易费用。

1. 节约知识交易的谈判成本和监督成本

企业通过研究和开发的投入获得产品——知识。在市场存在信息不对称和外部性的情况下，知识的市场价值难以实现，即便得以实现，也要付出昂贵的谈判成本和监督成本。通过企业并购可以使专门的知识在同一企业内得到运用，达到节约交易费用的目的。

2. 减少商誉损失

企业的商誉是一种无形资产，其使用也会遇到外部性的问题。这是由于某一商标使用者降低其产品的质量可以获得成本下降的大部分好处，而商誉损失却由所有这种商标的使用者共同承担解决。这样的问题可以通过加强监督或企业并购将商标使用者变为企业内部成员来解决。

3. 避免固定交易损失

某些企业的产品生产需要大量专门的中间产品投入，而这些中间产品市场常常存在供给的不确定性等问题，通过企业并购将合作者变为内部成员可避免上述问题。

交易费用理论较好地解释了企业并购的目的，但是有时为了节约交易费用形成并购往往要支付更多的支出费用。

(三) 价值低估理论

某些企业的价值在市场上可能被低估，所谓企业价值被低估指企业市场价值低于企业重置成本。当一个企业的价值被低估时，就很有可能成为有大量可供自由支配资源的企业的平均目标。价值低估理论认为，企业并购活动的发生，主要是因为目标企业的价值被低估。这主要有四个方面的原因。

(1) 市场参与者，特别是机构投资者，强调短期的经营成果，其结果是有长期投资方案的企业价值被低估。

(2) 目标企业的经营管理能力未发挥应有的潜力而导致价值被低估。

(3) 信息不对称。即收购者有内幕信息，至于他们如何获得内幕消息，可能随着具体情况的不同而变化。但是如果竞价者有市场上所没有的消息时，若他们认为目标企业的价值被低估时，往往就会产生并购期望。

(4) 资产的市场价值与其重置成本之间的差异。美国经济学家托宾提出过一个著名的系数，即托宾 Q 值，托宾 Q 值是企业市场价值与企业重置成本之比。托宾等人通过研究发现，如果某一公司想要增加生产特定产品的能力，它可以通过购买一家生产此类产品的公司来达到目的，而不是从头做起。当托宾 Q 值小于 1 时，则企业价值被低估，表明企业并购成本低于目标企业重置成本，即比新建一家企业便宜。

我们赞同这种理念，在技术变化迅速及市场销售条件与股价不稳定的情况下，由于价值低估的现象屡见不鲜，企业并购将很频繁。

(四) 市场势力理论

市场势力理论认为并购可以增强企业对市场的控制，减少竞争对手，增加企业长期获利的机会。并购的收益是资本集中要求的必然结果，它会导致企业间共谋和对市场的垄断，以获得垄断利润，导致以增强市场势力为目标的并购。

并购活动主要表现为三个方面。

(1) 在需求下降、生产能力过剩的削价竞争情况下，几家企业合并可以实现本产业比较有利的地位。

(2) 在国际竞争使国内市场遭受外商势力的强烈渗透和冲击的情况下，企业间通过联合组成大规模的联合企业对抗外来的竞争。

(3) 法律变得更为严格，使企业间包括合谋等在内的多种联系成为非法，在这种情况下，通过合并可以使一些非法的做法合理化，从而达到继续控制市场的目的。

企业并购无疑能增强企业的市场势力，这使得许多企业为追求市场势力的增强而试图进行企业并购，但这种并购容易破坏自由竞争从而形成高度垄断的局面，因而常常会受到各国反垄断法的限制。

二、现代并购理论

(一) 代理成本理论

两权分离是现代公司的一大优点，但管理者与所有者各自的利益取向不同。管理者会因为工作中缺乏动力或进行额外的消费来满足自身的利益需求而损害股东财富的最大化，从而产生代理问题。

代理问题在并购公司和目标公司都会存在，因此用代理问题来解释并购也有两方面的内容。一方面，代理问题是客观存在的，虽然它可以通过一些组织结构和市场机制来得到控制，比如对公司决策权的重新安排，管理者的报酬制度和聘用的长期制，外部管理者的市场竞争，股票市场的价格变动等。但当所有这些机制不足以控制代理问题时，外部的并购将为这一问题的解决提供最后的控制手段。并购可以使外部管理者战胜现有的管理者和董事会，从而取得对目标企业的决策控制权。这说明如果企业管理者当局因为无效率或代理问题，而导致经营潜力得不道充分发挥的话，企业就可能面临并购的威胁。因此，代理问题严重的企业会成为并购的对象，而认识到被并购企业的经营效率低下是因代理问题而导致的企业，将成为并购者。所以被并购企业的代理问题，可能推动企业之间的并购。另一方面，在通常情况下，并购企业的并购行为并不是由股东发起的，而是由并购公司的董事会或者经理代表股东策划完成的。由于代理问题的存在，经理人员在作出并购决策时，能否代表股东的利益就是值得怀疑的。经理人员的并购决策往往是“肥了自己，亏了股东”，所以，从并购公司角度看，并购公司的管理者所提出的并购，从动机上来说也可能是代理问题的表现，即这类并购将更多地体现管理者的利益要求。在西方学者的研究文献中，对代理问题引致的并购提出了许多假说进行解释。

1. 帝国大厦假说

帝国大厦假说认为，对高层管理者而言，经营大企业当然比小企业更有优势、希望和地位，薪水也可能更高。由于兼并与收购比内部投资能够更容易更迅速地使企业规模得以扩大，所以许多经理人员便热衷于通过并购建立自己的帝国大厦。

2. 泛用自由现金流量假说

泛用自由现金流量假说认为，经理人员和股东对于处置自由现金流量存在意见不一致的情况。自由现金流量是指一定时期内企业的现金持有量超过投资需求和正常周转所需的部分。股东要求自由现金流量应该支付给股东，但经理人员认为支付给股东会减少他们所控制的资源，所以经理人员可能会将自由现金流量用于收购和兼并其他企业。

我们认为，作为代理问题解决办法的并购理论仅说明了存在严重代理问题的企业将会被收购，但收购之后并不一定能保证代理问题会消失。这种并购会破坏管理层职位的稳定性，从而导致与企业长期利益相反的管理决策，即在随时存在的并购威胁下，管理层往往更会注重企业短期效益，而忽视任何与长期效益相关的投资决策。

(二) 财富再分配理论

证券市场的发展及大量股权收购的产生，引起了人们对并购所获收益来源的重新考察。财富再分配理论认为，股东对企业管理者不必承担义务，他们可以在证券市场上选择更高价值的投资机会，而随时放弃低价值和无价值的投资机会。因此该理论认为资本市场上的股票投资是一种财富分配，当并购消息宣布后，各股东和其他潜在的投资者掌握的信息不对称，或者对信息的看法不一致，都会导致股东对股票价值的判断不同，从而引起并购公司和目标公司的股价变动，影响各股东和投资者的财富。而这种价格波动对股东财富的影响并不是源于公司业绩的好坏，而是各股东现有财富的互相转移，这种转移会使投资者以并购公司的市盈率来考察和判断目标公司的市盈率，引起目标公司股价的上涨，从而增加现有股东的财富。而这种预期效应的存在会进一步推动企业并购。

更为广泛一些的财富再分配论认为，企业并购活动的财富转移可能是从征税者向得到税收好处的企业的财富转移，也可能是并购企业与目标企业股东间财富的转移，还可能是从债权人向企业股东的财富转移，甚至可能是从企业工人和消费者向企业股东的财富转移。因为财富再分配可以表现为并购一家没有或者只有较少股利支出的成长型企业，待成长期过后将其出售实现资本利得，以使用较低税率的资本利得税代替较高税率的所得税；或并购有累积税收亏损的企业，实现纳税抵减而得到税收节省。

由上可见，企业并购是由多因素推动的，用一个一般化的理论来解释所有的并购是极其困难的。企业处于不同的环境下，可能有各种动机参与到并购活动中，因此对现实中的并购应注意研究实际情况，具体问题具体分析。一般的规律是，并购应和企业的发展目标相一致，并购所能带来的效益至少应该大于内部重建。

(三) 战略发展和调整理论

与内部扩充相比，外部收购可使企业更快地适应环境变化，有效降低进入新产业和新市场的壁垒，并且风险相对较小。特别是基于产业或产品生命周期的变化所进行的战略性重组 (如生产“万宝路”香烟的菲利普·莫里斯公司转向食品行业)。企业处于所在产业的生命周期阶段不同，其并购策略是不同的：处于导入期与成长期的新兴中小型企业，若有投资机会但缺少资金和管理能力，则可能会出卖给现金流充足的成熟产业中的大企业；处于成熟期的企业将试图通过横向并购来扩大规模、降低成本，运用价格战来扩大市场份额；而处于衰退期的企业为生存而进行业内并购以打垮竞争对手，还可能利用自己的资金、技术和管理优势，向新兴产业拓展，寻求新的利润增长点。

(四) 其他企业并购理论

关于企业并购动机的理论还有利润动机理论、投机动机理论、竞争压力理论、预防和安全动机理论等。并购的根本原因实际上是企业逐利的本性和迫于竞争压力。

三、并购效应

追求利润和减少竞争压力是企业并购的原始动因，企业并购的动机往往是与企业并购的效应联系在一起的。企业并购将能产生经营协同效应、财务协同效应、管理份额效应、企业发展效应、战略转移效应等多种效应，这些效应也正是企业并购的动因所在。

(一) 经营协同效应

经营协同效应主要指并购给企业生产经营活动效率方面带来的变化，以及效率的提高所产生的效益。很显然，获取经营协同效应的一个重要前提是产业中存在规模经济，且在企业并购前尚未达到规模经济。规模经济效益的取得是企业并购对企业提高效益最明显的作用，而规模经济由企业生产规模经济和企业管理规模经济两个方面构成，目的是通过交易的内部化发挥规模经济的效率和效益。

1. 生产规模经济效益

企业通过并购能使生产经营规模扩大，平均成本降低，从而提高利润。并购为企业生产规模经济所带来的好处如下：① 企业可以通过并购补充和调整其资产，使其资源配置达到最佳经济规模的要求，以保持尽可能低的生产成本；② 并购还能使企业在保持整体产品结构的情况下，在多个工厂中实现产品的单一化生产，避免产品品种的转换带来生产时间的浪费，或者集中在一个工厂中大量进行单一品种生产，从而达到专业化生产的要求。

2. 管理规模经济效益

企业管理规模经济效益的主要优点如下：① 节约管理费用，这主要是由于企业中高层管理费用将在更多数量的产品中分摊，单位产品的管理费用可以减少；② 节约营销费用，大型企业可以对不同顾客进行专门化生产服务，更好地满足细分市场对不同产品的服务需求，这样可以利用统一的销售渠道推销产品，利用相同的技术扩散产品，从而达到节约营销费用的目的；③ 集中研究费用，企业并购可以集中足够的经费用于研究、发展、设计和生产工艺的改进等方面，迅速推出新产品、采用新技术，提高整体竞争力；④ 增强企业风险抵御能力，通过企业并购实施纵向一体化和多角化经营的大企业，能够在市场突发情况下生存下去，从而增强了企业抵御风险的能力，提高了企业的安全程度。

(二) 财务协同效应

财务协同效应主要是指并购给企业在财务方面带来的种种效益，这种效益的取得不是由效率的提高引起的，而是企业规模的扩大和组织结构的改变，以及综合税法、会计处理惯例和证券交易等方面的合理运作，而产生的一种纯金钱的效益，还包括在资金的充分运用方面产生的资金规模效应。财务协同效应主要表现在以下三个方面。

1. 财务能力提高

一方面，企业并购能降低企业破产的可能性，这样资金成本就可能下降，而企业的举债能力将会上升，也就是说，企业可以以某个既定的利率筹措到更大数量的债务。另一方面，由于内部资金不涉及证券发行过程中的交易成本，并且可能有优于外部资金的差别税收优势，所以同一性质的内部资金成本要低于外部资金的资金成本。此外，如果企业内部人士和管理人员等对企业资产的价值拥有的信息比外部投资者更多，并且采取有利于目前股东的行动，那么内部融资就优于外部融资。因此，企业会设法尽可能利用内部融资。一般情况下企业内部融资的数量总是有限的，而企业并购可以实现资本在并购企业与被并购企业之间低成本的有效再配置，将外部融资变为内部融资，企业就可以充分享受内部融资的益处。

2. 合理避税

合理避税，即通过并购享受优惠的税率或达到合理避税的目的。税收对企业财务决策有着重大的影响，不同类型的资产所征收的税率不尽相同，股息收入和利息收入、营业收益和资本收益的税率有很大的差别。正是这种差别，使企业能够采取某些财务处理方法达到合理避税的目的。在西方许多国家现有的税法和会计制度下，具有不同纳税义务的企业仅仅通过并购便可获利。税收对企业并购的刺激作用主要有以下三个方面。

(1) 企业可以利用税法中的亏损递延条款来达到合理避税的目的。所谓亏损递延指的是，如果某企业在某年出现了亏损，该企业可以免交当年所得税，它的亏损还可以向以后递延，以抵消以后几年的盈余，企业根据抵消后的盈余缴纳所得税。因此，如果某企业在某年严重亏损，或者连续几年亏损，企业拥有相当多数量的未超过亏损递延期限的累积亏损，则该企业往往会被某一赢利企业作为企业并购的对象，或者该企业考虑并购某一赢利企业，以充分利用它在纳税方面的优势。因为通过亏损企业和赢利企业之间的并购，赢利企业的利润可以在两个企业之间分享，这样就可以大量减少纳税义务。

(2) 以股换股方式实现企业并购也能达到避税的目的。当并购企业并购某目标企业时，如果并购企业不是用现金购买目标企业的股票，而是把目标企业的股票按一定比率换为并购企业的股票，由于在整个过程中，目标企业的股东未收到现金，也未实现资本效益，所以这一过程是免税的。通过这种并购方式，在不纳税的情况下，企业可实现资产的流动和转移，资产所有者可实现追加投资和资产多样化的目的。在美国20世纪60年代的企业并购浪潮中，大约有85%的并购是采取以股票换股票方式进行的。

(3) 如果并购企业不是将目标企业的股票直接转换为新的股票，而是先将它们转换为可转换债券，过段时间后再将它们转换成新的普通股票，也可以避税。这样做，一是企业付给这些债券的利息是预先从收入中减去的，税额由扣除利息后的盈余乘以所得税率决定，可以少缴纳企业所得税；二是企业可以保留这些债券的资本收益，直到这些债券转化为普通股票为止，由于资本收益的延期偿付，企业可以少付资本收益税。

3. 预期效应

预期效应对企业并购有巨大的刺激作用。所谓预期效应，指企业并购使股票市场对企业股票评价发生改变而对股票价格形成影响。市盈率是每股市价与每股收益的比率，它综合反映了市场对企业各方面的主观评价。利用市盈率指标可以对企业未来股票价格做出大致估计。

如果某个企业市盈率较低，说明其每股收益较高，每股市价偏低，则可以通过企业并购提高其股票价格。一方面，目标企业每股收益高，进行并购后，并购后企业的每股收益可能提高，这就可能使得并购企业和目标企业的股票价格上升；另一方面，如果目标企业的市盈率低于并购企业的市盈率，企业并购后往往用并购企业的市盈率去评价并购后企业的价值，这就相当于目标企业的股票也是按照并购企业的较高的市盈率来评价的，可能会使得其股票价格上升。

由于预期效应的作用，企业并购往往伴随着强烈的股票价格波动，形成股票投资机会，投资者对投机利益的追求又会反过来刺激企业并购的发生。

(三) 市场份额效应

所谓市场份额，指企业的产品在该产品整个市场上所占的比重，它反映了企业对市场的控制能力。企业市场份额的不断扩大，可以使企业获得某种形式的垄断，这种垄断既为企业带来垄断利润，又能使企业保持一定的竞争优势。通过企业并购可以提高企业的市场实力，产生市场份额效应。

企业并购有横向并购、纵向并购、混合并购三种基本形式，它们都能提高企业的市场势力，但在影响方式上大有不同。

1. 横向并购的市场份额效应

横向并购有三个明显的效果，可以实现规模经济和提高行业的集中程度。

(1) 减少竞争者的数量，改善行业结构。当行业内竞争者数量较多而且处于势均力敌的情况下，行业内所有企业由于激烈的竞争，只能保持较低的利润水平。通过并购，使行业相对集中，行业由一家或几家企业控制时，能有效降低竞争的激烈程度，使行业内所有企业恢复，保持较高利润率。

(2) 解决了行业整体生产能力扩大速度和市场扩大速度不一致的矛盾。为追求规模经济效益，企业大幅度扩大生产规模。但市场需求的增加幅度远远低于生产规模的扩大速度，造成供求失衡，行业的生产能力过剩。而实行企业并购，使企业相对集中，就既能实现规模经济的需求，又能解决盲目增加生产能力的问题。

(3) 降低了行业的退出壁垒成本。某些行业的资产具有高度的专业性，很难退出经营领域，致使行业内过剩的生产能力无法减少，行业利润水平较低。而进行并购，企业可以调整其内部资产结构，从而降低了过高的壁垒成本，达到稳定供求关系、稳定价格的目的。横向并购能产生市场份额效应且效果最为明显，但容易形成垄断从而降低整个社会经济的运行效率，因而会受到垄断的限制。

2. 纵向并购的市场份额效应

纵向并购是企业将关键性的投入产出关系纳入企业控制的范围，以达到提高企业对市场的控制能力的一种方法。企业通过纵向并购，能极大地提高企业控制市场的能力。

纵向并购往往还能产生"连锁效应"。一个控制了大量关键原材料或销售渠道的企业，可以通过对原材料和销售渠道的控制，有力地控制竞争对手的活动。因此，即使纵向一体化不存在明显的经济效益，为防止被竞争对手控制，企业会率先实行纵向并购，此时其余企业出于防卫的目的，也必须考虑实行纵向并购。

3. 混合并购的市场份额效应

企业通过混合并购进入的往往是与其原有产品相关的经营领域，如原料、技术管理或销售渠道与原有主要产品一致，这方面规模的扩大，使企业对原有供应商和销售渠道的控制加强了，从而提高了其对主要产品市场的控制。另外一种更为隐蔽的方式是企业通过混合并购增加了企业的绝对规模，使企业拥有相对充足的财力或融资能力，反过来与原市场或市场的竞争者进行价格战，即采用低于成本的定价方法迫使竞争者退出某一领域，达到独占或垄断某一领域的目的。

(四) 企业发展效应

在激烈的市场竞争中，“大鱼吃小鱼”的现象非常普遍。企业为在竞争中立于不败之地，需要不断地发展和扩张。企业的发展和扩张，可以通过内部投资扩大生产能力方式实现，也可以通过企业并购获得行业内原有生产能力实现。但企业并购是比投资新建效率更高的方式，这主要有三个方面的原因。

1. 企业并购可以大幅度降低企业发展的风险和成本

投资新建不仅要投入大量资金增加新的生产能力，还需要耗费大量的时间和财力去获取稳定的原料来源，寻找合适的销售渠道，开拓和争夺市场。因此，这种方法涉及更多不稳定的因素，相应风险较大，资金市场所需成本较高。而采取企业并购的方式，企业就可以利用原有企业的原料来源、销售渠道和已占领的市场，可以大幅度减少企业发展过程中的不确定性，从而降低风险和成本。

2. 企业并购有效清除了新行业的障碍

(1) 以投资新建方式进入一个新行业，意味着该行业又多了一个新的竞争者，如果企业以大规模方式进入一个新行业，由于对该行业现有企业构成威胁，会导致该行业现有企业的抵制甚至“群起而攻之”；如果企业以小规模方式进入一个新行业，又会面临成本上的劣势。而以并购进入一个新行业不会增加该行业的生产能力，因而较为容易。

(2) 以投资新建方式进入一个新行业，需要顾客接受其产品。产品差异会使得新进入企业必须支付高额转置成本，致使新企业难以占领市场；而以企业并购方式进入一个新行业，还是原来的生产者生产这些产品，没有产品差异，也就没有支付高额转置成本的问题了。

(3) 如果要进入资本密集型行业，投资新建在资金上有困难；而以并购方式进入，由于企业并购实现方式的多样化，此问题便可以解决。

(4) 以投资新建方式进入一个新行业，势必要与现有行业竞争销售渠道，新进入企业必须打破现有企业对销售渠道的控制才能获得有效可靠的销售渠道；而以并购方式进入一个新行业，可以充分利用现有企业已有的销售渠道。

(5) 以投资新建方式进入一个新行业，还可能面临一系列不利因素，如该行业现有企业拥有专门技术、取得原料的有利途径、有利的地理位置、积累的经验、政府的优惠政策等优势；而以企业并购方式进入一个新行业，目标企业的诸多优势都转了过来，可以坐享其成。

3. 企业并购能充分利用经验成本曲线效应

在很多行业中，生产经营的经验积累得越多越好。工人的作业方法和熟练程度的提高、专用设备和技术的应用、对市场分布和市场规律的逐步了解、生产过程作业成本和管理费用降低等原因使产品成本不断下降。由于经验的固有特点，新进企业无法通过复制、聘请对方雇员、购置新技术或新设备等手段来取得这些经验，所以拥有经验的现有企业具有成本上的竞争优势。因此，以投资新建方式进入，除非是在技术效率方面有重大突破，否则，其成本必然高于现有企业，处于成本上的竞争劣势。而采用企业并购方式，不但获得了目标企业的生产能力和各种资产，更重要的是，还获得了目标企业的经验，可充分利用经验成本曲线效应。

因此企业并购能够提高企业发展的效率。当然，以企业并购方式发展也有一定的风险性，因此不能完全以企业并购的方式取代投资新建的方式。

（五）战略转移效应

根据企业生产周期理论，每个企业的产品都有一个开发、试制、成型、衰退的过程。对于生产某一主导产品的企业，它一方面可以不断开发新品种适应企业的产品生命周期，另一方面则可以制定较长远的发展战略，有意识地通过企业并购的方式进行产品的转移。近年来，出于后一方面动机的并购活动越来越多，其产生的效应也是显而易见的。

(1) 企业可以通过并购有效地占领新市场。与进入新行业同样的道理，企业进入新市场也要攻克各种壁垒。通过企业并购进入一个新市场，就可以有效地降低进入壁垒的成本。随着国际贸易的发展，国与国之间竞争加剧，企业并购就成了占领和反占领某一国家或地区市场的有力武器。例如，日本为占领欧共体市场，解决关税和贸易摩擦带来的一系列问题，而在英国、法国、德国进行了大规模的企业并购；而德国西门子股份公司为阻止日本进入西欧计算机市场，不惜花巨资并购了很多西欧的计算机公司。

(2) 企业通过并购，可以在技术、市场、专利、产品、管理企业文化等方面实现共享和互补效应。

(3) 企业在成本、质量上的竞争，往往化为科学技术上的竞争。并购高科技企业，可以获得科学技术上的优势。

综上所述，企业并购可以生产经营协同效应、财务协同效应、市场份额效应、企业发展效应、战略转移效应。其实，企业并购产生的效应还远远不止于此，通过企业并购，还可以获得土地资源等特殊资产。跨国企业并购，还可以获得政治与经济稳定性、汇率差异、劳动力成本和生产率差异等诸多好处。

第三节　企业并购战略及相关决策

并购活动是一项复杂的交易过程，风险极大，在并购前必须进行深入、细致的调查研究才能制订企业并购战略的规划。企业在根据发展的战略需要决定实施并购后，必须慎重选择目标企业，作出正确的并购决策。

一、企业并购战略的规划

企业并购战略的规划，是并购成功的关键。

企业并购战略有垂直式整合战略、水平式整合战略、中心式多角化战略、复合式多角化战略等多种模式。进行企业并购，首先应在充分调查分析研究所处的环境并预测未来环境变化的前提下，根据企业的并购目的，作出企业并购战略的规划。

(一) 水平式整合战略

所谓水平式整合战略指通过横向并购目标企业，以扩大产品市场规模，强化市场竞争，快速取得设备。主要有扩张产品线的水平整合、强化市场竞争的水平整合及取得生产设备的水平整合三种类型。

美国的 RAY-CHEM 公司(瑞侃公司)，一贯采用水平式整合战略，消减竞争者，强化市场竞争。该公司不论是在本国还是在国外，一旦发现潜在竞争者，就毫不犹豫以高价诱惑对方，并屡屡得手。

(二) 垂直式整合战略

所谓垂直式整合战略指通过并购上游或下游企业，以获得稳定的零部件、原料、成品供应来源或产品销售市场，从而获得经济规模，以求取得更多获利来源。垂直式整合还具有分散风险到上游、下游企业的效果。需要注意的是，垂直式整合常因需要大量增加固定成本支出而越来越深入某企业，因而降低了未来转换到其他企业的弹性，反将风险集中在某一行业。进行垂直式整合时，事前必须经过周密谨慎的规划，不能为拯救目前的危急事业而贸然进行。

德国巴斯夫公司(BASF)就是采用垂直式整合战略并购成功的典型范例。在纤维、油漆、塑料等产品方面，BASF 均本着唯有控制生产的每一个过程才能获得长期性的成功这一原则，将大量资金用于进行垂直性投资，其从初始原料到最终产品，均自行生产。

(三) 中心式多角化战略

所谓中心式多角化战略指通过并购与本企业高度相关的目标企业,实现多角化经营。中心式多角化战略是企业寻求新的利益的上好选择，它要比内部发展与复合接收的风险小得多。但采用中心式多角化战略，一是要注意新的目标企业的竞争环境是否有利于进入，如果对目标企业缺乏了解就贸然进入，并购后会因此产生很多问题；二是要充分考虑在研究开发的协调性工作中所产生的额外成本，可能抵消相当大的技术互补利益。

(四) 复合式多角化战略

所谓复合式多角化战略指通过并购与本企业完全无关的目标企业，实现多角化经营。复合式多角化战略，使企业活动广泛涉足不同行业，以避免资金集中于某一行业，使投资风险予以分散。复合式多角化也是企业成长的必然结果。为分散风险，很多企业采用复合式多角化战略，在几个主要产业内发展，形成几个核心产业。所以复合式多角化战略应是企业长期性发展所必须采取的策略。

必须注意的是，复合式多角化战略风险较高。跨入的产业应是成长快的产业，还应避免对税法、会计原则不熟悉的国外投资并购。新企业的财务控制的管理方式也应与本企业近似，至少不会复杂到不易了解产业状况的地步。美国国际电话电报公司过去几年的营业额扶摇直上，就是采用复合式多角化战略进行并购的结果。

综上所述，根据企业并购的动机，谨慎规划企业并购战略，对企业并购成功至关重要。

二、并购目标选择决策

企业在制定并购目标标准，进行并购目标的选择决策时，主要应考虑以下五个重要方面。① 公司的自我评估；② 备选目标基本情况分析；③ 公司并购依据分析；④ 公司并购可能性分析；⑤ 经济效益和社会效益评估。

1. 公司自我评估

公司自我评估是并购决策的起点，在进行并购决策时只对目标企业进行了解是不够的，只有对自身具有清醒的认识，才可能做到“知己知彼，百战不殆”。

(1) 公司的经济实力。在进行并购决策，选择并购目标前，收购方都要作一番深刻的自我反省。公司目前的资金实力如何，业务水平如何，市场上产品份额多大，利润率高低，公众形象与资信等级如何。若公司经济实力较强，具有独特的核心竞争力，被公众长期看好，则该公司就有实力充当收购者。

(2) 公司所在行业的发展前途。公司对所属行业的现状、前景的评价也是自我评估的重要方面。因为这将影响决策者对是继续在本行业谋求发展，还是放弃本行业而进入其他行业等问题的决策，从而对并购目标的选择标准产生影响。

(3) 公司对发展战略的考虑。对发展战略的考虑不同，确定的并购对象亦会有所不同。公司并购有横向并购、纵向并购、混合并购之分，即基于不同的发展战略。

(4) 科技的发展趋势及本公司在发展中会面临哪些机遇与挑战。对科技发展的考虑也是选择并购目标的一个重要方面。例如，一个急需获得技术力量上优势的企业很可能收购一些高科技产业及研究院所，或者与同行业的其他企业合作。

2. 备选目标的基本情况分析

对于目标企业的考察可以从以下七个方面着手进行。

(1) 目标企业面临的行业环境、国内外竞争状况。

(2) 目标企业拥有的市场份额与实力的大小。

(3) 目标企业的利润水平及前景。

(4) 企业所有制性质、财政隶属关系，政府对该企业或该企业所代表的行业的现状与前景所持的态度，是否会出现政府干预收购或支持收购的行动。

(5) 企业净资产规模、资产负债水平等情况。

(6) 企业经营管理水平、管理者素质的高低。

(7) 目标企业的出售动机等。

特别要注重对目标企业产品市场需求的调查研究：① 产品的用途及发展趋势；② 客户的现状及将来的分布情况；③ 市场的需求量和产品的销售量及发展潜力；④ 企业产品市场占有率及开发新产品的能力；⑤ 产品的竞争情况、发展趋势及替代品的威胁；⑥ 产品的现行价格及未来趋势。以上这些问题可以借助一些并购中介机构及相关市场调查技术来完成。

3. 公司并购依据分析

(1) 分析并购双方的优势与不足，包括财务经济、市场营销能力、市场分布状况、生产能力、产品质量、产品销售量、技术潜力等。要做到优势互补，扬长避短。

(2) 确定公司并购的类型，根据并购的目标、国家行业的相关政策规定、双方工艺技术相关性等判定采取何种并购方式。

(3) 分析协同作用，通过分析并购后协同效应的大小来决定是否实施并购，协同作用主要包括投资协同效应、管理协同效应、财务协同效应及功能协同效应。

(4) 分析人、财、物力，指收购方在管理人员的输出、资金实力及筹措资金的能力、原材料、设备等方面能否适应并购的需要。

4. 公司并购可能性分析

公司并购可能性主要包括两方面含义。一是目标企业自身具有被并购的可能性；二是目标价格高低及收购方承受能力的大小。如果目标价格处于收购方可承受范围之内，就有并购的可能性。

(1) 目标企业本身的因素。主要应考虑以下四点：公司股本结构盘子小，极易被操纵；大股东控股权不稳，予人以可乘之机；公司具有发展与赢利的潜力，或市价低于价值，或拥有可观的物业等，能吸引投资者；公司虽有发展前景，但经常欠进取，引起能人伸手；目标企业的估价率异常低下。

(2) 对收购方而言，主要衡量标准是目标价格。如果目标价格高于公司所能承受的范围，则对买方而言，收购可能性不太大，因为没有必要用高昂代价冒险；反之，收购的可能性就大。在实际操作中，可以通过列出与并购密切相关的各种指标，采用专家打分的方法对并购可能性进行评定，并结合定性分析来确定可能的并购目标。

5. 经济效益和社会效益评估

一项并购活动只有在技术上具有可行性、经济上具有合理性，才有可能实行。因此，对并购的效益进行评估是非常必要和不可或缺的。效益的评价主要包括两个方面：一是经济效益；二是社会效益。经济效益的评估有静态分析法与动态分析法两种。静态分析法包括投资回收率法、投资回收期法、追加投资回收期法等；动态分析法包括 NPV 法、现值指数法和 IRR 法等。社会效益也是收购者必须考虑的一个问题。如果选定的收购目标在社会效益上很差，甚至可能构成对公众的侵害，就可能引起公众的反对，甚至引起政府干预。

综上所述，企业在并购中对于目标企业的选择，需要运用许多不同层次的思路和方法，仅让一种方法主宰决策是错误的。在每次交易时都使用所有的决策方法、权衡所有的影响因素也是不切实际的。应当根据并购的特点，选择那些更适合企业自身特点的决策标准和模型，并进行深入的分析研究。

三、目标价值的评估方法选择

所谓目标企业的价值评估是对目标企业的股权或资产作出价值判断。进行目标企业的价值评估，是企业并购的首要环节，是决定成交的价值基础，也是谈判的焦点。正确评价目标企业的价值，可使交易价格相对公正合理，从而提高交易成功的概率，避免决策失误。

西方国家常用的目标企业价值评估方法有资产价值基础法、市盈率模型、贴现理论流量法。

(一) 资产价值基础法

资产价值基础法指通过对目标市场的资产进行评估来评价目标企业价值的方法，采用的资产评估价值标准有账面价值、市场价值、清算价值、续营价值和公平价值。

(1) 账面价值指会计核算中账面记载的资产价值。采用账面价值作为资产评估价值标准评估目标企业的价值，是指当目标企业作为整体出售时，以目标企业的账面价值为基础，对有关项目作出必要调整后，得出目标资产价值，并将其作为评估目标企业价值的主要依据。这种评估方法，不考虑现时资产市场价格的波动，也不考虑资产的收益情况，是一种静态评估方法。实际操作中，目标企业出现经营困难遭并购时多采用此方法。

(2) 市场价值指把标的视为一种商品在市场上公开竞价，在供求关系平衡状态下确定的价值。采用前文提及的托宾 Q 值，可以确定目标企业的市场价值。

$$Q=企业市价/资产重置成本$$

$$企业市价=资产重置成本+增长机会价值=Q\times 资产重置成本$$

(3) 清算价值指在企业出现的财务危机即将终止时，把企业中的实物资产逐个分离单独出售获得的资产价值，这时作为一个整体已丧失增值能力。并购的目的在于获得某项特殊的资产时，多采用清算价值或市场价值进行评估。

(4) 续营价值指目标企业作为一个整体仍有增值能力，在保持其继续经营的条件下，以未来的收益能力为基础来评估目标企业的价值。

(5) 公平价值指将目标企业在未来继续经营情况下所产生的预期收益，按照设定的折现率计算出的现值。这种方法把市场环境与企业未来的经营状况结合起来，最适用于评估目标企业的价值。

(二) 市盈率模型

市盈率模型，也称收益法，是根据目标企业的收益和市盈率计算、确定目标企业价值的办法。计算公式为

$$目标企业的价值=估价收益指标\times 标准市盈率$$

采用市盈率模型对目标企业进行价值评估，在调整目标企业的利润后先选择计算目标企业估价收益指标。估价收益指标可以用目标企业最近一年的税后利润代替。为剔除波动性影响，也可以用目标企业最近两年税后利润的平均值，并适当注重被收购后的收益状况，可按并购企业的资本收益率计算目标企业的税后利润。然后选择标准市盈率。可用并购时点目标企业的市盈率，也可用与目标企业类似企业的市盈率，或用目标企业所处行业的平均市盈率。最后用市盈率模型，用估价收益指标乘以标准市盈率，计算目标企业的价值。

市盈率模型尤其适用于通过证券二级市场进行的企业并购。但由于在该模型中，适当的市盈率标准较难获得，所以，实务中很难完全采用市盈率模型对目标企业价

值进行准确评估。

(三) 贴现理论流量法

贴现理论流量法是按企业并购引起的增量现金流量，用资金成本或企业进行新投资要求的最低可接受的报酬率折现确定目标企业价值的方法。通常用来确定最高可接受的并购价格。

$$TV_a = \sum_{n=1}^{t} \frac{CF_n}{(1+WACC)^n} + \frac{S}{(1+WACC)^t} \tag{8-1}$$

式中，TV_a—— 被并购后目标企业的价值；

CF_n——第 n 期目标企业现金流量；

S—— 目标企业的终值；

WACC—— 加权平均资本成本；

n—— 目标企业生产现金流量的期限。

采用贴现理论流量法对目标企业进行价值评估，首先要预测目标企业被并购后各期现金流量，是目标企业被并购后各期净利润减去由于销售额增加需要追加的固定资本和营运资本投资后的余额；然后，估计贴现率或加 WACC；再采用贴现理论流量模型计算目标企业被并购后的现金流量现值，估计购买价格；最后，还要进行贴现现金流量估计的敏感性分析，进一步审视模型中要用到的各项数据，如目标企业被并购后未来收入、成本和费用、股利、预测期末终值、WACC 等的预测是否准确，考虑预测不确定性对目标企业估价造成的影响，以及由此可能给企业并购活动带来的风险。

贴现理论流量法以现金流量预测为基础，充分考虑了目标企业未来创造现金流量的能力对其价值的影响，对并购决策具有现实的指导意义。但合理预测未来现金流量以及选择贴现率的困难与不确定性可能影响此模型的准确性。

四、我国企业对目标企业的价值评估方法

以上三种模型在西方并购活动中被普遍使用。目前，我国企业对目标企业的价值估算主要使用净值法、重置成本法、市场比较法、收益贴现法、成本加成定价法和投标定价法等。

(一) 净值法

所谓净值实际上是总资产减去负债，即公司的账面价值，它可以作为公司价值评定的基本依据。在使用净值法时，即使注册会计师对于目标企业账务、报表提出

无保留意见，仍有一些细节问题需要注意。主要是对资产和负债的真实性进行具体认定，比如存货的市价和账面价值，有价证券的市价和账面价值，应收账款和应收票据收回的可能性程度等。在净值法中，常常以实际资产加上“商誉”，再减掉负债协商成交价值。

(二) 重置成本法

重置成本模式根据资产在全新情况下的重置成本，减去按重置成本计算的已使用年限的折旧，考虑资产功能变化、成新率等因素，评定评估价值；或者根据资产的使用年限，考虑资产功能变化等因素重新确定成新率，评定评估价值。影响成新率和功能变化的主要因素：实体性贬值，指由使用磨损和自然损耗造成的贬值；功能性贬值，指由于技术相对落后造成的贬值；经济性贬值，指由外部经济环境变化引起的贬值。这种方法更多地用于单项资产的评估，也可以在单项评估的基础上加总以得出全部资产的价值，但这种做法会忽视无形资产的价值，所以在并购的评估中，必须对无形资产的价值重新估价。

运用重置成本计算得出的总资产价值表现为目标企业的总价值，在此基础上，还应对所有的债务进行彻底的清查，即从目标企业的总价值中减去债务的价值，才是目标企业的权益价值，或者称为并购的底价。

(三) 市场比较法

市场比较法指并购企业在评估目标企业价值时，先找出几个在产品、市场、目前获利能力、未来业绩增长等方面较类似的并购案例作为参考，再参照一些财务指标，以确定目标企业的大约市场价值。

(四) 收益贴现法

收益贴现法即预估目标企业未来现金流量，再以某一折现率，将预估的每年现金流入折为现值。因此，公司价值即某年限内，每年现金净流入的现值及预估残值的现值的总和。此法是以“公司持续经营”的观点，利用资本预算技术来估算公司的价值。并购双方在利用此法时，计算的价格往往相差甚远。卖方应按并购以后的经营情况来计算未来收益。例如，并购以后，何时迁厂或投入大量的新设备，这些资本支出均应计入当年度的现金注入；目标企业销售量增加，也需要并购企业注入适当的营运资金等。

贴现法之所以产生价格的较大偏差，一个重要原因是贴现率的选择。一般公司往往以 IRR 为贴现率，这样由于并购企业往往拥有较强的收益能力，贴现率也就较高，因而同样的未来收益，折为现值就较小，卖方则相反。

(五) 成本加成定价法

成本加成定价法就是按照被并购企业的资产价值，加上一定比例的整体资产效益值，定出基本价格。同一被并购企业的加成率不是固定不变的，要考虑到各种具体情况。这种方法主要的好处在于以下两点：① 简化确认基本价格手续。② 以企业资产价值加成作为基本价格，将有利于并购双方处在公平合理的基准线上，被并购方“将本求利”，可得到合理收益；并购方也不至于因需求强烈而付出超额高价。

(六) 投标定价法

投标定价法，指被兼并方引导兼并方通过竞争成交的一种做法。招标方如果是被兼并企业，可自行或委托中介机构或产权交易机构发布招标公告，吸引多方投标，将投标的内容和价格进行比较后形成并购价格。招标方也可以是兼并方，发布招标公告，提出兼并项目、兼并需求等。招标方无论是被兼并方还是兼并方，都必须坚持公开性原则，只有这样，才能提高兼并交易的透明度，为公开竞争创造条件。投标者必须坚持“机会均等”的原则，国有企业、个人或合伙人、中外合资企业、外商、私营企业或外地企业，都可以进行意向性投标。

以上方法在我国企业并购案例中均有使用，但较为普遍的办法还是重置成本法和收益贴现法。

总之，对目标企业价值的评估有许多方法，价值的估算只能作为价格决定的重要参考，同时几种方法结论可以互相补充。但必须强调的是，在估算公司真正价值的同时，必须对目标企业进行信息调查，这样方能确定价值之所在，以及所预期的价值是否真的存在。

五、并购的支付方式决策

企业并购中，付款是完成股权或资产转移的最后工作。企业并购的支付方式有多种，主要有现金支付、股权置换、卖方融资、杠杆收购等。企业应根据具体情况作出选择。

(一) 现金支付

现金的支付当然是最迅速清楚的支付方式。但是，现金支付对并购方而言，有着即付现金的负担；对目标企业股东而言，当期交易的所得税负担也相应地增加。因此，在巨额的并购案中，现金的支付比率往往是比较低的。

(二) 股权置换

在西方，并购各方企业往往以股权置换的形式达成并购。这样做的好处是既减少了并购方的财务负担，又使目标企业成为并购后新公司的股东。在我国，由于公司法规定公司不得持有自身的股票，所以在我国并购案中若以换股方式收购某家公司时，必须利用实际现金作为媒介，还要缴纳证券交易税。

在实施换股付款时，卖方必须考虑买方股票的市值、未来潜力及各种长期性的税负问题。收购方企业如果是绩优的上市公司，其股票反比现金更受卖方欢迎。同时，由于现金必须在当年上报所得税，若以股票支付，卖方只有在出售时才须对利得加以课税，所以换股对卖方较为有利。总之，在决定是否以换股方式进行并购时，双方对收购方的股票价值是否有一致的估价至关重要。

(三) 卖方融资

所谓卖方融资，指被并购企业以取得固定的并购企业的未来偿付义务承诺的方式出让股权或资产。这种付款方式常发生于目标企业获利不佳，其股东急欲脱手的情况下，因此有利于收购者。

以卖方融资方式实施并购，并购方可减少收购当时的现金负担，也可免除很多保护措施，还可建立激励的经营机制。对于目标企业股东而言，则有税负上的好处，即可享受税负延后的好处，因为款项分期支付，自然税负也可分段支付。

(四) 杠杆收购

杠杆收购也叫 LBO (leverage buy out)支付方式，指并购企业收购股权的资金，主要以目标企业的各种资产作抵押，由目标企业从金融机构或其他来源获得，买方只支付少量的现金。在 LBO 支付方式中，收购方购入目标企业后，即以赚得的利润或出售部分资产等方式偿还债务。这种大量举债的收购方式，不仅可以增加财务收益，更因利息支出可在所得税中扣除，因而可减少税负。

一般而言，LBO 支付方式要求目标企业具有以下六方面特征。

(1) 不存在产品淘汰很快的高技术或其他产业；

(2) 不存在由管理控制以外的经济因素所决定的年现金流有显著变化的周期性生产；

(3) 不存在有大量资本成本的产业；

(4) 在未来几年中产生或预计产生稳定的现金流；

(5) 有一支胜任的管理队伍；

(6) 没有任何重大负债。

与其他并购支付方式相比较，LBO 支付方式具有以下四个特点。

(1) 并购企业用以并购的资金远远少于收购总资金，一般仅占 10%~20%；

(2) 并购企业的收购资金绝大部分靠借债；

(3) 并购企业用以偿付贷款的款项来自目标企业的资产或现金流；

(4) 并购企业除非投资非常有限的资金，一般不负担进一步投资的义务，即贷出收购资金的债权人只能向目标企业求偿。

需要指出的是，LBO 支付方式在提高财务效益的同时，也带来了风险。因为这种支付方式的大部分资金依赖于债务，需按时支付利息。所以并购后，并购企业必须提高经营效益和偿债能力，并使资产收益率和股权回报率有所增长，如此方能获得成功。否则，沉重的利息和债务偿还负担可能使并购企业不堪重负。采用 LBO 支付方式也不乏成功和失败的例子。利尔伯格·克拉维斯·罗伯茨公司收购雷诺·纳尔斯克公司就是采用 LBO 支付方式，获得了震惊全球的成功。

[案例及分析] 华润并购蓝剑啤酒—— 华润、蓝剑“将相和”

华润(集团)有限公司(简称华润)从 1993 年进入中国内地啤酒市场，奉行的是收购策略。历经 7 年，挟资本以令诸侯，华润成为中国啤酒市场的后来居上者。从合资购并到投资改造，华润先后将沈阳、四川、安徽等地的 13 家啤酒厂招致麾下，拥有几十个地方性品牌。2001 年 10 月，华润吞下蓝剑啤酒，完成中国啤酒行业有史以来最大一次购并，成功进入四川的啤酒市场，而其市场地位则直逼行业老大青岛啤酒。

一、公司背景

1. 华润啤酒

华润创业成立于 1992 年， 是香港交易所挂牌的上市公司，是香港地区规模最大、实力最雄厚的中资企业集团之一，是华润集团的上市旗舰公司。目前，华润创业旗下业务主要包括食品加工及经销、饮品、零售、石化、建材等多种行业。华润创业旗下的华润雪花啤酒，是一家于 1994 年同全球最大啤酒制造商之一南非国际酿酒集团(简称 SAB)合作成立的合营企业，华润创业控有 51%的股权。华润啤酒现在的啤酒年生产能力已达 350 万公吨，已成为中国最大的啤酒制造商之一。华润啤酒业务分布于中国辽宁、四川、吉林、天津、安徽和黑龙江等地，经销和生产多个啤酒品牌：雪花啤酒、沈阳啤酒、蓝剑啤酒、凯龙啤酒、亚太啤酒、华丹啤酒、莱格啤酒和新三星啤酒等。

2. 蓝剑集团

四川蓝剑(集团)有限责任公司(简称蓝剑集团)，始建于1985年，独资、控股企业30家，资产总额21亿元，为四川省10强企业。蓝剑集团核心产品啤酒有10家生产性公司，生产规模120万吨，综合经济指标位居西南地区第一、全国同行业“四强”。

二、收购动因分析

1. 华润啤酒

华润创业有限公司1993年进入内地啤酒市场，通过收购、兼并等方式已经在东北地区、安徽等啤酒市场立足，接下来，公司希望通过收购成都啤酒厂，进入西南啤酒市场。华润本想通过收购直接掠取蓝剑啤酒的“腹心地带”。但不料土生土长的蓝剑啤酒后发制人，最终将四川市场占有率居第二位的成都啤酒厂收入囊中。华润不得不退而求其次，在绵阳建立“根据地”，收购了绵阳亚太啤酒厂，华润的雪花啤酒占有率迅速上升到30%。蓝剑不得不以攻为守，抢先拿下五六个地方啤酒厂。华润也不甘示弱，入主乐山市峨眉啤酒厂。整个四川市场上双雄逐鹿，双方开始进入阵地战，正面肉搏，拼产品、拼广告、拼销售，几个回合下来，谁也没有占到便宜。在此情况下，蓝剑啤酒成为华润占领西南市场的最大障碍。同时，公司还面对燕京啤酒、青岛啤酒不断扩张的市场竞争压力。如果不能够迅速扩大规模，公司就很难取得突破。因此，华润希望通过收购蓝剑啤酒，奠定自己在西南市场的地位。

2. 蓝剑啤酒

蓝剑啤酒虽然全力保住了每年两位数的增量，但销售费用却年年翻番，利润越打越薄。而华润虽然强行打开了市场，但年年亏损，也让董事会心痛。啤酒行业的利润率低至6%，行业的亏损面达到30%以上。新的定律是没有规模就没有效益。在此背景下，蓝剑啤酒如果同华润继续耗下去，两年三年可能还有微利，再往后就很难说了。毕竟华润是有5家香港上市公司的中资巨头，他们的实力太强了。在同青岛啤酒、燕京啤酒及一些洋啤酒企业接触后，最适合蓝剑啤酒的还是华润：同其他巨头合作消除不了自己跟华润的竞争，而且同华润合作，自己也能发挥市场运作方面的长处。

三、收购过程

华润收购蓝剑啤酒的过程历时三年。打一打，谈一谈，华润入川3年，两家从试探接触到越走越近。华润的原则是谈合作一定要控股。除此之外，还有两大难点。一是品牌，二是资产作价。既然谈不拢，那就只好继续打了。但大环境已经变了。

2000年，青岛啤酒的老总彭作义刮起收购旋风，华润在东北地区、燕京啤酒在山东也频频出手。在争斗的代价越来越大，谁也等不起的情况下，华润和蓝剑啤酒最终达成了收购协议。蓝剑集团、华润创业和SAB三方正式签订协议，合资经营“四川华润蓝剑啤酒有限责任公司”等12家公司，合资总额达到20亿元。新公司中蓝剑集团占38%的股份，华润占31.62%，SAB占30.38%，下辖四川的啤酒厂12家。

四、收购的结果分析

第一，华润并购项目被认为是中国啤酒行业有史以来最大的中外合资项目。通过收购蓝剑啤酒，两家的产能之和突破350万吨，产销量之和超过220万吨，压倒燕京啤酒，直逼行业“老大”青岛啤酒。整个西南啤酒市场格局也为之一变，新合资公司的年产销量超过70万吨，占四川啤酒产销总量的85%以上。华润创业董事总经理阎飚毫不掩饰地说：合资公司就是要取得在西南市场上的绝对主导权，下一个目标将是重庆啤酒股份有限公司。

第二，蓝剑集团根据协议，每年保底收益近亿元。华润在啤酒配套产品方面也会优先购买蓝剑集团的产品。宁高宁则透露，为了娶到“新娘”，华润光给蓝剑集团现金“彩礼”就接近4亿元。而蓝剑集团有了近10亿元的现金储备，可以好好地经营药业、房地产、零售业等业务了。

第三，收购完成后，华润和蓝剑实现了双赢。合并前，蓝剑啤酒每吨赢利120～130元，华润是70元，合计年销量58万吨；合并后，每吨赢利可达150元，销量可达70万吨，仅销售成本就可节约1.5亿元。

五、评述

在行业趋于饱和，企业竞争激烈的情况下，并购是迫使一些企业退出的最好方式。据统计，中国当前多数产业的产业集中度(C4)不足20%，而成熟市场的国家一般超过50%。以制造业为例，目前国内制造业的平均产业集中度为17%，远低于美国(47%)和英国(53%)，如此大的整合空间和产业结构调整潜力，为制造行业中的优势企业提供了巨大的机遇。在我国市场上演绎的乳品业的并购、家电业的整合及本案例所涉及的啤酒市场的重新划分，都说明并购在行业整合与竞争格局的划分中发挥着越来越大的作用。

通过并购，可使不同企业的优势得到发挥。在本案例中，华润的优势是资本实力雄厚，同时是资本运作方面的高手，其目标是在全国啤酒市场中能够立足。蓝剑啤酒的最大优势是在当地啤酒市场中位居老大。两者结合后，华润可以顺利进入西南市场，蓝剑啤酒的品牌则继续使用；蓝剑集团同时获得稳定的收益，并可利用闲裕资金投资其他领域，可以说是创造了多赢的局面。

(资料来源：干春晖. 2004. 并购案例. 北京：清华大学出版社)

第四节 企业并购后的整合

一、企业并购贵在善于整合资源

对于一个企业来说，其内部和外部总是存在着各种丰富的资源，能否整合好这些资源，对其加以合理、有效利用，并充分发挥其优势和作用，对于企业的生存和发展往往起着十分关键的作用。

成功的企业之所以成功，一个重要的原因就是善于整合其内外部资源。事实证明，整合就是生产力。企业是一组资源的集合体，企业之间的竞争就是围绕着资源的争夺与利用展开的。从一定意义上来说，做企业就是对各种资源的整合。因此，一个企业的市场地位，不仅取决于其所拥有资源的数量与质量，更取决于其对资源的利用效率。前者是企业生产经营的必要条件，但它与企业的市场地位并不成正比，否则就不会出现以少搏多、以弱胜强的现象；而后者才是维持企业持久竞争优势的关键，是以弱胜强的真正原因，也是企业家管理效率的集中体现。在激烈的市场竞争中，善于整合内外部资源，是企业赢得竞争、加快发展的必由之路，是一项投资少、见效快的关键措施。

系统论认为，局部最优不能保证系统最优。整合资源的目的就是要使现有和潜在的资源相互配合与协调，使之达到整体最优。因此，企业经营者在整合内外部资源时，必须做到以下三点。一要视野开阔。目前中国国内外的市场竞争空前激烈，企业经营者一定要着眼于经济全球化的竞争形势，思考如何在此背景下构筑竞争力并获得优势，如何推进管理现代化和管理变革，如何应用最新方法、智慧、成果，如何有效获得先进生产力。二要善于集成。这就是对企业的内外部资源进行通盘思考和统一协调，努力将各种分散的资源集成和集中起来，着眼长远，突出重点，以便将有限的资源投入在实现战略意图过程中能发挥最大效用的领域。三要善于借力。适度地借用利用外部资源，可有效地弥补企业自身资源的不足，缩小战略目标与资源条件的差距。比如，与世界大企业结成战略联盟或实施某方面的合作，就可以学习借鉴其管理、开发市场的经验，提高自己的竞争能力。

就并购的价值创造来说，在并购活动信息披露后的一段时间，一般来说都会引起股价的上涨，会立即对企业市场价值的增加产生助力。但如果从并购价值创造的时期来考察，并购后整合管理就成为并购价值创造过程的重要阶段。并购的价值实际上是在并购交易后创造出来的，公司价值的创造有赖于并购后的整合管理过程。

从内容上看，成功的企业并购整合管理系统包括战略整合、组织机制整合、管理制度整合、人力资源整合、财务管理再造和企业文化整合等六个方面。

二、战略性资产的整合

资产整合指在并购后，以收购方为主体，对双方企业范围的资产进行分拆、整合等优化组合活动，通过整合，剥离不必要的资产，重新组织安排优质资产，从而最合理最有效地使用企业资产，实现企业资本最大限度的增值。

企业资产(包括资源和能力)，有其战略地位的差异性，有的资源和能力构成企业的战略性资产，一般指独特的资源、技能和知识，有的是辅助性资产。因此，在整合管理过程中对于这些资产的整合有战略优先度的不同。整合管理过程中的首要问题是解决战略性资产的整合。并购整合过程中的指导思想就是围绕核心能力构建和培育企业的战略性资产，所有的整合活动都要围绕这个核心展开。

由于企业的战略性资产是以独特的资源、技能和知识为根本因素的，所以在整个整合管理过程中应识别出并购双方在资源、技能和知识之间的互补性。对于具有战略性资产特征的要素，整合过程中要进行重组整合，对于不具备战略性资产特征的要素可以剥离，但剥离要以不影响战略性资产发挥作用为原则。

从实际并购活动看，对于市场技术等相对具体的资源的识别是比较容易的，因为这些资源外显性比较强，困难的是对组织资本的识别。具体来说，企业中存在三种具有不同转移性的组织资本：一般管理能力、行业专属管理能力和行业专属人力资源。在组织资本中，最具有战略性资产特征的是行业专属管理能力和行业专属人力资源。而这些能力和资源是附着在以个体和组织为载体的技能和知识系统、管理系统中的。因此，在战略性资产要素的整合管理过程中，要把这些要素作为并购后整合管理的基础，通过建立合理的组织机制，来保证这些资源要素的顺利整合，其中核心是技能和知识系统的整合。技能和知识都是以人为载体的，因而并购过程中技能和知识的整合也是双方相互学习的过程，通过相互学习推动员工间交流以适应新的环境。

三、组织机制整合管理

组织机制整合过程不应是一个“打补丁”式的过程，而应该是一个与组织资源重组紧密相关的组织再造过程，而组织机制重组则是组织再造中各种组织要素联结方式的再造。企业并购后的整合过程本身也是一种创造性破坏的过程，因而可以把组织机制整合看做对公司能力进行更新的一种手段。一个组织在长期发展中积累的惰性、不合时宜的惯例和规范，以及其他消极因素降低了企业的效率，因而可以把购并购整合过程看成是组织流程重组的时机。当双方经营业务领域在生产、技术和市场等方面存在相关性时，通过重新配置组织双方不同资源，往往能弥补双方内部能力的不足，加速公司核心能力的成长，这就是组织机制整合的重要功能。组织机制整合要做好三方面工作。一是重构组织远景。由于组织机制重组牵涉组织内外部各利益相关者的利益，所以，制定企业发展远景是组织机制重组的重要内容，并且要使组织远景为内外部股东、管理者和员工所理解和接受，以激励每一个部分最大程度地发挥能力。二是有效组织安排。有效组织安排是整合成功的重要保证，包括组织运行方式、过程和目标的重构。三是实现组织资源的快速转移。否则，随时间推移，负面影响会增加，而正面影响会减退。

另外，为保证组织机制的快速整合，以获取战略性资产，或者防止这些资源被破坏，建立过渡时期的管理组织对实现组织机制整合非常重要。过渡期管理组织能有效地充当双方之间的联系人，对合并后企业的发展起着承上启下的作用，因此，过渡期管理组织的成员最好是那些曾参与前期调查工作的人，他们拥有很强的技能水平和强烈的个人魅力，对文化的差异也应十分敏感。而且过渡期管理组织要由并购双方的人员共同组成，其工作责任主要是确定战略性组织资产，并制订整合的计划，其中前者是根本性任务。

四、管理系统的有效整合

管理系统整合首先体现在管理制度的整合，即双方在各职能管理制度上实现统一规范、优势互补，由此带来管理协同效应。制度是用来指导实践的，对它的整合可以通过共同的组织活动来逐步进行。企业从事的组织活动可分为三类：构建和运营各种生产经营设施的基础活动、寻找和建立客户联系的客户关系活动、发展新产品或服务并将其市场化的创新活动。在并购初期有意识地共同从事第一类活动是制度整合的有效途径；经过逐步摸索和学习，当面临外部环境压力时共同有效地实现第二类活动，可以说是制度融合的巩固过程；只有当双方的制度达成高度融合后，从事创新类活动才可能取得显著成果。

管理系统整合的另一个主要方面涉及管理能力，因为管理能力和才能是创造价值最重要的工具。管理者的才能是一种很稀缺的资源，它包括决策能力和实施能力，而实施能力是如何将企业决策贯彻下去以取得预期效果的能力。管理能力的核心载体是那些具有创新精神和冒险精神的企业家，对并购来说，管理者选择至关重要，因为他们是最有动力进行合并并应当学会如何与新的母公司成功合作的人。获取管理人员的途径有对现行经理人员的重新评估、内部晋升或聘请外部专家，但绝大多数购并企业倾向于继续聘用原目标公司的经理，这既有利于稳定被收购公司的人心，更重要的是他们熟悉业务，可以降低人员更换的转换成本和风险。

在管理系统整合时，还要对管理制度和管理能力的有效性进行识别，以选择最终采取的方式，如营销、服务和销售理念等。这一点在并购双方优劣势比较明显时最易出现判断错误，因为优势方总想主导劣势方，为此，在“并购方主导”和“双方共同参与”这两种典型的管理系统整合模式中，应尽量选择第二种模式。除非是母公司完全吸收合并了被购并企业，采取第一种模式才可能获得成功，因为在现实购并过程中，管理制度和能力的转移往往是双向的。

五、人力资源整合管理

现代企业竞争实质是人才的竞争，人才是企业的重要资源，人力资源整合管理是企业并购成功的关键所在，而并购交易完成后，被并购方员工会产生明显的压力感和焦虑，这种压力感和忧虑如果不能得到释放，就会出现人力资源流失，最直接的后果是企业短期经营业绩滑坡，长期持续则会导致人力资源遭到破坏。因此，在人力资源整合时，公司高层、人力资源部和参谋人员、直线管理人员都要共同关注人员的心理反应，特别是被并购方工作人员的心理反应。采取有效的沟通策略缓解心理压力，使并购双方人力资源有效地融为一体，以最大限度地发挥员工的积极性、主动性和创造性。

其中，公司董事长或总经理应做的工作：① 向员工传递企业发展远景和战略规划，以及人力资源规划和政策等信息，指引员工形成新的工作目标和方向，快速形成组织凝聚力；② 要定期或不定期与关键性高层管理人员进行会晤，会晤对象不仅包括被并购方的经理人员，还包括并购方的经理人员，以加深对双方高层心理状态的了解，缓解双方高层权力之争所造成的压力，并赢得他们对工作的支持。

人力资源部门及相关职能部门直线管理人员应做的工作：① 及时与员工沟通，获取员工的理解和支持，这是人力资源部门、参谋人员和直线管理人员自始至终应担负的使命；② 要针对不同员工采取不同的缓解压力的对策，协助员工对自身目标进行重新定位；③ 要聚集一批有高业绩水平的人，并立刻赋予他们相应的工作安排和相应激励；④ 向被并购方员工保证他们的贡献是被认可的，并购的目的不是谁吃掉谁，而是为了共同实现新的目标，并在措施上得到真正贯彻。

六、财务管理的再造

并购前的两部分资产可能不完全适用于并购以后的生产经营需要，或原来的两部分资产还没有完全发挥出应有的效益，这就需要对生产要素进行有机整合。有些没用的资产应及时变现或转让，尚可使用但需改造的资产或生产流水线应尽快改造。通过整合，使并购以后的生产要素发挥出最大的效应，最终实现盘活资产存量，提升公司市场竞争力的目的。并购的初始动机总是与节约财务费用、降低生产经营成本联系在一起的。因此，企业并购后，为了保证并购各方在财务上的稳定性及其在金融市场和产品市场上的形象，并购双方在财务制度上互相连通，在资金管理和使用上协调一致是必需的。在企业资源整合过程中，企业财务整合是一项基础性的整合，并购后的企业只有统一财务管理方式，健全新的财务运作体系，才能实施有效的并购战略意图。

七、企业文化的整合

企业文化整合是影响公司并购战略与长期经营业绩的关键要素，也被看做是并购成功的最终标志。在很多的并购实践中，尽管技术市场、生产、财务等方面的整合非常成功，但因为双方在价值观、行为规范和思维方式等文化上的碰撞和冲突而导致并购最终失败的案例比比皆是。文化整合涉及双方价值理念、经营哲学、行为规范、工作风格等方面的整合，使优质企业文化取代劣质企业文化，达成理念趋同，规范一致，从而提高企业组织的亲和力和凝聚力。企业文化差异对整合有很大的影响。企业文化包含在集体价值观体系、信仰、行为规范及理想之中，是激励人们产生效率和效果的源泉。不同的企业在文化上会存在一定的差异，这种差异可能会对整合造成一些麻烦，也可能是整合时需要注意保护的对象，因为它代表着有价值的独特惯例。文化是企业的长期积累和沉淀，不可能在短期内有较大的改变，但通过加强交流和沟通，能够建立相互尊重和理解，促进相互适应。

企业文化是一个以最高价值观为核心，包括企业战略、结构、制度、作风、人员、技能等因素的生态系统概念，帕斯卡尔和阿索斯将企业文化看成是一个以核心价值观为主的由七个因素构成的生态体系(这七个因素是：核心价值观、战略、结构、制度、技能、人员、作风)。因此，企业文化整合从广义上讲是企业生态系统的再造，其中战略、结构、制度、作风的整合事关全局，为了打造一种新的价值观而营造出一种新的环境并不一定能使大家心情舒畅。实际上，价值观的保持和发展都与实现组织最低限度的目标密切相关。詹姆斯·布赖恩·奎因(James Quinn)通过对价值观的分析，很好地总结了文化在实践中的重要性："价值观的契合能使公司吸引到那些真正愿意为公司工作的人，而且这种契合能够在组织内营造出一种互信的氛围，从而使大家能够灵活高效地完成工作。基于共同的价值观产生的信任，能使授权更有效率。"大家为了实现共同的目标能够独立进行工作，人们为了实践自己信仰的价值观而更加刻苦地工作，从而提高了员工的工作热情和企业的生产效率。如果文化的力量很强，与战略的适应性很好，而经营的业绩或者公司发展的潜力又能够证明这一点的话，公司就能吸引到最优秀的人才。许多组织竞争力的源泉就是它们的人才。组织通过吸引最优秀的人才，又反过来加强了诸如诚实正直、注重质量以及关心员工个人等核心价值观。

总之，购并整合成功与否是企业购并能否成功、能否获得长期价值增值的决定性环节。要想成功实现企业的购并目标，就必须加强企业购并后的整合管理，使购并双方在企业资产、企业文化、管理系统、组织机制及人力资源等方面有机融为一体，并最终增加企业的核心竞争力和赢利能力。

[案例分析] 浦东新区印刷厂通过兼并获得新生

一、兼并双方情况介绍

浦东新区印刷厂建于 1952 年 6 月，至今已有 50 多年的历史，前身为上海市川沙印刷厂，属地方国有企业。该企业主要从事一般发票、各类凭证及账表簿册的印刷。由于其生产设备陈旧、工艺落后，无法适应日益激烈的市场竞争，业务量不断萎缩，企业财务状况相当困难。

茉织华实业(集团)有限公司(简称茉织华公司)是以平湖市新仓服装一厂为母体厂，通过实行多元化经营，组建的拥有一系列子公司的集团公司。它是一个以生产出口服装为主、专业化分工明显的外向型中外合资企业。该公司按现代企业制度设置并实施管理，公司汇聚了一批具有丰富的国际、国内贸易及办实业经验的中高级管理人才。

二、兼并双方实施兼并的内在动因

近年来浦东新区印刷厂由于多方面的原因，在经营上陷入了困境，主要表现在四个方面。① 企业管理不适应市场经济要求，内部缺乏正常运行的保证机制，人员无流动、分配无差距、上岗无竞争。② 职工文化程度低，年龄结构偏大，职工对企业依赖性大，退休工人较多，负担重。③ 设备陈旧，无力参与激烈的市场竞争，印刷设备均属 20 世纪四五十年代，国家无投入，企业亦无力购置先进设备，企业不具备参与竞争的物质条件，难以为继。④ 缺乏专业人才，技术力量薄弱，人才流动的放开，引起大量人才流失。业务人才的流失，导致企业销售下跌；技术人才的流失，直接影响产品质量。

莱织华公司因业务的急剧扩张，迫切需要扩大生产规模，其兼并的主要原因如下。① 兼并重组有利于改变公司产品单一模式。② 公司可充分利用上海经济中心的优势。公司属下有多个具有一定规模和资金实力的经济实体；公司在浦东新区已有开发基础；公司可在资产资本经营、国际金融、贸易、印刷、国内服装市场的开发上作进一步拓展。③ 有利于公司取得时间效益。与内部投资相比，兼并节省了投产及培训新员工等所需的时间，使企业能迅速投产，在较短的时间内实现规模迅速扩张。④ 实施兼并的同时也可以享受政府的优惠政策，如《浦东新区关于支持优势企业兼并划转小企业的若干扶持政策》中规定的在税收、人员安置等方面的优惠政策。

三、兼并后采取的主要措施

浦东新区印刷厂目前困境的根源主要是经营机制不灵，而突出的问题是产品销售不畅。为此，莱织华公司结合本公司的整体发展情况和浦东新区印刷厂的发展要求，对浦东新区印刷厂的重组以机制重组、产品重组、资产重组、债务重组和人员重组为主线，采取了一系列的措施。

(一) 机制重组

第一，加强市场意识，强化市场机制。增强企业开拓市场的能力，以扭转目前产品销售不畅的局面。将浦东新区印刷厂市场机制的强化与公司总体经营结合起来，由实力强大的莱织华印刷有限公司帮助和扶持浦东新区印刷厂开拓产品市场，并有公司内部自用的印刷品的耗用量作保证。

第二，进一步完善用人机制和激励机制，为优秀人才创造良好的环境，也为职工的成才提供条件。根据职工的贡献大小，拉开分配档次，充分体现按劳分配的原则，真正做到人尽其能，物尽其用，最大限度地调动干部职工的主动性和积极性。

第三，引进竞争机制。实行职工能进能出，干部能上能下的制度，提高各岗位的效率，形成企业内部的有序竞争机制。

第四，建立职工保障机制。浦东新区印刷厂在重组中及重组后，根据国家、上海市和浦东新区的有关法律法规，配合社会保障体系的建立和完善，努力建立较为完善的职工保障机制，使职工安心工作，无后顾之忧，增强企业的凝聚力。

(二) 产品重组

根据市场需求和浦东新区印刷厂的发展规划，莱织华公司对印刷厂的产品进行了重组。

第一，增加印刷品种，提高产品档次。兼并后在保持原有产品的印刷业务的基础上，增加银行票据、有价证券、税务专用发票、邮电、商务办公用纸、彩色不干胶商标标签、服装吊牌、高档彩色包装品等品种，实行产品档次的多元化。

第二，利用无形资产，提高知名度。浦东新区印刷厂是浦东新区唯一的一家国有印刷老厂，而该厂获得的印刷业诸多许可证都是无形资产。茉织华公司可利用自身的业务渠道、市场网络，进一步提高浦东新区印刷厂的知名度。

(三) 资产重组

公司根据负债情况及产品生产经营的现实需要，对浦东新区印刷厂的资产进行了重组。

第一，改造老厂。对老厂投入100万元资金，其中30万元添置电脑制板系统，以解决原铅字排版落后工艺、制版靠外协的问题，提高印刷产品档次；70万元对原老厂进行厂区、厂容进行改造。后又投资100万元，添置小型胶印机3~4台。改造后，设备得到更新，厂貌大为改观。

第二，开办新厂。在浦东新区金桥出口加工区，先期租用了3000平方米的标准厂房，投资1500万元，从日本引进先进的商务印刷流水线二条；再投资1000万元，从日本引进先进的彩色包装印刷流水线两条。第二年，对新厂再投资2900万元，使其实现正常生产。

(四) 债务重组

近几年来浦东新区印刷厂虽未亏损，但是已存在潜在的亏损，按照浦东新区印刷厂的发展规划，对原老厂的87万元债务，采取投入一点、产出一点，以原厂救原厂的措施，两年内将所有债务还清。茉织华公司注入的大量资金主要用于易地扩建新厂区。

兼并后，印刷厂的易地扩建、老厂改造，以及完善工艺、添置设备等需要投入的1亿元资金，主要靠茉织华公司的整体效益及茉织华公司在上海发行股票中的资金作保证，故只需要部分资金的贷款，偿还贷款的能力较强。

(五) 人员重组

根据有利于企业的发展、又有利于社会稳定的原则，在将原浦东新区印刷厂职工全部安置的基础上，为满足现代化管理要求，印刷厂又向社会招聘了经营管理、工艺技术和市场营销等高素质人才，严格按岗定员，根据生产和发展的需要，重新核定和设置各部门及岗位，并实行按岗位定员。原浦东新区印刷厂108人，其中有

14 人通过培训去新厂，其余的职工重新定岗，进行了妥善安置。新厂还在新区招聘了 50 多位管理技术人员和工人，以适应业务发展的需要。

四、兼并实现了多赢的局面

第一，通过兼并，浦东新区印刷厂重新焕发了活力，效益得到了迅速提高。

第二，通过兼并，茉织华公司迅速壮大了实力，扩大了市场份额。印刷业是茉织华公司多元化经营中的主要方向之一，通过此次兼并，茉织华公司在印刷业上的实力得到了迅速壮大。公司充分借助浦东新区印刷厂的地理优势，拓展了上海地区的业务，并较好地辐射了整个华东地区。

第三，通过兼并，职工的利益得到保障，收入得到了大幅度的提高。职工不仅摆脱了下岗的威胁，而且住房公积金、养老金、医疗费等各项福利得到了较好的落实，企业的凝聚力大大增强。

第四，通过兼并，有力促进了新区的经济发展。并购后，浦东新区印刷厂预计上缴税收 400 多万元，一跃成为浦东新区的税收大户之一。同时，印刷厂的迅速发展又增加了新的就业机会，促进了新区社会的稳定。

五、点评

该兼并案例对于如何实现国有企业的保值增值具有很好的借鉴意义。归纳来讲，我们可以从中得到以下三个方面的启示。

(1) 有进有退，有所为有所不为是推进国有资产优化重组的有效方式。通过异地兼并，区属国有资产从竞争性行业中退出，向外省市优势企业集聚，以资产流动盘活了滞存资产，实现了国有资本的优化重组，形成了更为合理的产权结构和企业组织结构。

(2) 知彼知己、优势互补才能实现成功兼并。优化资源配置，形成规模效益，产生 1+1>2 的效果，是企业兼并的目标。被兼并方浦东新区印刷厂是浦东唯一一家国有印刷老厂，在印刷业许可证方面有一定的优势，但是长期以来缺乏资金投入及自身改造。兼并方茉织华公司在浙江平湖地区有印刷厂，承接了工商银行的印刷业务，在业务渠道、市场网络和人才资源等方面具有明显的优势。

(3) 多方支持、形成合力是兼并成功的重要条件。企业兼并不仅仅是兼并双方的事情，而且需要得到社会各方的共同支持。在浦东新区印刷厂寻找兼并伙伴过程中，政府部门积极提供市场信息，为企业兼并牵线搭桥，在兼并谈判时，政府充分发挥“参与、引导、协调、监督、服务”等职能。企业兼并还需要良好的外部环境，茉织华公司对浦东新区印刷厂进行兼并，充分利用了上海市和浦东新区制定的一系列扶持政策，对促进兼并成功起到了推动作用。

(资料来源：方明. 2003. 100 个成功的资本运营. 北京：机械工业出版社.)

[习题]

1. 什么是企业并购？兼并与收购的异同分别是什么？
2. 根据不同的分类标准，如何对并购进行分类？
3. 根据国内外企业并购发展历程，可以让我们得到什么样的启示？
4. 传统的并购理论都包括什么内容，现代并购理论又包括哪些内容？
5. 并购对企业发展有什么好处，并购的效应包括哪些内容？
6. 企业并购战略规划是什么，一般分为哪几种类型？
7. 企业在选择并购目标时一般要考虑哪几个方面的因素？
8. 企业在选择并购目标企业时，一般采用什么方法进行目标企业价值的评估？
9. 我国企业一般采用哪几种方法对目标企业的价值进行估量？
10. 并购时的支付方法一般包括哪几种类型？
11. 什么叫做杠杆收购？采用杠杆收购时，目标企业一般应该具备哪几种特征？
12. 并购目标企业后，一般需要考虑对哪些内容进行资源的整合，分别应该注意哪些内容？

HAPTER 9

第九章 跨国并购——资本运营的全球化趋势

[内容提要]

跨国并购是资本运营的特殊形式，是产权资本运营的国际化。跨国并购不同于一般的资本运营形式，与金融资本运营的不同之处在于它所包含的是集人力资本、厂房、设备、土地、技术、资金等要素于一体的企业，是典型的产业资本运营。与国内资本运营不同，是资本运营从一国向两国甚至是全球范围内的发展：一方面，跨国并购的市场空间极为广阔，跨国公司面临着众多的市场机遇；另一方面，跨国并购又涉及不同国家极为复杂的法律、政策、文化等因素，面临着竞争更为激烈、变化更为迅速的市场，跨国公司也面临着更为严峻的挑战。

[学习要点]

1. 了解国际直接投资理论的内容及跨国并购的直接动因；
2. 了解跨国并购的分类及并购方式；
3. 掌握跨国并购风险的分类及风险管理手段；
4. 掌握外资并购对我国企业的影响及应对措施。

第一节 跨国并购理论的支持

跨国并购包括跨国兼并和跨国收购两种方式，由于兼并占跨国并购的比重非常小，所以，跨国并购主要指跨国收购。跨国收购，指母公司或投资国的跨国公司通过购买被并购企业全部或部分股权、购买全部或部分资产等方式掌握被并购企业所有权或控制权的投资行为。

一、国际直接投资理论

国际经济理论一般认为，跨国直接投资与间接投资或者是资本借贷流动的最大区别在于，投资者对国外形成的资产不仅拥有全部或部分的所有权，而且拥有对资产运营的控制权。跨国公司既是跨国直接投资的产物，又是跨国投资的主体。建立在微观基础上的跨国直接投资理论，主要是以跨国公司为研究对象而展开研究的，是 20 世纪 60 年代以来跨国直接投资理论的主流。其研究的重点在于解释投资的动机、投资流向和投资决策三个问题。

国际直接投资的相关理论很多，以产业组织理论为基础的是海默的垄断优势理论、巴克利、卡森和拉格曼的市场内部化理论；以国际贸易理论为基础的有弗农的产品生命周期理论、小岛清的边际产业扩张论及曼德尔的投资和贸易替代理论，当然还有著名的国际生产折衷理论等。这些理论不仅分析了跨国公司进行海外直接投资的动因和条件，而且就国际直接投资的区位、产业选择及投资方式等方面的内容进行了系统的阐述和理论证明。本节主要介绍四个典型的国际直接投资理论的知识。

（一）垄断优势理论

垄断优势理论认为，市场的不完全性使跨国公司拥有垄断优势，这种垄断优势是跨国公司对外直接投资的决定因素。跨国公司的垄断优势具体表现在五个方面。一是技术优势，包括生产秘密、管理组织技能和市场技能；二是工业组织优势，主要包括规模经济优势、范围经济优势及市场垄断优势；三是易于利用过剩的管理资源的优势；四是易于得到廉价资本和投资多样化的优势；五是易于得到的特殊原材料的优势。正是存在垄断优势，跨国公司才能克服海外投资的附加成本，抵消东道国当地企业的优势，确保海外投资活动有利可图。垄断优势理论是最早关于对外直接投资的理论分析，它在很大程度上改变了跨国公司研究的理论基础和研究方向，并为后来的跨国直接投资研究提供了重要的理论参考，但是该理论主要是静态的经验性分析，缺乏动态和抽象的分析，而且不能解释并不具有绝对优势的中小企业和发展中国家跨国公司的对外直接投资行为。

(二) 产品生命周期理论

产品生命周期理论是弗农于20世纪60年代提出的，主要用于解释国际投资的空间变化，它从产业发展角度，在一定意义上阐述了国际直接投资区位流向的一般规律。弗农把产品(产业)的发展分为三个阶段：产品创新阶段、产品成熟阶段、产品标准化阶段。在各个阶段产业发展与企业的投资区位选择是紧密相连的，从而构建了一个产品生命三阶段区位转移模型（PLC模型)。根据产品生命周期理论，国际直接投资的产生是产品生命周期三个阶段更迭的必然结果。

第一阶段：产品创新阶段。这一阶段必须具备的条件是高新知识的研究开发技能、对新专利技术等一系列知识资产的垄断，以及拥有巨额的研究开发资本和高收入、高消费需求的市场条件。拥有上述条件的基本上是发达国家的大型跨国企业。跨国企业开发新产品的根本动因是对市场垄断的追求和继续维持其垄断地位的需求，以便获得持续的利益。因而，其生产资本的投向与区位优势是密不可分的。在新产品阶段，跨国企业的投资流向最安全、最有利的选择是在国内生产，新产品首先是满足国内市场需要，并以出口贸易方式满足其他发达国家高消费阶层的需求。在第一阶段，跨国企业垄断了新技术，基本上控制了新产品市场的供给，价格弹性较小，生产成本对生产区位的选择影响不大。因此，在新产品阶段，生产厂商无须进行海外直接投资另找生产区位，在这一阶段，不发生国际直接投资。

第二阶段：产品成熟阶段。在这一阶段，新技术日趋成熟，产品基本定型。国际市场对新产品的需求量急剧上升，产品价格弹性增大。虽然生产厂商可以通过产品的异质化来避免直接的价格竞争，但降低生产成本、节省运输费用和关税支出已显得越来越重要。特别是当国际生产的边际成本和边际运输成本超过国外生产成本、国内劳动力成本大于国外劳动力成本时，将生产基地转移到国外更为有利，通常是转移到其他发达国家。因此，在产品成熟阶段，生产厂商开展海外直接投资的理想地是其他发达国家，在这一阶段，发达国家具有区位优势。

第三阶段：产品标准化阶段。在这一阶段，产品生产实现了标准化批量生产，新产品生产技术已不再是秘密，创新厂商所拥有的垄断技术优势已经消失，市场竞争主要集中于价格竞争，具有生产成本优势的企业具有竞争优势。而决定生产成本的重要因素是劳动力成本。因此，生产的相对优势由发达国家转移到了工资低和劳动密集型经济模式的发展中国家和地区。发展中国家具有生产的区位优势。在这种情况下，生产厂商开始对发展中国家进行大量直接投资，减少和停止在发达国家的生产，发达国家市场需求主要通过从发展中国家进口来满足。

产品生命周期理论从动态的角度较好地解释了第二次世界大战以后美国跨国公司对外直接投资的动机和特征，并对跨国公司理论的发展产生了较大影响。同时，它对整个对外直接投资的产品生命周期和区位选择进行了动态分析和时间序列分析，为投资企业进行区位-市场选择和国际分工的阶梯分布提供了一个分析框架。该理论论述了跨国公司对外投资的必要性和迫切性。

但是，这种理论也有很大的局限性。首先，它侧重于解释以开拓新市场为动因的对外直接投资，却没有解释以获取资源、提高效率或实现某种跨国经营战略目标为动因的对外直接投资。其次，这个理论实际上塑造了一个产品区位转移的三个步骤模式。但是，事实上，很多产品在创新时期就在国外组织生产和销售，而不是通过母国扩散到国外直接投资的。最后，这个理论强调由于母国垄断或寡占优势的削弱以至消失，才转移到国外投资生产。但是，事实表明，很多跨国公司一方面在国外大量投资；另一方面继续保持母国的技术垄断优势。

(三) 市场内部化理论

市场内部化理论是解释跨国公司海外直接投资动机及决定因素的另一重要主流理论，由英国的巴克利、卡森和加拿大的拉格曼在 1976 年提出。他们认为，市场是不完全的，中间产品市场更是如此，其中知识产品尤为突出，而且企业的经营活动是相互依赖并通过中间产品联系在一起的。因此要通过外部市场交易就会产生时间滞后和交易成本，为了避免过高的市场交易成本，企业自然会以内部组织管理代替外部市场交易。跨越国界的内部化导致对外直接投资，并且内部化的决策是以内部化的收益与内部化的成本的边际均衡为条件的。市场内部化理论与垄断优势理论不同，后者主要强调跨国公司所持有的知识产权优势，而前者更重要的是强调企业通过内部组织体系以较低的成本在内部转移该优势的能力，而这种能力才是企业对外投资的真正动因。市场内部化理论把交易成本分析引入跨国公司分析，显示了其广阔的发展前景。但是该理论没有解释对外直接投资产生的方向，也不适用于解释较小规模企业在一个或两个国家的对外直接投资活动。

市场内部化理论从 20 世纪 80 年代以来了引起学术界的广泛重视，指出了企业为什么要将技术、知识、专利等独占性信息在内部让渡，而不通过外部市场交易转让给别的企业。但是，内部化既可以跨国界进行，也可以在国内进行。另外，市场内部化理论也不能说明跨国投资的方向，所以，内部化理论有很大的局限性。

(四) 国际生产折衷理论

国际生产折衷理论又称国际生产综合理论，是由英国经济学家邓宁于 20 世纪 70 年代提出，80 年代他又不断发展和补充而形成的在众多国际直接投资理论中最具影响力的理论。1977 年，邓宁发表了题为《贸易、经济活动的区位与多国企业：折衷理论探索》的论文，标志着国际生产折衷理论的诞生，并初步建立了厂商特定的资产所有权、内部化、国际区位三个变量构成的理论框架。1981 年，邓宁的《国际产业和跨国企业》一书出版，对这一理论框架进行了全面深入的阐述。他认为，海外直接投资主要是由所有权优势、内部化优势、区位优势三个基本因素决定的。

1. 所有权优势

邓宁的理论解释了跨国公司利用现有的所有权优势进行的跨国并购；而跨国并购的折衷理论则主要强调了利用和获取所有权优势是跨国并购的主要动因。邓宁认为所有权优势是一个企业进入他国市场的必要条件，但跨国并购折衷理论在此基础上进行了扩展，认为即使一个没有优势的或发展中国家的跨国公司也可以进行对外直接投资(跨国并购投资)。因为所有权优势可以通过跨国并购一家外国公司而获得，并购后就有了所有权优势。这样一来，没有所有权优势也可以进行对外直接投资，成为一家跨国公司。通过跨国并购以利用和获取所有权优势的动机与企业并购的效率理论是相容的。效率理论认为兼并可以获得某种形式的协同效应。两个都具有所有权优势的公司合并，如果各自的所有权优势具有互补的特点，则合并后公司的所有权优势就会加强，达到协同的效果。

2. 区位优势

区位因素直接影响着跨国公司在哪里并购及整个国际化生产体系的布局。如果一个东道国没有区位优势，即使可供并购的企业或母国企业有可以利用的所有权优势，邓宁认为跨国公司也可能只选择在本国生产产品，而很难进行跨国并购。跨国并购的折衷理论认为，跨国公司一方面可以利用区位优势来强化自己的所有权优势和内部化优势，另一个方面还可以利用区位优势来分散风险。东道国的区位优势主要包括不可转移的区位优势，如资源、地理位置、政府政策、对外直接投资政策等。

3. 内部化优势

市场内部化理论从交易成本的角度出发，探讨了无形资产出售的弊端，认为只有将这些优势内部化，才能充分利用这些无形资产。简要地说，内部组织存在的理由可以分为三大类：激励、控制和固有的结构优势。在一个组织内部，各方利益逐渐被调和，并且由于各方都担心被排除在组织之外，所以避免了机会主义的错误行为。企业可以运用比市场更为多样化的控制、激励和惩罚工具，又拥有成本较低的获取必要数据的途径，从而能比购买者更精确地评价自己的表现。同时，企业通过员工间的共同经验、反复的人际关系交往及企业内部有可能发展起来的简洁代码，还可以实现信息交换的经济性。国际生产折衷理论较好地解释了跨国公司对外投资的动机问题。这一理论在众多国际直接投资理论流派中最具有综合性和概括性，对企业发展海外直接投资活动具有较强的指导意义，对企业在国际直接投资活动中选择什么样的区位也具有较强的指导作用。

二、跨国并购的特殊动因

20 世纪 90 年代以来，国际直接投资出现一个深刻变化，就是跨国并购迅速超过了绿地投资，成为国际直接投资的主要形式。绿地投资在国际直接投资中所占的比重从 20 世纪 70 年代的 64%降到了 2000 年的 10%。跨国并购成为了推动国际直接投资的主要动力。对于这一变化出现的动因分析，一般从宏观和微观的角度分别加以考虑。

(一) 宏观经济方面的影响

1. 经济全球化

经济全球化是推动跨国并购发展的主要动因。经济全球化和渐趋开放统一的世界市场，一方面使跨国公司面临着更为广阔的市场容量，使他们更有必要和可能展开更大规模的生产和销售，以充分地实现规模效益；另一方面，也使跨国公司面临着全球范围的激烈竞争，原有的市场份额及垄断格局将不可避免地受到挑战。跨国公司一向追求全球战略，要求实现全球范围的最低成本生产和最高价格销售，尽可能提高全球市场占有率和取得全球利润。大型跨国公司纷纷提出要“打破民族与国家界限”，建立“无国籍经营实体”和“全球公司”，要“在世界舞台上演戏”。跨国公司的内在战略和国际经济环境的外在压力使他们不得不加快扩大规模、抢占市场的步伐。

2. 新技术推广及应用

当代科学技术迅猛发展是战略性跨国并购频繁的一个很重要的原因。未来经济竞争在很大程度上是技术水平的竞争，跨国公司只有掌握先进技术和新型产品才能建立技术优势，确保有利的竞争地位，而技术水平落后的跨国公司则遭到排挤和淘汰。因此，跨国公司无不花费巨额资金投入科学研究，以图抢占未来科技与经济竞争的制高点。然而，现代高技术产业投资额巨大，投资回收期长，而技术生命周期则越来越短，这使跨国公司一贯非常重视的高科技开发与投资面临着很大的困难和风险。于是，共同投资、联合开发、共担风险、分享成果的技术及经营联姻便成为在跨国公司中相当流行的发展模式。

3. 政策自由化

开放国家市场允许各种各样的外国直接投资和非产权性安排。2001 年，71 个国家对外国直接投资法律进行了 208 项修改，90%旨在使投资环境更加有利于外国直接投资。此外，2001 年，多达 97 个国家参与缔结了 158 项双边投资条约，使得这类条约的数目达到了 2099 项；同样，签订了 67 项新的关于双重征税的条约。例如，德国、法国的减税行动带动欧盟各国竞相减税，降低本国企业负担，刺激了欧洲企业并购活动的不断升级。韩国政府实行“海外投资自由化措施”和“海外融资政策”，把企业海外扩张作为增强国家竞争力的重要一环，创下一年并购海外企业 28 家的最高纪录。这一现象表明各国政府在经济全球化的形势下正改变其产业组织政策，支持大型跨国公司的战略性并购和超大规模经济的发展，保证在国际经济竞争中的垄断优势地位。

4. 金融市场的剧烈波动

金融市场的发展和剧烈波动，为并购提供了机会和充裕的资本。1999 年 3 月 29 日美国股票突破 1 万点大关，股市资本总额达 17 万亿美元，为美国国内企业并购和大肆收购国外企业提供了充足的资本。纳斯达克市场共有近 5000 家上市公司，市值高达 5 万多亿美元，使这些高科技企业有足够的资源成为收购者，甚至一掷千金地进行企业并购活动，从而大大推动美国和欧洲的并购风潮。东亚和东南亚各国受金融危机的影响，股市下跌惨重，股价无力回升，企业资产、金融资产普遍贬值，仅靠政府无力挽救危机中的企业、银行等国家重要部门，于是纷纷打开市场大门，方便外国企业收购本国企业，为跨国并购提供了更多的机会。资料表明，以跨国并购方式流入东亚地区的资本规模在金融危机前后发生了很大变化，1994~1996 年年均流入只有 70 亿美元，而 1997~1999 年则达到 200 亿美元。

5. 管理创新

企业内部管理幅度和跨度是阻碍企业规模扩张的重要因素。企业规模过大，极易出现官僚主义、人浮于事、对市场变化反应迟钝、管理成本上升等问题。然而随着计算机网络技术的应用发展，企业内部管理特别是购销管理和人事管理的效率大大提高，使管理超大型企业成为可能，从而解除了大公司并购的后顾之忧。此外，亚洲金融危机迫使跨国公司加快战略调整以便增强自己的核心竞争力。一些跨国公司被迫改组，一些跨国公司乘机收购，从而导致跨国公司间的战略收购和兼并急剧增加。

(二) 微观经济方面的影响

1. 获取财务协同效应

由于税收、会计处理方法及有关企业并购的法规不同，企业可以从一些并购中获得货币经济收益，这种收益是通过财务运作带来的，被称为财务协同效应。获取财务协同效应是企业进行并购的一个重要动因。获取财务协同效应，常见的情况是通过对亏损企业的并购，在合并财务报表时，母公司的赢利和被并购企业的亏损相抵扣，从而实现减少税收的目的；在并购赢利企业时，通过互换股权，或者股权和现金收购结合，也可以在企业扩张的同时减少开办费用、投资收益所得税等，实现避税。在企业跨国经营中，财务协同效应不仅体现在以上方面，其研究范围扩大到了东道国和母国税率差异、会计政策差异给企业并购带来的影响。这是由企业跨国经营所特有的跨国性决定的。

2. 获得市场势力

当前的跨国并购是以横向并购为主要方式进行的，1987~1999 年，全球跨国并购有 54.4%是横向并购，其增强市场势力的动机十分明显。因为通过企业并购可以减少竞争对手，提高市场占有率，增强企业对市场环境的控制能力和长期获利能力。随着全球经济一体化的发展，各国资本的跨国流动日益频繁，国内市场竞争的加剧又进一步促进资本输往国外，参与国际竞争，用以扩张自己在国际市场上的垄断势力。根据欧共体委员会的调查资料，1990~1991 年，欧共体 12 国的跨国并购已知动机的共有 491 起，其中为了加强市场地位的有 174 起，为了扩张势力范围的有 100 起，也就是说，在这些并购中，有 55.8%是为了加强市场势力范围和市场地位，其中，1987~1988 年，跨国企业并购已知动因的有 124 家，有 70 家是为了加强市场垄断地位，54 家是为了扩张市场势力。这表明，获取市场势力是跨国并购尤其是一些大型跨国并购的一个重要动因。日益国际化的市场和竞争环境要求跨国公司在世界范围内获取更大的市场势力，而跨国并购是短期内获取市场势力的最佳途径。

3. 取得规模经济性

规模经济性是由生产的最小有效规模、筹供的规模经济、技术的规模经济、生产的经验曲线及范围的经济性体现的。获得规模经济性是跨国并购重要的动因之一。Caues 研究了技术的规模经济性问题，他通过对生产同一产品的 6 个不同国家的 6 个企业进行调查，发现其中一个企业在技术上有所突破会带来生产成本的降低，但是价格上的优势却被运输成本抵消，这家企业只有兼并另外 5 个国家的企业，形成统一的跨国公司，才能更为有效地利用新技术，提高企业的效率。目前，跨国公司的研究与开发支出较高，一般占销售收入的 5%~15%，庞大的技术开发费用促使许多跨国公司通过跨国并购，扩大生产规模，在更大规模的基础上分摊技术开发成本，实现技术的规模经济性。一些大型跨国并购能够有效地降低成本，如 1998 年 12 月 1 日，德国最大的商业银行—— 德意志银行动用 101 亿美元收购美国第八大银行信孚银行的全部股权，合并后的银行总资产将达到 8200 亿美元，成为新的全球最大的银行。两家银行合并后，在世界各地的雇员将达到96 000人，预计将裁减其中的5500个职位，从2001年起，每年大约能节省10亿美元(17亿马克)的成本，2001年德意志银行每股利润可增加10%~15%。

4. 获取速度的经济

企业通过并购可以迅速获得目标公司的生产、销售、研究与开发能力，从而加速这些资源在生产循环中的流通，获取速度经济性。日益激烈的国际市场竞争使跨国公司进入东道国市场的时间变得更加重要。跨国公司直接投资进入东道国市场，采用跨国并购是一种最快的进入方式。跨国并购可以快速建立生产能力、销售网络，获取市场筹供能力，从而比新建方式更快地在东道国建立生产能力。这样既可以防止东道国原有厂商的报复性行为，也可以对后期进入的其他跨国公司构成威胁。同时，技术升级加快、产品生命周期缩短已经成为当今一大趋势。新产品如果通过新建的方式在东通国扩散，可能面临更大的产品升级风险，在这种情况下，跨国公司采用并购的方式建立同样规模的生产能力比跨国新建方式要快得多，通过跨国并购可以获得速度的经济性。

[案例分析] 联想牵手IBM打造世界PC巨头

一、行业背景

2003年中国国内电脑市场销售量为1325.8万台，比2002年同期增长17.6%，销售额为867.2亿元，比2002年同期增长5.0%。其中台式电脑市场销售量达到1121.1万台，增长速度约11.5%；而笔记本电脑的销量增长相对较快，2003年的销售量同比增长79.7%，达到174.8万台，行业分析人士认为笔记本电脑市场在5年内仍将保持快速的增长。

但是，国内电脑企业间的竞争已经相当激烈，市场告别了高额利润的时代。特别是戴尔公司(简称戴尔)、惠普研发有限合伙公司(简称惠普)等国外知名企业进入中国后，凭借良好的产品质量和强大有效的营销方式占据了大量市场份额，国内七喜、实达等曾经辉煌一时的品牌已成了明日黄花，不过，联想集团(简称联想)、北大方正集团有限公司(简称方正)等在国内起步较早的企业仍然在积极地调整战略，顽强地迎接挑战，在国内的市场份额仍高居前列，具有强大的竞争实力。联想、方正和同方股份有限公司三家企业的份额占国内市场的近50%，尤其是联想在国内的市场份额遥遥领先于其他企业，但是它在全球市场上并不处于领先地位，与戴尔和惠普有很大的差距，在国际市场上的品牌知名度也不高。因此，为了获得持久的发展，联想必须尽快制定正确的战略，在稳固国内市场地位的基础上，积极向国外发展。开拓全球市场，这样才能增强公司的竞争力，在竞争中立于不败之地。

二、并购双方情况介绍

联想成立于 1984 年，由中国科学院计算技术研究所投资 20 万元人民币、11 名科技人员创办，主要业务为在中国生产和销售台式电脑、笔记本电脑、手机、服务器和外设产品。总部位于北京，在惠阳、北京和上海设有个人电脑(PC)生产基地，生产台式电脑、服务器、笔记本电脑、打印机、掌上电脑、主机板等产品，年产量约 500 万台(电脑)。近年来，为应对日益激烈的技术竞争，联想不断加大对研发技术的投入和研发体系的建立，目前已成立了以联想研究院为龙头的二级研发体系。

IBM PC 事业部主要从事笔记本电脑和台式电脑生产和销售，总部设于美国罗利，在罗利和日本大和设有研发中心，约 9500 名员工。2003 财年收入为 96 亿美元，2004 年 PC 出货量达到 1 亿台(包括台式电脑和笔记本电脑)。2004 年全球商用笔记本电脑市场份额为 110 亿美元，IBM 占了 14%商用台式机市场份额为 168 亿美元，IBM 占了 8%。笔记本电脑以其轻便、功能强大的特点，正逐渐取代台式电脑，其市场前景越来越光明。IBM 作为全球 PC 制造销售商的领先者，笔记本电脑的业绩更是显著。尽管 IBM 的 PC 业务发展十分迅速，但是其利润率很低甚至经常亏损。IBM 在 2004 年 12 月 30 日提交的财务状况报告显示，该公司 PC 事业部连续三年(2001~2003 年)都处于亏损状况。

三、并购动因

(一) 两公司通过合作，扩大 PC 制造销售的规模，获得竞争优势

联想虽然是国内 PC 界的老大，国内市场份额远高于戴尔、惠普等公司，但是在全球市场中的份额却远远不及戴尔和惠普。作为 PC 的创造者，IBM 在 PC 市场的份额虽然排在戴尔和惠普之后位列第三位，但该公司同前两名的差距却越来越大。2004 年戴尔以 16.8%的市场份额排在 PC 市场的第一位，惠普以 15%的市场份额排在第二位，而第三位的 IBM 仅有 5.6%的市场份额。规模不大就降低不了成本，得不到竞争的优势，因此联想和 IBM 此次合作的共同目的是扩大 PC 制造销售的规模，获得规模经济，从而降低成本，以应对戴尔、惠普等同行的竞争。

(二) 联想与 IBM 具有很大的互补性，能产生强大的协同效应

扩大规模这个共同目标使联想和 IBM 有了合作的基础，而两者巨大的互补性与并购将产生的协同效应则为合作提供了保证。首先，联想和 IBM 在地域、产品和客户群这三个方向都是非常互补的。联想是中国第一 PC 品牌，在中国知名度最高，市场占有率最高，它具有在个人消费者跟小型企业领域专业的技能，也有一个效率很高的营运团队，拥有非常完善的国内销售网络等优势。而 IBM 拥有全球顶级品牌，作为 IT 领域的缔造者，其品牌就是产品质量和潮流的保证。同时，IBM 拥有完善的全球销售与服务网络，有利于产品的推广。正因为联想和 IBM 有这些独特的优势，所以两者联合就可以覆盖 PC 领域所有的客户群，进一步扩大生产销售规模。

(三) 联想做强核心业务，实现国际化发展的需要

此次联想收购的主要是为了收缩战线，回归 PC 核心业务，并且实现自身的国际化发展。联想在发展道路上方向一度并不明确。在 2000 年的时候，中国还没有加入世界贸易组织，而且国内 IT 市场仍然在高速发展，因此联想制定了一个战略“要在中国的市场上多元化发展”，而且将公司的发展方向定位于信息服务企业。但是多元化的战略并没有给联想带来预期的收益。在制定了多元化的战略之后，国内外环境发生了巨大的变化。一方面是市场的增长没有预期的那么好，另一方面就是中国加入世界贸易组织了，国外具有竞争力的企业纷纷进入中国。联想一旦实行多元化发展就必然在进入的每一个领域都要面临国际知名企业的激烈竞争。联想虽然在国内 PC 市场排名首位，但并不具备有强大的核心竞争力，而且除 PC 制造外其他业务刚刚起步，这就注定联想将重新考虑调整战略。检讨了三年计划后，联想领导班子重新确认了 PC 主业对联想的重要性。在 2003 年年初，联想终于确定了以 PC 制造销售为核心业务，退出其他领域的发展战略，联想在国内的份额已经接近饱和，消费者的认可度也已经很高，而且面临国际知名企业的强大竞争，开拓国内市场的难度非常大。联想做大做强 PC 业务唯有拓展海外市场，走国际化发展道路。

(四) PC 业务持续亏损，IBM 调整经营范围，集中做好信息服务业务

PC 部门在 IBM 2004 年 920 亿美元的年度营业收入中占到 12%，但是该部门利润率很低甚至经常亏损。2004 年 12 月 31 日，IBM 向美国证券交局船员会提交的文件首次公布旗下 PC 部门的亏损情况，文件显示 PC 业务持续亏损已达三年半之久。因此，很多业内人士都建议 IBM 放弃 PC 业务。

在联想从信息服务业全身而退的时候，蓝色巨人 IBM 却反其道而行，逐步退出 PC 领域，专注于为企业提供科技服务。从 1996 年开始，IBM 用心地把公司的品牌跟电子商务、On Demand 连在一起。为了削减开支，IBM 早已开始从 PC 业务上撤

回资金。2002 年 1 月，IBM 将美国和欧洲的桌面 PC 生产业务出售给了新美亚科技有限公司(Sanmina-SCI 公司)。此次收购之前，几乎所有 IBM 品牌的桌面 PC 和笔记本电脑都是由代工厂商生产的。IBM 在全球出售 PC 业务以后，剩下的就只有软件和服务器方面的业务。

四、并购过程

2004 年 12 月 8 日，联想终于召开新闻发布会，宣布收购 IBM PC 事业部。此次联想收购 IBM 的 PC 事件部的实际交易价格为 17.5 亿美元,其中含 6.5 亿美元现金、6 亿美元股票及 5 亿美元的债务。联想将通过公司内部现金和向银行贷款来筹集现金。在股份收购上，联想会以每股 2.675 港元，向 IBM 发行包括 8.21 亿股新股及 9.216 亿股无投票权的股份。本次收购完成后，联想将成为全球第三大 PC 厂商，年收入规模约 120 亿元并且进入世界 500 强。新联想总部设在美国纽约，员工总数达 19 000 人 (约 9 500 人来自 IBM，约 10 000 人来自联想)。在北京和罗利设立主要运营中心。新公司的股权结构为中方股东联想控股将拥有 46%左右的股份，IBM 将拥有 19%左右的股份。2003 年联想与 IBM 合并出货量总额约为 1190 万台，2003 年合并年收入超过 120 亿美元。

五、并购结果

(一) 新联想将获得许多独特优势

收购之后，IBM 的品牌，以及面向企业客户的全球销售、服务和客户融资能力都将为新公司提供支持。

(1) 联想将拥有“Think”品牌，同时根据合约将在五年内有权使用 IBM 品牌。

(2) 联想将成为 IBM 首选的 PC 供应商，并且可以利用 IBM 的商业伙伴、分销商和在线网络等其他渠道实现覆盖全球市场。

(3) 联想可以获得世界级的领先科技，提高核心竞争力。联想将拥有“Think”系列技术，并且拥有美国罗利、日本大和及中国北京三个研发中心。

(4) 联想将拥有更丰富的产品组合，并且结合双方在台式机及笔记本电脑上的优势，为全球个人客户及企业客户提供更多种类的产品。

(5) 双方管理层共同组建全球一流管理新团队，实现更高效的运作。

(二) 联想面临困难的整合工作

并购完成之后，联想将进入平稳的过渡期和整合期，各方面运营将有序进行。联想承诺公司产品和服务的品质不变、服务团队不变、已签署和在执行的合约不变。

中国市场仍是新联想的大本营，中国业务将保持稳定和持续的增长。联想还面临着许多困难的后续工作。正如联想的董事长杨元庆所说：“我现在关注最多的就是整合能不能顺利进行，关注IBM那边的客户能不能保留，关注那边的员工能不能保留，我们整合既定的目标是否能够实现，文化是不是能够很好地磨合，这大概是我现在最关心的问题。”

企业并购发生之后，各方面最好尽可能保持稳定。联想就采取了渐进的而不是突变的整合方式。品牌方面，联想将使用IBM的品牌五年，这可以继续保持IBM的全球品牌、高价值品牌、高形象品牌的定位。销售模式方面，联想也将继续使用IBM的销售模式，两个公司将继续保持各自的销售网络，依然是联想的队伍卖联想的产品，IBM的队伍卖IBM的产品，等一段时间之后再整合销售渠道。这些稳中求变的措施会使客户感觉产品的质量和服务都没有太大的变化，有利于留住客户。

六、点评

(一) 联想与IBM如何产生出预期的协同效应

正如周伟焜所说的两个公司的最大互补的地方就是客户群和销售网络，收购完成后能产生预期协同效应的环节也正是这些地方。联想应该重视如何整合供应链。首先通过联合采购，重新规划生产制造布局、物流、生产计划等环节，从而节省不少的成本。成本降下来之后，就有了降价空间，更容易拓展市场。其次应该整合市场和销售网络，使同一张网络上的产品线更加全面，既有IBM过去生产的适用于高端的商用产品，又有联想原来生产的面向个体消费者的中低端产品。通过这个共同的销售网络，还可以使联想及IBM其他的产品进入一些新的业务和新的市场，联想生产的手机等通信产品及数码产品都可以借助这个全球的平台来销售。

(二) 联想如何实现国际化发展

联想此次收购IBM的PC业务最主要的目的是通过与国际大公司合作来实现国际化发展。联想的这条道路方向是正确的，但是过程将充满艰辛。中国加入世界贸易组织之后，如何做大做强，如何实现国际化成为了国内大企业思考最多的问题。先有海尔集团的海外成功，后有TCL的跨国收购，国内企业正在用实际行动探索着中国企业国际化的道路。

企业国际化的含义是很丰富的，首先要拥有国际化的品牌，要让全世界的人知道、认可、接受公司的产品。但是现在中国这个品牌在外国人的眼里还是一个低价值、低成本甚至是低质量的代名词。自我发展，建立起自己的品牌来是不容易的。其次要拥有国际化的管理团队，公司领导层应该熟悉不同国家、地区的文化和企业管理方法。公司中外领导可以分工负责不同地区的业务，中方领导主管国内业务，外籍领导主管国外业务，这样更有利于在不同地区拓展新的市场，只要企业内部建立起良好的沟通和管理机制，则在企业内外部都会有对企业发展有利的环境。

(资料来源：于春晖. 2006. 大并购：30个世界著名企业并购经典案例. 上海：上海人民出版社)

第二节 跨国并购的模式及并购方式

本节主要介绍跨国并购的基本模式及并购方式的内容。

一、按跨国并购双方企业所属行业关系分类

按跨国并购双方企业所属的行业关系，跨国并购可以分为横向跨国并购、纵向跨国并购和混合跨国并购。

(1) 横向跨国并购，指两个或两个以上国家生产或销售相同或相似产品的企业之间的并购。主要是为了提高行业集中程度，扩大世界市场的份额，增加企业的国际竞争力，直至获得世界垄断地位，以攫取高额垄断利润；而且，横向跨国并购还可以缩短投入/产出时间，降低投资成本，减少重新进入全新领域投资带来的不确定性因素，产生规模经济和企业协同效应。在横向跨国并购中，由于并购双方有相同的行业背景和经历，所以比较容易实现并购后的整合。横向跨国并购是跨国并购中经常采用的形式。

(2) 纵向跨国并购，指两个或两个以上国家生产同一或相似产品但又处于不同生产阶段的企业之间的并购。主要是为了稳定和扩大原材料的供应来源或产品的销售渠道，以达到减少竞争对手的原材料供应或产品的销售来排挤对手的目的；纵向跨国并购将同行业的上下游企业组成一个企业，稳定了供货及销售渠道，从而确保了生产经营的有序性和一定的可控性，降低了交易费用，获得相对信息优势和价格优势，增强产品的差异化能力，还可以通过内部交易合理避税，大大提高了企业的综合竞争能力和抵御风险的能力。纵向跨国并购双方一般是原材料供应者和产品购买者，对彼此的生产情况比较熟悉，并购后也比较容易整合，因此，也比较常见。

(3) 混合跨国并购，与横向与纵向跨国并购发生在相同行业之间，不同的是，混合跨国并购往往发生在不同行业之间。其目的是为了实现综合发展战略或多元化经营战略，减少单一行业经营的风险，增强企业在世界市场上的整体竞争实力；混

合跨国并购可以使企业从战略上充分利用和共享综合资源，通过合理配置和重组经营要素，以尽可能地降低成本，最大限度地赚取利润；并且可以通过多元化发展，分散企业的经营风险。由于混合跨国并购涉及多个国家及不同行业，所以并购后整合难度较横向跨国并购和纵向跨国并购都要大。

二、按收购公司与目标公司是否直接接触分类

企业跨国并购方式可概括为直接并购和间接并购，两者的基本区别在于收购公司与目标公司是否直接接触，在双方同意和互利的基础上完成所有权的重新组合或转移。

(1) 直接并购，指收购公司直接向目标公司提出拥有所有权的要求，双方通过一定程度的磋商，共同商定条件，根据双方敲定的协议完成所有权转移的方式。如果收购公司提出并购部分所有权的要求，目标公司就可能允许收购公司取得增加发行的新股票；若收购公司提出的是全部所有权要求，那么，可由双方共同磋商，在共同利益的基础上确定所有权转让的条件和形式，双方签订协议，按照协议条款和规定解决所有权转移问题。直接并购可分为前向和反向两种。前向并购指目标公司被并购后，收购方为存续公司，目标公司的独立法人地位不复存在，目标公司的资产和负债均由收购方公司承担；反向并购是指目标公司为存续公司，收购方的法人地位消失，收购方公司的所有资产和负债都由目标公司承担；并购双方究竟谁存续，谁消失，主要由会计处理、公司商誉、税负水平等方面来决定。

(2) 间接并购，指收购公司并不向目标公司直接提出并购的要求，而是通过在市场上收购目标公司已发行和流通的具有表决权的普通股票，从而取得目标公司控制权的行为。间接并购有两种基本做法：一是收购公司利用目标公司普通股票市场价格下跌之机，大量购进该公司的普通股票，从而达到取得该公司控制权的目的；二是收购公司在证券市场上以高于目标公司当前股价水平的价格，大量收购该公司的普通股票，以达到获得目标公司控制权的目的。间接并购一般不是建立在共同意愿的基础之上，因而极有可能引起公司之间的激烈对抗。

三、按跨国并购的支付方式分类

为了更好地了解一些有关跨国并购的技术性问题，这里再简要介绍一下跨国并购的支付方式。跨国并购的方式目前主要有以下四种。

1. 全额现金支付

即使是收购方以发行某种形式的票据所进行的购买也属于现金收购。现金收购的性质很单纯，购买方支付商定的现金后即取得被收购企业的所有权，而被收购企

业股东失去其所有权。它是许多中小型企业间并购最常用的支付方式，也是并购活动中最清晰、最方便、最快捷的一种支付方式。但是，采用这种支付方式，并购企业面临的融资难度较大，承担风险也更大。

2. “股权+现金”支付

“股权十现金”支付指并购方直接将股权作为支付工具来支付的方式，它同现金结合一起使用，即“股权+现金”支付方式，这是目前最常用的一种支付方式，双方都更能快速达成一致意见，往往可以实现双赢。

3. 转移支付

转移支付是通过以负债融资来寻求主要的资金来源，然后再用负债融资取得的资金来支付并购所需的价款；而且，转移支付的负债融资是以目标公司的资产和将来的收益为抵押担保来获取金融机构的贷款，或是通过目标公司发行高风险高利率的债券来筹集资金的。在这一过程中，收购方自己所需支付的资金很少，负债主要由目标公司的资产或收益来偿还。采用这种支付方式，收购方承担的风险较少，但不太常见。

4. 综合证券收购

综合证券收购指当收购公司对目标公司提出收购要约时，其出价不仅有现金、股票，而且还有认股权证、可转换债券等多种形式的混合。认股权证是一张由上市公司发出的证明文件，赋予持有人一种“权利”，即持有人有权在指定的时间，即有效期内，用指定的价格(即换股价)认购该公司发出指定数目(即换股比率)的新股。可转换债券是在特定的条款和条件下，持有者可以选择或放弃以其债券转换成股票。

第三节　跨国并购的特点及发展趋势

21世纪以来，经济全球化和技术信息化趋势日益明显，世界经济开始了新一轮的产业结构调整和要素重组，在这次调整和重组中，作为各种经济要素组合体的跨国公司在国际资本市场上推波助澜，发挥了主要作用。跨国并购作为跨国公司进行战略调整和价值链整合的主要工具和手段，发挥着越来越重要的作用，并出现了新的特点及发展趋势。

一、当前跨国并购的特点

(一) 跨国并购已经成为对外直接投资中的主要方式

198~2006年，跨国并购经过了三个阶段，在2000年达到高峰，总体呈波浪式前进态势。自20世纪80年代末期，跨国并购就成为了全球对外直接投资的重要模式，这一趋势在最近一次并购浪潮中更明确地显露出来。有关统计资料揭示，20 世纪 90 年代初期，以跨国并购形式流动的对外直接投资占全球对外直接投资流动的比重一直在 50%以下，到 1994 年，跨国并购首次超过“绿地投资”，占对外直接投资一半以上(51.4%)。此后连续五年，该比例直线上升，从 1996 年的 58%增加到 2000 年的 90%。2005 年全球外商直接投资额达 9160 亿美元，同比增长 29%，跨国并购总量占全球对外直接投资的 83%。

(二) 战略性并购为主

20 世纪 90 年代以来出现的跨国并购浪潮，是在世界经济全球化和信息化步伐不断加快的过程中产生的，跨国公司大规模的跨国界并购活动不再是一味地对抗和竞争，而是着眼于全球范围的资源配置和整合以构造全球生产体系，是一种着眼于长期竞争的战略驱动型经济活动。强强并购和战略性并购成为跨国公司获得竞争优势的主要手段。近年来，从跨国并购的实际动机来看，追求市场扩张和企业扩张越来越成为主流，追求短期财务收益的并购在跨国并购中的比重很低且越发呈现下降趋势，而以追求市场扩张与企业扩张交织的战略并购日益成为跨国并购的主导。在 2001 年全球十大并购案中，有六项可属于注重企业长期发展战略、追求企业扩张的战略并购，有三项可属于追求市场份额之列。当然，不能忽视的一个局部现象是，一些发达国家企业对一些发展中国家企业的并购，实现企业产品发展的战略转移也是主要目的之一。

(三) 横向跨国并购是并购的主要方式

从并购类型而言，横向并购的重要性日益凸显，无论是从并购企业数量还是从并购金额看，横向并购均占跨国并购的首位。自 20 世纪 90 年代后半期，横向并购份额不断提高，而混合并购和垂直并购的比重则在不断下降。1990 年横向并购金额占总金额的 55%，到 1999 年上升为 70%。混合并购在 20 世纪 90 年代中期企业多元化经营战略的影响下曾经很活跃，但到 20 世纪 90 年代后期，随着国际市场竞争的日益激烈，跨国公司改变了经营战略，更加突出企业的核心竞争优势，导致以多元化经营为目的的混合并购的比重开始下降，占并购价值的比重由 1991 年的 42%降至 1999 年的 27%。纵向并购的比重在 20 世纪 90 年代一直处于 10%以下。

(四) 并购行业分布广泛，投资重点转向高科技产业及第三产业

跨国公司的跨国并购行为几乎涉及所有的重要行业，包括钢铁、能源、航空、银行、保险、超市、电信、医药甚至大众传媒。随着科技革命的发展和全球经济一体化进程的加快，跨国并购由传统制造业向服务业和高科技产业转移的倾向也日益

增强。从总体上看，发生在第一产业的跨国并购比重较小，第二产业急剧下降，第三产业的比重迅速提高。20 世纪 90 年代以来，跨国公司在制造业投资增长缓慢，在以运输、仓储、通信、金融等服务业为主的第三产业投资持续增长，并且在第三产业投资额的绝对值早在 1995 年便超过了在制造业的投资。到 1999 年，第三产业并购已达到了 4354.4 亿美元，占世界跨国并购总额的 60%，在跨国公司国际直接投资中起着举足轻重的作用。进入 21 世纪以来，服务业内部的跨国并购主要集中在电信、金融和服务领域；2000 年，欧美通信业出现了跨国并购浪潮，如法国电信集团用 350 亿美元收购了英国第三大移动电信公司奥兰治公司，德国电信用 507 亿美元并购了美国声流公司，2001 年，惠普与康柏公司合并等。

(五) 并购范围呈现全球化趋势

20 世纪初到第二次世界大战以前的并购主要是在以美国为主的少数国家国内展开的。而 20 世纪 90 年代以来的并购，发达国家仍是跨国并购的主战场。全球 75%以上的对外直接投资主要集中在发达国家，且大多以跨国并购的形式完成。欧洲各国在全球跨国并购中日趋活跃。在 2000 年的跨国并购中，按收购方金额计算，英国、美国、法国、德国四国分别为 3824.2、1592.7、1687.1 和 586. 7 亿美元，四国总和占全球跨国并购总额的 67%。但是，在新的跨国并购浪潮中，发展中国家吸引的并购投资在明显增加，亚洲、拉丁美洲等新兴市场日益成为发达国家跨国公司并购的重点，并购已呈全球化。从并购交易的数量看，发展中国家的比重已从 1987 年的 5%上升到了 90 年代末的 19%，由发展中国家的公司作为购买方进行的跨国并购从 1987 年的 30 亿美元上升到了 1999 年的 410 亿美元。新的并购浪潮使得跨国并购占全部并购额的比重不断上升，全球化发展态势十分明显。

二、跨国并购的发展趋势分析

(一) 跨国并购在自由主义与保护主义的矛盾中发展

在对外直接投资方面的管制改革总体上促进了对外直接投资(尤其是跨国并购)的发展。这些改革主要包括简化手续、加强激励、减少税收，以及对外国投资者加大开放程度，但仍然存在明显的相反动向。在欧盟和美国，拟议的外资收购引起社会各界广泛关注。例如，2006 年年初，迪拜港口世界公司(DP World)并购美国铁行港口公司(P&O)事件在经历了马拉松式的美国外资并购安全审查之后，终被否决。在欧洲，米塔尔钢铁公司竞购阿塞洛钢铁公司一事也引起了关注，而且欧洲内部普遍反对欧盟有关服务业自由化的指令。美欧的外资并购管制措施主要着眼于保护内部经济与防范外国竞争，或加强国家对某些产业的影响。

(二) 跨国并购中特大并购的数量和规模持续增加，其中发展中和转型经济体增长迅速

2006 年全球特大并购多达 172 起(金额在 10 亿美元以上)，约占跨国并购交易总额的 2/3，是 2004 年的近三倍，在数量上也达到了 2004 年的近 2.5 倍，平均每次并购金额超过 35 亿美元。特别是 2006 年以来由于国际大型矿产资源公司的并购加剧，并购规模更加大型化。

(三) 跨国直接投资额持续高速增长

近年来，全球外商直接投资额持续高速增长，2006 年全球外商直接投资额达 13060 亿美元，同比增长 38%，主要增长区域在发达国家、发展中国家，以及东南欧地区、独联体中的转型期经济体。发达国家的国外直接投资流入量增长 45%，达到 857 亿美元，发展中国家和转型期经济体的投资流入量达到他们的历史最高水平，分别达到 3790 亿美元(同比 2005 年增长 21%)和 690 亿美元(增长 68%)。美国成为最大的东道国，英国、法国紧随其后，在发展中经济体中，中国、新加坡等吸引了数量最多的外资，俄罗斯则在转型期经济体中居首位。

(四) 对外直接投资的投资方式仍以跨国并购为主

世界对外直接投资持续增长的主要原因是世界范围内日益高涨的跨国并购浪潮。相比之下，新建投资在总对外直接投资中的比重近年来呈萎缩之势。尽管发展中国家吸引对外直接投资的绝对量逐年增加，但占世界对外直接投资总流入量的比重趋于下降，2000 年降到 16%，这种情况发生的部分原因是发展中国家 2000 年内发生的跨国并购基本保持在 1999 年的水平，没有大的增长。

需要说明的是，2001 年以后，发展中国家吸收的对外直接投资不断上升，特别是中国取代美国成为全球吸引对外直接投资最多的国家，使得发展中国家在对外直接投资中所占的份额增长较快。而在这些发展中国家，跨国并购所需要的金融、证券市场环境还不很完善，从而影响了跨国并购模式的选择，新建投资仍然占据绝对优势地位，这种情况从一定程度上影响了跨国并购在全球对外直接投资中的比重。但是从全球范围内来看，对外直接投资方式仍然是以跨国并购为主的。

第四节　跨国并购的风险及控制

一、跨国并购风险的特征

跨国并购风险指并购未来收益的不确定性，造成的未来实际收益与预期收益之

间的偏差或变动。跨国并购风险具有以下四个特征。

1. 客观性

客观性是指并购环境的不确定性和客观性，造成并购风险是客观存在的，是不以人们的意志为转移的。只要有并购行为，就存在并购风险，并贯穿于企业并购的全过程。人们无法回避并购风险，但可以采取措施控制并购风险向负面转化的程度和时间。

2. 动态性

并购风险是通过并购预期收益与实际并购效果的偏差来表现的，而影响这种偏差的因素是多方面的，同时影响这种偏差的多方面因素也是不断变化的。因此，并购风险具有动态性。企业只有在并购过程中根据不断变化的实际情况及时调整并购计划，才能实现预期的并购目标。

3. 非系统风险的可控性

并购风险只是企业并购发生损失的可能性，是一个潜在的问题，它不一定转化为现实的风险，并购风险从潜在转化为现实是需要时间和条件的。对于非系统风险，通过人们的努力是可以防范和化解的。例如，并购价格的不合理，会直接影响到并购的最终效果。但并购价格风险是可以控制的：首先，对被并购目标企业的评估和审计可以减少并购价格确定环节的风险；其次，在并购合同中对可能影响并购价格的不确定因素增加保留条款也可以部分化解并购价格确定的潜在风险；再次，如果在并购价格确定环节已经埋下了风险的种子，但并购者并没有察觉时，并购者可以在并购后采取风险隔离甚至毁约等措施将风险造成的损失减少到最低程度。

4. 社会震荡性

企业并购属于资本外延式扩张，其直接后果是企业规模的扩大和人员的急剧膨胀，尤其是目前席卷全球的第五次并购浪潮，创造了一批经济巨人和企业帝国。企业规模的扩大增强了并购后企业的市场竞争优势，提高了抵抗风险的能力。但规模扩大的同时也造成管理层次增多、管理幅度加大、决策机制不灵活，并有可能形成垄断，从而导致企业以及整个社会经济运行效率下降，尤其是缺乏互补性的投机性并购，往往导致股价轮番上涨，形成价值泡沫，造成社会虚假繁荣，而没有一定的实际效益作支撑的泡沫经济迟早要随着大规模的经济调整而破灭。

总之，并购风险是客观存在的，是不以人的意志为转移的。随着并购方式的不断发展，并购规模的不断扩大，并购风险的影响因素也愈来愈多，风险影响的范围和程度愈来愈大。因此，在并购过程中，要不断提高识别风险和管理风险的能力，并通过努力把风险控制在可以承受的范围之内。

二、跨国并购风险的分类

跨国并购风险是由多因素和多环节形成的，主要由外部风险和内部风险组成。外部风险主要来自于企业外部，包括来源于政治、政策、法律、文化及自然环境的不确定性；内部风险则主要源于并购的各个环节，包括决策风险、融资风险及整合风险等。

（一）外部性风险

1. 政策风险

影响跨国并购的政策风险主要是税收政策风险、金融政策风险及产业政策风险。

(1) 税收政策风险。一个国家税收政策包括税种、税率、征税环节、征税期限及减免税优惠政策等，这些因素都有可能影响到企业跨国并购的实际效果。税收作为国家调节经济的重要杠杆和财政收入的主要来源，是随着经济形势的变化而不断调整的。新税种的开征、税率的提高、税收优惠政策的提前终止将增加并购成本，减少预期收益；反之，将减少并购成本，增加预期收益。税收政策对企业并购的影响还体现在企业并购交易方式的选择方面。例如，美国税法规定：对于以换股方式进行交易的企业并购可以延迟纳税，而对于以现金方式交易的企业并购则立即征税。

(2) 金融政策风险。影响企业并购实际效果的主要金融杠杆是利率、汇率。金融政策风险包括利率风险、汇率风险和产业政策风险。① 利率风险是由预期利率和实际利率的差异而导致的企业实际并购效果的不确定性。如果预期利率高于实际利率，在借入资本的条件下，会增加并购收益；反之，如果预期利率低于实际利率，则会减少并购收益。利率的变动对企业并购的影响是巨大的。它不但直接影响到借以确定并购 NPV 的折现率和以借入资本支付并购价格的资本成本，而且还直接影响到公开上市公司的股票价格。投资者可以通过投资股票取得投资收益，也可以通过存入银行取得利息收入。股票红利越高，股价越高；相反，利息越高，人们会选择存款而从股票市场撤出投资，从而导致股价下跌。因此，利率与股价的反比变化，决定了利率的波动对企业并购尤其是上市公司并购的预期效果能否实现将产生重要影响。② 汇率风险，是指在企业并购过程中尤其是国际并购活动中由汇率变动而引起的未来收益的不确定性。在企业并购过程中，汇率风险主要表现在以下三个方面。第一是外币支付风险：无论以自有外汇还是以借入外汇支付并购价格，并购预测日与实际支付日之间存在时滞，造成原有预测汇率与支付日实际汇率产生差异，构成外币支付风险。第二是外币结算风险：当企业以外币结算销售收入，清偿债权债务的过程中，因汇率变动导致未来收益的不确定性。第三是估价风险：企业外币业务发生时的记账汇率与决算日的实际汇率产生差异引起的汇率风险。并购跨国经营企业在合并海外子公司、分公司报表的过程中，还要将以东道国货币为记账本位币的分公司、子公司的资产和负债折算为母公司所在国的货币，在折算过程中，同样面临着估价风险。

(3) 产业政策风险。企业通过并购所要进入的产业或行业，是并购后企业所面临的最直接的外部环境。企业并购必须考虑国家产业政策的变化，以及所进入行业的成长性和竞争的激烈程度，否则，将面临产业政策变动的风险。首先，应明确所并购的目标企业在国家产业政策体系中的地位和发展前景，是朝阳产业、还是夕阳产业，国家是否持扶持态度，行业的成长性是否放慢；所并购目标企业在行业中所处的地位、优势以及不足，通过并购实现的规模优势、技术优势、市场优势能否改善目标企业在所在行业中的地位等，否则不但形成不了新的竞争优势，而且还有可能拖累并购方自身的发展。其次，企业并购还要考虑国家的环境保护政策。各个国家和地区都采取了相应的环保政策，对危害人类生存前景的行业和企业提出了相应的限制措施，而且实施力度越来越大。环保政策一般体现在政府的产业政策之中。如果企业并购忽视环保政策、产业政策的限制，就有可能使企业并购误入陷阱。

2. 政治风险

政治风险是与一个国家主权有关的不确定因素。政治风险对企业并购的影响在于与国家主权有关的政策变动会导致经济环境的变化，进而影响到企业并购的实际效果。战争、政变、内乱将导致一个国家经济严重衰退；没有经济补偿的强制性国有化会给企业造成巨大的损失；外汇管制使得资本和利润不能有效流动和转移等。政治因素的变动导致资本的安全性受到削弱，资本的流动性受到限制，并直接影响到资本的增值能力。但政治风险并不是个人和企业的能力所能控制的。企业只有在并购之前全面评估政治风险发生的可能性，并根据企业的风险承受能力作出合理的并购决策。

3. 法律风险

企业并购过程中的法律风险主要表现在为维护公平竞争的市场秩序和消费者利益而制定的反垄断法，为保护中小股东利益而制定的证券监管法，以及并购协议签订的不严密而可能导致的诉讼风险。

(1) 反垄断限制。企业并购一般伴随着资本集中和市场份额的扩大发展，资本集中往往形成垄断。垄断者凭借其资本优势和在竞争中的有利地位，采取垄断加价的办法获得垄断超额利润，破坏了公平竞争的市场秩序，侵害了中小企业和消费者的利益。因此，各国政府出于保护公平竞争和提高市场活力的考虑，制定了一系列法律对并购行为进行限制。英国的《城市守则》规定，若收购方已控制了某一行业四分之一强的市场份额，或者收购完成后，其市场份额超过四分之一，那么，英国贸工部和公平交易局就有权将该并购协议提交垄断与兼并委员会审查。因此，企业并购必须考虑反垄断法的限制。

(2) 证券监管法律限制。对于与上市公司有关的企业并购，还要面临证券监管法律的限制。证券法律对上市公司并购的限制主要是为了保护中小股东的利益，如我国的《证券法》规定：收购上市公司5%的可流通股份必须公告，收购股份比重超过可流通股份的30%必须向全体股东发出全面收购要约，收购人持有所收购上市公司的股份在三个月之内不准转让等都是为了保护中小股东的利益，解决中小股东在并购过程中的信息不对称问题。如果企业在并购上市公司过程中忽视证券监管法律的限制，必然会对企业并购能否顺利实施及收购价格产生重要影响。

4. 文化风险

跨国并购是跨行业、跨国家、跨民族进行的，随着并购引起的利益关系的调整，有可能带来民族文化冲突和企业文化冲突等风险。

(1) 民族文化冲突。在人类历史发展过程中，人们的生存环境不同，导致人们对自然界的认识不同，以及征服自然、改造世界的方式不同，从而形成了不同的民族文化和价值观念。如果企业并购尤其是跨国并购忽视或无视民族文化的差异，不尊重其他民族的生活习惯和价值观念，则很难收到预期的并购效果。在日本索尼影视有限公司收购美国哥伦比亚三星电影公司之后，美国掀起了抵制日货的风潮。许多老一辈英国人认为把劳斯莱斯卖给德国大众公司无异于叛国。更有甚者，劳斯莱斯的创始人亨利·罗伊斯的后人则宣称，将劳斯莱斯卖给德国公司会使亨利·罗伊斯在坟墓中一分钟翻身30次。民族文化冲突不但增加了企业并购的难度，同时对并购后的管理和整合也将产生重要影响。

(2) 企业文化冲突。企业文化是企业在长期发展过程中通过不断的尝试和探索逐步形成的，是维系企业稳定和发展的基础。在并购过程中，如果不考虑企业文化的差异，必然引起企业文化的冲突，进而影响并购后企业的运行效率。例如，在星期五，美国企业职员上班时可以不系领带，但这在德国是绝对不能容忍的。德国和美国企业文化的差异不但体现在着装上，而且还表现在与上司说话的方式、批评职员的措辞及上下级之间能否越级沟通等方面。无视企业文化的差异会使并购后的企业难于产生合力和向心力，进而使并购效果大打折扣。

上述风险是企业跨国并购过程中所面临的主要外部风险。一般情况下，外部风险是跨国公司进行跨国并购对外直接投资决策必须首先面对和考虑的问题，跨国公司通过分析评价，选择一个具有良好投资环境的区位，可以适当降低或减少跨国并购的外部风险。

(二) 跨国并购的内部风险

从跨国并购内部运行程序来看，跨国并购过程主要是三步交易。第一步是并购决策交易；第二步是融资与支付交易；第三步是并购整合交易。与此对应，第一步交易的主要风险是目标企业与并购价格的评估确定，第二步交易的主要风险是融资所带来的融资安排、融资结构风险，第三步交易的主要风险是并购后的重组和整合风险。

1. 并购决策风险

企业并购是进入新领域、迅速实现资本扩张的主要方式。为了保证并购决策的合理性，并购方必须首先确定目标企业的实际价值，并以此正确确定企业并购价格。在实际并购过程中，并购双方对目标企业的信息了解存在不对称。被并购方比并购方更为了解有关本企业的实际经营情况、发展潜力和潜在风险等方面的信息。而并购方对目标企业信息的了解一般是从目标企业的年度报告、股价变动情况和财务报表等方面取得的。为了保证目标企业信息的真实性、全面性，并购方一般要求对目标企业进行评估、审计和法律鉴定，但即使如此，并购方了解的信息仍是有限的。同时，并购方对目标企业的信息了解并不仅包括财务信息方面，还包括企业组织结构、产品结构、技术水平、发展潜力、市场前景等方面的信息。因此，企业并购双方在并购过程中的信息不对称使并购后的企业面临着潜在的风险。处置不当，可能直接影响企业并购的实际效果。

2. 融资安排和融资结构风险

跨国并购一般涉及较大资金的交易，因此融资是一个不可避免的环节。融资安排是企业并购计划中非常重要的一环，在整个并购链条中处于非常重要的地位，如果融资安排不当或融资结构前后不衔接都有可能产生财务风险，甚至可能导致并购失败。

(1) 融资结构风险。融资结构包括企业资本中债务资本与股权资本结构、债务资本中短期债务与长期债务结构等。合理确定融资结构一要遵循资本成本最小化原则，二是债务资本与股权资本要保持适当的比例，三是短期债务资本与长期债务资本合理搭配。在以债务资本为主的融资结构中，当并购后的实际效果达不到预期时，将可能产生利息支付风险和按期还本风险。在以股权资本为主的融资结构中，当并购后的实际效果达不到预期时，会使股东利益受损，从而为敌意收购者提供了机会。即使完全以自有资金支付收购价款，也存在一定的财务风险。在企业发展过程中，企业不但面临许多不确定性因素的影响，同时也存在一些新的发展机会，当这些不确定因素和发展机会同时出现时，都需要一定的资金支持，而企业重新融资是需要时间的，一旦企业的自有资金用于收购而重新融资又出现困难的情况下，不但造成机会成本增加，还会产生新的财务风险。

(2) 资金使用结构风险。企业并购所融资金在使用方面包括三方面内容。① 并购价格，指支付给目标企业股东的买价；② 并购费用，为完成并购交易所需支付的交易费用和中介费用；③ 增量投入成本，为启动目标企业的存量资源，发挥并购双方资源优势而支付的启动资金，输出管理、输出技术、输出品牌等无形资产支出及其他配套投入成本。企业并购资金不但有量的要求，而且还有使用结构的要求。任何方面的安排不当，都将影响到企业并购效果的如期实现。

3. 并购整合风险

重组和整合工程其实是对并购双方资源的重新配置，并购双方人员素质的不同、组织管理方式不一，以及企业文化的差异等都会造成重组和整合的困难。首先，并购双方的资源具有互补性、关联性是重组的基本条件，只有对具有互补性、关联性的各种资源进行重组才能产生协同效应。其次，并购之后首先面临的是企业规模的迅速扩大，但企业规模的扩大必然导致管理面扩大、管理链条加长。如果企业规模过于庞大而没有相应的组织系统作保证，管理水平跟不上去，则会带来管理失控，不但不能抵御风险，还有可能带来新的风险。企业并购过程中的组织风险，正是由企业组织系统设计不合理造成的。最后，企业并购是双方生产要素的重新组合，恰当的人事安排、合理的职工安置计划、适当的激励措施，可以调动劳动者的积极性和创造性，稳定下岗员工的情绪，能够提高劳动生产率。一旦实际整合效果达不到员工对并购应有的预期，就会对并购后的企业产生抵触情绪，甚至会对并购双方的管理者产生敌意，可能直接导致并购的失败。

三、跨国并购风险管理程序

并购风险管理程序是为了实现企业并购预期目标而采取的风险管理步骤。一般的跨国并购风险管理程序如下。

1. 确定企业并购风险管理目标

并购风险管理目标是通过对并购风险的管理，防范和化解并购风险，尽量减少并购风险可能造成的损失，努力实现并购的预期。并购风险管理目标是根据并购双方的实际情况及其所处的外部环境，在全面分析企业并购环境及其变化可能引起的风险，以及采取一定的风险管理措施可能化解和减少的风险影响程度的基础上制定的。制定并购风险管理目标必须契合并购双方的实际情况并具有一定的预见性。风险管理目标过高将造成管理难度加大，风险管理目标过低则失去了风险管理的意义。

2. 全面评估并购风险

风险评估主要是确定并购风险可能出现的环节、可能引起并购风险的因素，这些环节、这些因素可能造成的损失程度及并购方能够承受的最大风险损失。并购风险的评估过程实际上是识别风险、计量风险、确定企业风险承受能力的过程。识别风险、计量风险是企业并购风险管理的前提。确定风险可能造成的影响是提出适当的风险管理措施的条件。而企业的风险承受能力则是对并购方的规模与实力，以及所并购目标企业的规模、风险发生的可能性、风险可能造成的损失程度等因素综合衡量的结果。在风险承受能力范围之内的风险及损失，企业可以采取一定的措施加以补救或忽略不计，而一旦企业并购风险所造成的损失超出风险承受能力，企业可能陷入危机甚至破产。

3. 制定并购风险管理对策

风险管理对策是根据企业并购过程中已识别的风险及其风险强度提出的预防性建议。跨国并购风险具有极大的不确定性，风险对策是为了控制和消除这种不确定性的发生、改变不确定性发生的时间、控制不确定性的影响范围及减少不确定性可能造成的损失程度。风险对策必须具有针对性和可操作性。企业并购的风险管理不但要求从风险的角度评估并购计划的可行性、合理性，而且还要针对可能出现的风险制定相应的风险对策。

4. 开展风险管理

风险管理是根据企业风险管理目标，对并购实施过程中可能或已经出现的风险因素和风险环节，采取相应的风险管理措施，以努力消除潜在的风险、化解已经出现的风险、减少风险所造成的损失程度。同时，并购风险是动态的，企业必须随着变化了的客观环境调整风险管理目标、重新评估风险、拟定新的风险管理对策，努力将并购风险控制在可以承受的范围之内。

四、企业并购风险管理手段

企业并购风险管理手段有如下六种。

(1) 风险规避，是通过放弃整个并购活动或放弃其中的一些项目以从根本上消除风险可能造成的损失。真正意义上的风险回避，并不是放弃整个并购活动，而是通过放弃其中的对企业并购效果影响较大的一些不确定性因素，以实现风险回避的目的。如企业应收账款对并购价格影响较大，在应收账款账龄过长、核实困难的情况下，可以将应收账款从并购价格中剔除出去交由目标企业股东承担，以回避应收账款可能造成的价格风险。

(2) 风险控制，是对已经发生的风险，通过采取一定的风险控制措施以降低风险可能造成的损失程度。当并购风险从潜在转化为现实时，企业无法通过风险回避或风险转移的方式，全部消除并购风险造成的风险损失，只能通过采取一定的措施将风险可能造成的损失控制在一个适当的范围之内，以将该风险可能造成的损失减少到最低程度。如在采取分期付款支付并购价格的条件下，市场环境的变化使并购后的企业收益达不到预期，而且在未来若干年内达到预期的可能性不大。继续经营下去，企业要承受长期亏损的风险；中止合同，企业要承受违约风险。并购者就要在两者之间作出选择。如果长期经营亏损造成的损失大于违约损失(包括已支付的并购成本)，并购者就可能采取违约的方式以减少损失程度。如果违约损失大于经营损失，企业还可以在违约风险与将所并购的目标企业转手出售的风险之间作出选择。并购后的目标企业能否出手、出手价格，以及出手价格与违约损失的对比是决定选择何种方式的关键。在难以出手的情况下，并购方还要采取其他风险控制措施降低风险损失程度。风险控制是并购风险管理中较为常用的手段。

(3) 风险隔离，是将某一可能的风险因素在时间上和空间上隔离起来，以减少这一风险可能造成的损失对整体并购效果的影响程度。风险隔离可以比较有效地控制风险，从总体上减少风险所造成的损失程度。但风险隔离增加了风险单位的数量，导致总体管理费用增加。例如，被并购的目标企业同时生产几种产品，产品关联程度不大，有的产品市场前景较好，而有的产品市场前景一般，市场前景一般的产品可能是产生并购风险的主要因素。这时，可以将生产市场前景一般的产品的生产要素从并购后的企业中独立出去，隔离为独立的企业法人，并对其采取专门的风险管理措施。一旦管理失败，该产品及其生产要素将随着被隔离的企业一起破产，从而避免对其他产品的影响，保证企业总体并购效果的顺利实现。

(4) 风险组合，是与风险隔离相对应的一种风险管理手段，即通过增加风险单位的数量，实行一定的风险组合以分散风险。在风险隔离的方式下，增加风险单位数量的目的是对已知的某一因素可能造成的风险单独隔离起来，避免一个风险因素造成的损失影响整个企业。而在风险组合方式下，并购者并不知道何种风险因素可能会对企业全局造成何种影响及影响程度，增加风险单位数量的目的仅是为了分散风险，提高企业整体的风险防范能力。风险过分集中可能使企业承受的总体风险有所增加，而不同的项目有不同的风险，因此，通过一定的风险组合将过于集中的各种风险因素加以分散，可以降低企业整体的风险水平，确保企业平稳发展。

(5) 风险固定，指对于可能无法避免的风险，将可能发生风险的因素固定下来，以减少风险可能造成的损失程度。例如，在跨国并购中，以外币支付并购价格不可避免地会面临汇率变动的风险。为了防止可能产生的汇率风险，减少汇率变动可能造成的损失，并购方可以在并购合同签订日，通过国际外汇期货市场买入远期外汇合约，把汇率锁定下来。财产保险也是为了防止自然力风险因素的影响，减少自然力风险可能造成的损失而采取的风险固定措施。

(6) 风险转移，是对可能发生的风险采取一定的措施进行转移，以减少风险可能造成的损失。风险转移是通过对某一风险因素可能造成的损失在各承受者之间重新分配来转移风险的。风险转移不能消除风险，但能减少某一承受者的风险损失。例如，在企业并购过程中，并购双方所掌握的信息不对称，并购方对被并购目标企业的或有项目，如抵押、担保等难于全面核实和了解，在签订并购合同时，并购方可以将这些或有项目可能引起的风险通过合同的形成明确下来，以分清双方的责任。这样，通过增加合同条款将风险可能引起的财务负担和法律责任一起转移。再如，企业并购交易完成后，并购方对目标企业追加投入的流动资金及其他资金，有时是通过以目标企业的财产作抵押向银行贷款取得的。这种方式不但减轻了并购方的资金压力，增加了企业的融资能力，而且当被并购的目标企业出现风险时，可以将该风险造成的损失限定在目标企业内，减少并购方可能造成的损失。在杠杆并购的方式下，甚至并购方支付给目标企业股东的并购价格也是以目标企业的财产作抵押向银行贷款取得的，并购方仅支付少部分配套资金。一旦被并购企业出现财务风险可能破产时，可以促使并购双方和贷款银行共同采取措施以减少风险损失，因为并购成功与否是三者共同利益之所在。众多杠杆并购企业对管理层实行股票期权奖励计划也是股东为了转移部分风险而让出部分剩余索取权，以给目标管理层提供动力和增加压力。

企业并购风险管理手段只能对潜在风险和企业可以承受的现实风险发挥作用。一旦并购风险所造成损失超出企业的风险承受能力时，并购风险便转化为并购危机，危机发展到一定程度，可能导致并购失败。并购危机和并购失败是并购风险的极端表现形式，需要采取特殊的风险管理手段进行管理。在当今开放、流动的市场经济条件下，企业竞争力与其说取决于企业的获利能力，不如说取决于企业把握风险的能力。只有那些能够发现机会、把握机会，并在把握机会的同时能够控制机会可能产生的风险的企业才能取得最终成功。

第五节　外资并购对我国企业的影响及应对措施

对外商投资企业特别是大型跨国公司收购中国企业的现象，到底怎么看待，站的角度不同，结论也不尽一致。归纳起来，跨国公司对中国企业的并购既有其正面效应，也有不可回避的负面影响。

一、外资并购的正面效应

采用并购方式吸引外资，有效地拓宽了国有企业的融资渠道，引进了先进的管理方法和技术，优化了资源配置，促进了产业结构的调整和现代企业制度的建立，对我国经济发展起到了积极的推动作用。其正面效应主要表现在以下八个方面。

(1) 有利于拓宽国有企业发展的融资渠道，为国有企业技术改造提供了新的资金来源。由于我国长期的计划经济体制，国有企业自身积累不足，缺乏技术改造所需的资金，限制了企业扩大再生产的能力。在日益激烈的市场竞争中，企业要生存发展，需要持续地进行技术升级换代。如果没有持续的技术改造投入，即使企业目前经济效益比较好，在长期竞争中也将难以维持。缺乏技术改造所需的资金积累必然导致企业发展缺乏后劲，一遇到竞争即面临困境。因此，外商投资企业收购中国企业，能进一步拓宽国有企业发展的融资渠道，在一定程度上满足我国企业技术改造、产品结构调整的资金需求。

(2) 可以促使国有企业转换机制。国有企业引入外国直接投资，实现了国有企业与外商资本的结合，不仅改变了国有企业单一的资产结构，而且通过产权界定资产评估、建立法人治理结构，使产权关系明晰；国有资产与外资合二为一，资本追逐利润的属性便显现出来，一改国有资产动力不足、约束力软化的弊端；资本要求增值的本性将毫不留情地排除一切非生产经营因素的干扰，甩掉企业的“包袱”，实现要素的合理组合和技术进步；合资企业外商参与管理，并参照我国《中外合资经营企业法》运作，就从产权和法律制度上解决了政企不分的问题。与此同时，合资企业采用与现代市场经济相适应的管理制度和管理方法，在工资制度上引入激励和约束机制，并依法建立企业员工的社会保障制度，从而使企业成为能够与市场经济完全接轨的市场竞争主体。

(3) 有利于引进先进技术和管理方法，提高中国企业的国际竞争能力。从外商企业和跨国公司引进的先进技术和管理制度，对中国运用先进技术改造原有国有企业，并提高这些企业的经营管理水平，发挥了较大的影响。众所周知，在跨国公司向中国投资并进行企业并购时，他们不仅带来了庞大的资金，还带来了当今较为先进的科学技术和纯熟的经营管理方法。前者如上所述，促使中国国有企业资金来源实现多元化。后者则一方面加强了中国国有企业的技术更新，有助于企业技术改造，并通过技术外溢和扩散等途径带动国内同行业企业的技术升级。由中方控股的上海贝尔电话设备公司，现在已成为世界上规模最大的程控交换机生产企业。另一方面，通过外资并购还可以引进国外先进的经营管理办法，不仅有利于中国企业管理水平的提高，同时也在一定程度上提高了中国企业的国际竞争能力。

(4) 有利于为我国企业海外投资积累经验，促进我国对外跨国并购的发展。目前我国的海外投资，主要采取设立中资独资企业或外中合资企业的方式，很大程度上得益于外商投资提供的经验。我国海外投资采用跨国并购方式较少是因为国内企业缺乏跨国并购投资的经验。吸引外商来中国并购投资，可为我国企业提供近距离的学习机会和实践体验，为更多的企业进行海外投资时采用更灵活多样的投资方式提供帮助。

(5) 有利于减少重复建设，优化资源配置。从 20 世纪 90 年代中期开始，中国经济从短缺经济转向供应充裕的经济，制造业中许多行业出现较大比例生产能力过剩的问题。外商在我国建立独资企业或合资企业，绝大多数都有新的建设项目，增加了重复建设问题和国内生产能力过剩问题。采用外资并购方式吸引外资，能有效地解决以往多年存在的现有生产能力过剩和外商不断建设新企业的矛盾，使资源配置更加优化。

(6) 可以推进技术进步和产业升级。跨国并购可以推动国内企业的技术进步，并通过技术外溢和扩散等途径带动国内同行业企业的技术升级。

(7) 可以使国内企业更有效地参与国际分工。根据弗农的产品生命周期理论，一种产品的一次生产在创新国、其他发达国家和发展中国家之间转移。在向发展中国家转移的时候，跨国公司会考虑已有的分支机构和生产能力。在同等条件下，如跨国公司在中国有其权益，会优先考虑将生产转移到中国来，从而使中国较其他发展中国家获得一定的技术优势。

(8) 可以培养高级技术和管理人才。通过并购，跨国公司可以将先进的技术和管埋理念带入中国。企业并购后在其中工作的中方技术和管理人员，将构成未来中国企业的有生力量。

二、跨国并购的负面效应

跨国公司收购中国企业既有有利的一面，也有不利的一面。从其负面效应进行考察，主要体现在以下七个方面。

(1) 外资并购国有企业会削弱国家宏观调控力度。通过跨国并购，外资公司的子公司已经遍布我国国民经济各个行业，并在部分行业形成寡头垄断和独家垄断的局面。这些行业经营发展战略，已经脱离了国家的行业监管，在企业数量、生产品种和规模、生产布局等方面，行业主管部门、国家综合经济管理部门都无从干预和协调。跨国公司母公司从其全球战略经营出发，来安排子公司在我国的发展，使国家的金融政策、财政政策的宏观调控手段的调节力度下降。例如，跨国公司可以在全球范围内投资，它们在我国国内的子公司可以对金融政策作出较少的反应；跨国公司的子公司可以采用高进低出、转移定价、抽逃利润的方法，使企业长期微利或亏损，以逃避税收，从而削弱我国宏观调控力度。

(2) 外商并购国有企业会导致国有资产的流失。我国目前的产权交易不规范，外商的大量并购必然导致国有资产严重流失。在客观上，我国的资产评估制度不完善，评估方法不够科学，一些无形资产的价值常常被忽视，低估国有资产的现象时有发生。我国产权交易没有明确的法律规范，外商并购国有企业常表现为一种私下交易，没有公开竞争，资产流失在所难免。在主观上，国家给予外商投资企业的种种优惠，有利于企业自身的改造发展，因而有些企业为了本企业的私利，明知被外商占了便宜，也随意转让产权，造成资产流失。

(3) 外资并购国有企业会对我国产业结构的优化产生影响。外资大量并购国有企业，不利于我国产业结构的合理化。如果听任外商控股收购，那么一批效益好、事关国计民生和具有战略意义的企业就会被外商所控制，而其他企业迫于竞争压力也只好寻求合资，以求生存，这将使我国经济面临外资充斥的局面。然而，外商的投资目的在于赢利，并购我国企业之后，就会将该企业纳入其集团中，根据集团总利益来决定该企业的产品种类和产量，而不会考虑我国产业结构的合理化问题。这就导致行业发展主导权的转移，偏离国民经济发展目标，最终侵蚀国有经济的基础。

(4) 外资并购国有企业会造成市场垄断。跨国公司凭借其雄厚财力及在广告、销售渠道等方面的优势，使国内许多达不到经济规模，资源配置效率低下的企业处于劣势，甚至被挤出市场。有资料显示，我国医药行业中大部分已被外资所控制；移动通信市场的 3/4 已被摩托罗拉公司、诺基亚公司、三星集团等公司占领；在彩色胶卷市场，其中绝大部分已被柯达、富士所控制；至于饮料市场，几乎成了可口可乐、百事可乐的天下。

(5) 外资并购国有企业会冲击民族工业的发展。跨国公司对我国企业进行收购后，为了占据更多的市场份额，这些外国公司要同我国企业进行激烈的竞争，直到最终挤垮民族工业。对于这一点，我们必须有清醒的认识。

(6) 外资并购可能会抑制国内企业家要素的积累和成长。发展中国家的经济发展除了依靠资本、技术等要素的积累和成长外，更重要的是依靠本地企业家要素的积累和成长。企业家要素是当地技术、生产和组织创新的源泉，也是调动当地各种资源，形成当地经济长期发展基础的关键要素。跨国公司在实施跨国并购后为贯彻其全球战略，往往会控制公司的主要领导地位，原有中方领导者被排挤到次要位置。同时，跨国公司为取得垄断高额利润，往往采取倾销等手段打击国内同类竞争者。

跨国公司凭借其雄厚的财力，在广告、销售渠道等方面采取咄咄逼人的态度，往往使得国内企业家无法与之抗衡而破产倒闭或者陷入困境。

(7) 外资并购会导致本国企业在国际分工中的依赖性。在当代国际分工中，企业的研究开发能力、管理技能和销售技能是一个国家在国际分工中处于优势地位的基础。中国的企业一般还不具备这种能力与技能，在很大程度上是被动地被跨国公司卷入国际分工活动，这就造成其在参与国际分工中对发达国家跨国公司在技术、管理和销售渠道等方面的依赖。

三、我国应对外资并购的对策建议

外资并购是把“双刃剑”，在带给我们好处的同时，也给我国的经济发展带来不可避免的负面影响。在经济全球化条件下，特别是我国已加入世界贸易组织，应当肯定地说，以并购方式吸引外商直接投资，总体来看是利大于弊。我们要适应国际上对外直接投资方式转变的潮流，采取积极措施，努力探索外资并购的规律与途径，趋利避害，在尽量减轻乃至避免其负面影响前提下，创造条件鼓励外商以跨国并购方式对我国进行直接投资。

(一) 更新观念，统一认识

首先，应当从全球跨国投资发展趋势和国内经济发展需求的角度，看待跨国并购投资的战略意义。并购不仅仅是为了解决亏损企业问题，更是为了使国内企业整体上提高竞争力，适应国内外不断变化的竞争环境。跨国并购将引进新的经营管理、技术、全球营销网络等各种资源，从而提高国有企业存量资产的质量。同时，将竞争性行业的大量国有企业向跨国并购开放，可以使政府集中财力支持少数重要战略性行业和领域中的重点国有企业，保持国有经济在这些行业和领域中的竞争力。其次，在以跨国并购方式利用外资问题上树立起长远的战略性意识，要摒弃在民族资本、民族工业及品牌问题的狭隘观点。如果一味以保护民族资本为由，拒绝外资并购，国内企业又无法通过自身的努力摆脱经营困难的局面，则只会束缚企业重组的进行，导致民族资本的更多损失。

(二) 改善政策环境，健全完善法律体系

1. 要营造适宜的体制和政策环境

我国制定吸引外资并购的优惠政策，要使以并购方式投资的外商与以新设方式

投资的外商能够享受大致相同的政策待遇。大力吸引国外著名的跨国公司来中国并购投资，鼓励这些企业在中国设立研发机构，以加快技术进步，促进产业升级。要下放外商并购国有企业的审批权，简化某些前置审批环节，降低外商进入的门槛。处理好被并购企业富余人员的安置问题，制订类似“并购企业职工辞退赔偿办法”，使职工利益得到切实保障，并使谈判双方有据可依。

2. 要逐步健全完善相关配套法规体系

管好跨国并购这把“双刃剑”，既要依靠市场调节，也要依靠政府干预，但最重要的还是要健全相关法律。目前，在我国适用于外商投资的完备的法律体系尚未建立，远远落后于实践的需要。因此，应借鉴西方国家的立法经验，清理外商投资法规政策，对其中阻碍正常的跨国并购的法律、规定、政策加以修改，尽快填补《反垄断法》、《跨国并购审查法》、《产业政策法》的立法空白，完善《反不正当竞争法》，以确立跨国并购法律体系的基本框架，形成我国规范并购行为的法律法规体系。在立法过程中，需要重视法律法规的可操作性，尽量减少由外资进入而导致的市场扭曲和对本国企业家才能要素的抑制。进一步研究具体的行业性跨国并购条例，明确当前哪些行业能够容许跨国并购，以便引导跨国并购向优化我国产业结构、产品结构和产业组织结构方向发展。

(三) 加快推进相关配套市场和体系建设

1. 加快推进证券市场建设并增加开放度

证券市场的价格发现功能及上市公司资产的流动性，使通过证券市场进行企业并购交易的公正性、公平性能较好得到保证。为了充分发挥证券市场对我国利用跨国并购吸收外资的作用，应该加快推进外商投资企业在A股上市，有限度地对境内外资企业开放A股市场，进一步活跃B股市场，推进国内优质企业在海外上市等工作，使证券市场进一步发挥促进外商对华并购投资的作用。

2. 加快建立中介服务体系

加快建立包括产权交易、融资担保、会计审计、资产评估、法律咨询等方面的中介服务机构，提高外资并购的成功率。跨国并购是涉及专业知识范围较宽、难度较高的交易行为，需要经验丰富、实力雄厚的中介机构来操作。我国国内目前还缺乏这方面的专门机构和专业人才。因此，一方面，需要培育国内的中介机构，使他们尽快学会按国际规则操作；另一方面，开放这些服务业务给国际中介机构，并尽快本地化。我们要鼓励国内的这类中介机构进行合并以提高规模和竞争能力，并与国际企业竞争，也允许外商在这些服务行业进行跨国并购。

(四) 加强宏观管理，保护国家经济安全

在整个外资并购活动中，政府应该适当地发挥宏观调控作用，尽可能地避免和减少外资并购带来的风险，保护国家经济安全。

1. 转变工作重点，加大对外资并购选择的政策导向力度

首先，政府应切实杜绝乱收费、乱检查和乱摊派的现象，由目前侧重事前审批转向侧重事中检测和事后检查。其次，政府应将调整产业结构和吸引外资并购相结合，加大对跨国并购选择的政策导向力度，分别明确鼓励、允许、限制、禁止外商投资的领域和范围，改变目前一般加工工业和劳动密集型项目过剩现象，促进产业结构升级，提高企业竞争力。

2. 确定对外资并购开放的具体行业

明确当前哪些行业允许跨国并购，以引导跨国并购为优化我国产业结构、产品结构和产业组织结构服务。根据当前和今后一个时期的发展实际情况，符合以下两个条件的产业，均可对外资并购开放。一是不涉及我国国民经济命脉的主要行业和关键领域，即使外商控股或外商控制，也无法左右国民经济的发展。二是我国缺乏国际竞争优势且全球化程度较高的产业。此类产业即使不允许参与跨国并购，也难以独立地快速成长，利用外资并购反倒可以获得更好的发展机会。

3. 保护支柱产业

凡涉及国计民生和国家安全的产业，在并购中一定要坚持中方的股权及技术的控制权。这里所说的支柱产业，不仅包括能源、化工、电子、钢铁等传统的支柱产业，还应当包括信息、生物、新材料等高新技术产业，它们决定我们未来在国际分工中的地位及未来世界财富的分配。在这些领域中应有限制地实施市场准入，不能全面开放。即使允许这些领域的兼并与收购，也要确保中方的多数股权和绝对的技术决策权。

4. 进一步完善国有资产评估体系

要建立高质量的资产评估队伍和公正的评估机构，评估时重视对国有商标、商誉、市场占有率等无形资产的评估，防止国有资产流失。

5. 进一步建立健全社会保障体制

外资并购必然导致一定范围的失业现象的发生，这对社会稳定是一个隐患。因

此，还应当尽快建立健全我国的社会保障体制，争取地方发行特种国债和福利彩票，所筹集资金用于补充职工养老金缺口、下岗职工生活补助和再就业培训，以解决现有的和未来将出现的大量结构性失业，为外资并购可能带来的负面影响作好准备。

(五) 发展中国自己的跨国公司

发展中国自己的跨国公司是对付跨国公司并购我国企业的有效举措，也是我国经济发展中需要跨越的一步。跨国并购不等于只有外国的企业并购我国企业，我国企业也应当并购别国的企业，使跨国并购的种种优势在我们自己身上得以实现。我国企业要想成功并购别国企业，实现跨国发展战略目标，首先必须培植自身的竞争优势。因此，应继续深化国企改革，通过企业强强联合，提升他们的国际市场竞争实力，形成中国自己的大型跨国企业集团，为有效地利用和开拓全球资源奠定基础，同时这也为我国企业家的成长提供了土壤和舞台。

[案例分析]

东风日产跨国并购案例分析

名列中国汽车行业前三强的东风汽车公司(简称东风)，在国务院国有资产监督管理委员会(简称国资委)的大力支持下，以主动姿态引进日产汽车公司(简称日产)这一国外战略投资者，通过并购重组，使得国有资产在产权流动中实现了优化配置和保值增值。

一、并购背景

在经济全球化与信息化背景下，跨国公司的联合重组成为世界汽车产业发展的主流。通过 10 多年的发展，奔驰汽车公司与克莱斯勒公司联合，福特汽车公司兼并沃尔沃轿车、马自达，雷诺汽车公司和日产合并，国际汽车工业出现了全球资源和市场向几大跨国汽车巨头集中的趋势。据统计，2001 年世界排名前六位的汽车公司共完成了全球汽车产量的 80%，全球汽车市场寡头垄断竞争局面基本形成。

国际汽车市场竞争中心也开始从轿车普及的发达国家逐渐向发展中国家、新兴国家转移，特别是经济持续高速发展的中国。我国汽车市场的竞争已呈现“国际竞争国内化、国内竞争国际化”的格局。

与这些跨国公司相比，渴望“走出去”的我国汽车企业尚无争锋的实力，即使是国内最大的几家汽车企业，在资金、技术、管理、规模和效益上也都存在明显差距。

随着全球经济走向一体化，我国大型国企增强国际竞争力最有效的途径就是走跨国合作的道路，充分利用当前我国汽车工业面临的有利条件，实行全球资源的优化配置，在全球市场竞争中先立足，再图谋发展壮大，否则就会被边缘化，最终“销户”。

二、并购过程

2003 年 7 月 1 日，由东风与日产合资重组的东风日产乘用车公司正式投入运营，总投资达 167 亿元人民币，这是中国汽车工业最大的外资并购案之一。

此次并购是在外资大举进军中国汽车市场的背景下完成的。并购采取协议方式进行，双方各占新合资公司的 50%股份，其中日产公司投入 83.5 亿元人民币现金，东风汽车公司则以现有资产和子公司股权对等出资，合资公司总部设在武汉。

(一) 债转股模式

2000 年，东风实行债转股时，华融资产管理公司、信达资产管理公司、东方资产管理公司、长城资产管理公司四大资产管理公司及国家开发银行作为股东进入东风，共同组建了东风汽车工业投资有限公司，其中，前五家金融机构占 42.86%的股份，东风占 57.14%的股份。

这起国际并购重组的案例，首先在于东风通过债转股，经过股份制改造成为国务院批准设立的投资公司，东风汽车工业投资有限公司取得了授权经营国有资产的资格，拥有了促使产权流动，将其资产拿出投资新公司的权利。我国《公司法》规定：公司对外投资所累计投资额不得超过本公司净资产的 50%。但在企业并购实践中，往往会遇到由于对外投资超过企业净资产或注册资本的 50%而不能通过工商登记的情况。由于这一规定是公司法的硬性规定，变通执行有一定难度，所以，东风早已通过债转股将公司转变为不受上述条款限制的、经国务院批准成立的东风汽车工业投资有限公司。

(二) 资产重组

对东风的资产进行分类。全部资产分为四类：A 类为与标致雪铁龙集团(PSA)和本田的合资公司；B 类为非核心业务(社会职能，公共事业等)；C 类为调整业务方向的单位，它们同为主业但没有进入合资公司；D 类是核心业务。与日产合资范围的仅指 D 类，但重组范围包括 C、D 两部分，也就是重组范围大于合资范围，日产要为没有东风进入合资的主业资产重组支付一定费用。

与此同时，东风在并购重组前对 D 类资产进行了主辅分离的改革，即对企业办社会部分进行了剥离。这也是中国国有企业普遍存在的总题。对东风而言，在与日产的谈判中作出的最大妥协就是将辅业资产剥离在合资之外。历史上，湖北十堰因东风的落户从公社变为城市，东风所负担的水厂、电厂、学校、医院，既是东风的辅业，也负担着十堰的社会职能。在十堰，东风有 27 个工厂、38 所学校、5 所医院，学校的数量多于工厂。某种意义上说，经营的不是一家企业，而是一个城市。辅业是东风沉重的负担，在合资之前，大部分单位处于吃大锅饭的状态。通过组建新的公司，可将这些人员资产放置一边，使新公司轻装上阵。

三、促进了国有资产保值增值

第一，立足于盘活资产存量，通过引进外资改造老工业基地，不再到沿海建新厂，铺新摊子。

东风、日产的合作实现了创新，将我国汽车工业引进外资工作向前大大推进了一步。总金额达 167 亿元的合资重组，东风没投入一分钱的现金，全部以现有资产投入，使用的是国有资产存量；日产则投入 83.5 亿元人民币的现金。经过合资，东风 80%的企业被改造重组，达到了引进外资改造老工业基地的目的。

第二，实行全方位合作，为解决大型国企引进外资改组改造中存在的技术引进问题提供了经验。

东风、日产并购重组，实行的是从管理、销售、研发到制造的完整产业链的全面合作。根据协议要求，合资公司将生产日产全系列的乘用车和东风的重、中、轻型卡车及客车。同时，日产还负责为新公司提供包括产品规划、采购、工厂生产率、物流、质量控制、品牌管理、市场开发、销售网络以及金融服务等管理经验。

并购重组的协议规定，新公司除了加强东风现有的商用车研发中心外，还将成立一个新的乘用车研发中心，两个研发中心将成为日产全球研发中心的分支机构。其中，乘用车研发中心将形成具有自有知识产权和自主开发专有技术车身和整车匹配的研发能力的中心；商用车研发中心将充分利用双方的人力资源和成本优势，加大商用车的开发力度。

在这一模式下，东风将被中外双方改造成一个具有竞争力的企业，在国际大背景和日产-雷诺-东风的战略联盟中承担国际市场的分工。跟以前的中外合资项目完全不同的是，它的意义在于两家公司的全面整合，创造性地使“新东风“具备了造血能力，能够独立参与国际竞争。

第三，通过合资重组，加快推进产权制度改革，实现了大型国企建立现代企业制度的突破。

大型国有企业改革的最大难点是产权制度改革。与国有中小企业推行的“国有民营”不同，引进外资有利于推进大型国有企业规范的公司制改革和股份制改造，建立健全运行机制。现阶段，合资公司是建立现代企业制度的最好载体。

东风通过引进外资，理顺产权关系，卸掉了“企业办社会”的沉重历史包袱，实现了轻装上阵。借合资之机，东风实行主辅分离，逐步将非主业资产剥离出来，其中十堰管理部剥离辅助生产部分、社会职能部分、公共事业部分共 26 个单位、近 5 万名在职及离退休职工，为东风的改革重组铺平了道路。而且，所有进入新公司的员工，都是先与东风解除劳动合同，转变身份后，再与合资公司签订新的劳动聘用合同。

四、点评

东风通过明晰产权、取得国有资产授权经营资格，按照市场化原则促进国有资产的有序流动，引进外商直接投资进行企业改组改造，为在加入世界贸易组织和经济全球化新形势下，我国大型国企如何通过产权流动，实现战略重组，主动融入全球市场竞争，培育具有国际竞争力的大公司大企业集团，提供了很多值得推广的经验。

(资料来源：刘轶齐. 2006. 积极参与国际并购，促进国有资产保值增值. 湖北经济学院学报，3(5): 52-58.)

[习题]

1. 国际直接投资理论包括哪些内容？
2. 企业进行跨国并购的直接动因是什么？
3. 跨国并购一般分为哪几种基本模式？
4. 企业进行跨国并购的基本方式一般包括哪两种类型？
5. 企业跨国并购支付的基本方式都包括什么？
6. 当前跨国并购的新特点是什么？
7. 跨国并购的发展趋势和特点是什么？
8. 跨国并购需要考虑的外部风险和内部风险分别都包括哪些方面的内容？
9. 跨国并购的风险管理程序和管理手段分别是什么？
10. 外资并购对我国企业的正、反两方面的效应分别是什么，如何防御？
11. 我国应该如何正确地面对外资并购？
12. 跨国并购对我国带来怎样的挑战和机遇？

CHAPTER 10

第十章　组建企业集团

[内容提要]

企业集团是现代企业的一种重要形式，它是在经济上统一控制、法律上各自独立的一体化联合体，是社会化大生产条件下企业之间横向经济联合发展到一定阶段的必然结果。本章的主要内容是研究有关企业集团的功能、理论，以及组建企业集团和企业集团财务管理模式的选择等问题。

[学习要点]

1. 熟悉企业集团的构成、分类及特征；
2. 了解企业集团的构成理论及企业集团的功能；
3. 了解企业集团组建过程中对成员和规模的选择、程序及蛛网模型的优劣分析；
4. 熟悉企业集团财务管理模式的相关内容，包括管理目标、原则，以及对财务管理的集权、分权和相容式模式的选择。

第一节 企业集团的概念及分类

一些大集团、大企业借助其巨额的资本实力、先进的技术力量、庞大的组织结构、一流的管理水平及多元化的文化背景，已经对不同的国家、地区、民族的经济与社会生活产生了重大的影响。时至今日，一些大型、超大型乃至跨国型的企业集团层出不穷，并在世界经济中扮演重要的角色。

一、企业集团

(一) 企业集团

企业集团是以资本为主要连接纽带，以母子公司为主题，以集团章程为共同行为规范的母子公司参股公司及其他成员企业或机构共同形成的具有一定规模的企业法人联合体。企业集团不具有法人资格。

(二) 企业集团与集团公司的联系与区别

企业集团必须依托集团公司而组建，集团公司是企业集团的核心，没有集团公司，就没有企业集团，集团公司是企业集团形成的前提和基础。拥有若干子公司的母公司称为集团公司，集团公司连同控股公司、参股公司和关联公司的总体，称为企业集团。

企业集团与集团公司有着十分密切的联系，但它们之间又有着本质的区别，主要表现在以下四个方面。

(1) 法律地位不同。集团公司作为一个经济实体具有法人资格，企业集团是法人企业的联合，其本身不具备法人资格。

(2) 结构层次不同。集团公司无论有多少子公司，但由于集团公司内部组建企业集团的理论研究和个案分析推行资产一体化，其内部单位都紧密联合，组织结构上讲，它只有单一的紧密层，企业集团由于内部联合的程度不同，而呈现出多层次组织结构。

(3) 联系纽带不同。集团公司内部成员一般以统一产品系列及加工工艺为纽带，实行公司内部专业化协作，企业集团内部成员的纽带是通过企业间的契约进而也通过资金融通，在资金、人力、技术、资源等方面进行联系。

(4) 内部关系不同。集团公司是一种纵向的领导与被领导、支配与被支配的关系，企业集团内部是一种横向的平等互利关系。

二、企业集团的构成

企业集团作为一个具有多层次组织结构的大型经济联合组织，为了较好地处理企业集团内部的利益关系，也为了更好地明确各成员企业对外负担的责任，必须具备比较完整的层次结构。

企业集团的成熟形态一般应由核心层、紧密层、半紧密层、松散层四个层次组成。例如，我国的中国第一汽车集团、中国第二汽车集团，以及其他各大型集团均以集团母公司(集团公司)为核心层，然后以投资控股的资产关系和产品合同协作关系，将集团的其他成员企业依次区分为紧密联合层、半紧密联合层和松散联合层。

(一) 核心层

核心层即核心企业，也称集团公司，是企业集团的实体部分，它是依法成立、有自己的组织管理机构，有独立财产，能依法承担经济责任的经济实体，这种实体是自主经营，自负盈亏、独立的商品生产者和经营者，具有法人资格，其法律地位为母公司，内部有若干分公司或分厂。集团公司必须是实力强大、具有投资功能的集团核心，该核心可以是一个大型生产、流通企业，也可以是一个资本雄厚的控股公司。

(二) 紧密层

紧密层亦称控股层，其法律地位是子公司，是由集团公司直接控制的企业，是独立的企业法人，集团公司与控股层企业是母子关系。紧密层企业应符合以下条件之一：① 核心企业投资并控股；② 核心企业长期承包或长期租赁；③ 经批准将全民所有制企业划归为核心企业管理；④ 经国有资产管理部门授权，将全民所有制企业的国有资产交由核心企业经营。

(三) 半紧密层和松散层

半紧密层亦称参股层，是指核心企业参股或紧密层企业全资、控股的企业，它是由若干个关联公司组成的。半紧密联合层企业，可以以资金或设备、技术、专利、商标等作价互相投资，并在集团统一经经营下，按出资比例或协议规定享受利益并承担责任。

松散联合层亦称固定协作层。松散联合层企业，在集团经营方针的指导下，按集团章程及合同规定享有权利、承担义务，并独立经营，各自承担民事责任。

企业集团内各层次、各成员企业通过一定的联结纽带结成一体，即集团公司与紧密联合层、半紧密联合层企业间通过投资、承包、联营或国有资产管理部门委托资产经营等多种途径，形成财产关系，即形成以资本为联结纽带的经济关系，而集团公司与松散联合层企业间则仅存在着合同联结纽带，即以集团章程和具有法律效力的协议、契约为纽带。

当然，企业集团的层次结构也是在发展中逐步完善的。新组建的企业集团也有可能只具有核心层、紧密层，并不一定具有半紧密层和松散层，但随着企业集团的发展，其层次结构必将走向成熟。

三、企业集团模式类型

企业集团的类型，从不同角度分析，可以有多种划分。

第一，按核心层企业的性质划分，有四种基本类型。

(1) 产品集团型，一般以核心层企业生产的名优产品为“龙头”来组建。它的特点是通过契约形式进行名优产品生产经营的横向经济联合体。参加联合的非核心层企业，有完全的经营管理自主权，但是依据长期契约与核心层保持紧密的经济关系。为了加强集团的凝聚力，其发展趋向是核心企业通过兼并、接管、收购等形式把它们之间的契约型关系转化成资本纽带。这类企业集团能够降低成本，增强市场竞争力，获取较大的规模经济效益。

(2) 新行业集团型，是以同行业的几个大中型骨干企业为核心，带动一批企业而组成的企业集团。它具有如下三个特点。① 以同行业几个骨干企业为核心，达到一定的行业集中程度，由骨干企业组成各自的横向经济联合的企业群体；② 产品品种多，联合得也多；③ 组织结构中，在大企业集团内包含着带有独立性的小企业集团，即多个中心。这类企业集团能够进行技术、信息互补，研究和开发新产品的速度快，有利于各自核心能力的联合，推动产品的系列化和多样化，取得范围经济效应。

(3) 混合集团型，以实力雄厚的大中型骨干企业为核心，联合相关行业的工业企业、商业企业和科研单位，组成以生产为主，同时开发多种经营活动的企业集团。它的特点是集团内成员企业之间处于相关行业，彼此以资本纽带或契约联结；一业为主，多种经营。这种类型的企业集团有利于降低经营风险，但管理的难度较大。

(4) 智能集团型，是以不同部门的设计、科研单位或第三产业部门的企业组成的以提供某种服务为内容的企业集团。职能集团一般不生产产品，而是向社会广泛地提供某种服务，因而其具有服务性、社会性、专业性、开发性的特点。其一般模型是不同职能的服务部门联合形成的专业横向联合体。

第二，根据公司集团成员发生联系的方式不同，可将公司集团分为股权式公司集团和契约式公司集团两种。

(1) 股权式公司集团，其核心公司与紧密层公司相互参股，或者核心公司间相互参股，或者核心公司直接控股紧密层公司，从而在公司集团内形成资产的一体化。

(2) 契约式公司集团，是通过订立章程、合同的途径与其他公司企业进行联合的。各成员公司具有平等的法律地位。即使是集团中的核心公司，也不能凭借其技术力量雄厚、经济实力强的优势而凌驾于其他公司之上。以上两种形式是基本形式，实践中大多是兼具两种形式特点的混合型公司集团。

第三，按组成方式划分，有以下五种类型。

(1) 生产联合型，是以一个大型骨干企业的名优产品为龙头，通过兼并、收购等形式向外扩张，联合生产，形成多层次的配套网络。这种类型的企业集团发展较早，数量较多，适合于大批量、专业化的生产企业。

(2) 多元配套型，以几个大型骨干企业及相关设计单位为主体，实行从设备成套设计、制造、供应、安装、调试到人员培训，到提供备品备件等建设项目的配套承包。这种类型企业集团适合于房地产开发、大型机械制造业的企业联合。

(3) 生产科研型，以同行业多个大型企业及相关的科研设计单位为主体，凭借几种技术优势，运用系统工程，开发高科技产品，组织专业化系列生产。这种类型的企业集团适用于进行应用研究、技术开发的设计单位和技术密集型产业的横向经济联合。

(4) 纵向联合，是以一个或是几个大型企业的相同产品为主体的联合上下游企业，形成产供销的一体化网络。

(5) 售后服务型，是若干个工业、商业、贸易、信息企业联合起来，形成相互提供市场信息，扩大销售服务范围为主的企业集团。

此外，还可以根据成员企业所在行业的相关性划分为纵向一体化集团、横向联合企业集团、混合企业集团。也可以根据其组织机构设置的特点，划分为单元主题型和多元复合型。单元主题型是以一个大型企业为核心，联合众多企业所组成的企业集团；多元复合型则是以多个骨干企业为核心，联合众多企业所组成的集团。

无论何种行业的优势企业都有向集团化发展的可能，采取适当的方式走向集团化是提高竞争地位的客观要求。

四、企业集团的特征

企业集团作为一种适应现代市场经济发展内在要求的经济组织，普遍存在于发达的市场经济国家中。尽管发达国家的企业集团在名称和主要经营领域等方面存在着很大的不同，但从国外经验及国内一些成功的企业集团的实践来看，企业集团大都具有以下六个特点。

(一) 企业集团不具备独立的法人资格

企业集团不是公司那样的单一法人经济实体，而是有多个法人组成的联合体。组成企业集团的法人并不局限于企业，也可以是科研单位、基金会等，但企业集团本身并不是法人。作为企业集群，企业集团是由多个具有法人资格的企业组成的集合体。这些具有法人资格的企业包括作为企业集团核心的企业，以及具有法人的处于被核心企业所支配地位的成员企业。法律上这些成员企业都是独立的企业。同样，在法律上这些企业都由企业集团核心企业所控制。相反，作为企业群的企业集团并不具备法人资格。一般情况下，企业集团核心层以下的层次均有多个企业或基本生产技术单位，因而形成了多法人、多单位的经济组织结构。

(二) 组织结构的多层次性

企业集团都拥有一定数量的各自独立的成员企业，他们之间依靠一定的经济技术关系，形成了紧密程度不同的多层次结构，由此引发企业集团的管理、控制和协调的多样化。企业集团管理是一种股权分立的管理，当企业集团内的某一部门不断扩展时，就会逐步使其独立，成为有法人地位的成员企业，或者企业集团的核心企业为了发展业务而投资(包括企业兼并)设立一个新的具有法人地位的成员企业：在企业集团内部的控制与协调关系方面，企业集团往往采取的是多层次的控制与协调。如果没有这种多层次的管理，企业集团的这种多企业或多生产技术单位的企业群(新的经济组织)充其量也只是一种由多家自主经营的企业或生产技术单位组成的企业联合体。一般来讲，企业集团内部的多层控制与协调关系可描述为企业集团的核心企业与其他成员企业(包括主要成员企业、关联企业以及协作企业)之间在生产、经营和管理方面的技术和法律关系。

(三) 组织结构的稳定性

企业集团的成员企业之间具有多种联系纽带，如以资本为联结纽带，以契约为联结纽带，以行政权力为联结纽带(这种情况多存在于社会主义国家中)。其中，资本联结是最基本、最主要的联结纽带，即企业集团的成员企业之间通过持股、控股、融通资金等方式联结在一起。它在一定程度上可以对其他联结方式起决定与影响作用。在此基础上，企业集团的成员企业之间也派生出了派遣人员、生产、销售、技术等方面的其他联结纽带。由于企业集团以资金为主要联系方式，企业集团的成员企业之间形成了经营上共担风险，利益上共负盈亏的关系，所以企业集团具有长期、稳定的特征。

(四) 经营方针的多元化

由于企业集团的成员企业为数众多，且广泛分布于第一、第二、第三产业中，所以，企业集团的产品与经营必然是多元化的。虽然企业集团的成员企业往往实行的是专业化经营，但企业集团作为一个整体，其经营方针体现出了多元化的特点，既经营能源、原材料，又经营加工制造业，还经营商业、银行保险业等。而且对企业集团来说，其生产和经营的多元化程度往往更高。另外，在经济环境变动较大的时期，企业往往采取多元化生产和经营的战略，这样企业通过多元化的生产和经营，可以避免处于单一行业领域中可能面临的巨大经营风险，因此生产与经营方针的多元化成为各企业集团普遍采用的经营战略。

(五) 生产经营的国际化

随着市场竞争日趋激烈，企业集团一般并不局限于垄断国内市场，而是积极向外开拓市场。跨国公司的迅速发展成为第二次世界大战后发达国家企业集团发展的一个重要趋势。通过跨国经营，企业集团可以带动本国的商品输出促进国际贸易扩大，在商品市场增强企业集团在世界市场中的竞争力。随着世界经济国际化程度的提高，企业集团也越来越具有明显的生产经营国际化的特点。对一个国家来讲，企业集团作为该国实力较强、优势比较明显的经济主体之一，是该国从事生产经营国际化的重要力量。

我国企业集团除具备上述企业集团的一般特征外，还具有以下三个特点。

第一，我国的企业集团几乎全部是以国有大中型企业为核心组建起来的，因此具有明显的国有性质。近年来，随着改革开放的深入，一些国有企业集团也吸收了一些城市集团企业、乡镇企业、中外企业和私人企业，但主要以国有大中型企业为核心的集团所有制结构不会改变，我国的企业集团实行的仍是以社会主义公有制为主体的多种经济成分共存的所有制结构。

第二，我国企业集团起步较晚，在进行多角化经营的同时，仍然以一业为主，具有较强的行业特点，即它的经营范围主要还是在一个行业中。从我国企业集团的行业分布来看，已有的企业集团大多数集中在冶金、化工、机械、电子、轻工、纺织、商业、外贸等产业部门；从企业集团所属的产业和内部结构看，目前我国综合型集团还不是很多，它们要么属工业集团，要么属科研生产型企业集团，要么属流通型企业集团。

第三，对政府有关部门有一定的依附性。目前，我国正处于计划经济体制向市场经济体制转变的过渡阶段，计划经济体制的惯性使得我国企业集团(主要是指作为集团核心的国有大中型企业)对政府有关部门仍然存在一定程度的依附性，在政府职能尚未根本转变的情况下，政府有关部门插手集团内部事务的事件屡见不鲜。这些企业集团为了在竞争中凭借非市场力量，也不得不依靠一些主管部门。加之一些企业集团本身就是由原来的行政性单位转化而来的，这就使得它们和政府有关部门的关系更为密切。

五、企业集团的设立条件及程序

(一) 设立企业集团应具备以下条件

(1) 企业集团的母公司注册资本在5000万元人民币以上,并至少拥有5家子公司。

(2) 母公司和其子公司的注册资本总和在1亿元人民币以上。

(3) 集团成员单位均具有法人资格。

(二) 企业集团的设立

1. 设立条件

由于企业集团对社会经济的巨大影响，设立企业集团必须要具备一定的条件。

(1) 设立企业集团的一般条件。① 企业经济利益的一致性。企业集团从根本上讲是一个经济组织，经济利益的一致性是若干企业在融资关系、人员派遣、原材料供应、产品销售、制造技术等方面建立紧密联系的根本动因。② 适宜的经济环境和政策法律环境。适宜的经济环境主要指要有适应公司集团发展的统一完备的市场体系，以便各种生产要素能在市场上自由流动，实现生产要素的优化组合和资源的最佳配置。设立企业集团必须依法进行，这也是市场经济的内在要求。

(2) 设立企业集团的具体条件。根据《企业集团登记管理暂行规定》的规定及学理解释，设立企业集团应具备以下四个条件。① 必须有一个实力强大、具有投资中心功能的集团核心。集团核心可以是一个大型生产、流通企业，也可以是一个资本雄厚的控股公司。② 必须有多层次的组织机构。除核心企业外，必须有5个以上的紧密层企业，即子公司，还可以有半紧密层和松散层企业。③ 集团的核心企业与其他成员企业之间要通过资产和生产经营的纽带组成一个有机的整体。核心企业、紧密层企业与半紧密层企业之间，应逐步发展资产的联结纽带。④ 集团的核心企业与其他成员企业，各自具有法人资格。

2. 设立程序

根据我国国家工商行政管理总局的有关规定，设立企业集团，大体要经过申请、审批和登记三个步骤。

(1) 申请。设立企业集团，应由企业集团的核心企业向上级主管部门和政府专门机构提出开办申请，并提交相关文件。

(2) 审批。国家试点企业集团的核心企业提出申请，由其上级主管部门提出审查意见后，报送原国家计划委员会、原国家经济贸易委员会等专门机构审核。经审核后，报国务院批准。地方性企业集团的核心企业提出申请，由其上级主管部门提出审查意见后，报送省、市一级计划委员会、经济贸易委员会等专门机构审核。经审核后，报省、市一级人民政府批准。

(3) 登记。企业集团的登记应由集团的核心企业向登记主管部门提出申请，并与核心企业的开业登记或变更登记一并进行。企业集团经登记主管机关核准登记，发给《企业集团登记证》，该企业集团即告成立。

第二节　企业集团的相关理论及其功能

一、企业集团的相关理论

解析企业集团形成动因的理论有很多，对企业集团的成因的研究是深化研究企业集团化运作的关键点。中外学者关于企业集团生成理论的研究，是与企业集团的发展理论密切相关的。中外学者主要从规模经济理论、范围经济理论、交易费用理论、协同经济理论、垄断优势理论等角度对企业集团的成因进行分析论证。但事实上，多数情况下是多个动因的组合。

(一) 规模经济理论

规模经济指在技术条件不变的前提下，随着企业各种投入要素的增加，企业生产规模的扩大，导致单位产品成本下降。它表现为规模收入递增，即生产规模扩大以后，收益增加的幅度大于规模扩大的幅度。钱德勒认为规模经济可以初步界定为：当生产或经销单一产品的单一经营单位所增加的规模减少了生产或经销的单位成本时而导致的经济。所谓规模经济，指随着生产要素投入的增加，生产规模扩大，单位产品成本不断下降，这也被称为递增的规模经济。规模经济反映的是生产要素的集中程度同经济效益之间的关系。

企业集团发展规模经济的过程中，要受到一系列因素的影响，主要表现在四个方面。一是行业发展状况对实现规模经济的影响。不同行业有着不同的生产技术水平和生产工艺特点，这些直接制约着企业集团发展的合理规模。比如技术密集型的行业增长速度较快、企业集中度高、利润率高等特点，因而能容纳巨型企业，并形成企业群体，建立起大型企业集团，形成较大的经济规模。二是要素供求状况是决定企业集团生产规模经营的重要因素。比如，资本密集型企业集团发展规模经济就需要强大的资金支持，以解决集团内部成员企业在扩大生产规模时所遇到的资金短缺问题。资金来源、融资方式和投资方式等对企业集团发展规模经济是相当重要的。三是市场需求状况对规模经济的影响。市场对企业集团生产规模的影响很大，市场需求量大时，企业集团的规模经济就明显，因为一定的市场规模与一定量的产品相联系，而一定量的产品又受到市场需求状况的制约。四是技术发展状况对规模经济的影响。技术发展状况决定了企业集团的资源利用能力与生产能力，生产技术的发展为实现规模经济奠定了基础。

(二) 范围经济理论

范围经济指一个企业进行多元化经营、拥有不同的经营项目时，当若干个项目联合经营比单独经营能获得更大的经济时，该企业就获得了所谓的范围经济。范围经济主要来源于多种输出的共用要素的充分利用，由于共用要素具有不可分割性，所以把多种输出集中在一个企业生产就更为节约。钱德勒认为，联合生产或经销经济(范围经济)是利用单一经营单位内的生产或销售过程来生产或销售多于一种产品而产生的经济。范围经济和规模经济的区别在于，范围经济强调生产不同种类产品获得的经济性，而规模经济强调产量规模带来的经济性。要获得范围经济，一是企业必须生产两种或两种以上的产品，二是产品的单位成本由此而降低或得到节约。

当企业集团同时经营若干个不同但又相互关联的产品时，可能产生若干经济效益的改善。这种因增加相关产品种类而导致的经营成本节约，称为范围经济。在同一企业集团经营的不同产品之间具有技术互补性质时，范围经济就会更加明显。企业集团范围经济的存在，来自于生产经营产品种类增多所带来的经济性，本质上是充分利用企业集团的剩余，这种剩余资源既包括有形资源，也包括无形资源。企业集团范围经济的核心或者形成范围经济的原因，是企业集团所经营的诸项产品之间存在某种联结性，企业集团利用各经营产品之间的共性，就能大幅度地节约范围成本和组织费用。企业范围经济产生的原因，主要在于企业集团具有不完全可分性的生产要素，能够产生功能的多重性、经济价值的多重性、组装性能的多重性，以及企业集团的无形资产在扩大的品种范围上的重复使用性等。一般认为企业集团范围经济主要产生于生产、销售、投资、管理等四个领域。

(三) 协同经济理论

在协同学中，“协同”指事物在一起工作所发挥的作用，即协同作用，具体讲就是系统各个组成部分或系统之间协调一致、共同合作而产生的新结构和新功能。协同作用可以区分为正协同作用、负协同作用和中性协同作用三种情形，协同可以使企业更有效地利用它所拥有的资源和技能，更具创造力来识别企业发展机会，企业就可以不断地扩大其规模。当若干领域可以使用某种资源而不会影响其他领域对这种资源的使用时，协同就产生了。互补性资产主要是通过对可见资产的使用来实现的，而协同效应则主要是通过对隐形资产的使用来实现的。协同创造价值主要有四种：对资源或业务行为的共享、市场营销和研究开发的扩散效益、企业的相似性及对企业形象的共享。

企业集团的协同效应包括管理协同效应、劳动协同效应及财务协同效应等。管理协同效应是指在管理上有效率的公司并购管理低效率的公司，从而使目标企业达到企业的管理效率水平。劳动协同效应指经济上的互补性，使两个或两个以上的公司并购成为一家公司，能够使成本降低、收益增加的情形。财务协同效应，指在拥有很多资金但没有良好投资机会的企业与具有很多投资机会但又缺少资金的企业之间，选择并购就会产生财务协同效应，节约筹资成本，提高资本收益率。

(四) 交易费用理论

产权学派用交易费用的概念来解释企业扩大的动因和效率，认为企业的扩大或集团化可以将市场交易内部化，从而降低交易费用。著名的科斯定理说明，只要交易费用不为零，就可以利用明确界定产权之间的自愿交换来达到配置的效率，从而克服“外部效应”。产权的交易会导致效率的提高。由于企业集团是由许多不同的单体企业集团化而形成的，而产权学派则较成功地用交易费用的概念解释了企业的性质、边界、扩展、产权、组织及效率等企业问题，所以，有许多经济学者借用交易费用的概念对企业集团的形成与发展进行解释，形成了很有特色的企业集团成因理论。企业组织代替市场尽管可以节约交易费用，但是企业中的交易也是有费用的。当企业组织规模扩大时，企业交易的成本可能会上升，以至于企业内部交易的成本与市场的交易成本相等。这时候，企业规模的扩张就停止了。从交易费用的角度来看，企业是由费用的大小决定其边界的，即企业的扩展与否取决于企业在生产经营中所涉及的交易费用大小。一般说来，如果市场活动交易成本过大，可能存在市场失效，企业会考虑实施内部交易克服市场失效。但市场交易内部化会导致企业组织规模扩大，使企业内部交易次数和交易量增多，也同样会给企业带来组织失效。管理是在组织失效与市场失效之间进行权衡后决定企业边界的。所以企业集团是克服市场失灵和内部组织的制度性办法。

(五) 垄断优势理论

垄断优势理论是美国学者海默在 20 世纪 60 年代首先提出的。这一主要用来解释跨国公司进行直接投资的原因的理论，同样也可以用来解释企业集团的形成和发展。该观点强调市场结构的非完善性，从而为企业集团的发展提供了机会和空间。在市场竞争中，某些具有垄断地位的企业可以凭借其对市场、技术等的垄断，去获取高额利润。因此，大企业为了追求垄断利润，就会通过兼并、收购、联合等方式来获取垄断地位。企业集团实际上是企业追求垄断地位和垄断利润的产物。当企业集团达到一定程度之后，企业集团对产品价格或硬指标价格便有一定的控制能力，可以通过提高产品价格、压低原材料价格来获得利润。垄断组织理论虽然对企业集团产生的动因有一定的解释力，但总体上还是从规模经济的角度进行分析。该理论认为在规模经济条件下，凡是不能把生产规模和企业规模扩大到足够程度的企业，其成本难免会处于较高水平，在竞争中自然也处于不利地位。因此，为了追求和扩大规模经济收益，企业一方面扩大生产规模，另一方面也会采取多种形式促进企业之间的联合，企业集团这种组织形态因此应运而生。

二、企业集团的功能

美国著名经济学家彼得·林德特在其著名的《国际经济学》一书中说过这样一句话“在本世纪 90 年代，世界上的商务活动是在一些行动越来越像国家的巨大贸易集团及大型国际经济实体之间进行的。”用这句话来描述当代企业集团在社会经济生活中的重要作用是恰如其分的。企业集团在国内、国际经济生活中都占有重要地位，发挥着不可替代的作用。

(一) 企业集团有利于资源优化配置，发挥企业的整体优势

首先，从资本集中的角度看，以股份制为基础的企业集团通过其成员企业之间尤其是核心企业向其联合企业的投股，使资本以一种非合并的形式迅速集中，形成了企业集团生存和发展的强大物质基础。其次，从资源配置方面看，企业集团使企业资源得到了优化配置。通过集约化生产，在不增加劳动力、资金等生产要素的情况下，使存量资产得以有效盘活，获得了 1+1 > 2 的群体优势。再次，企业集团使企业经营风险的有效分散成为可能。这主要体现在两个方面。一是企业集团一般是实力雄厚、生产、资本高度集中，在竞争中难以被对手击败；二是企业集团普遍进行多元化经营，使经营风险机制得以确立。此外，企业集团有利于降低信息费用，节省交易费用，提高经济效益。

(二) 企业集团有利于推动技术进步，促进经济增长

据有关统计资料表明，日本技术进步对经济增长的贡献率为 55%，德国为

55.1%，美国为47.7%，这说明发达国家经济增长主要是靠技术进步推动的。而各国技术进步的主要支撑点就在企业集团。从企业集团形成过程看，企业集团这种高度协调的企业组织密切关注不断发展变化的外部环境，不断调整发展战略，以获取最大利润，取得规模经济；一贯重视提高企业集团的整体技术水平，以求高质量、高附加值的产品。如以单一企业为技术进步主体，虽然能使技术进步有较明确的目标、成功率高，但单个企业既缺乏独立进行技术进步的人才，也缺乏雄厚的资金，难以拥有技术进步的基础。而企业集团可以集中成员企业的科研开发资源(人才、资金)，为技术进步的协调提供基础，通过发挥群体优势，联合开发，加强了集团整体的技术进步。企业集团还与本集团所在行业具有相关关系的独立研究机构密切合作或与著名大学的科研机构合作开办技术开发机构，进行新技术项目的合作开发。通过组织协调，加快了技术进步的步伐，缩短了技术供给与技术需求之间的距离，促使科研成果迅速向生产转化，成为推动经济增长的“核动力”。

(三) 企业集团有利于增强市场竞争力

只有企业集团才能形成群体优势，增强国际市场上的竞争力。从国民经济整体来看，企业集团属于微观范畴，是国民经济大系统中的一个子系统；然而对于企业集团成员企业来说，它则是一个大系统。企业集团的特性和功能并非单个企业功能的简单相加，而是产生群体优势。企业集团在生产经营活动中进一步拓宽了分工范围和协作空间，使集团内不同企业之间扬长避短，优势互补，通过生产资料在集团内部的相互协调、设备的相互配套，使各成员企业的生产资料和设备各得其所，发挥在单一企业中难以发挥的潜能。通过集团内部各企业间劳动力的相互协调和转移，可以弥补企业在单独经营情况下，企业职工人数和素质与生产经营活动不能平衡的缺陷，容易做到量才选用、人尽其才，充分发挥劳动者的作用。集团还可以实现企业管理互补。企业集团是各企业组成的经济系统，在共同经营目标协调下，各成员企业之间存在着较为密切的人流、信息流、物流关系，促使企业管理的经验和方法互为渗透、互相影响、取长补短，从而使管理水平提高。企业集团以名优产品为主线，扩散到所有配套企业和协作生产，从而扩大了市场覆盖率，直接促进市场竞争力的提高。

(四) 从宏观上看，企业集团有利于加强和完善宏观经济调控

一方面，企业集团通过控股、相互参股、共同投资等资本联结纽带，死死盯住某些新兴产业领域或新的系列产品进行规模较大的生产，既提高了生产的集中度，又提高了专业化程度，有力地促进了产业结构和产品结构的合理化。另一方面，企

业集团还能在一定程度上保持国民经济的稳定性。这是因为，企业集团是以股份制为主要基础的，其成员基本上是股份公司，且形成相互参股的关系，在一定程度上使得各成员企业间具有共同利益。股份公司的一系列优点使得公司只要不破产，无论公司的所有者和公司经营者如何变动，或者股份转手于谁，资本都不会被股东抽走。从而保证了公司本身生产经营的稳定性。企业集团规模巨大，在国民经济中具有举足轻重的地位，因而企业集团的稳定性在一定程度上保持了整个国民经济的稳定性。

三、加快集团化运作的必要性和必然性

(一) 加快企业集团化运作是企业提高综合竞争力的必由之路

企业集团化运作是当前企业面临的共性问题及需要紧迫加强的重点工作，是落实科学发展观的必由之路。企业集团面对经济全球化挑战，必须加快整合企业资源，形成高度战略协同；必须注重创新，占领科技制高点；必须统一品牌建设，形成优秀企业文化；必须集成信息系统，形成强大支撑平台；必须重视国际化经营，突出和培育优势产业。因此只有加快集团化运作，发挥集团优势，才能增强企业核心竞争力。

(二) 加快企业集团化运作是实现企业战略目标的必然选择

集团战略目标是所有成员企业的共同追求。实现集团企业的战略目标必须依靠集团内所有企业的协作配合，必须集合、整合所有企业资源和力量。要增强企业效益，必须对外开拓市场增加收入，对内通过集中招标采购、集约使用资金、优化融资结构等手段降低成本，实现效益最大化。要实现资产优化，要求统筹资本运作，加强资产整合，建立全面风险管理长效机制，增强企业抵御风险的能力。要提高品牌价值，必须统一品牌运作，协调推进企业内质外形建设，不断拓展服务品质和提高形象。因此必须加快实施集团化运作战略，保持高度的战略协同，统筹协调资源，形成整体合力，才能推进企业战略目标的实现。

第三节　企业集团的组建

一、企业集团的组建主体

企业集团的组建主体是谁，这是我们探讨企业集团组建问题时必须要回答的。因为组建主体不同，组建起来的企业集团在存在实态和运作效果方面也就有所不同。

根据各国企业集团的发展历史，一般认为企业集团的组建主体可以是企业也可以是政府，下面就这两种主体组建企业集团的优缺点进行相关分析。

(一) 企业作为组建主体的优缺点分析

企业作为组建主体，指企业出于自身经济利益的考虑及自身发展壮大的需要，依靠自己具有生产要素或生产经营或经济实力的优势，吸收相关企业来组建企业集团。由于企业是在按自愿互利原则办事，所以能够保证组建起来的企业集团具有凝聚力和市场竞争力，能通过实现要素互补而达到整体效益最优。但是，企业作为组建主体并不是没有缺点的，凭靠市场机制来进行组建企业集团的实践活动，难免会出现资源重新配置不合理，造成社会资源的浪费，而这正是我们要力求避免的。

(二) 政府作为组建主体的优缺点分析

由政府出面组建企业集团具备组建速度快、组建势头猛、所需时间短、且能很快扩大规模等优点。此外，它对于突破旧体制，阶段性地推进改革，以及降低成本也有其积极的一面。但是由政府作为组建主体的缺点也是非常明显的：一是，政府出面组建企业集团并不是完全从经济发展的客观需要出发，而往往是从其自身的需要出发，如为了非经济目标，强迫优势企业联合劣势企业，把劣势企业的包袱强塞给优势企业以组成集团；二是，政府出面组建企业集团，往往产生许多负效果，如政府组建的企业集团，对其组建部门往往有依赖思想，认为在经济活动中可以借助行政力量而不必用经济手段谋取利益，故其市场应变能力较差，经营效率也不高。

(三) 企业为主，政府为辅

企业是一种经济组织，企业集团也是一种经济组织，企业集团是单体创新和发展的结果，因此从逻辑关系和企业界集团的本质要求来看，企业应当作为企业集团的组建主体。但这并不等于，政府不应该在集团组建过程中有所作为。

一般而言，政府在集团组建过程中的作用应通过以下三个方面来实现。

第一，通过产业政策来引导大企业的发展方向，并通过税收、贷款、津贴等方式支持、扶植企业集团发展。比如，对某些行业实行特殊援助—— 对大企业实施特殊的减税政策；向大企业的科研机构无偿支付科研费用等。经验表明这些措施都能有效地促进大企业的集团化发展。

第二，加强协调工作，为单体企业组建集团牵线搭桥。由于传统条件分割体制的影响，不同地区、不同部门在企业集团的组建过程中肯定会有不同的意见，这些意见往往会掣肘着企业组建集团的行为，这时就需要上级有关部门和领导来出面协调，为企业组建集团排除不必要的干扰。此外，政府还可通过信息服务、政策指导等方式来为有关企业牵线搭桥，提供组建企业集团方面的服务。不过，这种服务不应在实践中变形为政府出面捏合组建企业集团，政府应仅充当“促进者”的角色。一般情况下，政府不应直接介入企业集团的组建工作。

二、企业集团模式的选择

本章第一节中我们已经详细介绍了企业集团的各种模式，在实际组建企业集团的过程中，不同的企业应该在考虑各类模式特点的基础上，根据自己的实际情况综合考虑各种相关因素作出合理的选择。一般而言，企业应考虑以下四点。

(一) 行业的技术经济特点

企业集团模式的选择要受到行业技术特点的影响，这在建立按产业部门、按行业和主导产品划分的企业集团时最为明显。例如，汽车行业由于产品结构复杂、零部件众多，必须达到较大的规模才能取得经济效益，除了要有一个核心企业外，还需要有众多的中小企业为它协作配套，故适宜建立横向型的大型集团。而钢铁行业虽然产品单一，但生产设备复杂、大型化，又是连续生产，因此较适宜建立纵向的企业集团。

(二) 核心企业的情况

核心企业是企业集团的灵魂，没有核心企业就没有企业集团，因此选择企业集团模式必须考虑核心企业的状况。一般而言，应该考虑核心企业的如下情况。① 经营战略。例如，一个企业实行扩大规模、提高市场占有率、拓宽地域跨度的经营战略，另一个则是实行开发新技术、生产高精尖产品的经营战略，则前者适宜建立横向型企业集团，后者适宜建立纵向型科技企业集团。② 管理能力，包括领导和指挥能力、协调能力等。核心企业的管理能力直接影响到集团所涉及部门、行业的多少，地域跨度的大小及联合程度的高低等。例如，一个管理能力强的企业，其影响力较大，以它为核心组建的企业集团就可能是涉及部门广、行业多、地域跨度大、联合程度高的企业集团。反之亦然。

(三) 市场情况

市场情况包括原料供应市场及销售市场情况。这一因素影响到企业集团的地域分布，即关系到是采用地域性还是全国性以至跨国性集团模式的问题。例如，一个集团为了获得稳定的原材料供应，需要建立原材料基地，它的地区跨度就变得很大。中国首钢集团在河北建有铁矿基地，宝钢集团有限公司甚至在澳大利亚拥有自己固定的铁矿来源，就是这个道理。就产品销售市场状况对集团地域分布的影响来说，那些市场潜力大的地区，集团进入的可能性就大些，反之，则要小一些。

(四) 成员企业对其所在地财政收入贡献的大小及它们的行政隶属关系。

成员企业与所在地的关系影响到集团是采用紧密型模式还是采用松散型模式。譬如，一个企业对其所在地财政收入的贡献较小，且又不属于当地政府主管部门，则可考虑采用紧密型的模式，因为对这样的企业采取紧密型模式，不至于招致当地政府有关部门的强烈干预，他们不必担心因此而减少财政收入，当然这只是就一般情况而言的，如果这个企业对企业集团的影响较大，为了集团的发展，需要对这个企业实行紧密型联合，企业集团还是应当想方设法(包括付出一定的代价)来实现紧密联合。

实际选择集团组建模式时除了要考虑上述因素外还应使所选择的模式尽量满足下述要求：① 应该有利于激发各成员企业的生机和活力，特别应该有利于核心企业作用的发挥；② 应该有利于生产要素的优化组合和资源的充分合理利用；③ 应该有利于集团内外各种关系的协调，譬如集团成员之间的关系、集团和地方政府的关系；④ 应该有利于集团整体及成员企业经济效益的提高。

三、企业集团成员的选择

成员企业是企业集团这一有机体的细胞，选择好了，可以促进企业集团的健康发展，选择不好，则会影响企业集团的生机和活力。因此企业集团组建者必须对集团成员的遴选问题给予足够的重视。一般而言，能成为集团的成员企业至少应具备以下三个条件。

(一) 具备开展正常生产经营活动的能力

具备开展正常生产经营活动的能力是成为集团成员最基本的条件。所谓正常的生产经营活动，指在没有天灾人祸、政治经济形势稳定的条件下，其能顺利地开展生产经营活动。当然，对这一基本条件应该作具体分析，如有的企业因亏损而设备闲置，企业集团为扩大生产能力就可考虑吸收这家企业。中国第一汽车集团公司(简称一汽集团)收购沈阳金杯汽车股份有限公司(简称金杯公司)就是这样。1994 年，由于受国家宏观调控的影响，金杯公司生产经营遇到困难，险些破产，这时一汽集团收购了它。这一举措，既提高了一汽集团的经济实力和知名度，也救活了金杯公司，还在一定程度上调整了轻型车生产的散、乱、差状况，贯彻了国家汽车工业产业政策，可谓是一举两得。

(二) 集团在生产经营方面具有相关性

企业集团是一个经济组织，而不是一个行政组织，更不是一个慈善组织，吸收一个企业作为集团成员是为了使企业集团增添一份力量，而不是为了简单地增加一个成员单位。因此所选择的企业应当与集团的生产经营活动具有相关性，哪怕低度相关也可以，而不能是与之毫无相关(负相关)，否则，后果不堪设想。例如，安徽某电器集团，原本发展势头很好，但后来盲目吸收一些与其生产经营毫不相关的企业加入，如食品厂、无线电通信，甚至重型汽车、军用吉普等，乱铺摊子，结果资金调度发生困难，现已面临解体的困境。

(三) 拟选的企业应当具有某种互补性

互补性，指优势互补，具体包含两层含义：一是成员企业间的优势互补，二是成员企业与整个集团的优势互补。但无论哪一种优势互补，都是有利于壮大集团实力，放大各相关企业的集合能力，产生 1+l>2 甚至 1+1>3 的效果。例如，一生产企业生产能力强而科研开发能力差，另一科研单位科研能力强，但科研成果却无法转化为生产力，两者结合则无疑对双方都有好处。

四、企业集团的组建程序

企业集团组建的一般程序如下：组建集团最初意愿提出；建立一个工作小组(发起单位人员、政府部门人员)；对组建企业集团意向摸底(相关企业、领导想法、政府有关部门)；决定成立领导小组； 广泛深入调查(了解国内外企业集团模式、案例和经验)；确定企业集团的目标体系(同时，邀请专家或咨询公司参与)；组建企业集团的总体方案设计；方案讨论、修改、论证；方案初步被有关各方认可；起草成套申报文件(申请报告、可行性报告、章程、协议书等)；获得上级主管部门批文；获得政府授权审批机关审查、批准(批文)；资产评估和验资；工商注册登记；核准成立、公告；正式运行。

上述程序并不是机械不变的。各企业应在遵循集团组建一般程序的基础上，充分发挥集团组建者的创造性和主动性。不同的集团组建者完全可以根据自己的实际情况将不同程序交叉或同时进行，甚至可以跃过其中某一或某几个阶段。当然，这种“跃过”是建立在客观需要基础上的。总之，不同的企业集团应根据客观实际需要，科学合理地选择组建道路，不必强求一致。

五、企业集团合理规模的选择

企业集团可以产生规模经济效益，但是当企业集团的成员数量达到一定程度的时候，其所管理的成本超出创造的效益，此时就达到了该企业集团的最优规模。什么样的规模才是合理的、有效益的呢?这对组建集团的企业来说非常重要。

企业集团是由若干个成员企业组成的，但并不意味着若干规模合理的企业组成的企业集团，其规模也是合理的。要探讨这一问题，不得不提及科斯在《企业的性质》中提出的"交易"一词，再借用管理交易的概念，我们把企业集团内增加的管理费用和效率损失看做是管理的交易费用。那么由于减少了市场交易行为，企业集团内管理交易的边际费用最初低于市场交易的边际费用。成员企业增加带来的交易数量的增加和管理机构、管理层次、管理人员的增加，将导致企业集团内交易的边际费用迅速上升，而对于不同的企业来说，追加一单位市场交易费用的变化不大，其边际费用曲线比较和缓。假定一个企业集团由几个企业联合而成，这些企业间存在产品或生产要素的交易，设 L 为企业集团内交易所为之服务的企业数量，则 L 的最佳值应位于市场交易费的边际费用与集团内管理交易的边际费用相等的那一点上，该点即为企业集团和市场的边界。

我们反对不顾主客观条件去盲目追求扩大企业集团的规模，但从长远看，组建和发展大型企业集团将是我国企业集团发展的方向，也是解决企业集团规模不合理的方法。因此，在适当条件下，必须选择组建大规模的企业集团。组建大规模的企业集团的途径有两条：一是扩大集团成员企业特别是核心企业的规模；二是增加集团成员企业数量。

六、企业集团的组织结构设计

企业集团的组织结构是企业集团高效有序运行的组织基础和保障，其设计是否合理事关重大。本节主要介绍企业集团组织结构的设置原则和常见的组织结构模式。

(一) 企业集团组织结构的设计原则

1. 股权原则

在企业集团中，各企业资产占整个集团的比重，是影响各企业在集团中地位的一个重要因素。资产多的发言权大，资产少的发言权小。很显然，企业集团的组成往往与股权有密切关系。可以说，股份多少，是决定企业集团领导体制和组织结构的基础。

2. 核心原则

企业集团的形成，必须有一个核心，这样，企业集团才能真正形成一个外虚内实的团体。当企业集团是由母子公司形成的时候，核心就是母公司，企业集团就不需要另设领导机构；当企业集团是由几个一般强大的企业联合而成，谁都难以成为核心企业时，就必须另外组成一个能起核心作用的领导机构来行使职能。这是一个集团组织机构设置时必须达到的目的。

3. 统一指挥原则

企业集团“集中统一”管理方面通常包括统一技术要求、统一开发主导产品、统一质量标准、统一发展规划、统一经营战略等。因此，务必按照集团各个方面统一的程度设置相应的机构。在机构的设置与权限划分方面，应按照不同类型企业集团联合的紧密程度，来确定哪些权限统一和集中，设置哪些机构以利于具体实施。

4. 分工协调原则

集团要充分尊重其自主权，利用股权或资产关系，在成员企业中根据社会化大生产的要求进行分工协作。只有坚持这一原则，才能充分调动企业集团与各成员企业的主动性和积极性，使其既能分散灵活地独立作战，又能形成有机的统一整体。

5. 精简效能原则

效能是精简的目的，精简是效能的条件。集团组织机构的设置同管理效率高低有着密切的联系。企业集团由于规模较大，其对环境的敏感程度会相对降低，官僚作风有所抬头。因此建立企业集团内部组织应在保持企业总体构架的前提下，核算单位应尽量采用小型化方式。

6. 共同价值原则

集团内部围绕共同目标开展工作，企业集团组织内部的高层组织主要负责制订集团的长期发展计划，确定整体经营战略，为下级指明方向和行为依据，并确保集团内的所有人员能理解客观存在并服从它。

7. 信息共享原则

现代组织要求在产品开发、预测、加工等诸多方面有多个部门同时对结果负责，因此需要高效率的信息管理系统，将分散的组织单位信息联合起来，便于集中管理，形成整合的经济性。

8. 组织柔性原则

组织柔性的目的在于使组织结构根据产品设计、生产目标和计划、工作站、物料搬运、加工路线和市场环境的变化进行适时调整的一种模式，即面向需要的组织结构。

只有按照上述“八项原则”设置企业集团管理机构、建立领导体制，才能消除当前股份制企业集团存在的结构缺陷，促进其健康发展。

（二）现代企业集团组织模式设计

传统企业集团的组织模式一般分为等级式和矩阵式两种，本节不再介绍，该部

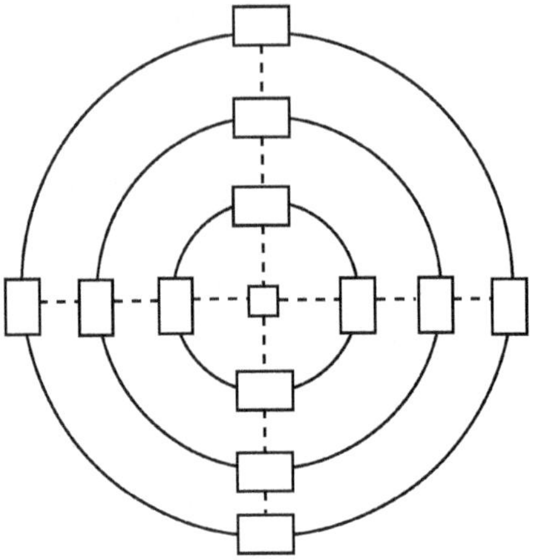

图 10-1 企业集团的蛛网式组织结构图

分主要介绍现代企业集团的组织模式设计——蛛网式组织模式(图10-1)。

这种蛛网组织结构包含两个层面：从集团角度看，各层实线表示企业集团内部的层次构成(如核心层、紧密层、松散层)，虚线表示企业集团内部企业经营产品不同品种或不同地区；从集团内企业角度来看，各层实线表示企业内部各级职能部门，虚线表示企业经营的各个项目品种或地区。蛛网式组织结构不仅有利于各企业集团内部之间和企业职能部门之间的相互联系，而且也有利于与每一个参与部门相联系的其他组织或团体间的相互联系，也有利于组织之间的相互学习和提高。因此，在蛛网式组织结构中，人们可以跟踪横向和纵向联系的信息流，这些信息包括网络中和部门、参与部门的位置、各参与组织之间的联结导线次、对其他网络的嵌入性(可以嵌入其他组织形成联盟的结构)及出现或缺少的边界观测角色等。具体来讲，这种组织结构的特点如表 10-1 所示。

表 10-1 蛛网模式的特点分析

项目	蛛网模式
开放性	较开放、能接受环境的影响，并对应其不稳定性，同时各级之间相互开放
学习	注重部门之间、企业之间和个人之间的相互学习
权利结构	分散、多样化
任务、作用、职能	顺应情况、面向需要、彼此协调
沟通方式	上下级之间、平级之间、隔级之间斜向沟通
柔性	持续调整以适应新情况
信息	集团内部各组织之间信息共享

这种蛛网管理组织不是一种商品化的计算机网络产品，而是一种管理组织网络系统，即面向需要借助信息系统进行支撑，任何一个组织单元网络系统都是根据建网的特定目标、特定的环境和条件采用统一的建网技术和设备，以及其他约束条件，经过自行设计和组建实施的专用网络系统，从这个管理组织蛛网系统中，可得出以下两点。

(1) 企业集团内部的各个企业，从市场分析、产品设计、加工制造、经营管理到售后服务的全部生产和经营组织都是一个不可分割的整体，必须紧密合作，统一布置，企业内部的各个部门也是一个不可分割的整体。

(2) 企业集团管理的全过程实质上是一个数据采集、传达和加工处理的过程。

但是当企业集团建立蛛网管理组织时，一般面临的情况是自动化技术和计算机应用已经在企业的生产、管理、设计等各个部门普遍推广，出现了大量的单个企业或组织已实现自动化和各类管理、设计信息系统。但是从企业集团内部管理组织一体化来看，这些自动化子系统都呈局部的封闭状态，在它们之间没有建立起信息的联系和协调控制的关系，常被称为“自动化孤岛”。因此现代企业集团蛛网模式的基础依赖于分散在集团内部各式各样企业及企业各部门之间各层次上可编程设备的互联和在它们之上运行的信息的交流。

第四节　企业集团财务管理模式

一、企业集团财务管理的目标

企业集团财务管理的目标指企业集团通过一系列财务活动所要达到的目的。对企业集团来说，其财务管理的目标应包括两个层次：第一层次是企业集团基本目标，第二层次是企业集团辅助目标。

企业集团基本目标与单一企业的财务管理目标是一致的，即以最小的投入来获得最大的收益。企业集团作为多法人经济联合体，也是以营利为目的的，其财务管理目标与企业多个利益集团有关，是这些利益集团共同作用和相互妥协的结果。在一定时期和一定环境下，某一利益集团可能会起主导作用，但从企业长远发展来看，不能只强调某一利益集团的利益，而置其他集团的利益于不顾。从理论上来讲，各个利益集团的目标都愿意折中使企业长期稳定发展和企业总价值的不断增长，可以借此来实现他们的最终目的。因此，以企业价值最大化作为财务管理的目标，比以股东财富最大化作为财务管理目标更科学。企业价值最大化指通过企业财务上的合理经营，采用最优的财务政策，充分考虑资金的时间价值和风险与报酬的关系，在保证企业长期稳定发展的基础上使企业总价值最大。

企业集团的辅助目标是企业集团在实现其基本目标的过程中还要考虑社会利益的最大化，即企业集团在进行财务决策、实施财务管理时必须同时考虑所有者利益和所肩负的社会责任。这是因为，一方面，企业集团规模巨大，成员企业和从业人员众多，涉足行业广泛，使其成为一个相对独立的小社会，从而兼具一部分社会化的功能；另一方面，国家对企业集团的管理和对单一企业的管理在方式、内容和要求上的差异，也赋予了企业集团一部分社会化的职能。

二、企业集团财务管理的原则

1. 整体性原则

企业集团作为利益共享、风险共担的多法人利益集合体，其财务行为不能仅站在某一成员企业的角度，而应基于企业集团这个利益整体甚至应该从整个社会稳定和经济健康发展的角度来考虑。局部要服从整体的需要，单一企业要服从企业集团发展的需要，企业集团要服从社会发展的需要。

2. 赢利性原则

企业集团作为市场经济的主体，追求经济利益、趋利避害是其永恒的法则，是其生存和发展的基础。这包含两层意思：一是企业集团在对外投资或发生其他与外部相联系的财务活动时要考虑收益率；二是企业集团在内部融通、拆借资金时要考虑这些活动能否为企业集团带来经济利益。

3. 平衡性原则

企业集团各成员企业在规模、地位、发展阶段等方面都存在差异，因此企业集团财务管理应注重平衡性原则，一方面，企业集团财务管理过程中，既要向企业集团的“朝阳产业”、“朝阳企业”重点倾斜，又要保持公平、公正，保证成员企业责、权、利相结合，防止赋予个别企业特权，挫伤其他成员企业的积极性；另一方面，企业集团财务管理既要严格贯彻集团章程和有关财务政策、制度，又要针对不同情况灵活协调各利益主体之间的关系。

4. 长期性原则

企业集团组建的宗旨是实现资源一体化整合效应和管理协同效应，取得规模经济效益，并借此确立集团整体的市场竞争优势，从而可以在市场竞争中立于不败之地，长期存在，不断发展，因此企业集团的财务管理要服从和服务于企业集团长远发展战略，不计较一时的得失，短期财务安排要服从长期规划。

三、企业集团财务管理模式的内容

企业集团财务管理模式的内容非常广泛，主要有如下四个方面。

1. 财务管理目标

财务管理目标指企业理财活动所希望实现的结果，研究财务管理目标，有利于完善财务管理的理论结构，有效地指导财务管理实践；科学地设置财务管理目标，有利于优化理财行为，实现财务管理的良性循环。关于企业财务目标，目前主要有三种不同的观点：利润最大化、股东财富最大化及企业价值最大化。然而企业集团受所处的经济体制及企业不同发展时期等因素影响，企业集团与其他所有制企业在理财目标上是不同的，企业集团应该立足于自身实际，确立企业集团的财务管理目标。

2. 财务管理组织机构

财务管理组织结构是企业财务管理运行的组织保证，是财务管理模式的外部表现及直观表现。集团的财务组织机构应根据企业集团组建的不同情况和集团的层次结构来建立。集团财务组织机构的设置通常有两种形式：一是企业集团的发展是以一个主体公司(企业)的发展为核心的，企业集团的各个职能部门将依附于主体公司的各个职能相同的管理部门，这时主体企业的财务部既是由主体企业组建而成，又是企业集团的财务部。二是企业集团是由不同行业或生产不同产品的多个企业组建而成的，这时集团的财务部门要重新设置，如何设置，由集团公司根据具体情况来定。一般说来，在以一个主体企业为核心，子公司较少，相互间的生产经营关系比较密切的集团中，主体企业的财务工作量较大，其管理质量直接影响着集团的财务状况和效益，这时集团比较偏向于采用第一种形式。但当企业集团向大型化发展，子公司较多，经营多元化，彼此间的独立性较强时，集团比较偏向于设置独立性较强的财务管理部门。

3. 财务管理体制

企业集团财务管理体制指管理总部或母公司为界定企业集团各方面财务管理的权责利关系，规范子公司等成员企业理财行为所确定的基本制度，简称财务管理体制，包括财务组织制度、财务决策制度、财务控制制度三个主要方面。

(1) 财务组织制度。企业集团的财务组织制度需要解决的基本问题：一是财务管理组织的设置；二是财务管理组织机构人员的设定。

(2) 财务决策制度。财务决策管理权限历来是企业集团各方面所关注的首要问题，因为它直接关系着各自的切身利益，是整个财务管理体制的核心。因此，如何划分并界定各方面、各利益财务主体及各层级财务管理组织的财务决策管理权限，成为财务决策制度研究的基本点，设立怎样的集团财务决策机制来保障这些财务决策权限在集团内部有效行使和约束，也是集团财决策制度建设所要解决的问题。

(3) 财务控制制度。财务控制制度是基于集团发展战略与管理目标，规范、监控与督导各方面、各利益主体、各层级财务管理组织的理财行为，实现财务资源配置的秩序性与高效性而建立的财务控制的制度体系，包括财务预算控制制度、业绩评价制度。

4. 财务战略

企业财务战略主要有以下三种：扩张型财务战略、紧缩型财务战略、稳健型财务战略。

(1) 扩张型财务战略是企业预期到未来的市场环境和内部条件会发生有利的变化，以企业的资产规模迅速扩张为目的的一种财务战略。企业采用这种财务战略，往往在留存大部分利润的同时进行大量外部融资来弥补内部积累对企业扩张需要的不足，从而使企业财务战略目标比原有的战略起点大幅度提高。

(2) 紧缩型财务战略是企业预期到未来的市场环境和内部条件会发生不利的变化，以预防出现财务危机和求得新的发展为目的的一种财务战略。企业采用这种财务战略，往往会尽可能减少现金流出并增加现金流入，集中一切力量用于主导产业，从而使企业增强市场竞争力。这种财务战略目标与原有的战略起点相比会有向相反方向偏离的态势。

(3) 稳健型财务战略是企业预期到未来的市场环境和内部条件不会发生太大的变化，以实现企业财务绩效的稳定增长和资产规模的平稳扩张为目的的一种财务战略。企业采用这种财务战略，一般会把优化企业资源配置、提高资源使用效率作为首要任务，从而使企业财务战略目标基本上不偏离原有的战略起点。

四、企业集团财务管理模式的形式与比较

企业集团财务管理以市场为导向，以资金为纽带，以现代企业制度为保证，合理配置企业集团资产，发挥集团优势，提高资本的运营效率，根据集团公司与成员企业之间财务管理权限划分的不同，国内企业集团的财务管理模式可分为“集权式”、“分权式”及“相融型”三种。

(一) “集权式”财务管理模式

采用本模式的企业集团，财权绝大部分集中于母公司，母公司对子公司采取严格控制和统一管理，在“集权式”财务管理模式下，母公司凭借其原始资本的权利，将子公司的重大财权集中到母公司，并把母公司的财务管理权利渗透和延伸到子公司。母公司分割财权的主体是董事会(或经理办公会)—总经理— 财务副总经理— 财务经理(财务部)及财务职能处室，这四个层级都是行使财权的主体。

“集权式”财务管理模式的特点是财务管理决策权高度集中于母公司，子公司只享有少部分的财务决策权，其人、财、物及供、产、销统一由母公司控制，子公司的资本筹集、投资、资产重组、贷款、利润分配、费用开支、工资及奖金分配、财务人员任免等重大财务事项都由母公司统一管理。母公司通常下达生产经营任务，并以直接管理的方式控制子公司生产经营活动。在某种程度上，子公司只相当于母公司的一个直属分厂或分公司，投资功能完全集中于母公司。

“集权式”财务管理模式的优点：便于指挥和安排统一的财务政策，降低行政管理成本；有利于母公司发挥财务调控功能，完成集团统一财务目标；有利于发挥母公司财务专家的作用，降低公司财务风险和经营风险；有利于统一调剂集团资金，

保证资金头寸，降低资金成本。“集权式”财务管理模式的缺陷：财务管理权限高度集中于母公司，容易挫伤子公司经营者的积极性和抑制子公司的灵活性和创造性；高度集权虽能降低或规避子公司某些风险，但决策压力集中于母公司，一旦决策失误，将产生巨大损失。

(二) “分权式”财务管理模式

采用本模式的企业集团，子公司拥有充分的财务管理决策权，而母公司对子公司的管理以间接管理为主。它赋予了子公司充分的理财自由权，发挥了子公司的积极性，使其适应复杂多变的理财环境，母公司主要依合同协议等规范子公司财务行为。

“分权式”财务管理模式的特点：在财权上，子公司在资本融入、投出和运用，财务收支费用开支，财务人员选聘和解聘，职工工资福利及奖金等方面有充分的决策权，并根据市场环境和公司自身情况作出更大的财务决策；在管理上，母公司不采用指令性计划方式来干预子公司生产经营活动，而是以间接管理为主；在业务上，鼓励子公司积极参与竞争，抢占市场份额；在利益上，母公司往往把利益倾向于子公司，以增强其实力。财务管理权限集中与分散互为反正，由此产生的利弊也大致相反。

“分权式”财务管理模式的优点：子公司有充分的积极性，决策快捷，易于捕捉商业机会，增加创利机会；减轻母公司的决策压力，减少母公司直接干预的负面效应。“分权式”财务管理模式的缺陷：难以统一指挥和协调，有的子公司因追求自身利益而忽视甚至损害公司整体利益；弱化母公司财务调控功能，不能及时发现子公司面临的风险和重大问题；难以有效约束经营者，从而造成了公司“内部控制人”问题，挫伤广大职工积极性。“分权式”财务管理模式适用于处于成熟期、管理规范、规模大的企业集团。

(三) “相融型”财务管理模式

“相融型”财务管理实质上就是集权和分权结合型财务管理。这主要上述的两种模型出现了比较明显的缺陷，这种模型才应运而生。“相融型”财务管理是指企业集团按产品、服务、客户或地区划分为事业部门，企业集团总部授予部门很大的经营自主权，使其能够像独立企业那样根据市场情况自主经营，拥有财务决策自主权。

“相融型”财务管理的特点：① 在企业集团内部，同时实行集权与分权制度，不再是单一的，纯粹的集权或分权。② 财务管理决策权和财务管理人员任免等重大财务事项由母子公司共同做主。③ 企业集团的财务管理工作具有更大的灵活性，更具有效率。④ 企业集团的财务管理工作应以市场为导向，以提高企业的效益为目的，而不再是为了适应某一集权或分权而开展的。

“相融型”财务管理模式的优点：一是，便于指挥和安排统一的管理以降低行政代理成本；二是，有利于母公司发挥财务调控功能，完成预定的目标；三是，有利于发挥母公司财务专家的作用，降低企业集团整体风险；四是，有利于统一调剂集团资金，降低资金成本。五是，有利于在发挥母公司统一协调的总体功能的基础上，调动子公司的积极性和创造性，促进整个企业集团的发展。

“相融型”财务管理模式的缺陷：集权与分权的“度“不好把握。如果母公司过于集权，对子公司的日常经营活动插手太多，会扰乱子公司的正常经营；母公司过于分权，可能又会导致集团管理失控，子公司不顾集团整体利益而各行其是阻碍整个集团的发展。因此，要把握好财务管理集权与分权的“度”。但在现实中，许多企业甚至可以说绝大多数企业集团在选择“相融型”财务管理模式时，没有真正把握了这个“度”。“相融型”财务管理模式存在着一些问题，主要表现如下：一是，名义上是集权与分权相结合，实质上还是集权型财务管理，因此，不利于发挥子公司的积极性、主动性和创造性；二是，名义上是集权与分权相结合的财务管理，本质上是彻底的分权，造成企业集团名存实亡，最终导致解散；三是，名义上为集权与分权相结合，但在企业集团中，不存在这两种模式，财务管理工作停留在集权与分权的相互推诿中，造成无人监管的境地，或者说，是一个没有一种具体的财务管理模型的企业集团。

五、企业集团财务管理模式的选择

从对上述三种模式的分别介绍中，我们可以将三种模式最主要的优缺点总结如表 10-2 所示。

母子公司的财务特征和企业集团组织的扁平化导致了分权的必然性，而公司的规模效益、风险防范又要求集权。集权和分权各有特点，各有利弊，对集权与分权的选择，对分权程度的把握历来是企业集团财务管理的一个难点。集权过度会使子公司缺乏主动性、积极性，丧失活力；而分权过度则会使集团财力分散、管理失控、削弱集团的整体实力。财务决策权的集中与分散没有固定的模式，同时选择的模式也不是一成不变的。所以说，三种模式不能单独或孤立地拿出来比较说哪一种比较好，而是视其是否适合该企业集团的实际情况，能否使企业集团开展的财务管理工作有效地发挥作用，促进企业集团发展。一个企业集团财务管理体制的集权和分权，需要考虑母子公司之间的资本关系和业务关系的具体特征，以及集权分权的“成本”和“利益”。

表 10-2 三种企业集团财务管理模式的比较

模式类型	优点	缺点
集权式	便于整体协调，统一调配资金，降低成本	挫伤下属企业的积极性和创造性
分权式	下属企业有工作的积极性，减轻了总公司的决策压力	难以指挥和协调，下属企业容易追求自身利益最大化，损害集团的利益
相融式	集合了集权与分权的优势	集权与分权的“度”难以把握

综上所述，“集权式”、“分权式”和“相融型”财务管理模式只是三种不同的财务管理模式，各自并无绝对的优点和缺点，只是在适用于某一个具体的企业集团时所体现出来的优越性不同，因此，企业集团在选择自身的财务管理模式时，不要去考虑其集权与分权的具体程度，而是找到一个适合自己，能够促使自身极大发展的模式。

六、目前企业集团财务管理模式存在的问题

与国内外企业集团的财务管理模式相比，我国企业虽经多次机制改革和机制转换，在经济环境、产权制度及企业经营方式的影响下，经过几十年财务管理经验的积累，在某些方面形成了自己的特色，但与企业组织形式与现代企业制度对企业财务管理工作的要求相比，还存在明显的不适应性。

(一) 财务管理观念及财务方法落后

企业集团的所有权和经营权高度统一，企业所有者直接负责经营和管理，客观上减少了使用成本，但有些领导者缺乏基本的财务知识，在企业发展过程中也没有理财专家，财务管理一直是沿用旧的财务观念。公司负责人认为财务部的工作就是保管好现金和银行存款、按月提供报表及核算清楚各个账目等，费用报销、对外投资、借款审批及资金调度等不需要财务人员的参与，只是由董事长或总经理说了算。财务部只是行使部分职能，无法做到事前预测、事中控制、事后分析，也无法与产供销联系起来。公司领导的财务风险意识、货币资金的时间价值观念淡薄，对风险收益的认识不充分，导致一些项目出现投资损失或回收时间过长的问题。在现存体制下，企业财务管理方法偏向于规范，忽视实证，一味强调对国家政策或财务政策的执行，缺乏对企业实际工作的系统分析与客观评价，尤其现在财务管理工作中充满着风险和不确定因素，只强调规范的执行情况，将很难对具体财务活动作出科学决策。

(二) 财务组织结构及财务人员配备不合理

现行的财务管理体制，对财务管理机构和会计核算机构不加区别，人们在财务管理中按照会计核算的方法进行财务管理。实际上，虽然财务管理与会计核算的对象相同，但两者在方法、目的和要求等方面存在着很大的差异。比如说会计的对象是资金运动中能以货币计量的经济运动，而财务管理的对象是资金的筹集、使用及分配的各个环节；会计的方法是设置账户、复式记账、登记账簿、编制财务报表，而财务管理是决策、计划、控制、定性分析与定量分析相结合：对会计的要求是要合乎规范、真实有用，而财务管理是要合乎管理目的；会计的要求是提供会计信息，而财务管理是优化财务状况、控制风险程度及增加企业价值等。像目前这种财务管理与会计混淆不清的现象是历史原因造成的。在计划经济条件下，企业只是被动地执行国家的财务政策，无法达到财务自主，随着企业的发展及现代企业制度的建立，财务管理对成功的经营一个企业有着关键的作用，应该赋予企业财务管理独立的内容。然而即使有些企业意识到财务管理的职能，企业管理人员也无法运用科学的方法进行理财，财务人员的业务能力不强，整体素质不能令人满意，只有少部分人具备会计师资格和企业会计主管经验，其他人员的职称基本上是助理会计师和会计员。财务部日常工作量较大，工作人员缺少培训，在涉及公司对外投资、融资管理、预算、审计等方面缺乏专业人才，导致企业集团财务控制能力严重不足。

(三) 财务信息分析体系不健全

目前，财务与会计信息虽然是对经济业务的连续纪录，但总体是面向企业外部的，主要是定期提供一些通用的财务报表和基本的财务分析指标。这样的财务信息局限性非常明显，业务部门希望知道的是企业的生产或销售到底存在哪些问题，产生问题的原因是什么，这些问题导致怎样的后果，这些信息恐怕在我们企业的财务信息中很难找到，财务信息的滞后也会使企业失去好的机会。企业集团没有建立一套针对性的财务分析指标体系来评价总体的财务状况，并对以后的趋势和可能出现的问题加以预测。

(四) 委托代理问题的解决机制不完善

根据契约理论，企业集团是利益相关主体(外部债权人、客户、内部股东、经营管理者和职工等)之间缔结的一组契约的联结。企业内各经济主体之间的契约关系是一种委托代理关系，委托代理关系实际上是企业的经营权与所有权分离，企业经营者与所有者之间建立权利与责任的关系。委托代理关系的建立，对双方、对社会都会产生有益的影响，这种委托代理活动的正常进行，既可提高委托人开办事业成功的可能性，又使代理人因从事代理活动而获得收益。不同的主体提高了各自的效用，也有利于社会资源的有效配置。但在带来益处的同时，委托代理关系也会产生一定负面效应。委托代理关系中委托人和代理人行为目标有时是不一致的，基于各自的利益追求，委托人的期望是其财富最大化，而代理人则更多关心自己的利益、权力、报酬、保障、福利、名声、地位等，另外契约关系中的信息不对称和契约不完备，会产生代理问题，即道德风险及逆向选择。道德风险是企业集团的管理者敢于突破规章制度的限制，做出一些损害所有者利益的行为；逆向选择是企业集团所有者无法识别经理人的条件优劣，可能越是能力低的人越会成为管理者，最后导致劣者取代优者。

(五) 资金管理制度不健全

企业集团没有根据业务发展情况建立财务长期增长模型，没有设定明确的资本结构标准、资本回报率和股利分配政策，短期负债比例高，资金闲置或不足的情况经常发生；总体经营战略不清晰，投资项目的选择追求短期效益，盲目性较大：对项目的实施没有进行可行性研究，一味地追求多元化经营；应收账款回收速度慢，经常造成周转不畅的局面，资金流动出现障碍。

从我国企业集团财务管理模式的实际操作情况来看，与社会主义市场经济的发展要求仍有很大差距，与西方发达国家成功企业的财务管理模式相比仍任重而道远，我们必须从实际情况出发，按照现代企业制度的要求，有针对性地改进企业财务管理模式，提高企业财务管理水平。

通过对企业集团财务管理模式的改进，使企业集团建立起比较完善的财务管理体系，使财务管理工作从单纯的会计核算转变到全面的财务预测、财务分析及财务决策上来，使财务管理与供应、销售、生产等部门相配合，提高企业集团的综合水平。

七、企业集团财务管理模式的改进

通过对企业集团财务管理模式的改进，可以使企业集团建立起比较完善的财务管理体系，使财务管理工作从单纯的会计核算转变到全面的财务预测、财务分析及财务决策上来，使财务管理与供应、销售、生产等部门相配合，努力提高企业集团的综合水平。

(一) 财务组织结构的设置

在机构设置与人员安排上，必须将财务与会计机构分设，按需要分别配置相应人员。会计部负责日常会计核算工作，并为财务部及其他部门提供必要的信息资料，财务部全面负责企业的财务管理工作，有效完成财务预测、决策、计划、控制、分析、考核等任务。财务部门与会计部门虽有明确分工，但关系密切，两者是相互配合，相互协作的，共同为企业的发展出力。

随着企业集团的发展规模越来越大，企业内部的信息化及网络化发展越来越迅速，必须改进企业集团的财务组织结构。由投资者对企业委派财务总监，财务总监的地位与总经理的地位平等，下设财务经理，负责企业的财务管理及会计核算；将资金科分为投资科和融资科，投资科主要负责对企业所要投资的项目进行调查，分析已投资项目的效益，管理总公司及下属企业的资金使用，融资科主要负责低成本的筹集资金，合理的调度资金，及时地偿还借贷资金的本息；加入电算化管理科和审计科，电算化管理科主要负责企业集团会计软件的开发维护、会计数据管理等，将企业的会计信息用会计电算化进行管理，审计科主要负责编制并执行对下属企业的财务审计计划，并且提出相关的建议。重新设置的企业集团的财务管理组织结构如图 10-2 所示。

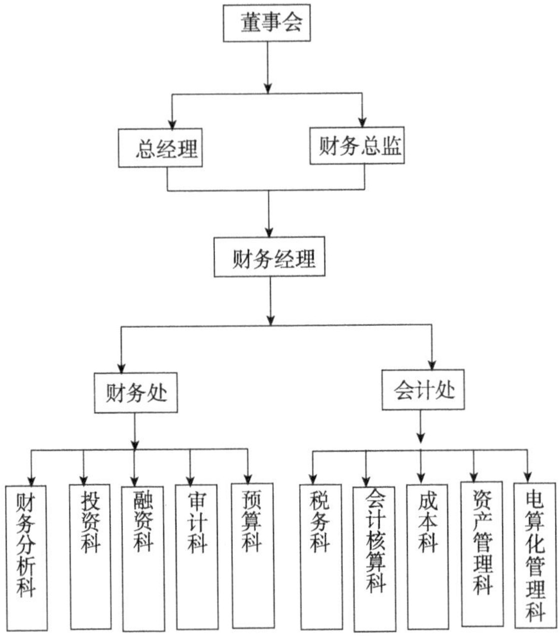

图 10-2　企业集团财务管理组织结构

今天，企业集团内部组织结构和产权结构都发生了变化，有些是以某个大型企业为核心组建起来的，有些是从原有的行政管理体系中转变而来的。在企业集团中，有的成员经过股份制改造，成为上市公司，而另一些企业经过联合或兼并成为企业集团。企业集团拥有全资、控股、参股企业较多，尤其是大规模的企业集团，资金流量和存量需求均很大，由于集团内企业经营方式、产品种类及市场特点等方面的差异性，所以各个企业对资金需求在时间上和空间上有差异性。以资金集中管理为特征的内部银行模式已经不适应目前企业集团财务管理的需要，必须做出调整，将企业集团的内部银行取消，建立资金结算中心。资金结算中心是由企业集团设立，是集团内部不具有独立法人资格的独立的资金运营机构，资金结算中心的主要任务是为集团成员企业办理资金结算和融通。资金结算包括现金结算和转账结算，资金融通包括以企业集团名义进行的外部资金融通和在集团成员企业之间的内部资金融通。建立资金结算中心是使资金得到合理应用、充分挖掘资金潜力、发挥集团资金规模优势、保障资金运营安全的有效方法。

(二) 财务风险预警系统的建立

企业财务风险预警管理是从企业财务管理工作的内部组织和外部环境入手，对财务风险进行预警和规范化管理，从而预防管理问题导致的财务活动失常。财务风险预警系统包括预警分析和预控对策，对风险预先作出警报和提前防范是财务预警系统的核心，风险发生后有一定的处理功能。通过财务风险预警，企业运用定量分析和定性分析法，观察、计算、监督企业财务风险状况，及时调整企业的财务活动，控制出现的偏差，制定有效措施，抑制不利事态的发展，将企业的财务风险降到可控范围，减轻损失程度，保证企业生产经营活动正常进行。同时，通过财务风险预警系统，对财务风险及对风险因素之间的动态关系进行判断，以财务风险分析资料为依据，及时找寻导致企业财务状况恶化的原因，制定有效措施，指导企业未来的财务管理行为，制定今后财务管理的方向。

(三) 激励与约束机制的建立

建立激励与约束机制是解决企业集团内部代理问题的有效方法。激励机制是委托人如何通过一套机制促使代理人采取适当的行为，最大程度地增加委托人的效用。一个有效的激励机制能够使企业经营者与所有者的利益一致起来，使企业经营者能够努力实现公司所有者利益，即公司市场价值的最大化，而不是单纯追求公司的短期利益。约束机制是企业所有者对企业经营者监督及控制的机制。可以在集团内部设立独立董事，独立董事既不是公司的员工，也不是专门的审计人员，他们都有丰富的工作经验和较强的工作能力，在最高层又有否决权，这样就可以对企业的经营者起着较好的约束作用；将经理人员业绩定期公告也是一项很好的办法，这样可以给经营者足够的警示，使他们知道在本企业的工作经历和业绩，要么成为今后求职的资本，要么成为求职的阻碍。

(四) 加强资本运营管理

企业集团要建立投资项目信息管理制度，使项目的立项、建设、管理、标准化运作、合作伙伴资信状况、项目市场前景等各方面情况清晰；建立项目责任管理制度，具体投资项目指定项目负责人及项目监督人，要求项目负责人对投资效益及效果负责，要求项目监督人对项目全过程实施跟踪监督；建立投资运行分析机制，定期进行投资运行分析，主要分析对内外投资的成功率，包括在建项目、建成项目、运行中项目，特别是对投资失败的项目，及早关注，下决心清理，对投资成功率低的项目，要进行事后追查、分析，从立项、可行性报告、投资、建设、管理、市场变化等各方而追溯原因，落实责任进行处理。

企业集团远期方向是以股票上市为企业的融资战略，这是各大型企业融资的重要渠道。要深入研究国家的金融政策，创造必要的条件，争取发行债券，作为融资的重要辅助方向。从目前的发展趋势看，银行贷款趋向于“短、平、快”的项目及流动贷款，作为企业只能在特定环境条件与处理应急考虑使用为好。政策性贷款主要体现国家对行业发展方向，紧缺、稀有商品与科技前景支持的贷款，带有扶持或社会功能作用，集团应该尽量争取这些融资。

(五) 成本动态管理

成本问题贯穿于企业管理的全过程和各个环节，在激烈的市场竞争中，成本控制的优势已经成为企业成功的关键，成本可以说是企业间接的利润来源。随着市场经济的发展，市场竞争将进一步加剧，市场越来越看重高质量、多品种、低成本的产品，而那种靠粗放型、高消耗、低质量来维持生产经营的企业越来越受到市场的严峻挑战，最终将被市场淘汰。企业只有真正面向市场，牢固树立效益来自市场、市场决定企业的生存和发展观念，把市场作为企业一切生产经营活动的起点和归宿，积极调整自己来适应市场，才能在日趋激烈的市场竞争中生存和发展。企业适应市场的重要表现是产品竞争力，而产品竞争力又是建立在低成本基础上的，因此降低成本是企业生存和发展的内在要求，只有企业发展了，职工的利益才有保障，降低成本也是每个职工切身利益的要求。

在市场经济条件下，必须建立紧贴市场的成本管理模式，按照以收定支的原则，建立适应市场要求的目标成本控制体系。改传统的会计方程式为“收入–成本=利润”为“收入–利润=成本”，即根据产品的产量、产销率和产品质量，按产品的市场价格确定销售收入，减(加)目标利润(亏损)后，确定目标成本。然后参照同类型单位的先进水平和本单位的最好水平，对目标成本按要素横向分解到职能部门，纵向分解到区队(核算点)及个人，通过横向到边、纵向到底，形成责任共同体，让全体职工共同承担市场竞争的压力，促使职工树立起市场意识、危机意识及当家理财意识：还要根据市场变化，及时调整成本考核指标，保证成本指标时刻与市场相适应。在市场经济条件下，竞争规律、价值规律、供求规律的作用，使市场时刻处于变化之中，如果仍然按部就班，坚持年初确定的指标一成不变，不及时根据不断变化的市场情况调整测算基础，按当前市场可以接受的价格测算出成本指标，并以此分解落实到引起成本发生的个人，那么即使年初确定的目标成本完成了，由于价格等因素的变动，也无法实现既定的盈亏目标。随着外部经济环境的变化，为确保年初确定的盈亏目标的实现，必须在企业内部建立一种与外部市场紧密结合的内部管理体制。要把成本看做是价格的函数，成本要随价格的变化而变化，及时根据变化的市场价格逐月倒算成本，价格降低减少的收入要通过降低成本支出的办法来弥补，即对成本实行动态管理，通过抓好各阶段目标的完成来保证总体目标的实现。

[案例分析] 徐州矿务集团有限公司财务管理模式分析

一、徐州矿物集团有限公司背景介绍

徐州矿务集团有限公司(简称徐矿集团，由徐州矿务局改制而来)现有 25 个分公司、29 个全资(控股)子公司和 6 个事业法人单位，在岗职工 6 万~9 万人，年产煤炭 1500 万吨以上，总资产 103 亿元，入选全国 500 家大企业集团和中国煤炭百强企业。

徐矿集团具有较强的科技创新与开发能力。近年来，针对矿区本部煤炭资源衰减的实际，充分发挥技术、管理、劳动力等优势，积极整合外部煤炭资源和开发劳务经济项目，目前在新疆阿克苏、陕西宝鸡、甘肃平凉等地成功开发了若干个煤炭开采项目。

徐矿集团坚持煤与非煤并举，初步形成了集煤炭开采、电力、机械制造、工程施工、房地产、化工、建材、商贸、物流于一体的跨国、跨地区经营格局，主导产品有矿用机械、建材机械、工程机械、矿用电器、特种钢材、防水材料、各类水泥等，非煤产业年营业收入近 30 亿元。

二、不同时期企业集团财务管理模式的演变

一个企业总是处于一定的行业及社会、政治环境当中，企业要谋求发展，不仅

要考虑企业特定的组织形式及拥有的资源，还要根据自身情况作出合理选择。以下以徐矿集团在不同发展时期所采用的财务管理模式为例进行分析。

(一) 计划经济体制下的财务管理体制

在计划经济体制下，徐州矿务局只能按照国家下达的计划组织生产，盈亏由国家承担，企业自身是一个封闭的系统，只对其内部生产过程中的成本进行控制和分析，不需要考虑外部环境的状况和变化，如消费者的需求、资金市场利率的变化、投资的风险及控制、企业的市场份额、竞争对手的情况等。这种封闭性使企业的财务管理活动单一，目标要求低，只需要完成国家的生产任务，达到国家下达的资金定额。这个时期徐州矿务集团把产值最大化作为企业的财务管理目标，实行的是统收统支的财务管理体制。

在这种情况下，企业的经营管理者实际上只不过是资金的使用者，不是资金的营运者，资金如何筹集、怎样运用、收益怎么分配及运用过程中的监督等问题都不在企业管理者的考虑之列，企业管理者所关心的只不过是怎样完成生产任务及如何控制成本。财务资金的多元性掩盖了它作为资本应实现增值的本性，误导了企业作为资金营运者的财务目标。

(二) 市场经济体制下财务管理体制的转变

从 1978 年经济体制改革到 1992 年市场经济体制的基本确立，徐州矿务局开始实现自主经营、自负盈亏。同时随着改革的不断深入，利润被作为考核经营情况的首要指标，把企业职工的经济利益同企业实现利润的多少紧密地联系在一起，这迫使企业不得不关心市场、关心利润。利润最大化成为这一时期徐矿集团财务管理的目标选择。

但是由于徐州矿务局自身的原因，如强调客观原因，缺乏主观努力；改革的步子迈不开，发展速度缓慢；在经营观念、战略决策等诸多方面仍存有很深的计划经济痕迹，管理体制、人事、用工、分配制度仍然跳不出计划经济的圈子等，造成徐州矿务局运营效率和经济效益低下的问题十分突出。

针对上述情况，徐州矿务局采取了如下两种财务管理模式。

1. 简政放权，转换经营机制

为把企业下属单位推向市场，徐州矿务局根据实际情况，在改革企业管理体制上实行多种经营方式，与矿(厂处)按模拟市场方式结算或直接按市场方式进行经济往来；对于已推至一级法人位置的矿井和单位，进行机构重组，完全打破计划经济下煤炭企业管理体制模式；对电厂、焦化厂、其他中外合资企业实行董事会领导下的厂长(经理)负责制，按各投资主体出资额，对企业经营收益实行利润分成；根据生产经营的实际内容，组建煤炭生产、生活服务、物资供应等若干公司，放开经营权，把资产经营方式、产品定价、物资采购、人事管理、财务成本核算、留存收益分配等放开，扩大其自主权，使其成为相对独立的经济实体；对医院和学校等事业单位实行经费包干制。改革后的不同管理体制，促使各单位面向市场，加速转换机制，调整经营策略，改进工作方法，提高管理效率，进一步适应市场经济的发展。

2. 投融资模式的选择

在这种情况下，徐州矿务局根据内外部环境及徐州矿务局本身的特点，采取以“负债为主、内部融资为辅”的筹资模式。随着企业规模的扩大及资金需求的快速增长，徐州矿务局内部的资金已经不能满足发展，金融机构放宽了对企业贷款的条件，使其大规模贷款成为可能。投资模式还是以“边投资，边回收”为主，确保主营业务做好做大；同时按照市场经济的规律，对企业资产存量进行优化组合，规范生产要素的运行及其相互配置，实行优势互补，实现规模经营和规模效益；此外加大技术改造的力度，根据国家产业政策，技改投资向优势产业、优势企业、优势产品倾斜。

(三) 改制后的企业集团的财务管理模式

在 1998 年 5 月，徐州矿务局经江苏省人民政府批准，改制为国有独资公司，成为徐矿集团。

1. 财务组织结构设置

集团公司(子公司)的财务负责人有集团公司(子公司)总经理提出任免或解聘建议，集团公司(子公司)总经理由集团公司(子公司)董事会决定任免，集团公司对分公司财务负责人实行委派制。集团的财务管理组织结构如图 10-3 所示。

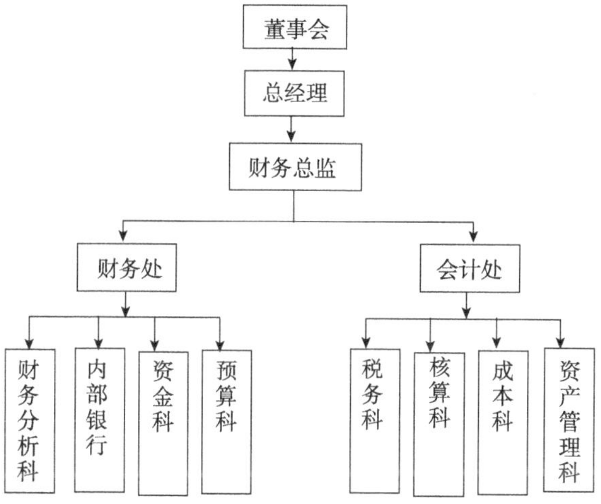

图 10-3 企业集团的财务组织结构

财务总监的职能是负责公司的全面财务管理、会计核算与控制工作，管理着财务系统的所有员工。财务总监作为公司财务部门的第一领导者，弥补了总经理因为专业技术不足而指挥财务工作的缺点，在一定程度上关系着企业的生存与发展。财务机构负责人每个季度结束后15日内，将上一季度的工作情况以书面报告形式向财务部汇报。报告中汇报的主要内容如下：主要经济指标完成情况，报告收入、制造成本、期间费用、盈亏指标完成情况，对出现异常的指标要重点分析原因；单位资产状况发生的变化，报告债权、债务的变化情况，特别是现金流量、应收账款、其他应收款、预付账款、其他应付款的变化情况；重要工程项目及费用支付情况；单位对外投资情况；单位财务控制制度的建立、执行情况及出现的差异；针对单位财务管理中出现的问题，提出相关的建议、整改措施。

(1) 财务分析科，根据企业在一段时间内的生产经营及收入费用情况，进行营运能力、还债能力等方面的分析，编制财务分析报告。

(2) 内部银行，是将社会银行的一些职能与管理方式引入到企业内部，为适应企业管理机制而建立起来的一种内部资金管理模式，内部银行的主要职责是进行企业集团内部日常的往来结算和资金调拨、运筹。

(3) 资金科，主要负责企业集团的资金管理，包括筹资、投资及利益分配等日常的管理工作。

(4) 预算科，负责集团公司财务总预算和项目预算的编制，预算执行过程的控制与分析，预算执行结果的考核、利润分配方案的制订等，其日常工作的重点是对项目预算进行控制、分析和评价、提交考核结果和提出考评意见、预算执行奖惩建议。

(5) 税务科，办理税款的缴纳、核对，办理税务的变更、注销等，并根据税法的变化及时地提出相应的调整建议，编制税务报表。

(6) 核算科，对现金及银行存款进行管理，进行固定资产核算，工资及费用的核算，材料核算，与业务单位往来核算，编制财务报表。

(7) 成本科，办理费用报销，负责成本结转，负责费用的预提及待摊费用的摊销，编制成本费用报表，进行成本费用分析，按照成本费用预算作好日常成本费用控制。

(8) 资产管理科，主要负责企业集团的固定资产、折旧费、维简费及财产清查等业务。

2. 财务管理体制

由于集团公司制定的集团发展战略尚未得到集团内其他成员企业的认同和贯彻执行，各成员企业在资金配置和市场定位及企业文化等方面尚未形成合力，没有达到规模经济，完全分权管理的条件还不成熟。徐矿集团的财务管理体制是集团公司对分公司和直属事业单位(事业法人)采取集中式管理，对依法规范组建的子公司凭借资产所有权采取受控制式管理。集团公司自己制订年度财务预决算方案利润分配方案及亏损弥补方案，审议批准全资子公司的利润分配方案或亏损弥补方案，国有资产收益上交比例，通过控股子公司的董事会审查其利润分配方案或亏损弥补方案及股权收益分配方案，审议决定对子公司的增资方案，拟订全资、控股子公司的合并、分立、变更、解散等方案。

3. 财务战略的选择

徐矿集团以授权经营为运作主题，以政府产业政策为导向，以主导产业和优势产业为主，以非煤产业经营为辅，以风险投资为补充，采取直接和间接投资相结合的投资思路，不断优化资源配置和资金融通渠道，使国有资产向优势产业和优势产品集中，企业得以稳固发展。

徐矿集团利用资产和产品进行再投资取得了很好的效果。将难以退出的不良资产从有关下属企业剥离，通过其他下属企业或由母公司进行消化、盘活、剥离、消化企业共 16 项，总计 16 498 万元，占投资总额的 35%；企业内部通过协议转让或划拨，对同类业务及投资项目进行专业归并企业 24 个，计 20 913.6 万元，占投资总额的 44%；国有资产投资不仅用现金投资，而且利用入股方式盘活存量资产，将资产与重组相结合，不仅获得了相关存量资产，而且解决了困难企业的一系列问题。徐矿集团还实施了一系列的投资项目，如电力房地产、煤化工、机械制造、工程施工、环保建材、建立洁净煤物流基地、异地办矿等。

徐矿集团在预算管理方面已经制定了比较严格的规章制度，但在制订这些预算和预算的执行过程中存在着问题。公司在预算方面，只有每周的资金收支和销售的计划，与此相配套的运输计划、生产计划及费用计划都没有在财务工作中体现出来。还有些下属的二级单位千方百计使预算留有余地，甚至故意增加预算水分，使得预算缺乏科学性和合理性，没有利用预算对企业发展作出展望。另外，领导层对成本管理重视不足，对成本控制缺乏有力手段，企业的成本与各职能部门和员工的经济责任及利益没有有机结合起来，集团下属的各个站点发生的费用开支采用的是报账制，只要有领导的签字就给予报销。企业集团应该改变预算管理模式进行经营活动，使企业集团更好地完成财务目标。

三、点评

从徐矿集团的财务管理模式可以看出，虽然徐矿集团的财务管理模式在经济体制转换过程中取得了显著的经济效果，但是财务组织结构的设置存在重复设置、工作量不足、人浮于事、效率低下等问题；在投资方面，投资约束机制尚未建立，从投资决策到施工建设没有实行全过程责任约束，重视产量的增长和生产规模的扩大，而很少考虑资产收益率、资本利用率和投资回报率；在融资方面，办法少、思路窄、渠道不畅、法制不健全，基本局限于向上级要项目或向政府要投资、要贷款的模式，融资及其使用无约束机制，尽管在近几年有所改观，但走市场融资之路，还在探索之中。针对目前财务管理模式存在的问题，必须对其提出改进方案，才能更好地提高企业的财务管理能力，促进企业集团更大的发展。

(资料来源：解云香. 2006. 企业集团财务管理案例分析及模式研究. 西安科技大学硕士学位论文.)

[习题]

1. 如何分别从广义和狭义两个方面对企业集团的定义进行理解？
2. 企业集团和集团企业的联系和区别是什么？如何进行区分？
3. 企业集团的构成层次一般包括哪几个部分？如何进行区分？
4. 按照不同的标准，企业集团模式一般分为哪些类型？
5. 我国企业集团的特征是什么？
6. 企业集团组建的理论性支持的内容是什么？
7. 组建企业集团都有哪些功能？
8. 企业集团模式的选择上应该考虑哪些方面的因素？
9. 企业集团的组织结构设计原则是什么？
10. 什么叫做“蛛网式”组织模式，该模式具有哪些特点？
11. 企业集团财务管理的目标是什么？原则又是什么？
12. 企业集团财务管理的内容包括哪些？
13. 分别对“集权式”、“分权式”和“相融式”财务管理模式的优缺点进行分析？
14. 当前我国企业集团财务管理模式有哪些问题，如何克服？

CHAPTER 11

第十一章 企业的剥离、分立与出售

[内容提要]

本章主要讲述的是资本收缩模式的内容，资本收缩是指企业把自己拥有的一部分资产、子公司、内部某一部门或分支机构转移到公司之外，从而缩小公司的规模。它是针对公司总规模或主营业务范围而进行的重组，其根本目的是追求企业价值最大及提高企业的运行效率。资本收缩是对资本扩张风险显化时的一种补救措施，一般出现在资本扩张无法实现的领域，是为下一步的资本扩张作准备。

[学习要点]

1. 掌握企业资本收缩的基本模式;
2. 掌握企业资产剥离的动机及资产剥离对企业的影响;
3. 了解企业分立的原因及企业分立的重大财务决策内容;
4. 了解企业分拆上市对母公司的影响，会分析分拆上市的效应;
5. 了解股份回购的操作目的及操作方式。

第一节 企业剥离

通过企业兼并、收购和组建企业集团的方式，能够有力地促使资本迅速集中，企业生产经营规模不断扩大，经济效益进一步提高。西方国家从20世纪60年代掀起了大规模的混合并购浪潮，但是从70年代开始，却出现了越来越多的剥离、分立等现象；进入70年代，特别是80年代以后，越来越多的企业认识到，剥离、分立、出售并非像过去人们所认为的那样，是公司经营失败的标志，而是公司发展的一项合理的战略选择。一个公司通过剥离、分立、出售那些不适合于公司长期战略、没有成长潜力或影响公司整体业务发展的子公司、部门或产品生产线，可以使自己更集中于某种经营重点，从而更具竞争力。与此同时，通过剥离、分立和出售的方式，可以使公司所拥有的资源达到更有效的配置，从而可以提高公司的资产质量和资本的市场价值。

一、企业剥离的概念

所谓企业剥离，是指清理一个部门或者放弃对某一子公司的控制权，即企业将其所拥有的资产、产品线、经营部门、子公司出售给第三方，以获取现金或股票，或者现金与股票混合形式的回报的一种商业行为。企业剥离的概念可以从广义和狭义两种视角予以解释。广义的资产剥离是指部分资产组合脱离企业控制的一种资产重组交易，它包括出售和分立等形式；狭义的资产剥离是指企业将部分资产组合出售给第三方，并取得现金、准现金或其他收入的一种资产重组交易，它包括出售，但不包括分立。从实务角度出发，由于目前的资本市场发育仍不完善，我国上市公司所进行的资产剥离仍以资产出售为主，其他剥离方式比较少，狭义的资产剥离更接近人们使用该词的本意。因此，本节讲述的是狭义的企业剥离的内容。

由于公司的资产包括实物资产、无形资产(商誉、土地、专利技术或其使用权)、金融资产(股票、债权等)，所以，公司资产剥离的形式又有两种：一是出售(或转让)股权和债权，二是出售实物资产和无形资产。尽管企业剥离的往往是经营状况不好的、没有成长潜力或影响公司整体业务发展的子公司或部门，但它并非总是公司经营失败的标志，它还是公司发展战略的合理选择，属于与扩张战略相对应的收缩战略。

二、企业剥离的分类

(一) 按照剥离意愿分类

按照企业意愿，资产剥离可以分为自愿性资产剥离和非自愿性资产剥离。所谓自愿性资产剥离就是企业出于自身发展需要而进行的资产剥离，经理层主动地将公司内部部分资产，如生产线、业务部门或厂房等卖给第三方。非自愿性资产剥离是指由于违背了政府的相关政策或者反垄断法而引发，在政府或法律的压力下被迫出售资产，不得不实施的资产剥离。例如，为了打破垄断，恢复市场竞争，政府要求处于垄断地位的公司出售部分业务。

(二) 按剥离资产的性质分类

按照剥离资产的性质，资产剥离可以分为物质资产剥离和股权剥离两类。物质资产剥离是指企业将直接控制的资产剥离，如剥离公司所属的分公司、部门或产品生产线等。被剥离的资产包括固定资产、无形资产、债权、存货等。股权剥离是指公司将企业间接控制的资产剥离，也就是剥离公司所属的子公司。被剥离的资产是企业对子公司的股权或所有权。

(三) 按资产剥离的实现方式分类

按照资产剥离的实现方式，资产剥离可以分为纯资产剥离和资产配负债剥离两类。纯资产剥离是指企业只将拥有的部分资产剥离，并购方以现金、准现金、产品或劳务支付。资产配负债剥离是指企业将部分资产和负债一同剥离，差额部分由并购方以现金和准现金资产支付。资产配负债剥离的实质是并购方以承担债务的支付方式购买资产，因为并购方承担多少债务，就少支付多少现金或准现金。资产配负债剥离必须得到债权人的许可，因为它涉及债权人的利益。

(四) 按资产收购者分类

按照收购者区分，资企业剥离可以分为第三方收购、管理者收购和雇员持股计划三类。

(1) 第三方收购就是按照资产剥离协议，将企业的一部分出售给本企业控制之外的其他企业。如果将资产转让给本公司控股的子公司，就不是真正的资产剥离，因为公司对被剥离资产仍有间接控制权，这些资产仍未脱离本企业的控制范围。

(2) 管理者收购是指将企业的一部分出售给管理者或管理者团队。通常管理者收购也被称为杠杆收购，因为收购的大部分资金来源于各种贷款和债券。为了获取所需的贷款，管理者通常要与收购专家、投资银行家或商业银行家合作。管理者首先出资成立一家新公司，然后向银行或财务公司借入收购贷款(以收购的资产担保)，用于购买公司剥离的资产，最后管理者通过出售部分资产取得的收入以及经营获得的收入偿还贷款，并取得全部股权。

(3) 雇员持股计划是指将企业的一部分出售给以本企业雇员为受益人的雇员持股计划。股份分配到雇员的账户中，随着时间的推移，股份最终会由雇员所拥有。雇员持股计划最初是一种雇员福利养老金计划，后来被大量用于收购、接管等重组活动。

三、企业资产剥离的理论支持

通过总结国外的相关文献，一般认为有以下四种理论可以解释企业为什么要进行资产剥离及适时的资产剥离为什么能够创造价值。

(一) 代理理论假说

Jenson 和 Meckling(1976)将代理关系定义为一种契约关系，在这种契约下，一个人或更多的人(即委托人)聘用另一个人(即代理人)代表他们来履行某些服务，包括把若干决策权托付给代理人。代理人的行为具有理性(或有限理性)和自我利益导向的特征，从而导致委托人和代理人之间存在着追求目标和利益上的差别和信息的不对称问题，因此两者的利益会发生偏差，导致代理问题的出现。

Shleifer 和 Vishny 认为企业多元化和资产剥离可以看做经理层为了达到设置堑壕的目的而采取的策略。经理层将会从自身利益最大化出发，而不顾股东的利益，选择那些对他们自身来讲具备特定优势的方式，以期达到他们成为企业不可或缺的组成部分。如果某部分资产(或业务)不能够给他们带来堑壕作用，经理就会将其出售，这样就导致资产剥离的发生。

(二) 效率理论假说

效率理论与代理理论不同，它假设企业的经理层追求的是股东利益最大化，有以下两种情况可以导致企业进行资产剥离。

一种情况是当交易双方对企业某部分资产(或业务)的管理效率不一致时，如果企业的部分资产(或业务)经营效率较低，而交由其他公司或经理进行管理能够产生更大的收益时，这时原有的企业就应该把该部分资产剥离出去，这样交易的双方能够共享由于被剥离资产(或业务)经营效率的提高而产生的收益。

另外一种情况就是当企业的部分资产(或业务)对于公司来讲不再具有足够的价值时，为了提高企业的整体经营效率就应该把该部分资产(或业务)剥离出去，通过这种方式达到退出某产业或者进行产业转移转向新的核心业务等。例如，根据产品生命周期理论，当企业的某个部门或子公司的主要产品处于成熟阶段时，就必须考虑“拥有或放弃”的重要问题，如果认为企业发展该产品前景暗淡，或者企业要转向新的核心业务，这时就应该及时地将有关产品的生产线或子公司卖给市场上的其他企业，以获得最高的出售价格。而对于处于衰退期的产品，如果没有好的发展前途又非企业的核心业务时，企业则应该尽快放弃该产品，剥离掉相应的资产(或业务)。

(三) 归核化理论假说

对于多元化企业来讲，随着企业涉及的行业越来越多，管理的复杂性也会大大提高，甚至在某些业务之间还可能存在负的协同效应，官僚成本也会随着规模的扩大而相应增大，这些都会影响多元化企业的整体业绩表现。因此通过剥离非核心业务不仅能够缩减多元化程度，还能大大提高管理效率，提升企业价值。John 和Ofek(1995)针对资产剥离行为，提出了归核化理论假说，他们认为公司出售与本身核心业务不相关的资产后，可以提高营运集中度，公司能更有效率地经营剩余的资产，公司价值将因此得到提升。

对于多元化公司进行资产剥离的另外一种解释是由于内部资本市场所创造价值越来越小。多元化公司能创造一个大规模的内部资本市场，通过放宽公司层面外部融资约束以及赋予公司总部剩余控制权，使其能够积极地配置资金到有价值的项目来创造潜在的收益。然而由于包括股票市场在内的美国的资本市场流动性越来越强，内部资本市场与外部资本市场相对具有的优势越来越小，所以多元化对于企业来讲吸引力越来越小，于是很多多元化企业选择了资产出售来减小企业的规模，提高企业的集中性，增强反应能力和竞争能力。

(四) 融资理论假说

融资理论假说认为资产剥离是经营所需现金的一种重要来源，企业通过资产剥离的方式获取现金，并以此来降低企业的负债水平。尤其对于陷入财务困境的公司而言，通过剥离得到的收入缓解债务压力，是避免破产的一种很好途径。

Lang 等首先提出了资产剥离的融资假说，认为企业经理非常看重企业的规模和控制权，因此经理一般不会只是由于效率的原因而去出售资产。对于这样的管理层来讲，之所以选择出售资产，一种更为直接的原因是出售资产能够直接获得资金，而其他融资方式代价都较为高昂。显然，融资假说比有效经营假说更能解释资产剥离。

与财务健康的企业一样，陷入财务困境的企业也通过资产出售来提高运营效率。

不过对于后者，资产出售更是企业现金的一种重要来源和债权人控制企业资产的一种机制。Lasfer 等认为陷入财务困境的企业会把资产出售看做为了避免破产而筹集必需资金的一种有效方式。由于对于这些企业来讲，其余的融资方式基本上都不可行，所以迫使它们去出售企业的资产。

四、我国上市公司资产剥离的动机分析

(一) 减轻债务负担，改变财务状况，应付财务危机

此类上市公司一般是那些严重亏损，不能偿还到期债务或者经营状况尚可，但负债比例过高的上市公司。如果不能与债权人达成和解，为避免破产，或迫于债权人的压力，为减轻高额定期付息压力，核销债务，恢复再融资能力，改善资本结构，往往不得不通过出售资产的形式套取现金，以偿还债务。许多企业谋求甩掉负债包袱，资产配负债式剥离就是他们的首选方式。上市公司在进行资产配负债式剥离时，其目标基本上是指向负债。从 20 世纪 90 年代中后期开始，这种剥离动机在上市公司中不断出现，且大多属于关联交易。

(二) 剥离不良资产，改善资产质量，提高资源利用效率

此类上市公司拥有一些不良资产，即不能通过有效使用获利的资产，包括流动性较差、收益不高的子公司或分公司，亏损的生产线或闲置、半闲置的资产，如土地等。由于资产质量差，或是亏损，无法给上市公司带来效益，如果不能通过改进管理、有效开拓市场等措施扭转资产状况，上市公司为改变财务状况而不得不将部分资产剥离，至少可以挽回部分投资，换取现金，盘活资产，寻找新的投资机会。有时改善不良资产需要大量的投资，上市公司因为无力筹资或嫌风险太大也会选择将不良资产剥离。当然，也有一些上市公司出售成功的投资项目以获取收益。

近几年资本市场持续低迷，受其影响，证券公司的效益也每况愈下，加之原经营管理方面存在的诸多问题开始集中暴露，因此，多数证券公司严重亏损，有的甚至难以为继。证券公司的经营困境也直接影响了上市公司投资金融资产的热情，并成为近几年来资产剥离的主要对象。

(三) 回归主业或者调整主业，改变公司战略，资产优化

此类上市公司一般都是从事过于广泛的多种经营，导致难以有效地经营与控制，或者盲目进入自己不熟悉的行业导致亏损，不得不出售与公司核心业务没有关系的业务部门以集中资源；也有可能是为适应经营环境变化，上市公司发展战略发生改变，需要调整多种资产类型和比重，调整主营业务，调整经营战略，改变资产的获

利能力和流动性，或者是出于引进战略投资者而提升下属子公司竞争力的需要，从而出售部分资产。企业运用资产剥离手段从一些产业中退出，再将收回的资金用于战略重点，或者进军新产业，或者用于发展剩余核心主业。退出的产业一般是效益比较差的或者是前景不佳的产业，有的虽然效益不错，但是企业无力继续发展，也会在适当的机会将其剥离，以全身退出。

五、资产剥离对企业收益和风险的影响

(一) 增加企业的收益

企业的资产剥离，不仅可以通过企业内部资源的合理配置，给企业带来效率方面的收益，更主要的是出售的资产本身就可以带来经济回报。企业可以用来弥补亏损、增加资金储量，以便于开展新业务等。如果作为某种形式的投资，则可以给企业带来长期的经济效益。

1. 筹集运营资本

资产剥离能够实现的一个原因是剥离的资产作为买方企业的资源比作为卖方企业的资源更具有价值。这反映了不同公司对资产不同的控制能力、不同的战略哲学或不同的预期。对卖方企业来说不是核心业务的部门，对于买方来说可能就是稀缺资源，因此资产的出售可以给卖方企业带来现金的流入，会为公司的进一步重组提供资金或扩充运营资本。

另外资产剥离将使公司能够在资本市场上以更低的成本筹措资金。许多学者通过实证检验证明，配股会使公司市场价值下降，而拆分上市却往往具有相反的效果。

2. 获得过去的成功

一些资产的剥离是对成功投资的收获，这些投资是由有利的市场条件促动而成的。这种资产剥离体现为企业有目的的经营活动。美国硅谷的许多公司，将自己已经成熟的项目或业务出售而获得收益，然后再发展其他的业务，成熟一个就剥离一个，这种剥离给企业带来巨大的经济收益。

3. 换取投资机会

一些公司将自己的一些非核心部门或一些弱小的业务剥离后，转为投资于另一家企业的股权，体现了社会资源的合理配置。

4. 管理层收购

为了解决管理层和股东之间的委托–代理关系，激发管理层，并调动其工作的积极性，企业可将部分业务剥离出售给管理层，使其自身的利益与企业的发展紧密结

合起来，给股东带来更高的收益。目前，管理层收购和转为非上市公司两种交易，已在全部公司资产剥离中保持在 11%的平均水平。管理层收购可以被看做一种投资于管理层的长期投资，企业投资的是资产，收获的是管理层的忠诚和企业长期的经济效益。

(二) 降低企业运营的风险性

企业面对的是一个不确定的、变化迅速的外部环境。企业在参与社会分工，体验专业化生产、规模经济和降低成本喜悦的同时，面对的是一个合纵连横的竞争格局，要适应环境的变化，必须分析各种风险因素，降低运营中的高风险，因此一些高风险因素就必须剥离。

1. 适应环境的变化，调整公司的战略目标

无论是兼并收购还是资产剥离，都反映了公司为了适应不断变化的环境而作出的战略调整，二者都代表了公司为适应经济和政治环境中的这些持续变化所采取的对策和调整，目的是降低运营风险。

2. 消除负协同效应

兼并收购活动的一个主要动机是并购后的企业可以在经营、管理、财务等方面产生协同效应。但实际上，公司的某些业务与公司的其他营利性经营相抵触，明显干扰企业其他业务组合的运行，产生所谓的负协同效应，即 1+1<2。对于产生负协同效应的业务或部门，必须进行剥离，以降低生产效率下降的风险。

3. 避免被接管

企业通过资产剥离，除去吸引接管威胁的“皇冠珠宝”，从而起到一种接管防范手段的作用，避免被其他公司收购，降低被收购的危险。

(三) 提高资产的流动性

提高资产的流动性，目的是适应环境快速变化的需要，挖掘存量资产的价值。企业通过对其资产按照某种方式进行结构组合，形成各种业务组合，如核心部门和非核心部门、主业务部门和从属业务部门等。这样，企业内部的资产按照模块结构存在，既相互独立，又相互联结并围绕着企业的目标运作，企业便可以对这些资产进行合理配置。这种动态互联方式存在的资产，不仅可以提高企业整体的运作效率，而且可以激发独立个体资产的潜力。提高资产的流动性是进行企业资产成功剥离的前提条件，具体表现有以下三点。

1. 甩掉不良资产

甩掉不良资产，即剥离流动性差、回报率低的业务部门。一般来说，发生经营亏损或达不到利润增长预期的子公司或部门，往往会成为剥离方案的首选目标，以避免可能的对整个公司利润增长的影响。

2. 支持核心业务的发展

许多公司在制订收购计划时，就有将自己不需要的业务剥离的计划，原因是这些资产与自己收购的核心业务不符合。为了保证自己的核心业务，避免资产的低效使用或使用过于分散，必须将这些非核心部门剥离。这种资产剥离会带来利润，带来现金的流入，也可能发生损失，但会由保留的高质量部分产生的利润去抵消损失。

3. 调整企业内部资源的合理配置

企业内部的资源是有限的，因此根据企业的发展战略，企业会将稀缺的资源用于能够带来最大现金流入的业务，或是流动性最好的业务。企业通过对资源的合理配置，将一部分非核心业务剥离出去，可以实现 4–3>1 的经济效果。

企业进行资产剥离是企业发展的重大战略决策，是管理层的自愿决策，代表实现股东财富最大化目标的战略。对企业本身而言，将非核心的业务剥离，不仅仅在于将包袱卸掉，它的战略意义是提高资产的流动性、降低经营风险和增加收益。对企业的作用表现为企业可以更好地配置现有资源，提高企业的经济效益，提高适应环境变化的能力，增强企业对市场的控制力；对社会则表现为将资源不断从价值低的使用渠道向价值高的使用渠道转移，促进了社会产业结构的调整。

第二节 企业分立

一、企业分立的含义

企业分立是指一个企业依照有关法律、法规的规定，分立为两个或两个以上的企业的经济行为。企业分立是母公司在子公司中所拥有的股份按比例分配给母公司的股东，形成与母公司股东相同的新公司，从而在法律上和组织上将子公司从母公司中分立出来。按照分立后原企业是否存续的不同，企业分立可以分为两种方式：新设分立和派生分立。

1. 新设分立

新设分立，又称解散分立，指一个公司将其全部财产分割，解散原公司，并分别归入两个或两个以上新公司中的行为。在新设分立中，原公司的财产按照各个新成立的公司的性质、宗旨、业务范围进行重新分配组合。同时原公司解散，债权、债务由新设立的公司承受。新设分立，是以原有公司的法人资格消灭为前提，成立新公司。

新设分立一般采用企业整体改组模式，一般适用于那些“大而全，小而全”的企业，即非生产经营系统数量较多，而且赢利水平较低，甚至亏损的企业。这种模式有利于建立高效的企业运作机制，提高企业的竞争能力，不足之处是需要许多政策上的配套。

2. 派生分立

派生分立，又称存续分立，是指一个公司将一部分财产或营业依法分出，成立两个或两个以上公司的行为。在存续分立中，原公司继续存在，原公司的债权债务可由原公司与新公司分别承担，也可按协议由原公司独立承担。新公司取得法人资格，原公司也继续保留法人资格。

派生分立可采用整体改组和部分改组两种模式。采用整体改组，即从原企业中拿出生产经营性资产进行股份制改组，其余非生产性资产作为全资子公司隶属于改组的控股公司，这一类型适用于企业集团、非生产经营系统数量多而赢利水平低的企业级地方性大企业。采用部分改组，是指企业以一定的比例资产或业务进行改组，设立一个法人实体。这种模式主要适用于集团企业中的生产性企业界限较为清楚的。

二、公司分立的法律特征及法律后果

(一) 公司分立的法律特征

公司分立从其法律内涵上讲，主要包括以下四个法律特征。

第一，从行为性质考察，公司分立为公司法上的组织变更行为，与单纯的交易法律行为不同。分立除涉及转移营业部门财产的物权与债权行为外，还可能涉及组织设立行为。此外分立的实行，还会发生财产承受与股东地位取得的效果，带有浓厚的组织法色彩。

第二，从主体角度考察，公司分立的结果可能会使一个公司分立为两个或多个具有独立法律人格的公司，因而，属于一种人格变动行为，常伴随着新公司的人格产生和旧公司人格消灭。

第三，从客体角度考察，公司分立是一公司将其营业财产的全部或一部作为出资，而由其他公司取得的企业组织行为。公司分立的对象是营业的一部或全部，即“公司为特定的营业目的而拥有的组织性或功能性整体财产，包括营业用的物或权利，及具有经济价值的所有资源或事实关系”。对于公司分立的客体，各国立法的规定并不一致，而对分立客体内涵的认识则关系到对分立法律含义的认识和与相关概念的区别，是个重要的问题。依据《欧盟公司法指令》，公司分立的客体是资产和负债。依据《德国公司改组法》规定，可知德国法中的公司分立客体是作为整体的各个部分财产。依据《日本公司法》规定，其分立客体为全部或部分营业。

第四，从分立的法律效果来考察，公司分立会带来三方面的法律后果：发生公司组织变更的法律效果，发生股东地位取得的法律效果，发生营业及财产的移转和债权债务承担的法律效果。

(二) 企业分立的法律后果

第一，公司主体的变化，涉及公司的解散、变更和新设。在新设分立形式中，原公司解散，新公司设立。在派生分立形式中，原公司存续，但主体因股东、注册资本等发生变化而必须进行变更，新公司设立。

第二，股东身份及持股额的变化。由于公司的“一分为二”或“一分为多”，股东的身份也可能随之发生变化，即由原公司的股东变成了新公司的股东。就留在原公司的股东而言，虽然股东身份没有变化，但在原公司的持股份额却可能发生变化。由于公司分立一般要导致原公司规模的缩小，因此，随着股东和公司注册资本的减少，剩余股东对公司持股份额必然会有所增加。

第三，债权债务的变化。随着公司的分立，原公司承受的债权债务也将因分割而变化成为两个或两个以上公司的债权债务。

三、企业分立的原因

企业分立的原因是多种多样的，有些分立的原因来源于分离后将会产生的结果，归纳起来，主要有以下六种。

第一，与企业剥离的原因相同，分立可以通过消除“负协同效应”来提高企业的价值。有时，一个企业的某些业务对实现企业整体战略目标来说可能是不重要的，或者这些业务不适合于企业其他业务的发展，这是就会产生“负协同效应”。因此，如果按照业务特点将企业划分为两个或更多的不同的独立的实体，相应配备不同类型的管理人员进行经营，可能会营造出更好的管理环境，减少甚至消除因管理原因而造成的低效率运作。

第二，分立可以满足企业适应经营环境变化的需要，提高运营效率。企业的经营环境是包括多方面因素的，这些因素经常随着经济形势的发展而变化，对于规模巨大的企业，由于其运转不如小企业灵活，如果不能随着经营环境的变化而适时改变战略安排，可能会带来不可估量的损失。所以，当企业规模超过适度标准时，采取分立的策略，在保证取得规模效益的前提下增强企业的灵活性，可以大大提高资本的运营效率。

第三，分立可以满足企业扩张的需要。实际上，分立也是扩张的一种重要手段。

在通常情况下，企业作为一个整体要扩张进入别的经营地区或经营领域的难度较大，而采取派生分立的方式，在目标地区或目标领域内设立一个新的企业，就可以渗透进去，达到预期目的。

第四，分立可以帮助企业纠正一项错误的兼并。有些企业，兼并之后，多元化经营的战略目标虽然达到了，但是资本市场上，由于投资者及其证券分析人员无法将其归入某一特定行业，使其在证券化市场上表现出较低的股票价格和收益率。鉴于此，公司可以将其分立。

第五，分立可以作为企业反兼并和反收购的一项策略。收购企业可能因为看好目标公司的某型特定资产，为了对己有利，可能要实施收购策略。如果目标公司清楚地意识到这一点，就可以通过将这一部分资产甚至某一子公司分立出去的方式避免整个公司被收购的风险。

第六，还有一些分立是从股东的利益出发的，分立后，因管理人员可以将精力集中于相对较少的业务，报酬也会受到一定影响，从而降低了代理成本。分立也有利于企业更好地适应和利用有关法规和税收条例，给股东带来更高的收入。

四、企业分立的程序

企业分立属于公司的重大行为，必须要遵循一定的程序。

(1) 董事会拟订分立方案。当企业董事会初步达成企业分立的意向后，即应着手提出、起草分立草案，以便供企业股东大会讨论。

(2) 股东大会作出分立决议。我国《公司法》明确规定：公司分立方案由董事会拟订并提交股东大会讨论决定，有限责任公司在公司作出分立决定，须经代表 2/3 以上的表决权的股东通过；股份有限公司股东大会作出分立决议，必须经出席会议的股东所持表决权的 2/3 以上通过。

(3) 由分立各方，即原公司股东就分立的有关具体事项订立协议，并签订分立合同。分立合同应采取书面形式，一般包括以下内容：① 分立后原公司是否存在；② 存续公司或新设公司的名称与住所；③ 企业的财产如何分割；④ 原企业债权、债务的处理方法；⑤ 分立后各方的公司章程内容；⑥ 分立时需要载明的其他事项，如企业职工的安置问题等。

(4) 依法办理有关审批手续。股份有限公司分立，必须经国务院授权的部门或者省级人民政府批准。

(5) 编制资产负债表及财务清单。企业分立时，应将分立后各方拥有的资产、负债和所有者权益记载于资产负债表中，并将各方分地的全部动产、不动产、债权、债务以及其他财产一一列入财务目录，编制财产清单。财产清单要准确，清楚并保存好。

(6) 处理债权、债务等各项分立事宜。各项分立事宜包括由原公司编制资产负债表和财产清单，并自股东大会作出分立决议之日起 10 日内通知债权人，并于 30 日内在报纸上至少公告 3 次。债权人自接到通知书之日起 30 日内，未接到通知书的自第一次公告起 90 日内，有权要求公司清偿债务或者提供相应的担保。不清偿债务或者不提供相应的担保的，公司不得分立。

(7) 依法办理变更登记手续。因分立而存续的公司，其登记事项发生变化的，应当申请变更登记；因分立而解散的公司，应当申请注销登记；因分立而新设立的公司，应当申请设立登记。公司应当自分立决议或者决定作出之日起 90 日后申请登记。

五、企业分立的重大财务事项

企业分立无论出于什么目的，其最终都是为了企业的经济利益。因此，企业分立便涉及一些重大的财务处理。

1. 财务可行性分析

企业分立作为一种资本运营方式，是企业追求资本价值最大化的一条途径，企业分立后只有创造比分立前更多的利润，分立才具有经济上的可行性。对于谋求更大的经济利益而进行企业分立的企业，在进行可行性研究时，应侧重于收益预测。具体可采用 NPV 法，将分立后的各企业未来若干年净收益的预测值按某一折现率进行折现，求出其合计数，再同企业在非分立状态时未来若干年净收益预测值的折现值之和相比较，若前者大于后者，分立是可行的，否则分立不可行。

2. 所有者权益的处理

企业分离后，资产的分解会引起所有者权益的变化。如果是新设分立，企业的原所有者权益因原企业的分立而需在新设企业中体现，每一个新设企业应根据其净资产额、原企业股东的股权比例向其所有者提供出资证明或股权证、股票等。如果是派生分立，老企业因部分资产分离出去而减少注册资本的，应向所有者出具变更后的出资证明或股权证、股票等，新成立企业要按照其净资产、股东股权比例向所有者出具出资证明或股权证、股票等。

3. 资产的分割和评估

采用新设分立方式，被解散企业的资产要在新设企业中分割，新设企业间要签署协议，对资产分割情况作出明确规定。采用派生分立方式，老企业要将企业的一部分分割给新企业，新老企业也要对资产分割情况签署协议。企业分立设计资产的分割和变动，为明确所有者权益，对变动的资产应严格地进行资产评估工作。

4. 债务的负债与偿还

企业分立前的债务是分立时必须要慎重处理的问题，除非取得债权人的同意，否则在还清债务前期也不得分立。新设分立的，被解散企业的债务要分配给各新设企业负担，由新设企业按原定还债日期或同债权人达成的常在协议还本付息。派生分立的，老企业的债务可以由老企业独自承担，也可以由老企业分出一部分由新企业偿还。无论哪一种分立方式，有关各方在签署分立协议时，均须将债务分配情况在协议中明确载明并通知债权人。

六、企业分立的现实意义

1. 改变公司的市场形象，提高公司股票的市场价值

一般来说，市场并不总是能够准确地认识和评价一个上市公司的市场价值，特别是一些实行多元化经营的上市公司，其业务范围往往涉及广泛的领域，使得市场投资者及证券分析人员对其所涉及的复杂业务可能无法作到正确理解和接受，因此，可能会低估其股票的市场价值。经过分立后，有关子公司价值的持续公开信息可能会对子公司的经营业绩产生正面的影响；而且，其目前作为一个独立于母公司的经济实体，也可以更容易地对公司的业绩进行评估。公司分立的全部收益约等于被分离出来的子公司的价值和剥离出的资产的价值。母公司的价值经过重组活动实际上并未改变，而子公司有了自身独立的新的市场价值。

如果子公司的上市价格理想，母公司还可通过子公司的分立上市获得可观的资本溢价。对某些适合分立的业务来说，母公司股价的市盈率未必反映其实际价值，如果能把业务分立上市，这些项目的实际价值便能充分反映出来，子公司上市受到超额认购或反映强烈时，母公司与子公司本身的股份的市场价值也将随之上升。

2. 分立可以通过消除“负协同效应”来提高公司的价值

公司的经营环境是不断变化的，这些变化包括技术进步、产业发展趋势、国家有关法规和税收条件的变化、经济周期的变化等。由于上述因素的变化，母公司和子公司的机会也发生了变化。这样，虽然在过去联合经营可能是最理想的，但目前母公司与子公司之间的安排可能是低效率的联合。所以，把子公司从母公司中分立出去是更合理的选择。对于一些多元化经营的企业，通过分立可以为母公司和子公司重新定位，确定母公司和子公司各自的比较优势；另外，公司还可以剥离掉不适合于公司长期发展战略、没有成长潜力或影响公司整体业务发展的部门或产品生产线；通过这样的一系列分立可以使它们更加集中于各自的优势业务，从而为公司的股东创造更大的价值。此外，分立还能够创造出一个简洁而有效率的分权化的公司组织，使公司能够更快地适应经营环境的变化。

3. 分立能够更好地把管理人员与股东的利益结合起来

目前，通常采取的公司股份、股票期权及与股票价值相关的业绩奖励等措施来

激励管理人员的方法在解决高级管理人员的利益和股东利益的一致性方面至少部分是成功的，但是这些方法在驱动和激励分支机构的经理时可能并不十分有效。因为在一个多部门企业或多元化发展的企业中，基于整个企业价值之上的股权激励措施其实并不与处于分支机构内的经理的决策或业绩密切联系，股权激励对于企业内的各个部门的经理人员难以发挥正面激励作用，导致对分支机构经理激励的弱化；另外，分支机构经理和高级管理人员之间信息不对称和偏好的差异，可能导致低效率的内部资源分配和不利于公司整体战略的投资决策，使得企业内部有限的资源配置不合理，给股东带来意料不到的成本和费用。而分立可以将公司的不同业务按其特点划分成两个或更多的有着不同管理人员的独立实体，子公司(独立实体)直接进入资本市场，接受资本市场的严密审视，将子公司经营管理人员的报酬与公开交易的股票的市场表现联系在一起，强化子公司的激励机制，从而使分立出去的子公司的管理人员和其他重要员工的激励和报酬制度与他们最直接从事的活动相互联系起来，而且期权计划也能在子公司中有效实施。

第三节　企业分拆上市

一、企业分拆上市的含义

分拆上市是指一家被母公司全资所有的分部或子公司从母公司中独立出去，且通过首次公开发售(IPO)将子公司的部分股票出售给广大投资者。按照分拆的母子公司是否属于同一行业，分拆上市分为同行业分拆和跨行业分拆。在美国，由于税法规定若母公司对分拆出去的子公司拥有 80%的股权将享受税收优惠，所以母公司出于税收考虑，一般将子公司的少于 20%的股份进行公开发售，即分拆上市后，母公司通常拥有对子公司的绝对控股权。

分拆上市的概念有广义和狭义之分，广义的分拆上市是指，已上市公司或未上市的集团公司将部分业务或某个全资子公司从母公司独立出来单独上市；狭义的分拆是指已上市的公司将其部分业务或全资子公司独立出来，另行公开招股上市。本节我们主要讲述的是狭义的企业分拆上市的内容。

分拆上市的概念与分立的概念较相似，两者通过分拆都产生了独立的法律实体，但这两种方式还是存在两个方面的明显区别。① 在公司分立中，子公司的股份是作为一种股票股利的形式按比例分配给原公司的股东，没有资金的流入。而在分拆上市中，新公司的股票要进行公开市场发售，因此，使子公司获得新的资金。② 在公司分立中，原公司对于分立出去的部分不再拥有控制权，只是原公司的股东控制新公司。而在分拆上市中，一般情况下，母公司都会保留对分拆部分的控制权，只将少数的股权公开出售。

二、分拆上市的分类

从企业分拆的类型来看，基本上可以分为横向分拆、纵向分拆和混合分拆三种类型。

1. 横向分拆

横向分拆是指对母公司的股权进行分离与分立，分拆出与母公司从事同一业务的子公司，由此实现子公司的首次公开发行。

2. 纵向分拆

纵向分拆是指由于母公司从事的业务涉及某一行业产业链中的不同环节。例如，石油行业有开采、生产、提炼和向最终消费者推销等业务链，将母公司的股权进行分离与分立，分拆出与母公司从事同一行业、但处于产业链中不同业务环节的子公司，把子公司分拆出去并进行公开发售股份上市。

3. 混合分拆

混合分拆是指母公司属于业务经营多元化的企业，其业务范围涉及完全不同的行业或业务类型，使得母公司控制的资产差异性很大，增大了企业经营管理的难度，不利于促进资源的合理有效配置。因此，将母公司的业务结构中涉及与其核心业务关联度较弱的某一行业或是某一类型的业务分离与分立出去，重新组建一家可以实施公开发售计划的公司，以便母公司和子公司可以更好地集中资源优势，做大和做强其核心业务，从而提高核心业务的竞争力。

三、分拆上市对母子公司的利弊分析

(一) 分拆上市对母子公司的有利影响

第一，分拆上市后，如果子公司的上市价格理想，母公司可获得可观的资本溢价，经营业绩将大幅增长，从而推动股价的上涨。按照现行的投资准则，上市公司投资所获得的股权投资差额的收益摊销期可超过10年。这样，只要子公司的上市价格理想，母公司不仅能大幅提升业绩，而且还可保持一定的稳定性。

第二，分拆上市可以开辟新的筹资渠道，拓展融资空间和资产经营的运作空间。对于已经上市的公司而言，业绩欠佳将失去配股资格，而分拆上市具有“一种资产，两次使用”的特性，因而上市公司将其作为再融资的工具。通过分拆，子公司可以从外部筹集资本，资本来源将不再仅限于母公司这一渠道，拥有更独立的筹资与投资权利；通过分拆，使母公司与子公司在资产的转让、注入及融资活动更为灵活，母公司可通过控股的形式继续保持对子公司的控制权，但子公司的投资风险将由广大投资者共同承担。

第三，分拆上市有利于消除企业盲目扩张所带来的负协同效应，使公司更好地发展核心业务，实现业务的专业化管理，增强市场竞争力。目前上市公司普遍存在资本扩张的内在冲动，企业管理者常常自信能在不熟悉的行业创造奇迹，但事实往往并非如此。管理效率假说也表明，当规模扩张和多元化经营发展到一定程度时，将会出现一个报酬递减的临界点，这时就会产生一定的负协同效应。即当企业有限的财力、人力、物力和其他资源不足以满足多元化发展的需要时，有限的资源被过度摊薄，将使企业的所有业务得不到充分发展。通过分拆，将一些非主营或本身不太熟悉的业务剥离出去，适当缩小企业的经营规模，对于突出主业，消除负协同效应，改善财务状况，增强企业的竞争力都大有好处。

第四，通过分拆，可以完善上市公司的治理结构，更好地解决股东与管理者之间的委托代理问题。股东与管理者之间追求的目标不一致，常常导致两者之间的代理成本较高，股权激励在解决管理人员的代理成本问题时是比较成功的，但对于分支机构的经理，由于股权激励措施是建立在整个企业价值之上的，而与处于分支机构内的经理的决策或业绩关系不是很密切，所以不能很好地激励分支机构的经理，导致资源的浪费与效率的低下。通过分拆上市，分支机构的经理可以成为公司的股东，自己的报酬与公司的业绩更紧密地联系在一起，且他将直接面对市场，接受市场的评估，更能够激发分支机构经理的创造性和主观能动性，减少股东与管理者之间的代理成本。.

(二) 分拆上市对母子公司的不利影响

第一，分拆上市必然导致一定程度的股权稀释，这些原本被母公司完全控制的业务单位在分拆成为公众公司后将导致控制权的分散，加大了其被收购的可能性。

第二，分拆上市作为一种特殊的资产重组方式，使公司的股权结构和组织架构更复杂，而且分拆后，母公司通常拥有子公司的控制权，容易导致母子公司现金流的不平衡。

第三，分拆出去的子公司由于受到股东和证监会的直接压力，信息披露将会非常细致和严格，导致信息披露成本的加大。

第四，母公司若将分拆上市视为“圈钱”的工具，一味地追求上市融资，而纷纷将赢利能力较强的资产分立出去，则会降低母公司的资产营运质量和运作效率。

四、分拆上市的效应分析

(一) 分拆上市的正面效应

1. 改变公司的市场形象，提高公司股票的市场价值

实行多元化经营的上市公司，其业务范围往往涉及广泛的领域，使得市场可能会低估其股票的市场价值。经过分拆后，有关子公司价值的持续公开信息可能会对子公司的经营业绩产生正面的影响；也可以更容易地对公司的业绩进行评估。子公司分拆上市后，不仅可以提高公司的资源管理效率，而且由于公司可以获得超额的资本利得，分拆上市有助于原上市公司经营业绩的改善。

2. 分拆可以通过消除“负协同效应”来提高公司的价值

分拆上市有助于原上市公司法人治理结构的完善。它使分支机构的经理直接面对市场，接受市场的评估，可强化在分支机构内部的激励和约束机制。分拆上市还有助于实现原上市公司的主业转型。分拆上市的子公司通常都是母公司的优质资产，具有很大发展潜力。而且随着子公司的逐渐壮大，母公司还会不断地注入优良资产，对于那些处于衰退行业的母公司，这种方式为其主业转型的实现提供了一条途径。将部分业务分拆出去，不仅可以使企业的主业结构更加清晰，而且会提高公司的管理效率，降低多元化业务之间的负协同效应。

3. 分拆能够更好地把管理人员与股东的利益结合起来

分拆可以将公司的不同业务按其特点划分成两个或更多的有着不同管理人员的独立实体，子公司(独立实体)直接进入资本市场，将子公司经营管理人员的报酬与公开交易的股票的市场表现联系在一起，强化子公司的激励机制，从而使分拆出去的子公司的管理人员和其他重要员工的激励和报酬制度与他们最直接从事的活动相互联系起来，而且期权计划也能在子公司中有效实施。

4. 分拆有利于公司更好地适应和利用有关法规和税收条例，完善信息披露

分拆上市，有利于提高信息披露的充分性和准确性，便于投资者对公司真正价值的评估。随着网络时代的到来，国内众多上市公司纷纷触网，形成了一大批控股型网络公司，而非真正意义上的互联网公司。在控股公司模式下，互联网控股公司以合并报表方式披露财务业绩，并且主要披露主营业务收入，不披露其控股的互联网业务信息，因此，股票市场只能通过母公司间接评估网络业务价值，使投资者难以获得估价所需要的信息。另外，传统业务与网络服务业务的会计账务具有截然不同的未来成长价值信息，两者业务组合和合并报告，使市场难以进行估价。

分拆上市后母公司与子公司将独立编制和披露财务报表及其他信息，这样可以减少投资者对公司下属业务部门经营业绩、现金流生产能力等方面信息不完备的状况，有助于股票市场获得估价所需要的必要信息，增强投资分析家的关注，从而减少股票价值被低估或误估现象。

5. 分拆可以作为公司反兼并与反收购的一项策略

公司的潜在价值得到释放后，公司遭受敌意收购的风险也就减少很多。如果公司的某项业务的价值没有被市场充分认识，造成母公司的价值被低估。经过分拆后，可以将公司的价值最大化体现出来，增加收购方的收购成本。

6. 开辟新的融资渠道

对于未取得上市资格的公司，采取将优质资产注入、不良资产剥离的方式，使股份公司具备上市资格，然后分拆出去独立上市，开辟直接融资渠道，在国内已是普遍做法。而对于已经上市的公司而言，由于业绩欠佳失去配股资格，或由于股本偏大的缘故，股性呆滞，从而丧失或降低了二级市场再融资的能力，对于上述情况下的上市公司，采取将子公司分拆上市的方式，达到开辟新的融资渠道目的，应是较为现实的选择。此外，母公司可以借助子公司的上市融资，在增强自身资金实力的同时，使母公司利用增量资金不断培育新的可上市子公司，形成良性循环。

(二) 企业分拆的负面效应

分拆上市也并非是完美无缺的，由于上市公司必须在人员、财务和资产三个方面完全剥离独立，这也就为公司的管理和经营带来了一定的影响。

(1) 分拆上市后公司管理人员增加，协调复杂。分拆上市的公司也必须组建一套独立的经营管理班子，原先可以由母公司人员管理的业务，分拆后要独立经营。作为上市公司，其管理要比一般的企业复杂，分拆后管理人员的增加是在所难免的。而人员的增加就意味着成本的增加，产生矛盾的机会也要增加。如果控股公司与分拆上市公司之间协调不好，还会影响到公司运作的效率。

(2) 分拆上市后的公司抗风险能力降低。国内的上市公司规模本身都不大，分拆出来的资产规模就更小，抗风险能力因此相应降低。如果把公司发展的希望全部寄托在分拆上市的公司上，风险将成倍增加。一旦分拆出来的企业出现问题，整个公司的前景都将十分黯淡。

(3) 分拆上市后的公司不能脱离母公司的影响。尽管完全独立，但现实是不容回避的，二者经常会保持千丝万缕的联系，尤其是母公司或集团公司的影响甚至对业务的干涉无法完全避免。

(4) 易引发关联交易。现在的中国证券市场上，关联交易可谓普遍，很多来自集团公司和上市公司，分拆也无法回避此种现象发生。

五、上市公司如何面对分拆机会

首先，并不是任何一个企业都可以选择分拆上市，它对企业有严格的要求。例如，分拆出去的公司将受到来自股东和市场分析人士的直接压力，信息披露将会非常详细和严格，这将明显有别于公司内部严格管理所带来的压力。换言之，母公司需要在法律服务、财务、金融业务、人力资源、公共关系、战略规划及研究开发等方面对分拆出去的公司提供有力的支持，否则企业之间将难以形成必要的协同和维系，企业的整体感将受到削弱。而对市场来说，在评价是否允许主板上市公司分拆上市时，应当根据项目自身是否符合条件来评判，而不是简单地一刀切。

其次，面对可能的分拆上市机会，上市公司还需考虑：是分拆主要核心业务还是次要业务?一般来说，大多数上市公司是将积极投资介入的高科技行业以符合上市条件的标准来进行分拆，而一些本来就集中于高科技行业发展的上市公司则需要进行认真权衡。还有一些传统行业的上市公司通过参股投资高科技行业和发展前景不错的成长型行业来发展，一旦将属下的高科技公司和成长型企业分拆出去，将有可能造成原先投资上市公司"高科技概念"的投资者分流，上市公司的市盈率可能会下降，面临着要么重新转回原来的传统行业，要么离弃原来的传统行业的不利选择。另外，分拆后是保持母公司在子公司中占有绝对性控制权呢，还是仅仅持有一定的少比例的股权?这就涉及是仅仅致力于做一个风险投资的孵化器呢，还是致力于实现母公司的主业转型。二板市场的设立是针对一些具有增长潜力的公司，尤其是一些新兴的中小型企业。二板市场为那些具有良好的商业概念和增长潜力的公司提供了一个入市门槛较低的直接融资渠道。二板市场青睐于高科技主营业务突出的企业或公司，对于进入企业并无行业歧视，不排斥符合规则的传统企业的入市。国内企业无论大小纷纷看好这个千载难逢的机会投身于争取上市的行列。对于经验老道的大型集团公司，自然当仁不让也希望借此机会把"分拆上市"作为集团公司借助二板市场实现再发展的一个良机。集团公司可以将部分有发展前景的业务从母公司剥离出来单独上市，从而实现上市公司主营业务集中轻装上阵的局面。而子公司分拆上市后，证券市场的价值发现功能会使公司的投资迅速获得较大资本利得，一般会使公司的价值增值。

最后，关注公司的持续赢利能力和股东利益。分拆是有一定的利益，但负面作用也有很多，母公司一定要避免扶持一家损伤一家，要关注母公司的持续稳定的增长能力和自己的股东权益，不能使二者有丝毫损伤，否则既有失市场公平又易引发各种各样的问题。

第四节 股份回购

一、股份回购的概念

股份回购是指上市公司利用自有现金或通过债务融资，经过一定的法律程序和途径，以一定的价格购回本公司部分对外发行股份的行为。股份回购在公司资产重组中属于公司收缩的范畴，在形式上表现为公司实收资本、资本结构和股权结构的变化，但实质上，股份回购还将影响公司的经营控制权和获利能力。公司在股份回购完成后可以将所回购的股份注销，也可以将回购的股份作为库藏股保留，库藏股日后可用来发行可转换债券，或在需要资金时将其出售，还可以用做职工持股计划和股票期权计划。西方国家大多数情况下是将回购的股份当做库藏股保留。

我国 2005 年 10 月 27 日修订通过的《公司法》第 143 条规定：公司不得收购本公司股份。但是，有下列情形之一的除外：① 减少公司注册资本；② 与持有本公司股份的其他公司合并；③ 将股份奖励给本公司职工；④ 股东因对股东大会作出的公司合并、分立决议持异议，要求公司收购其股份的。

二、股份回购的特征

1. 股份回购的主体是上市公司

我国《公司法》将公司分为有限公司和股份公司。我们所研究的上市公司股份回购仅指已上市的股份公司回购自己股份的行为。

2. 股份回购是公司支付现金或其他对价而取得自己股份

公司取得自己股份可以是有偿的，也可以是无偿的，比如没收未履行出资义务股东的股份，因受赠、遗赠或股东抛弃持股而取得等。股份回购仅指公司有偿取得自己股份而不包括无偿取得。公司有偿取得股份支付的对价通常是现金，但是并不排除其他财产形式，比如实物、知识产权、到期债权、票据等。从我国实践看，上市公司股份回购支付的对价形式多种多样，如申能股份回购动用的是现金，长春高新回购支付的是债权，沪昌特钢回购支付的是资产。

3. 股份回购可以是直接回购，亦可以是间接回购

所谓直接回购是指公司以自己的财源并以自己的名义购回公司已发行股份。所谓间接回购，是指公司并不以自己名义而以第三人名义并由公司提供全部或部分财源，或者其他形式财务资助的股份回购行为。间接回购中的第三人通常与公司存在密切关系，如公司员工、董事、子公司或从属公司等。境外公司法对公司间接回购

股份的规定较为完善，我国《公司法》对此尚无规定，有待进一步完善。

4. 股份回购是公司回购已发行股份的行为

公司的股份分为已发行股份和授权未发行股份，公司回购股份只能针对公司已发行股份。此外，已发行但未缴足股份是否可以成为股份回购标的，各国公司法规定不一，我国《公司法》承认发起设立的股份公司的发起人可以分期缴纳出资，同时我国《公司法》并不禁止已发行但未缴足股款的股份享有股东权利，因此，在我国公司法体系下，公司回购股份标的包括公司已发行但未缴足股款的股份。

5. 股份回购的后果是公司将相关股份予以注销或作为库藏股

公司回购股份的处理依回购目的而定。首先，公司可以将回购股份予以注销。公司的自身情况和外部市场都是变动不居的，公司应当根据市场需求和经营方针相应调整公司的资本规模。与公司股本扩张一样，适时、合理地进行股本收缩，是上市公司在不同的发展阶段和外部环境条件下所采取的一种有效的发展策略和资本重组方式。为了达到股本收缩目的，公司可以回购一部分股份并予以注销。其次，公司可以将回购股份作为库藏股。所谓库藏股是指已经发行其后又由该公司获得但未被公司清除而保留下来的股份。公司买回股份作为库藏股目的是多样的，可能是为了提升公司股价，亦可能是为了日后方便股权转换，还可能是为了投资本公司股票等。对于库藏股，各国公司法通常规定其不享有股东权利并不具有资产属性。

三、股份回购的操作方式

(一) 公开市场回购

公开市场回购是指公司在股票市场上以等同于任何潜在投资者的地位，按照公司股票当前的市场价格回购股票。在美国，90%以上的股份回购采用公开市场方式。据不完全统计，20 世纪 80 年代，美国公司采用公开市场回购方式所回购的股票总金额达 1870 亿美元。

公开市场回购有以下优点：① 由于回购采取的是随行就市，所以不存在市场价格上的溢价。② 可对股票价格提供长期支持。因为某些国家证券法规对股份回购不能引起股价异常波动和每日交易量的限制，上市公司需要花费较长时间积累股票，这就为公司股价提供了较长时间支持。③ 增加了公司股票的流动性，增加了渴望股票具有流动性的股东获得现金的可能性；④ 即使股份回购计划失败，其市场影响比固定价格回购和转换要约小。

这种方式的缺点在于：其一，日交易量的限制使得公司无法在短期内完成股份回购的方案；其二，在公开市场回购时会推高股价，从而增加回购成本，回购实际溢价水平可能较高。

(二) 现金要约回购

现金要约回购可分为固定价格要约回购和荷兰式拍卖回购两种。

1. 固定价格要约回购

固定价格要约回购是指公司在特定时间内向股东发出正式的报价以购买既定数量的股票的方法。通常，其认购期为2~3个星期，正式的报价一般高于现行市场价格且固定，股东有权决定是否以固定价格卖出，而如果股东提供的股票超过了公司要约回购的股票数，则公司有权决定是否购买全部或部分的超额供给。固定价格要约回购的特点在于公司能够以既定价格在短期内回购大量股份，同时由于固定价格要约回购中要约价格通常高于市场当前价格，会对市场产生更为积极的影响。固定价格要约回购的缺点在于难以确定恰当的要约价格，而要约价格又是决定能否成功实现回购计划的最关键因素。多数情况下，固定价格要约回购的溢价在10%~25%，平均为20%。固定价格要约回购方式主要适用于在短期内大量回购本公司股票的情况，它是防止敌意收购的一种有效手段。

2. 荷兰式拍卖回购

荷兰式拍卖回购先由公司详细说明愿意回购的股票数量，以及愿意支付的最低与最高价格(一般最低价格稍高于现行市场价格)。此后，由股东向公司提出他们愿意出售的股票数量，以及在设定的价格范围内他们能够接受的最低出售价格。在接到股东的报价后，公司将它们按从低到高的顺序进行排列，然后决定能够实现事先设定的全部回购数量的最低价格，这个最低价格将用于支付给那些报价低于或等于该价格的股东。如果报价低于或等于该回购价格的股票数量多于公司事先设定的回购数量，公司可能按比例购买。如果股东提供的股票数量太少，公司或者取消这次回购，或者以设定的最高价格购买股东所提供的全部股票。

荷兰式拍卖回购方式与固定价格要约回购方式相比，在股份回购的价格方面给予了公司更大的财务灵活性，目前已经成为一种颇受欢迎的回购方式。

(三) 私下协议批量回购

私下协议批量回购通常只作为公开市场收购方式的补充方案。私下协议批量回购的价格通常低于股票市场价格，但有时公司也会以超常溢价向存在潜在威胁的非控股股东批量回购股票。在我国，目前已实施的上市公司股份回购及“以股抵债”案例看，多数可归属于“私下协议批量回购”，可以说这种方式是我国当前上市公司股份回购的主要方式，这是与以前我国上市公司3/2股份为非流通股的市场结构有关的，随着股权分置改革的完成，相信我国的上市公司股份回购也会逐步与国际主流接轨。这种回购方式有时能以较低的价格批量回购，操作成本较低，但这种方式有别于公开市场操作，可能会产生利益输送、区别待遇等委托代理问题。

(四) 转换要约

转换要约通常作为现金要约回购的替代方案，主要目的在于减少公司的现金支出。具体操作是由公司向股东发售债券或优先股的转换要约，赋予股东一种将其所持公司股份转换为公司另一种证券的选择权。但由于债券和优先股的流动性较差，为此公司在交换时可能需要支付较高的溢价，回购成本较高。

(五) 可转让出售权回购

在公司实施股份回购时，有些股东可能不愿意出让自己的股份，则可能导致回购要约到期后这些股东不能实现任何收益，同时意味着财富由未接受回购要约的股东转移到接受回购要约的股东。为解决这一问题，人们创造了可转让出售权回购方式。可转让出售权是指实施股份回购的公司赋予股东在一定期限内以特定价格向公司出售其持有股票的权利，这一权利一旦形成，就可以同所依附的股票分离，而且可在市场上自由买卖转移，既平衡了全体股东的利益又满足了股东的不同选择。

四、股份回购工作程序

股份回购工作主要包括以下 10 个步骤。

(1) 进行财务审计、资产评估、法律审查。为了保护小股东的利益，确保公司净资产的准确性，在回购前公司需聘请具有证券资格的会计师事务所、资产评估事务所对公司的财务状况进行审计，对公司的资产进行评估，以精确地体现公司资产的价值。

(2) 聘请财务顾问进行工作咨询。股份回购工作是一项专业性很强的工作，财务顾问是专门从事上市公司工作的机构，在回购工作方面有较丰富的专业知识和经验，有它的参与可以帮助公司少走弯路，提高工作效率。

(3) 召开董事会。对公司回购部分国有法人股并注销股份、回购资金来源、回购方式、回购价格和金额、召开股东大会方式、时间及上报主管部门批准的有关事宜作出决议。

(4) 公告。在中国证券报、上海证券报、证券时报公告相关决议公告和意见报告。

(5) 召开股东大会。召开股东大会对公司股份回购数量、回购价格、股份回购资金总额、筹资及支付方式，股份回购有效期、回购方式和对象、和授权公司董事会办理股份回购有关其他事宜等进行决议，并对公司章程进行修改。

(6) 修改公司章程。公司进行股份回购必定要发生注册资本减少和股权结构的变化，从而导致公司章程的修改，依照我国公司法的规定修改公司章程须经股东大会的通过。

(7) 签署国有法人股回购协议。

(8) 提请国家有关部门的批准。

(9) 保护债权人权益的程序。依照我国公司法及相关法律、法规的规定，公司进行股份回购须通知债权人，并进行公告，以保护债权人的利益。

(10) 注销股份变更工商登记。变更工商登记结束，股份回购便可宣告结束。

五、我国上市公司股份回购的目的

从我国的实践和理论上看，公司购回发行或流通在外的股份有不同的意图，具体可以分为以下五种情况。

(一) 达到国有股减持的目的

这主要从上市公司的角度而言。从已有的实践看，国有股减持的方法主要有国有股购回、国有股配售、增发和协议转让四种方式。考虑到国有股购回的市场定价、对证券市场的冲击较小以及减少公司股份可提高每股赢利水平从而提高净资产收益率等优点，股份回购已成为国有股减持的一个非常重要的途径。2000 年 12 月，长春高新技术产业股份有限公司以 1999 年 12 月 31 日经审计确认的每股净资产 3.40 元为基础，同时考虑自年初至回购实施期间的公司经营收益，以每股 3.44 元的回购价格，以协议回购的方式回购并注销公司国家股股东——长春高新技术产业发展总公司的 7000 万股国家股，回购后，国家股占公司总股本的比例从 57.36%降到 34.63%。

(二) 作为减资的一个重要手段

这一般发生在公司经营方针和市场需求发生重大变化时，为了使经营规模与资本相称并减少分派股利的压力，公司可以购回发行或流通在外的股份并注销。我国《公司法》第 149 条第 1、第 2 款规定："公司不得收购本公司的股票，但为减少公司资本而注销股份或者与持有本公司股票的其他公司合并时除外。公司依照前款规定收购本公司股票后，必须在 10 日内注销该部分股票，依照法律、行政法规办理变更登记，并公告。"

(三) 作为公司有效调度资金的手段

如果上市公司手中有多余的资金，而又没有良好的投资机会时，可以考虑用这部分多余资金买回本公司的股票作为库藏股份，这样做除了可以减少股利的发放外，还可以在公司的股价上涨、公司缺乏资金时抛出(或重新发行、增发等)，从而达到有效融通资金、调度财务收支的目的。从我国公司法及其他法规、条例看，我国不允许库藏股份存在(但从上市公司的实践中看，部分公司或高层管理人员从市场上购买本公司股票，形成管理层持股或股票激励，已构成了实质上的库藏股票)。

(四) 作为员工激励的手段

随着股票期权激励、管理层和员工持股计划的不断完善和发展，上市公司还可以回购一部分股票作为奖励，以解决员工的激励问题。而且，就我国实际情况考察，股份回购可以结合对国有股的减持、员工激励共同完成，同时对公司治理结构的完善合理具有重要的意义，可谓一举三得。具体做法是由上市公司大股东将国有法人股转让给公司员工持股机构，员工通过员工持股机构持有上市公司的股份。实践中新天国际将公司控股股东所持有的 9100 万股国有法人股(占总股本 50.30%)中的 2700 万股(占总股本的 14.92%)股份转让给公司员工持股机构，受让价格暂定为 3.41 元／股(高于公司的每股净资产 3.26 元)，在公司实施员工持股制度。

(五) 改变股权结构以达到法律相关规定的目的

我国绝大部分的上市公司中，国有股与国有法人股占很大的比重(截至 2001 年 12 月，上市公司股本中国家拥有股份 2410.61 亿股，占总股本的 46.198%)。我国《公司法》第 152 条规定，股份有限公司申请其股票上市，向社会公开发行的股份应达到公司股份总数的 25%；公司股本总额超过人民币 4 亿元的，其向社会公开发行股份的比重为 15%以上。因此公司可以通过股份回购减少国有股的比例，从而符合 25%(或 15%)的股票上市条件。典型的案例如 1994 年 10 月，上海市陆家嘴金融贸易区开发股份有限公司对国家股部分实施减资，即国家股部分减少 20000 万元，由 64 000 万元减为 44 000 万元，公司股本总额从 73 300 万元减为 53 300 万元，从而使国家股比重由 87.31%降为 82.55%。

(六) 股权结构的优化与调整，实现资产剥离和产业转型目的

在我国主要是同时发行 A、B 股或 A、H 股的公司，可以在我国深沪两个市场之外的股票市场购回股票，同时在国内市场增发 A 股，从而调整股权结构。例如，青岛啤酒在 H 股股价跌到 0.5 港元/股时，在香港股市购回 H 股，同时在国内增发。

2001 年 8 月 15 日，联想董事局主席柳传志在中国香港地区宣布，联想将以 3400 万元回购 820.2 万股，以达到集团分拆及重组的目的，并在固有的基础上发展新业务，以期在两年多的时间内完成内部的整合。柳传志表示，这项决定是基于该公司对市场仍有信心，希望借此提高股东的回报率(此举一个最直接的后果就是大幅提高联想集团的每股赢利水平)。而此前的 2001 年 2 月，联想已实行增发 1 亿股 A 股的股东大会决议。

此外，从理论上看，股份回购的财务杠杆作用也很明显。公司在购回股份并加以注销后，在负债不变的前提下减少权益资本，很显然会提高公司的净资产收益率、资产负债率等财务指标，进而影响公司的股价，结果一方面可以调整和优化财务结构，另一方面可以达到降低未来权益融资成本的目的。

六、股份回购对资本市场的功能

一般认为，在一个成熟资本市场股份回购具有以下六个功能。

(一) 通过股份回购，调整财务杠杆，优化资本结构

现代公司资本结构理论始于诺贝尔经济学奖获得者美国莫迪利安妮和米勒提出的 MM 理论，但是 MM 理论是在不考虑所得税、破产风险、资本市场效率及交易成本等因素影响下推演出的，并不切于现实，因此后人不断放松假设条件予以逐步修正，提出了资本结构平衡理论，即由于债务利息可计入公司成本，而免交所得税，所以与股权融资相比，债务成本较低，较高的资产负债比例可以为公司带来税收庇护利益，然而公司破产风险成本也随资产负债比重的升高而增大，所以在公司目标函数和收益成本的约束下，欲使公司的融资总成本最小，实现公司价值最大化，最优资本结构是边际税收庇护收益等于边际破产风险成本的平衡点。但是公司发展周期和外部环境变化决定公司必须审时度势，动态调整资本结构，与新股发行、举借外债不同，股份回购是一种股本收缩的调整方法，通过减少对外发行股份，提高资产负债率，发挥财务杠杆效应，实现公司价值最大化。

(二) 通过股份回购，调节股票供应量，实现股价的价值回归

股票价格决定于股票内在价值和资本市场因素，通常在宏观经济不景气时，股市进入低迷状态，持续低迷引发股票抛售，导致股价下跌，流动性减弱的恶性循环。公司在本公司股票严重低估时，积极进行回购：一方面，收购价格传递公司价值的信号，具有一定示范意义；另一方面减少每股净收益的计算基数，在赢利增长或不变情况下维持或提升每股收益水平和股票价值，减轻经营压力。在市场过度投机的

情况下，释放先前回购形成的库藏股进行干预，增加流通股的供应量，减少投机泡沫，使股价回至正常价格，股份回购使虚拟资本价格变动更接近于实物生产过程，使虚拟经济与实物经济紧密相联，避免了股票价格的大起大落。

(三) 股份回购是公司股利分配的替代手段

股东收益包括股票分红派息收入与股票转让的资本利得收入，一般来说，国家对前者课以较高的个人所得税，而对后者课以较低的资本利得税，若公司分派现金股利，则股东不得不缴纳个人所得税，而公司实行股份回购，股东拥有选择权，具有流动性偏好的股东，转让股票取得现金形态的资本利得，而继续持股的股东所持股票的每股盈余提升，使个人财富增加，并且相关的资本利得税递延到股票出售时缴纳，因此基于税收的考虑，公司常以股份回购替代现金红利的分配。

(四) 股份回购是实施反收购，维持公司控制权的重要武器

为了维护目标公司股东的利益，公司通常以股份回购的方式抵御恶意收购。当公司以高于收购者出价的溢价进行股份回购，一方面提醒公司股东注意公司价值增长的潜力，另一方面也提高了收购方的收购成本，并且通过对外界股东的回购，公司大股东或管理层持股比重相应提高，控制权进一步加强。此外，储备大额现金的公司易受收购者的青睐和袭击，在此情况下，公司将大量现金用于股份回购，可减弱收购者的兴趣，这是反收购策略中的“焦土战术”。

(五) 运用股份回购，执行职工持股计划和股票期权制度

信息不对称和契约的不完全性，使公司所有者与经营者之间存在目标函数的差异，即代理成本，包括经营者偏离股东财富最大化目标产生的成本以及股东对经营者的监督成本，矫正偏差仅依靠诸如公司治理结构、资本市场、产品市场和劳动力市场的竞争等外部约束远远不够，尚需要设计出一套成果分享方案，使职员和管理者的努力与公司财富增大建立相关性，职工持股计划和股票期权制度就是比较有效的内部激励机制之一。由于新股发行手续繁琐，程序复杂，成本较高，所以解决职工持股计划与股票期权制度的股票来源的较好途径就是股份回购，公司选择适当的时机从股东手里回购本公司股票作为库藏股，依程序交给职工持股会管理或直接作为股票期权奖励给公司管理人员。

(六) 基于少数异议股东的回购请求权，回购公司股份，保障中小投资者权益

现代公司实行“资本民主”原则，即一股一票，重大事项的表决适用单纯多数

或绝对多数表决，因此绝对或相对控股的股东，不惜损害中小股东的权益，操纵公司，谋求自我利益最大化，少数股东的“以手投票”权利因此受限，法律为平衡双方力量往往赋予其诸如股东诉讼权等权能，但实施成本较高，而股份回购请求权则是股东“以脚投票”的权力强化，重大事项表决时，多数股东与少数股东利益发生严重冲突，少数股东可以要求与公司以公平合理价格回购股份，这样一方面减少公司经营中的磨擦与冲突，降低协调成本，另一方面充分保障了少数股东权益使之免受不公平待遇。

除上述功能外，股份回购还常常运用在公司合并及上市公司转为非上市公司的重组计划中，因此股份回购是具有多种功能的资本运作和企业经营的重要手段。

[案例分析]

GM资产重组案例剖析

一、GM分立动机

美国通用汽车公司(GM)是一直位居“幸福500强”之首、遥遥领先于其他企业的美国最大公司。1995年其销售额达到1680亿美元，利润额为69亿美元，创下了GM及其他美国公司历史最高纪录。

这些销售和利润成绩，是过去GM从来未能达到过的水平，它将来也很可能无法再创这样的佳绩了。目前这家全美最大企业正悄悄地、逐步地、小心翼翼地将自己分立为四个部分。超过另一家一分为二的大公司——美国电报电话公司(AT&T)。

GM经营计算机业务的电子数据系统公司(EDS)、从事卫星与防御系统业务的休斯电子公司(Hughes Electronics)，及集中生产多种汽车零部件的德尔福公司(Deiphi)都将陆续从GM中分立出去。导致GM分立的原因是多方面的。

从GM20世纪五六十年代的辉煌时期以来，GM就投入多而产出少。其衡量资金运用效率的指标——资产回报率一路滑坡。从1965年的17%降到最近几年的零以下，直到1995年上升到3.2%。GM的股票价格在过去的35年中仅仅上升161%，而标准普尔信用等级排名的前500家大企业的股价却上升了900%。从1954年以来每年的“幸福500强”中榜上有名的113家公司中，GM表现平庸，它给股东的回报是最低的。

有时GM似乎将被它自身的庞大所压垮。规模经济一直是汽车工业的基本法则，GM1995年在美国销售了310万辆客车，却亏了本。

GM 的每一个健康的部分看起来都比其臃肿的整体更强些。GM 的计算机业务，EDS 已运用于商业零售；而从事卫生与防御系统的休斯电子公司也在行业中处于领先地位；GM 集中生产汽车零部件的德尔福子公司同样如此。如果 GM 分立为四个部分的话，其股价将是原来的 1.5 倍，GM 的市值将比目前增加 45%。

风险在于，重新回到以汽车制造为核心的经营战略可能使其永远停留在落后的行列。GM 将陷入低速增长的汽车工业的泥坑中，缺乏快速成长的高科技因素来帮助其顺利渡过不可避免的周期性衰退。这个问题虽然困扰着所有行业，但对汽车制造业来说更为残酷。

二、分立计划的实施

迄今为止，分立的最初阶段已经过去，GM 正处在将 EDS 独立出去的最后阶段。EDS 是由 Ross Perot 创建，于 1984 年被 GM 以 25 亿美元收购的。EDS 给 GM 带来了高科技的思维，同时也为 GM 开发了一套独立而统一的计算机系统。但是收购后不仅 Perot 本人与董事会之间存在冲突，在整个公司里，这两种文化之间也到处充满矛盾，它们从来没能很好地融合在一起。然而在对外业务方面，EDS 有着骄人的成绩。它为劳斯莱斯(Rolls Royce)、施乐公司(Xerox)及英国国内收入局(Inland Revenue)开发出了复杂的信息系统。EDS1995 年的销售额为 124 亿美元，赢利 9.39 亿美元。

分立的方案：GM 将它所持有的 EDS 股份转让给了独立的 GM 养老基金。带给 GM 股东的好处则是 EDS 将付给 GM 5 亿美元以换取自由。而且 EDS 还要背负起一个由 GM 带来的沉重负担：EDS 必须履行其职责，负担现在及以后几十万退休职工的退休金。

GM 在 1985 年以 52 亿美元收购了休斯电子公司。GM 希望先进的电子技术能帮助它制造出更好、更安全的汽车。但结果不尽如人意。休斯电子公司确实开发出一些汽车装置，但总的来说，技术转化的收益微乎其微。“把 GM 和休斯电子公司绑在一起并无协同作用，毫无经济价值。”

与 EDS 一样，休斯电子公司的对外业务也有不俗的成绩。1995 年的营业额为 147 亿美元，利润 11 亿美元。主要是向中国、日本及其他国家出售通信卫星的收入，同时它也为五角大楼制造洲际导弹及其他武器。GM 已向社会出售了手中持有的 9600 万股休斯电子公司的非普通股。根据最近一次交易的每股 60 美元的股价，GM 在休斯电子公司的 76%的股份价值 190 亿美元，这相当于现在 GM 整个市值的一半。

德尔福公司生产刹车、车灯、传动器及其他几百种汽车零件。德尔福公司 1995 年的营业额为 264 亿美元，其中的 1/4 来自与福特、本田、丰田及其他 GM 的竞争者的业务中，从 GM 分离出来后，德尔福公司将向这些客户出售更多的汽车零配件。

而福特及其他公司则很可能更愿意向它们最大的竞争对手的供应商买货。估计独立出来后，德尔福公司的市值约60亿美元。

GM 愿意丢掉德尔福公司还有另外一个原因。德尔福公司的产品价格高。如果德尔福公司从 GM 分立出去的话，GM 则可以自由地从世界各地采购所需零部件。卸掉了购买德尔福公司昂贵的零部件的包袱，则可以降低成本；而且它属下的大量退休工人的退休及养老基金也随之分离出去。

问题是应当把休斯电子公司和德尔福公司与EDS一道从GM分立出去吗？那么留下来的 GM 的基本核心应该是设计车辆和卡车，制造它们的动力部分和框架，并将它们用供应商提供的零部件组装起来，然后，把这些汽车销往世界各地。

回归基本产业经营战略的支持者们认为在自身劳动生产率不断提高的基础上，海外市场销售的快速增长，证明了致力于汽车的生产是使 GM 繁荣兴旺以报答股东的最为可行的途径。斯美尔董事长甚至认为“增加股东权益的唯一途径就是将上帝交给我们的事情做得更好—— 制造出更好的汽车”。

现实果真如此吗？汽车工业是一个成熟、资本密集、高度周期化、长期以来被世界性的交通拥挤制约着的充满激烈竞争的行业。GM 在法国、意大利、韩国及日本的对手们被其国内的产业政策支持、保护起来。更为主要的是 GM 汽车一直占有33%市场份额的主要市场—— 北美对汽车的需求在过去的 10 年中增加甚少，而且很难改善。每一个有驾驶执照的人已拥有一辆以上的汽车。美国市场趋于饱和，而欧洲也好不了多少。短期内，汽车行业是一个险恶、紧张的行业。

没有人怀疑 GM 坚持改进其汽车生产的必要性，这使人感到确实应当将德尔福公司分立出去。问题是 GM 现在全力投入的是发展前景相当暗淡的汽车工业，而不像 AT&T 致力于全球火爆的通信业务。为什么不尽可能抓住方兴未艾的高技术产业呢？拉回 EDS 为时未晚，还应该牢牢控制住休斯电子公司。

任何大企业都必须有着更高的目标，而不是仅仅为股东服务。“一个公司是一个有人格的，有活力的企业，”斯美尔董事说，“它不仅是资产的集合。管理的责任是使企业永远充满活力，这也是对股东的责任”。因此，GM 永远充满生机的机会在于它的产品除了发动机和传动器，还有计算机和卫星。

三、点评

GM 资产重组案给我们以下三点启示。

第一，避免陷入“并购”=“搞活”的误区，大不一定等于好。党的十五大以来，通过资本经营搞活国有企业已成为人们的共识，“资产重组”越来越成为各界人士讨论的焦点话题。各级各类企业都在积极探讨资产重组，盘活存量资产，使国有资产保值增值这一重大课题。

目前在企业资本经营、资产重组的浪潮中似乎存在一个误区，即谈资本经营必谈并购，一哄而上进行并购，误以为一旦兼并或收购，企业就能搞活。都搞企业集团，误以为“大”等于“好”。实则不然。企业采取兼并、收购，还是分立、放弃，均要视企业、市场的实际情况与企业的发展战略而定，并购并非灵丹妙药。GM 之所以逆潮流而动，选择分立，是因为分立后的 GM 将更具活力。

第二，并购不是单纯为扩大规模，而应注意结构的调整。特别是对于一些夕阳产业，如钢铁、纺织、汽车等行业，除通过并购达到规模经济之外，更应该考虑通过并购完成企业内部的结构调整，以获取高新技术，给企业未来发展带来新的动力。而不单纯是简单地扩大规模或建立产品链。面对市场，具体对象，具体分析，该并则并，该分则分，这种实事求是的态度才是搞活国有企业的途径。

第三，并购论证和可行性研究要充分考虑到兼并完成后的企业的经营运作，考虑到不同企业文化之间的融合，特别是在企业跨国兼并，实施国际化经营时，更应注意这一问题。在企业的经营中，1+1 不一定等于 2。并购后两个企业如不能较好地融合，可能远远达不到预期效果。

(资料来源：方明. 2003. 100 个成功的资本运营. 北京：机械工业出版社.)

[习题]

1. 企业资本收缩包括哪些基本模式?
2. 什么叫做企业剥离，企业剥离可以分为哪些类型?
3. 企业剥离的理论支持是什么，我国上市公司进行企业剥离的动机是什么?
4. 企业资产剥离对受益与风险的影响是什么?
5. 什么叫做企业分立，企业分立可以有哪些途径?
6. 企业分立一般涉及哪些财务事项的处理?
7. 什么叫做企业的分拆上市?
8. 分拆上市对母子公司的利弊分析是什么，分拆效应又是什么?
9. 企业应该如何面对分拆机会?
10. 公司股份回购的定义是什么，限定哪些情况可以进行股份的回购?
11. 股份回购的基本操作方式都有哪些?
12. 我国上市公司进行股份回购的目的是什么?
13. 股份回购对资本市场都有哪些功能?